arcteryx.co.kr

파우더 스키 바이블

2023년 12월 15일 초판 1쇄 펴냄

지은이 정우찬
발행인 김산환
책임편집 김산환
디자인 기조숙
펴낸 곳 꿈의지도
인쇄 다라니
종이 월드페이퍼
주소 경기도 파주시 경의로 1100, 604호
전화 070-7535-9416
팩스 031-947-1530
홈페이지 blog.naver.com/mountainfire
출판등록 2009년 10월 12일 제82호

ISBN 979-11-6762-081-1 (13690)

POWDER SKI BIBLE

파우더 스키 바이블

정우찬 지음

꿈의지도

한국의 스키어들은 안정된 폼으로 스키를 타는 것에 상당히 익숙한 편입니다. 이는 해외 스키장에 나가보면 바로 검증이 됩니다. 한국 스키어만큼 멋진 자세로 스키를 타는 스키어들이 흔치 않기 때문이지요. 하지만 스키를 즐기면서 타는 것은 서양의 스키어들이 훨씬 더 익숙합니다. 서양의 스키어들은 단체 관광객이 드뭅니다. 혼자서, 혹은 몇몇 친구들이 어울려 세계의 유명 스키장을 찾아다니며 신나게 즐깁니다. 그들은 초보자가 아닌 다음에는 정설된 슬로프보다는 울퉁불퉁한 자연설로 뒤덮인 오프 피스트를 선호합니다. 십여 년 이상 휘슬러 스키장에서 강사로 활동하면서 카빙을 가르쳐본 적은 한 번도 없습니다. 모두 자연설로 덮인 블랙 다이아몬드를 신나게 누비는 것을 목표로 스키 강습을 받기 때문입니다. 스키를 잘 타기 위한 목적이 멋진 폼으로 스킹하는 것을 보여주기 위해서가 아니라, 남들이 쉽게 가지 못하는 곳에서 신나게 노는 것이기 때문입니다. 환경적인 제약을 극복하고 '자유 Freedom'을 누리는 것이죠.

이 책의 많은 부분은 기술적인 것을 다루고 있습니다. 이 기술은 어떤 환경에서도 안정되게 스키를 컨트롤 하는 것이 최우선 목표입니다. 휘슬러의 블랙 다이아몬드 코스나 일본 홋카이도 어떤 슬로프에 던져놓아도 깊은 파우더와 큰 범프를 헤치고 나올 수 있게 스키를 조작하는 기술을 익힐 수 있도록 구성했습니다.

그러나 이 책을 읽고 몇몇 훈련 방법을 연습한다고 해서 당장 해외 스키장의 깊은 파우더를 탈 수는 없습니다. 그런 마법은 세상 어디에도 없습니다. 자동차 운전을 배울 때 멈추는 법과 방향을 조정하는 법만 배우면 자동차를 움직이는 것은 누구나 가능합니다. 하지만 그렇다고 바로 도로에 나가 운전을 할 수 있는 것은 아닙니다. 배운 것을 실전에서 활용하려면 쉬운 곳부터 점차 어려운 곳으로 옮겨가면서 익숙하게 만들어야 합니다. 그 과정에서 필요한 부분이 있으면 다시 배우고, 부족한 부분을 채워 넣어야 합니다. 스키 기술 향상 100단계를 정해 '스키 레벨 100'을 만든 이유도 단계별로 필요한 기능을 익히도록 유도하기 위해서입니다.

스키는 정말 그 무엇과도 비교할 수 없을 만큼 즐거운 운동입니다. 특히, 스키는 사람과 인생을 변화시키는 라이프 체인징Life Changing 운동이기도 합니다. 겨울은 춥고 움츠러들게 하는 계절입니다. 하지만 스키를 알게 되면 겨울이 달라집니다. 사람의 가슴을 뛰게 하고, 추위가 오고 눈이 내릴수록 더욱 기쁘게 만듭니다.

스킹은 즐거움이고, 스킹은 자유입니다!
Skiing is fun, Skiing is freedom!

2023년 12월 정우찬

: Special Thanks to :

수년 간에 걸쳐 한국 파우더 스키 활성화에 많은 도움을 주고, 이 책의 출판에 힘이 되신 분들이 계십니다. 아크테릭스 정호진 대표님과 정해빈 상무님, 뵐클 스키, 마커 바인딩, 달벨로 부츠 탁건수 TNJ 대표님, 스노우뱅크 한창근 대표님, 지로 헬멧과 지로 고글 이상길 대표님, 일본스키닷컴 한왕식 대표님, 용평스키학교 최준희 교장님, 꿈의지도 김산환 대표님에게 지면을 통해 감사의 마음을 전합니다. 또한, 파우더 스키의 매력에 빠져 주변 분들에게 파우더 스키 홍보대사로 활동하시는 한국파파존스(주) 서창우 대표님과 베어베터 김정호 대표님에게도 깊은 감사의 인사를 드립니다. 그리고 아마추어 스키어 시절부터 멘토가 되어주시고, 책의 출간을 앞두고 일일이 글의 수정과 감수를 해주신 박순백 박사님께 존경과 감사의 마음을 전합니다. 마지막으로 항상 격려의 말로 영혼의 에너지를 채워준 아내 이은하님에게 특별한 감사의 마음을 전합니다.

파우더 스킹을 위한 종합 지침서!

자화자찬 격이지만 우리 스키어들은 스키를 꽤 잘 탄다. '관광스키어'가 아닌, 해마다 시즌권을 구매하는 스키 매니아들은 가벼운 취미생활로서의 스킹에 만족하지 않는다. 그들은 마치 입시생처럼 열심히 공부하고, 연습하며 프로 스키어처럼 타려고 한다. 여기에 수많은 스키학교와 스키강사의 열정이 더해져 한국적 스킹 스타일을 정립했다. 하지만 스키를 다른 환경에서 타면 어떨까? 과연 한국의 스키어들이 해외 스키장의 오프 피스트Off-Piste에서도 별문제 없이 스키를 잘 탈 수 있을까?

대부분의 한국 스키어는 해외 스키장에서 파우더나 트리런을 하면 절망한다. 스키 경력이 꽤 되고, 해외 스키여행 경험이 많은 나 자신 역시 예외가 아니다. 파우더에서의 스킹은 낯이 뜨거울 정도로 취약하다. 왜일까? 그 이유는 한국과 외국의 스키 환경이 완전히 다르기 때문이다. 스키 환경이 다르면 타는 방식 자체를 달리해야 하는데, 우리는 파우더 스킹 방법을 배운 일이 없다. 잘 다져진 강설 슬로프에서 아무리 스키를 잘 타도 파우더에서는 얘기가 달라진다. 기존의 스킹 방식이 통하지 않는 것이다. 해외 스키여행의 기회가 점점 늘어나고 있는 지금, 우리는 전과 다른 스킹 방식, 파우더 스킹 같은 새로운 기술에 적응해야만 한다.

〈파우더 스키 바이블〉은 한국의 스키어들이 파우더에서 살아남고, 그걸 즐기는 방법에 대해 알려주는 지침서다. 우리가 취약한 분야에 대해 시원한 해답을 주는 책이다. 이 책이 출간될 수 있었던 것은 저자가 다년간 해외에서 스키를 지도한 전문 스키어라서 가능했다. 저자는 캐나다스키강사협회CSIA 레벨4 강사다. 흔히 '스키의 신'으로 지칭되는 스키어 집단에 속한 엘리트 강사였다. 저자가 십여 년간 캐나다에서 스키 지도자 생활을 하며 터득한 스킹 노하우를 토대로 파우더 스키를 처음 접하는 한국 스키어들의 현실적 고민을 접목해 이 책을 집필했다.

〈파우더 스키 바이블〉은 파우더 스키 기술의 원리를 이해시켜 입문을 돕는 한편,

중상급 파우더 스키 기술에 대한 구체적인 사항을 상세히 다룬다. 나아가 그러한 이론이 적용된 파우더 스킹 관련 영상을 QR코드를 통해 볼 수 있도록 하기도 한다. 부양력이 극대화된 획기적 성능의 파우더 스키를 이용해 파우더에서 붕붕 떠다니며 스키를 탈 수 있도록 컨트롤 하는 기술도 상세히 다루고 있다. 또한, 이 책에서는 파우더 스킹 상급자 편도 다룬다. 사실 우리가 접하는 파우더 스킹 관련 정보의 대부분은 초중급자를 위한 것이다. 파우더 스킹 상급 기술을 대하기가 쉽지 않다는 얘기다. 이 책은 기존의 화려한 스킹 기술을 담은 데몬스트레이션 영상에서는 다루지 않던 파우더 스킹 상급 기술을 강습 영상과 더불어 자세히 다루고 있다. 책 후반부에는 백컨트리 스키에 관한 내용도 있다. 최근 우리나라도 백컨트리 스키를 즐기는 스키어가 늘고 있어 그들에게도 좋은 지침서가 될 것이다.

이 책의 원고를 PDF 파일로 받아 처음부터 끝까지 교열까지 고려해 가며 읽어봤는데, 저자의 글솜씨가 대단히 유려하다. 전체적인 글의 짜임새가 훌륭하고, 글의 전후 연결성에도 흠결이 없다. 방대한 자료가 잘 정리되어 있고, 그걸 토대로 한 저자의 논리나 주장도 훌륭했다. 운동을 잘하면서 글까지 잘 쓰는 분들은 많지 않은 편인데, 저자는 그 흔치 않은 경우에 속한다. 자신의 분야에서 이런 걸작을 만들어 낸 저자는 물론 이런 귀한 정보들이 집대성된 파우더 스킹의 지침서를 가지게 된 수많은 독자에게 축하의 인사를 드리고 싶다.

박순백(언론학 박사, www.drspark.net 운영자, 전 대한스키지도자연맹 이사)

목차

〈파우더 스키 바이블〉에 영감을 준 서적들

CSIA 매뉴얼CSIA Manual

CSIA 매뉴얼은 캐나다의 스키와 티칭에 관련된 아이디어가 정리된 책입니다. 레벨1 테스트를 신청하면 처음 받게 되는 이 책은 스키 강사에게 필요한 다양한 이론적, 실전적 내용을 전달하고 있습니다. 캐나다에서 처음 이 책을 받은 이후 책이 너덜너덜해질 때까지 밑줄 그어가며 읽었습니다.

스키 강사가 되고자 하는 사람에겐 실무적인 지침서이지만 그저 자신의 스키를 즐기려는 아마추어 스키어들에게는 조금 거리가 있을 수도 있습니다. 철저하게 스키 강사를 위한 지침서 역할을 하도록 만든 것이기 때문입니다.

CSIA 매뉴얼.

브레이크스루 온 스키|Breakthrough on skis

이 책은 한국에서 '리또 할아버지'로 불리는 Lito Tejada-Flores가 지었습니다. 그는 같은 제목으로 스키 기술 비디오를 만들었는데, 1990년대 후반 한국에서도 큰 인기를 끌었습니다. 당시 한국에서는 '스키 기술의 돌파구'라는 제목으로 판매되었습니다. 리또는 한국 스키어들이 보기에는 클래식한 스타일의 스킹을 구사하는 할아버지여서 고개를 갸우뚱하게 합니다. 하지만 그는 세계 최고 스키장이 있는 미국 콜로라도에서 활동했던 대단히 유명한 스키강사입니다. 그 유명세를 생각하면 어려서부터 스키천재 소리를 듣던 스키선수 출신이라 상상하게 되지만, 실제로 그는 어른이 되어서 스키를 시작한 산악인 출신의 스키강사입니다.

그가 비디오를 만드는 유명 스키어가 된 이유는 스키를 잘 타서라기 보다는 스키의 원리를 해석하고 설명하는 방식 때문입니다. 그는 어려운 용어나 현학적인 과장없이 아이들도 쉽게 이해할 수 있도록 스키의 원리를 설명합니다. 그리고 발전시키는 방법 또한 대단히 심플합니다. 스키 강습이 대중화 되지 않았던 시절 그의 비디오는 많은 아마추어 스키어들에게 영감을 주었고, 그가 제시한 방법을 충실히 따름으로써 독학으로도 중급 이상의 실력을 갖출 수가 있었습니다.

Breakthrough on skis.

얼터멋 스킹Ultimate Skiing

'리또 할아버지'가 스키의 원리를 이해하기 쉬운 심플한 원리로 설명해 스키에 입문하는 아마추어 스키어에게 등대 같은 역할을 했다면, '얼터멋 스킹Ultimate Skiing'의 저자 론 르마스터는 선수와 코치, 전문강사들만 알던 스킹의 과학적 원리를 모든 스키어들에게 공개함으로써 신(엘리트 스키어)에게서 불을 훔쳐 인간(아마추어 스키어)에게 건내 준 프로메테우스 같은 존재입니다.

론 르마스터는 어떤 경력을 가졌기에 그런 전문적인 지식을 체화하고 있었을까요? 론 르마스터는 미국 스키 대표팀의 기술 고문으로 활동하며 세계 최고 선수들의 스킹을 영상과 사진으로 찍어서 분석했습니다. 기계공학과 컴퓨터공학을 전공한 그는 스키 기술을 물리학적 이론으로 분석하는데 탁월했습니다. 그가 제작한 영상자료와 분석은 미국스키강사협회와 미국코치협회의 기술적 지침이 되었습니다. 그는 전 세계를 돌며 스키 기술과 생체역학 등을 강의하는 스키 이론의 최고 전문가로 인정받고 있습니다.

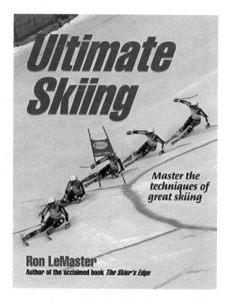 

Ultimate Skiing.   스키의 근본원리.

그가 지은 책은 최근 오상일 선생님에 의해 〈스키의 근본원리(이숲출판사)〉로 출간되어 한국의 스키어들에게도 소개되었습니다. 책의 내용을 보면 스킹의 역학과 물리이론이 줄줄이 나와 문과 출신들은 첫 장만 봐도 머리에 쥐가 날 정도로 어렵습니다. 그러나 필자에게 이 책은 캐나다 레벨4를 취득하는데 필요한 스킹과 티칭의 원리를 이해하는데 큰 도움을 주었습니다. 캐나다 CSIA에서는 스킹 능력 만큼 중요하게 여기는 것이 티칭 능력입니다. 아무리 스키를 잘 타도 그 원리를 올바르게 설명하고 쉽게 전달하지 못하면 강사 자격증을 취득할 수 없습니다.

〈파우더 스키 바이블〉 사용 설명서

원리를 이해하자

파우더 스키 입문자를 위한 글에서는 기본적인 궁금증을 해소하는 내용으로 적었습니다. 파우더 스키 기본 기술편에서는 처음 파우더에 입문한 스키어들을 위한 기술적인 기본을 이해하는 것에 중점을 두었습니다.

그리고 본격적으로 파우더 스키 중급자 편과 상급자 편부터는 스키어라면 알아야 할 물리적 원리에 대해 설명하고 있습니다. 원리를 이해해야 다른 세부적이고 난이도가 있는 스키 기술에 대한 이해가 빨라지고, 나무가 아닌 숲을 보는 능력이 향상되기 때문입니다.

구체적 기술에 대한 설명

원리를 알아도 구체적 방법론을 모르면 좀처럼 방향을 찾기가 어렵습니다. 원리를 이해한 뒤에는 구체적인 향상 방법을 글과 사진을 통해 설명하고 있습니다. 많은 스키 관련 글과 영상에서 '이렇게 타라, 저렇게 타라'라고 하지만, 스키어들은 그것을 보고 쉽게 따라 하지 못합니다. 그 이유는 여러가지 기술을 조화롭게 적용하지 못하기 때문입니다. 한 가지 동작을 제대로 체득하려면 그 전에 그에 걸맞게 다른 기술들이 발전해야 하기 때문입니다.

이에 대해 세계적인 스키이론가 론 르마스터Ron LeMaster가 직접적으로 언급하는 내용이 있습니다.

"제대로 된 턴을 만드는 데에는 어떤 검증된 메뉴가 따로 있어서 마치 안무처럼 구성된 동작을 그대로 따라 해야 한다고 생각하는 스키어가 너무 많다. 하지만 실제로 엑스퍼트들은 숙련된 여러 동작 패턴을 그때 그때 스키 상황에 맞게 즉흥적으로 조합한다.

스키를 정말로 잘 타려면 우선 그 기본 동작 패턴들을 제대로 할 수 있게끔 개별적으로 공부하는 것이다. 그런 기본 동작 패턴이란 합턴, 브라카쥐, 재블린턴, 바깥 스키 스킹, 하키스탑, 돌핀턴 등과 같이 특정 기술을 적극적으로 응용한 연습을 통해 향상시킬 수 있다."

즉, 완성된 턴을 따라 하려고 하기보다는 하나 하나의 동작 패턴을 익숙하게 함으로써 기술의 기본기를 강화해야 합니다. 이렇게 익힌 동작 패턴과 기술이 자신의 스킹 안에 녹아들어가면 한 차원 발전하게 되는 것입니다.

영상 자료의 중요성

몸을 사용하는 스포츠는 글로 이해하는 것보다 직접 눈으로 보면서 이해하는 것이 훨씬 빠르고 정확합니다. 이 책에는 스키어가 배워야 할 스키 동작 패턴과 기술을 영상 자료를 보면서 익힐 수 있게 했습니다. 스마트폰으로 책에 있는 QR 코드를 읽으면 필자가 제작한 영상 '스키 레벨 100'의 해당 내용을 볼 수 있습니다. 글을 읽으면서 영상을 참고한다면 해당 기술을 이해하는데 큰 도움이 될 것입니다.

스키 레벨 100

레벨1	스키 장비 이해하기	레벨26	대각선 사이드 슬리핑	레벨51	폴들기2	레벨76	카빙턴 중상급사면
레벨2	부츠 착용하기	레벨27	다리 펴고 구부리기	레벨52	수퍼맨	레벨77	카빙 크랩워크
레벨3	스키 들고 이동하기	레벨28	비기너 브라카취	레벨53	안쪽 무릎 바깥으로 밀기	레벨78	밴드&스트레취
레벨4	스키부츠에 적응하기	레벨29	카운트하기	레벨54	합턴2	레벨79	스티보팅
레벨5	스키 착용하기	레벨30	폴 플랜팅1	레벨55	안쪽 스키 테일 들기2	레벨80	스키디드 카빙
레벨6	원스키 글라이딩	레벨31	폴 플랜팅2	레벨56	안쪽 스키 들기2	레벨81	피벗 슬립
레벨7	투스키 글라이딩	레벨32	인터미디어 패럴렐턴	레벨57	폴라인 스케이팅	레벨82	수퍼 슬로우 숏턴
레벨8	하이크 업	레벨33	바운스	레벨58	롤러블레이드 턴	레벨83	재블린 하키스탑
레벨9	스노우플라우	레벨34	안쪽 스키 테일 들기	레벨59	롤러블레이드 턴2	레벨84	점프턴
레벨10	스노우플라우 크기 조절	레벨35	안쪽 스키 들기	레벨60	카빙 제이 턴	레벨85	하키스탑 상급사면
레벨11	한쪽 방향 턴하기	레벨36	비기너 재블린 턴	레벨61	갈런드Garland	레벨86	상급 모글
레벨12	반대 방향 턴하기	레벨37	인터미디어 브라카취	레벨62	카빙턴 중급사면	레벨87	안쪽 스키 숏턴
레벨13	두 턴을 연결하기	레벨38	낙엽1	레벨63	브라카취 상급사면	레벨88	원스키 스킹
레벨14	스노우플라우턴	레벨39	낙엽2	레벨64	재블린턴 중급사면	레벨89	더블 에징
레벨15	폴끌기 (스노우플라우턴)	레벨40	합턴	레벨65	미디움-숏턴	레벨90	숏턴 폴들기 상급사면
레벨16	두 손 바깥 무릎 올리기	레벨41	폴들기 (패럴렐턴)	레벨66	합&스티어링	레벨91	원스키 합턴
레벨17	비행기 턴	레벨42	캐취&릴리즈	레벨67	하키스탑 중급사면	레벨92	재블린 합턴
레벨18	폴들기 (스노우플라우턴)	레벨43	카빙&스키딩	레벨68	숏턴 중급사면	레벨93	블랙 범프
레벨19	그림액자	레벨44	파워 플라우	레벨69	초급 모글	레벨94	스웨디쉬턴
레벨20	다리 펴고 구부리기(초급)	레벨45	이지 하키스탑	레벨70	숏턴 폴들기 중급사면	레벨95	돌핀턴
레벨21	플라우 투 패럴렐	레벨46	제이 턴	레벨71	숏턴 상급사면	레벨96	밥슬레이턴
레벨22	베이직 패럴렐턴	레벨47	모래시계	레벨72	싸우전드 스텝 상급사면	레벨97	안쪽 손 설면 터치
레벨23	베이직 패럴렐 폴끌기	레벨48	크랩워크	레벨73	범프 합턴	레벨98	폴들기 상급 모글
레벨24	안쪽 스키 탭핑	레벨49	어드밴스드 패럴렐(중급)	레벨74	카빙 갈런드	레벨99	범프 빅턴
레벨25	내츄럴 스탠스	레벨50	폴끌기2	레벨75	화이트 패스 턴	레벨100	범프 에어플레인 턴

몰입이론에 따른 단계별 훈련법

오랫동안 강사로 활동하면서 스키를 어렵게 배우는 것이 아니라 게임을 하듯이 쉽게 배울 수는 없을까를 고민하게 되었습니다. 아시다시피 게임 산업은 규모가 큰 전 세계적 비즈니스입니다. 수많은 자금을 들여 심리학자들이 밝혀낸 몰입의 이론들을 실용적으로 적용하고 있습니다.

심리학자들이 발견한 몰입의 이론은 심플하고 분명한 목표, 즉각적인 피드백, 적절한 난이도, 세 가지입니다. 게임을 해보면 처음에는 흥미를 유발하도록 쉬운 단계부터 시작해 차츰 난이도가 증가합니다. 너무 어려우면 좌절하게 되고, 너무 쉬우면 흥미를 잃게 됩니다. '스키 레벨 100'은 캐나다에서 사용하는 다양한 스키 기술 훈련법을 단계별로 정리한 것입니다. 스키 기술을 향상시키는데 필요한 훈련을 기초부터 고급 기술까지 단계적으로 100단계의 레벨로 나누어 하나 하나 익히면 어느새 엑스퍼트 스키어로 발전하게 구성했습니다.

반드시 순서를 따를 필요는 없다

이런 연습은 스키 기술의 핵심적인 움직임을 익히고 향상시켜 줍니다. 하지만 순서에 너무 연연할 필요는 없습니다. 예를 들어 '레벨 38 낙엽'이 제대로 안 되면 이 훈련에만 열중하기 보다 '레벨 40 합턴'과 이후의 레벨로 넘어가도 상관 없습니다. 어차피 '레벨63 브라카 쥐 상급 사면'에서 또다시 피버팅에 관련한 훈련을 다시 만나기 때문입니다. 어떤 특정 레벨이 너무 어렵고 진도가 나가지 않으면 거기에만 너무 매달리지 말라는 의미입니다. 결국 상급자가 되기 위해서는 모든 동작 패턴이나 기술이 언젠가는 넘어야 할 산입니다. 그렇다해도 '스키 레벨 100'은 단계적으로 순서를 배열한 것이라 후반부 레벨은 상급 스키어가 아니면 흉내내기도 어렵습니다.

스키 레벨 100 재생 목록

PART 1

파우더 스키
정의

파우더 스키에 대해 이야기 하기에 앞서 먼저 용어에 대한 정의가 필요하다.

'Powder Ski'를 영어로 검색하면 대개 '파우더 스키판'에 대한 글과 이미지가 대다수를 차지한다. 영어권에서는 Ski는 스키판을 의미하는 경우가 대다수이다. 특히, 복수형으로 쓰이는 Skis는 절대적으로 스키판을 의미한다. 이에 반해 스키 장비, 기술, 문화 등 스포츠로서의 스키를 통칭할 때는 주로 '스킹Skiing'이란 표현을 쓴다.

이는 수영을 스위밍Swimming, 달리기를 러닝Running, 자전거를 사이클링Cycling이나 바이킹Biking으로 표현하는 것과 같다. 장르에 따른 스키를 통칭할 때도 알파인 스킹Alpine Skiing, 모글 스킹Mogul Skiing, 프리스타일 스킹Freestyle Skiing, 백컨트리 스킹Backcounrty Skiing이라 부른다. 그러므로 당연히 파우더 스킹Powder Skiing이라 부르는 것이 일반적이다.

하지만 한국은 좀 다르다. 한국에서는 일반적으로 스키는 '스키판'이라는 좁은 의미로 쓰이기도 하고, 스키에 연관된 모든 것을 일컫는 넓은 의미로도 사용된다. 네이버 국어사전에 '스킹'을 검색하면 '검색 결과 없음'이라고 나온다. 반면 '스키'를 검색하면 '1. (기구)스키판 2. (스포츠) 스키 타는 운동' 두 가지 의미가 있음을 알려준다. 즉, 영어의 스킹Skiing과 스키Skis가 동시에 통용되어 쓰이고 있다.

이 책에서는 이런 관습화된 한국의 문화적 특성을 반영해 '파우더 스키'라는 표현을 사용한다. '파우더 스키'는 파우더 스키 산업과 문화를 통칭하는 의미와 파우더 전용 스키판 두 가지 의미로 사용한다. '파우더 스키'와 '파우더 스킹'이 뉘앙스에 따라 혼용되어 쓰이더라도 일반적인 의미는 파우더 스키로 해석하면 큰 무리가 없을 것이다.

파우더 스키란 무엇인가?

파우더 스키의 정의

파우더 스키란 당연히 압설이 되지 않은 자연설에서 스키 타는 것을 의미한다. 눈의 높이에 대해서는 명확한 구분이 없으므로 슬로프 위에 살짝 덮인 경우에도 파우더 스키라 부를 수는 있다. 하지만 신설이 내렸다고 모두 파우더 스키라 부른다면 굳이 장비나 기술의 구분이 필요 없을 것이다. 신설의 유무 보다 어느 정도의 눈이 쌓인 환경에서 스키를 타느냐를 기준으로 파우더 스키를 구분하는 것이 좋다고 생각한다.

예를 들면 슬로프에 5cm 가량 적당히 눈이 쌓인 경우 아주 부드러운 활주감을 느낄 수는 있지만, 스키에 체중이 실리면 바닥면이 닿으면서 여전히 에지감을 느낄 수가 있다. 이런 경우 한국 스키장에서 타던 스키 기술과 큰 차이점이 느껴지지 않을 것이다. 굳이 파우더 스키를 애써 착용할 필요도 없다. 일반 스키로도 충분히 멋진 스킹이 가능하기 때문이다. 과연 이런 경우를 '파우더 스키'라 정의할 수 있을까?

반면에 눈이 많으면 스킹의 느낌이 달라진다. 눈이 정강이 이상 쌓인 곳에서는 스키가 눈에 파묻혀 들어가고 에지감이 느껴지지 않는다. 여기서 '정강이 깊이'라는 것은 스키 부츠만 신은 상태로 눈 위에 섰을 때를 말한다. 스키를 신은 상태에서 발목 정도 빠지는 곳이라도 스키를 벗는 순간 눈이 허벅지까지 빠지는 경우가 많다. 이런 깊은 눈에서는 한국 스키장에서 타던 방식으로 스키를 조작하기가 어렵다. 스키가 원하는 대로 돌아가지 않고, 눈에 푹푹 파묻혀 균형을 잃어버리거나 넘어지게 된다. 스키어는 이런 경우 상당히 당혹스러움을 느낀다. 그러나 역설적이게도 이런 상황이야말로 진정한 파우더 스키의 신세계가 열린 것이다.

30/30 룰

캐나다 휘슬러-블랙콤 스키 스쿨의 경우 '30/30 룰Rule'이란 것이 있다. 밤새 30cm 이상 신설이 내린 파우더 데이 아침에는 스키 스쿨 라인을 30분간 이용할 수 없도록 제한한 규칙이다. 스키 스쿨 라인은 스키 스쿨 소속 강사와 강습생이 리프트에 대기

줄이 길 경우 기다림 없이 빨리 올라갈 수 있도록 만들어진 별도의 라인이다. 이는 별도로 비싼 강습비를 지불한 강습 손님들을 위한 배려다.

하지만 30cm 이상 신설이 내린 날 리프트 앞에 길게 늘어선 대기줄을 무시하고 스키 스쿨 라인을 이용하면 엄청난 야유가 터진다. 이는 그만큼 많은 사람들이 아무도 밟지 않은 파우더를 열망하기 때문에 스키 스쿨 라인을 이용하는 강사와 강습생들에게 불만을 제기하는 것이다. 이런 고객들의 불만이 반영되어 30/30 룰이 생겼다.

그럼 30cm라는 특정한 높이가 생긴 이유는 무엇일까? 그것은 아마도 30cm가 정강이 정도의 높이고, 그 정도 이상이 되어야 진정한 파우더 스킹의 느낌을 맛볼 수 있기 때문일 것이다.

정강이 이상 눈이 쌓인 파우더 환경에서는 에지가 아닌 스키의 부력을 이용해 스키를 타야 한다. 그러므로 파우더용의 팻 스키Fat Skis가 절대적으로 유리하다. 스키가 길고 넓을수록 부양력이 많이 발생하기 때문이다.

스키 위에 스키어의 체중이 실리면 스키는 눈 속으로 가라앉게 된다. 이렇게 가라앉는 스키에 의해서 눈이 뭉쳐지면 어느 순간부터는 눈이 스키를 밀어내는 반작용의 힘이 발생하는데 이것이 부양력Floating Force이다. 부양력은 처음 느끼는 사람에게는 아주 낯선 독특한 경험이다. 마치 구름 위에 서 있는 느낌이랄까? 아니면 출렁이는 물 위에 떠 있는 얇은 판자를 밟고 서 있는 느낌이랄까? 딱딱하고 안정적인 바닥면을 딛고 서 있을 때의 느낌과는 아주 다른 느낌이다.

한국의 스키어들 가운데 제대로 파우더 스키를 경험해 본 스키어들은 많지 않다. 하지

일본 앗피스키장에서의 파우더 스킹.

만 영화, 유튜브 영상 등 다양한 방식을 통해 깊은 눈에서 스킹하는 영상을 보며 파우더 스키에 대한 동경을 가지고 있다. 대부분의 스키어는 아무도 지나지 않은 깊은 눈에서 스킹하며 둥둥 떠다니는 듯한 해방감을 맛보고 싶어한다. 말 그대로의 둥둥 떠다니는 듯한 '해방감'이다. 이런 느낌을 느끼지 못하고, 단지 살짝 눈이 덮인 곳에서 스키를 탔다는 사실 하나로 '나는 파우더 스킹을 경험했다'고 자랑해서는 안 된다고 본다. 스키 실력을 떠나 '파우더 스킹이 무엇인가'라는 정의에는 서로 공통의 인식이 전제되어야 하는데, 5cm도 안 되는 눈에서 스킹한 뒤 '파우더 스킹'을 이야기 하면 '장님 코끼리 만지기'식이 되기 때문이다. 따라서 파우더 스킹에 대한 전제를 정확히 할 필요가 있다.

파우더 스키에 대한 정의는 '자연설이 대략 정강이 정도 높이로 쌓인 곳에서 부양력을 충분히 느끼면서 스키를 타는 것'이라 할 수 있다. 여기서 중요한 것은 '부양력'이다. 이 부양력을 만들기 위한 장비와 기술의 혁신이 현재의 파우더 스키 유행을 만드는 기반이 되었기 때문이다. 이러한 정의를 전제로 파우더 스키의 신세계를 찾는 우리의 다음 여행을 떠나 보자.

파우더 스키 vs 올마운틴 스키

해외에서는 파우더 스키와 올마운틴 스키를 구분해서 정의한다.

파우더 스키와 올마운틴 스키의 구분

구분	파우더 스키	올마운틴 스키
목표	아무도 지나지 않은 깊은 파우더에서 둥둥 떠다니는 스릴과 특별히 즐거운 경험에 초점('파우더'라는 메인디쉬가 있는 식사)	산이 제공하는 다양한 요소들을 모두 경험하고 즐기려는 모험심에 심취되어 도전과 성취에 초점(다양한 하이라이트가 있는 뷔페)
지형	가능하면 사람들이 지나지 않은 후레쉬 파우더를 찾아 오프 피스트, 사이드컨트리, 백컨트리 등에서 스킹	정설 사면을 포함한 급사면, 범프, 트리런 등 도전적인 지형에서 스킹
설질	깊고 가벼운 설질에서의 스킹 추구	모든 설질에서의 도전적인 스킹 추구
장비	파우더에서 유리한 허리가 넓고(90~110mm) 락커가 적용된 파우더 전용 스키와 백컨트리가 가능한 기능적 스키 장비 선호	정설 사면에서의 카빙 성능을 포함한 모든 지형과 설질에서 적응성이 뛰어난 전천후 스키 선호. 허리는 대개 80~90mm
기술	부양력을 활용해 파우더에서 안정되고 리드미컬하게 스킹 하는 기술에 초점	카빙 스킹, 범프 스킹, 파우더 스킹 등 모든 지형과 설질에서 적용되는 기술의 다양성과 적응성에 초점
정서	사교 댄스(다양한 파우더 환경에서 즐거운 스킹 추구)	도장 깨기(도전적 스킹 환경에서 최상의 퍼포먼스 추구)

해외에서의 정의를 보면 파우더 스키와 올마운틴 스키는 많은 부분에서 중복되지만 분명한 선호차이가 존재하며, 그에 따라 추구하는 목표에 차이가 있을 수 있다. 물론 많은 스키어들이 두 스킹의 영역에 걸쳐 혼재되어 있는 경우가 많다.

한국의 스키어들에게 파우더 스키어냐? 올마운틴 스키어냐?고 묻는다면 답변을 쉽게 하지 못할 것이다. 한국의 스키어들은 한국 스키장의 특성과 문화로 인해 굉장히 좁은 인식과 경험을 가지고 있기 때문이다. 좀 더 많은 스키어들이 해외 스키장의 문화와 기술을 경험하고 이러한 경험이 대중화된다면 다양하게 분화가 이루어지겠지만, 현재까지 한국의 스키어들은 파우더 스키어이자 올마운틴 스키어인 경우가 대부분이다.

한국의 스키장에서는 깊은 눈에서 스킹하는 것이 거의 불가능하다. 기후 변화로 인해 한국에 많은 눈이 내리는 경우가 매우 드물기 때문이다. 설령 폭설이 내리더라도 정설차가 바로 정설을 해버린다. 한국의 스키어가 파우더 스키를 타려면 적설량이 풍부한 해외 스키장을 찾아가야만 한다. 하지만 해외 스키장이라고 해서 언제나 파우더 스키를 보장하는 것은 아니다. 눈을 내리게 하는 것은 자연이지 인간이 아니기 때문이다.

눈이 내리는 것은 자연의 영역이지만 인간이 좌우할 수 있는 것이 있다. 바로 정설이 안된 지역을 적극적으로 찾아 다니는 것이다. 눈이 자주, 그리고 많이 내리는 곳에서는 정설된 슬로프 위로 신설이 소복히 쌓여 환상적인 파우더를 맛볼 수 있는 기회가 있다. 하지만 그런 기회는 정말 생각보다 흔치 않다. 쉽지 않은 기회를 기대하기보다는 파우더를 만날 확률이 조금이라도 높은 정설이 안된 지역을 찾아가는 게 현명하다. 이렇게 정설되지 않은 지역을 오프 피스트Off-Piste라 부르고, 이런 곳에서 스킹하는 것을 '오프 피스트 스킹'이라 한다.

스키장에서 경사가 심한 지역, 리프트 밑이나 나무가 많은 지역은 정설차가 진입하지 못하므로 자연적으로 오프 피스트가 된다. 물론 스키장에서 의도적으로 오프 피스트 지역을 형성해 정설을 하지 않는 곳도 많다. 어쨌든 이런 오프 피스트 지역은 정설된 슬로프와는 전혀 다른 환경이 펼쳐진다.

눈이 내리거나 내린 직후에는 당연히 파우더로 덮인다. 그 파우더를 헤집고 파우더 헌터들이 지나고 나면 자연스럽게 범프가 생긴다. 그러다 눈이 내리면 다시 파우더로 덮이고, 파우더 헌터들이 괴성을 지르며 헤집고 지나고, 다시 범프가 생긴다. 이를 겨울 시즌 동안 무한 반복하는 것이다. 이런 환경이다보니 당연히 정설 사면에 비해 파우더를 만날 확률이 절대적으로 높다. 눈이 내리는 것은 자연의 선택이지만, 슬로프를 선택하는 것은 인간의 선택이다.

파우더 스키를 추구하는 스키어들은 운명적으로 오프 피스트를 자신의 놀이터로 여기게 된다. 왜냐하면 아무도 지나지 않은 후레쉬 파우더Fresh Powder를 만나 나만의 유일한 슈프르Spur를 그리는 행운이 계속 반복될 수는 없기 때문이다. 파우더 데이도 반나절이 지

일본 아니스키장에서의 오프 피스트 스킹.

나면 슬로프에는 파우더 매니아들이 남긴 슈프르로 가득 채워진다. 파우더 매니아들은 아무도 지나지 않은 곳을 찾아 점점 깊은 곳으로 남겨진 파우더를 찾아 다니게 된다. 그러다 보면 앞서 지나간 파우더 매니아들에 의해 자연스럽게 형성된 울퉁불퉁한 범프를 지나쳐야 하는데, 며칠 동안 신설이 내리지 않으면 범프들은 점점 커져서 괴물처럼 거대해진다.

우리는 여기서 파우더 스킹이 자연스럽게 올마운틴 스킹을 포함하게 되는 이유를 알게 된다. 파우더를 타기 위해서는 파우더 스킹만 잘 해서는 안 된다. 파우더가 풍부한 지역은 눈이 안 오면 바로 자연 범프로 변하는 오프 피스트 지역이다. 오프 피스트를 놀이터로 여길 정도로 자유롭게 범프를 잘 탈 수 있어야 하고, 나무 사이에 남아 있는 신설을 찾아 트리런을 자유자재로 할 수 있는 능력도 갖추어야 한다. 그래야 스키장 구석구석은 물론, 사이드 컨트리와 백컨트리까지 파우더 스키의 정수를 경험할 수 있다.

이처럼 파우더 스킹은 자연스럽게 올마운틴 스킹과 하나로 이어진다. 올마운틴 스킹은 말 그대로 올마운틴All-Mountain을 의미하는데, 산 전체를 대상으로 다양한 환경에서 스키를 즐기는 것을 말한다. 한국의 스키장이 이쁘게 손질된 리조트라면 해외 유명 스키장들은 거대한 산에서 맘껏 뛰놀 수 있는 환경을 제공하고 있다. 한국 스키장에서 볼 수 있는 정설된 사면은 물론이고 그 보다 훨씬 넓은 오프 피스트 사면을 놀이터로 제공한다.

올마운틴 스킹은 어떤 환경에서도 자유롭게 즐기는 것을 말하는데, 특히, 오프 피스트에서의 스킹에 초점을 맞추고 있다. 그러므로 올마운틴 스킹과 파우더 스킹은 동전의 앞뒷면처럼 서로 공통된 측면이 많다. 실제로 스키 기술을 가르치다보면 범프 스킹과 파우더 스킹은 상당히 많은 부분에서 기술이 중첩된다.

"그렇다면 우리의 스킹을 '올마운틴 스킹'으로 불러야 하는 것 아닌가요?"라고 물어보는 사람이 많다. 맞는 말이다. 그 이유는 파우더 스킹만 즐길 수 있는 환경이 아주 드물기 때문이다. 백컨트리나 사이드컨트리, 혹은 헬리스킹과 같은 일반 스키어가 접근하기 어려운 지역이 아니라면 깊은 파우더를 하루 종일 즐기며 스킹하는 것은 쉬운 일이 아니다. 만약 그럴 수 있었다면 파우더 스킹은 이미 오래 전에 대중화되었을 것이다. 접근이 비교적 용이하면서도 파우더를 즐길 수 있는 곳이 스키장의 오프 피스트 지역이다. 이렇게 오프 피스트를 위주로 스킹을 하다보면 파우더, 범프, 트리런, 급사면 스킹 등 '오프 피스트 4대장'을 모두 경험하게 된다. 이런 의미에서 보면, 오프 피스트를 위주로 스킹하는 올마운틴 스킹이 파우더 스킹을 포괄하고 있다고 볼 수 있다. 하지만 우리가 궁극적으로 추구하는 것은 무엇인가? 파우더 스킹이다. 우리는 파우더 스킹을 여러가지 올마운틴 스킹 가운데 가장 멋지고 황홀한 스킹으로 여긴다. 그래서 파우더 스키어들은 파우더 스킹을 동전의 앞면에 새겨 놓고, 올마운틴 스킹을 동전의 뒷면에 새겨 놓는다.

유럽과 북미에는 멋진 스키장이 많다. 그런데도 그 스키장 바로 옆에 사는 수많은 스키어들이 일본 홋카이도나 나가노의 스키장을 찾아 오고 있다. 유럽이나 북미의 스키장에서 만난 서양의 스키어에게 한국에서 왔다고 하면 '아니, 일본 스키장이 바로 옆인데 왜 이 곳까지? 당신들은 좋겠다. 일본의 파우더를 맘껏 즐길 수 있어서'라고 말하며 부러워한다. 왜 그럴까? 그 좋은 스키장을 곁에 두고도 왜 멀고 먼 일본 스키장을 찾아갈까? 일본에서 올마운틴 스킹을 하려고? 아니다. 올마운틴 스킹 환경은 유럽이나 북미의 스키장이 최고다. 일본 스키장은 규모면에서 절대 그들의 상대가 될 수 없다. 규모나 다양성 측면에서 보면 어른과 아이처럼 비교할 수 없이 큰 차이가 있다. 그런데도 그들이 일본을 찾는 이유는 오직 하나, 파우더 때문이다. 원없이 파우터 스키를 타고 싶어서다.

서양의 파우더 헌터들은 '자파우(Japow:세계 최고인 일본의 파우더를 부르는 말)'를 외치며 지구를 돌고 돌아 일본의 구석진 산골로 모여 든다. 과거에는 일본 스키어들이 세계의 스키장을 동경하였다면, 이제는 반대로 서양의 스키어들이 일본의 스키 환경을 동경하고 있다. 파우더만 놓고 보자면 일본처럼 단 기간에 많은 눈을 뿌리는 곳이 거의 없다. 일주일에 2~3

일 정도 파우더를 경험할 수 있는 곳은 세계적으로도 찾기 쉽지 않다.

물론 그들이 일본에 와서 주구장창 파우더만 타는 것은 아니다. 그들 또한 신설이 적을 때는 어쩔 수 없이 올마운틴 스킹을 한다. 하지만 그들을 일본의 구석진 스키장으로 끌어오는 요인은 파우더 스킹이지 올마운틴 스킹이 아니다. 비록 그들이 지금 당장은 눈이 적어 올마운틴 스킹을 하고 있을지라도 말이다.

이런 관점에서 보자면, 우리는 파우더 스킹을 추구하는 파우더 매니아이고 파우더 헌터이며, 파우더 체이서이다. 비록 신설이 내리지 않는 시간에 올마운틴 스킹을 배우고 발전시키고 있을지라도 이 또한 파우더 스킹을 완성하기 위한 과정이자 파우더를 기다리는 과정이기 때문이다.

이러한 고민 끝에 우리의 궁극의 목표가 파우더 스킹이란 것을 다시 한 번 긍정하게 된다. 우리가 하는 것이 파우더 스킹이냐? 올마운틴 스킹이냐? 보다 더욱 중요한 것은 우리가 추구하는 것이 무엇이냐? 이다. 이런 판단의 근거가 어디에서 스킹할 것인가를 선택하는 기준이 된다. 우리에게는 선택 기준이 파우더이고, 최고의 파우더 스키를 즐길 수 있는 일본이 주요한 스키 대상지가 된다.

일본 타자와코스키장에서의 파우더 스킹.

파우더 스킹에 대한 세 가지 오해

필자는 2019년 '정우찬 파우더 스키 아카데미'를 시작한 후 파우더 스킹 전도사로 활동하면서 다양한 스키어를 만나고 대화를 나눴다. 그리고 한국의 스키어들 사이에 파우더 스킹에 대한 세 개의 커다란 오해가 존재한다는 것을 알게 되었다.

❶ 파우더 스키는 상급자만 탄다?

A씨는 한번도 해외 스키장을 경험해 보지 못했다. 그래서 파우더 스킹 하면 유튜브 영상에서 접한 프로들의 스킹 이미지로 가지고 있다. 당연히 그는 그런 프로들의 스킹을 흉내내려면 엄청난 상급자여야 한다고 생각한다. 중급 스키어인 A씨는 자신이 파우더 스킹을 할 수 있으리라고는 꿈도 꾸지 못한다.

프로들의 스킹은 일반인들이 흉내내기가 어려운 것은 물론 대단히 위험하다. 어려서부터 파우더와 올마운틴 환경에서 자라며 스킹해 온 프로 스키어들은 더욱 화려하고 시선을 끌만한 스키 영상을 만들기 위해 위험한 상황을 감수하기도 한다.

그러나 프로 스키어들이 처음부터 무모한 도전을 실행하는 것은 아니다. 실제로 프로 스키어들은 우리 눈에 보이지 않는 무수히 많은 실패를 거치며 경험을 쌓아 그 단계에 도달한 것이다. 어려서부터 천재성을 보인 한국의 스키어가 프로 스키어를 꿈꾸며 단계적으로 실력을 끌어올리면 서양의 프로 스키어들과 같은 퍼포먼스 수준에 도달할 수도 있다. 하지만 아마추어 스키어들은 프로들이 보여주는 그런 파우더 스킹을 고려할 필요는 전혀 없다.

일본 홋카이도 루스츠 리조트에서 허리 높이 이상 쌓인 파우더에서 스키를 타는 스키어.

A씨 같은 경우는 일단 해외 스키장을 경험하면서 국내 스키 환경이 얼마나 제한적인지 이해하는 것이 우선이다. 그리고 다양한 사면과 설질을 즐기는 사람들을 직접 눈으로 보면서 파우더 스킹과 올마운틴 스킹이 프로 스키어들의 목숨 건 스킹과 달리 해볼만한 스킹이라는 것을 깨닫는 것이 필요하다. 그렇게 실제로 자신 주변에서 스킹하는 사람들을 보면서 자신과 비슷한 수준의 사람들이 어떻게 파우더 스키에 적응하고 발전하는지를 확인한다면 파우더 스키에 흥미를 가질 수 있을 것이다.

❷ 인터 스키를 잘 타면 저절로 파우더를 잘 탈 수 있다?

B씨는 해외스키장 경험이 있다. 친구들과 함께 일본 홋카이도의 스키장에서 스킹하면서 파우더를 접해 보았는데, 친구 따라 들어간 파우더에서 턴이 제대로 되지 않아 넘어졌다. 다시 일어나려고 십여 분 간 버둥대면서 고생한 경험 때문에 파우더는 유혹이자 경고로 느껴졌다. '파우더는 너무 타고 싶은데, 내가 아직 실력이 부족하구나. 좀 더 인터 스키로 스키 실력을 향상시킨 뒤에 도전해야지'라는 생각을 하고 있다.

패럴렐 스킹이 가능한 스키 중급자 B씨의 경우 국내 환경에 최적화된 스키 기술로 파우더에 도전했다가 좌절한 경우이다. B씨는 스키 실력이 부족해 파우더 스키를 잘 탈 수 없다고 여긴다. 그리고 인터 스키를 열심히 배워 레벨2 정도 취득하면 파우더도 잘 탈 수 있을 거라는 생각을 가지고 있다. 그러나 B씨의 생각은 틀렸다. 인터 스키와 파우더 스키는 지향점이 다르다. 같은 서울에서 출발해도 도착지가 부산과 목포처럼 다른 방향이다. 중간인 대전(패럴렐턴을 하는 중급 스키어의 단계)까지 같은 방향으로 내려와도 그 다음부터는 상당히 다른 방향으로 나아간다.

인터 스키 기술을 열심히 가다듬으면 당연히 한국 스키장에서는 스키를 잘 타게 될 것이다. 열심히 연습하였으니 그런 결과가 나오는 것은 당연하다. 하지만 한국 스키장에서의 실력이 바로 해외 스키장에서 특히, 파우더와 자연 범프에서 그대로 적용될 것이라고 생각한다면 오산이다. 인터 스키와 파우더 스키는 기술적 특성에 큰 차이가 있기 때문이다.

파우더 스키 기술은 올마운틴 스키 기술의 한 종류다. 올마운틴 스키 기술은 자연설이 풍부한 유럽과 북미 등 스키 선진국이라 할만한 나라의 스키 기술이라고 생각하면 된다. 자연설이 풍부하다보니 당연히 정설 사면 이외에도 다양한 오프 피스트에서 스킹이 가능하고, 스키 강사들도 정설 사면과 오프 피스트에서 모두 적용 가능한 올마운틴 기술을 가르친다. 필자가 캐나다 휘슬러에 15년 이상 스키 강사로 일하면서 일반인을 대상으로 강습할 때 카빙을 가르쳐본 기억이 거의 없다. 강습생 대부분은 상급자인데, 주로 최상급 블랙 다이아몬드 슬로프에서 스킹한다. 이런 곳에서는 카빙이 아닌 스키딩을 주로 사용한다.

　해외 스키장에서 스킹을 해 보고, 몇 번의 파우더와 자연 범프, 트리런 등을 해보면서 즐겁고 행복한 경험을 했다면 자신의 스키 취향에 대해 진지하게 고민을 해봐야 한다. 파우더 환경에서 즐겁고 자유로운 스킹에 집중할 것인지, 아니면 한국 스키장과 같이 정설 사면으로 제한된 스킹 환경에 적용되는 스키 기술에 집중할 것인지를 정해야 한다. 물론 두 가지 모두 집중하는 것을 선택하는 스키어도 있겠지만, 대부분의 사람들은 자신의 취향에 맞춰 선택과 집중을 한다.

캐나다 휘슬러 블랙 다이아몬드 슬로프에서의 파우더 스킹.　　　　　　　Ⓢ Jerry

❸ 파우더 스키는 오로지 파우더만 탄다?

며칠 전 일본에 도착해 스키를 탔던 C씨가 말을 건넸다.

"정프로님은 좋겠어요. 내일부터 폭설이 내린다니 신나게 파우더 스키 타시겠네요. 그동안 눈이 안 와서 어떻게 타셨어요?"

C씨의 속마음이 어떤 지는 다 알 수 없다. 다만, C씨가 건넨 말을 곧이곧대로 해석하면 '파우더 스키는 파우더만 탄다'는 생각을 하는 것처럼 보인다.

파우더로 유명한 일본일지라도 여행 기간 내내 파우더만 탄다는 것은 정말 흔치 않은 일이다. 파우더 매니아들은 당연히 파우더 스킹은 올마운틴 스킹을 포함하고 있다는 것을 전제로 한다. 눈이 적게 내리는 기간에는 범프와 트리런 등 올마운틴 스킹을 즐긴다. 좀 더 적극적인 파우더 매니아들은 사이드컨트리와 백컨트리를 즐긴다.

파우더 매니아일지라도 파우더 스킹만을 하는 경우는 거의 없다. 이런 경험을 가지려면 항상 헬리스킹(캣스킹 포함)만을 하는 엄청난 갑부이거나 죽어라고 남들이 없는 곳만 찾아다니는 백컨트리 스키어이거나 두 가지 경우 중 하나일 것이다. 실제로 파우더 스키어들은 모두 올마운틴 스키어이기도 하다. 다만 파우더를 더 우선시할 뿐이다.

파우더 성지로 유명한 일본 홋카이도는 눈이 자주, 많이 내려 스키장 내에서도 파우더를 경험할 수 있다. 파우더 스키를 즐긴 뒤에는 자연적으로 형성된 범프를 타는 경우도 많다. 또 남들이 지나가지 않은 파우더를 타려면 나무가 많은 지역으로 들어가 트리런을 즐겨야 한다. 물론 이런 곳도 자연 범프로 뒤덮여 있는 경우가 많다. 리프트 정상에서 내려 스키를 메고 한참을 걸어올라가 남들이 타지 않은 파우더 지역을 내려오더라도 트리런이나 자연 범프를 넘어야 스키장 슬로프로 다시 들어오는 경우가 대부분이다.

일본 아키타현 타자와코스키장에서 진행된 파우더 캠프에서
범프 스키 기술을 강습 중인 필자.　　　　　　　　ⓒ 한왕식

즉, 파우더를 타려면 파우더는 물론이고 다양한 지형과 설질에 모두 익숙해져야 한다. 이런 이유로 파우더 스키는 자연스럽게 올마운틴 스키로 이어지는 것이다. 올마운틴 스키는 정설과 오프 피스트, 파우더를 모두 포괄하는 스킹이므로 신설이 내리면 파우더를 즐기고, 눈이 오지 않으면 자연 범프와 트리런을 즐기는 것이다. 이 모든 과정이 파우더 스키어에게는 파우더 스킹을 위한 준비이자 필수적인 절차로 여겨진다. 그러므로 파우더 스키어는 파우더만 탄다는 오해에서 벗어나야 한다.

파우더 스키의 종류

파우더 매니아들은 아무도 지나지 않은 깊은 눈에서 자유롭게 파우더를 떠다니는 황홀경을 최고의 행복으로 여긴다. 하지만 이런 파우더를 만나기는 쉽지 않다. 시간과 노력, 비용을 지불해야 한다.

파우더 스킹을 구분하는 방식은 스키 환경과 문화마다 다를 수 있다. 여기서는 파우더 스킹이 이루어지는 환경을 주요한 기준으로 구분한다.

먼저, 파우더 스킹을 구분하기 위해서 알아야 할 것이 있다. 바로 인 바운더리In Boundary와 아웃 오브 바운더리Out of Boundary이다. 정확한 의미로는 스키 리조트 관리 영역이냐, 스키 리조트 관리 외 지역이냐를 말한다.

인 바운더리와 아웃 오브 바운더리

구분	인 바운더리In boundary	아웃 오브 바운더리Out of boundary
정의	스키장 또는 스키 구역의 정해진 경계 내에서 리조트 직원이 스키를 허용하고 감독하는 지역	스키 리조트 또는 스키 지역의 설정된 경계 밖의 지역
관리 유무	직원의 순찰, 유지, 보수가 정기적으로 이루어짐	직원의 관리 없음
눈사태 관리	눈사태 예방 조치 혹은 출입 통제	관리 없음
사고 발생 시	스키장 직원의 구조, 응급 조치, 응급 기관으로의 이송	구조 및 이송 비용 개인 부담

프론트컨트리|Frontcountry

프론트컨트리는 쉽게 말해 스키장의 관리 영역인 인 바운더리에서 스킹하는 것을 말한다. 가장 대표적인 프론트컨트리 파우더 스킹은 밤새 많은 눈이 내려 스키장 어느 지역에서나 파우더 스킹을 즐길 수 있는 경우이다. 아래 사진은 휘슬러 블랙콤산에서의 파우더 스킹이다. 유심히 보면 사진 왼쪽에 리프트를 타고 올라가는 사람들의 모습을 볼 수 있다. 이렇게 스키장의 관리 영역 안에서 이루어지는 파우더 스킹을 프론트컨트리라 부른다. 백컨트리 스킹Backcountry skiing이 활성화되면서 이와 대비되는 개념으로 리조트 안에서 이루어지는 스킹을 구분하기 위한 신조어라 보면 되겠다.

휘슬러 블랙콤에서의 파우더 스킹.

프론트컨트리 파우더 스킹은 안전하고 편하게 즐길 수 있어 처음 파우더 스킹을 접하는 입문자들에게 추천하는 방법이다. 리조트에서 관리하는 지역이다보니 길을 잃을 위험이 적고, 사고 발생 시 도움을 요청하기가 용이하다. 또한 리조트 관리 영역이므로 패트롤이 출동해도 별도의 구조 비용이 발생하지 않는다.

프론트컨트리는 대부분 리프트를 이용해 접근이 가능해 스키를 메고 설산을 헤치고 올라가거나 백컨트리 장비를 별도로 갖춰야 할 필요도 없다. 그만큼 진입장벽이 낮아 누구나 마음만 먹으면 도전할 수 있다. 하지만 무모하게 남들 따라 다니다 큰코 다칠 수 있다. 입문 단계에서 너무 어려운 코스에 도전했다가 고생한 후 프론트컨트리는 아예 엄두도 내지 못하는 경우가 많다. 프론트컨트리라 하더라도 자신의 실력에 맞는 코스를 선택하고, 부양력에 도움이 되는 파우더 스키를 사용해 단계적으로 접근해야 한다.

프로트컨트리의 단점은 아무도 지나지 않은 후레쉬 트랙Fresh Track을 맛보기가 쉽지 않다는 것이다. 해외 스키장에는 의외로 파우더 홀릭들이 많다. 눈이 많이 내린 다음 날에는 평소보다 몇 배나 많은 스키어들이 리프트 앞에 장사진을 치고, 출발선에 선 경주마처럼 긴장감에 넘쳐 있다. 이들이 리프트 오픈과 함께 스키장에 올라 후레쉬 트랙을 찾아 온갖 곳을 헤집어 놓기 때문에 몇 시간 뒤면 스키장의 인 바운더리에서 후레쉬 트랙을 찾기가 힘들다.

그나마 상급자만 접근 가능한 블랙 다이아몬드나 더블 블랙 다이아몬드, 트리런 코스 등은 좀 더 오랜 시간 동안 후레쉬 트랙을 유지한다. 따라서 올마운틴 스키 기술이 좋을수록 더 깊은 파우더에서, 더 신나게, 더 오래도록 파우더를 즐길 수 있다. 어느 곳에서나 파우더를 만끽할 수 있는 실력을 갖추는 것, 이것이 스키어들이 해외 스키장의 스키 스쿨에서 강습을 신청하는 가장 주된 이유다. 한국과는 강습받는 이유가 상당히 다름을 알 수 있다.

사이드컨트리|Sidecountry

사이드컨트리는 리프트 등 스키장의 시설을 이용해 오른 뒤 트래버스나 짧은 등산을 통해 아웃 오브 바운더리로 나가는 경우를 말한다. 프론트컨트리와 달리 스키장 관리 영역을 벗어나 아웃 오브 바운더리에서 스킹하지만, 전문적인 백컨트리 장비와 눈사태 안전장비를 구비하지 않는 경우가 많아 백컨트리와 구분해 사이드컨트리라 부른다. 이곳은 접근이 불편하기 때문에 프론트컨트리와 달리 오래도록 파우더가 남아 있어 후레쉬 파우더를 쫓되 장비를 이용해 힘들게 산을 오르는 것을 싫어하는 파우더 홀릭들이 선호하는 방식이다. 휘슬러의 경우 휘슬러 피크의 뒷사면, 니세코의 경우 게이트를 통해 아웃 오브 바운더리로 넘어가 스킹하는 것을 상상하면 된다.

사이드컨트리의 장점은 접근이 용이한 반면 백컨트리 스키에서나 만날 수 있는 깊은 눈을 만날 확률이 높다는 것이다. 파우더의 세계에 빠져 든 스키어들에게 상당히 매력적인 스킹 형태이다. 백컨트리 스키 장비를 갖추지 않아도 깊은 눈에서 파우더 스킹을 즐길 수 있어 프론트컨트리에서 파우더 스킹을 경험한 파우더 입문자들이 다음 스텝으로 선택하는 경로다. 또한 스키장의 지형을 잘 아는 로컬 스키어들이 많이 추구하는 형태의 파우더 스킹이기도 하다.

하지만 접근의 용이성을 제외하면 눈사태의 위험과 사고 발생 시 대처의 어려움, 구조 비용 발생 등 백컨트리 스킹과 마찬가지의 위험에 노출되기 때문에 경험 많은 강사나 가이드와 동행하는 것이 필요하다. 특히, 사이드컨트리는 사고 발생 시 대응에 필요한 충분한

뉴질랜드 카드로나스키장에서 사이드컨트리로 진입하기 위해 업힐 중인 필자.

장비를 갖추지 않은 경우가 많아 더욱 큰 위험에 노출될 수 있어 이러한 동행은 더욱 필요하다.

백컨트리|Backcountry

전문적인 등행 장비와 안전장비를 갖추고 아웃 오브 바운더리에서 업힐과 다운힐을 병행하며 스킹을 즐기는 경우를 말한다. 백컨트리 스킹을 즐기려면 백컨트리 장비 사용과 안전에 관련한 전문적 지식을 갖추기 위한 교육이 필수이다. 장비의 사용법과 등행법을 익히는 것도 필수다. 깊은 파우더에서 스키를 타는 스킹 기술도 갖춰야 한다. 또한 눈사태 안전장비도 반드시 갖추어야 하고 사용법도 능숙해야 한다. 눈사태 안전장비는 사용할 기회가 없는 것이 가장 좋지만, 만약을 위해 사용법 숙지 등 충분한 경험을 쌓는 것이 필요하다. 백컨트리는 반드시 전문가와 함께 동행해야 하며, 설령 경험이 많더라도 코스를 모르면 가이드를 고용하는 것이 좋다.

백컨트리 파우더 스키의 장점은 프론트컨트리나 사이드컨트리에 비해 훨씬 다양하고, 깊은 파우더에서 스킹을 즐길 수 있다는 것이다. 파우더 스키어라면 누구나 꿈꾸는 아무도 지나지 않은 후레쉬 파우더에서 신나게 자신만의 슈프르Spur를 그리며 스킹할 수 있다. 백

일본 홋카이도 후라노다케에서 업힐을 하고 있는 백컨트리 스키어들.

컨트리 스키 경험이 쌓이고 충분한 기술이 축적되면 아웃도어 장비를 가지고 며칠씩 광활한 설원에서 환상적인 스킹을 즐길 수 있게 된다. 샤모니와 체르마트를 잇는 알프스 오트루트Haute Route나 휘슬러산과 블랙콤산을 잇는 캐나다의 스피어헤드 트래버스Spearhead Traverse 같은 대표적인 코스는 백컨트리 스키어들의 버킷리스트다.

백컨트리 스키에 도전하기 위해서는 특별한 장비를 갖추어야 하고, 전문가로부터 교육을 받아야 해서 진입장벽이 상당히 높다. 시간과 비용을 들여 백컨트리에 입문했다 하더라도 체력적으로 힘들어 포기하는 경우도 많다. 비싼 돈 들여 백컨트리 장비를 갖추고도 정작 백컨트리 스키는 일 년에 한 번도 안 가는 스키어들도 많다. 따라서 무모하게 욕심을 내기보다 전문가와 함께 최소 몇 차례 백컨트리 스키 입문 과정을 교육 받은 뒤 장단점과 위험성 등을 숙지하고 본격적으로 백컨트리 스킹에 도전하길 추천한다.

헬리스킹 & 캣스킹Heli Skiing & Cat Skiing

깊은 파우더를 제대로 즐기기 위해서는 백컨트리가 좋은 방법이다. 하지만 장비를 사용해 산을 거슬러 올라야 하는 체력적 부담과 오르는 시간에 반비례해 스킹 시간이 그만큼 줄어든다는 단점이 있다. 이러한 단점을 해결하기 위해 동력을 사용해 오르는 방법을 선택할 수도 있다. 바로 헬리콥터를 이용하는 헬리스킹과 스노우 캣Snow Cat이라 불리는 정설차를 이용하는 캣스킹이 대표적이다. 스노우 모빌을 이용하는 경우도 이에 포함된다.

헬리스킹이나 캣스킹은 효과적으로 깊은 파우더를 즐긴다는 면에서는 가장 좋은 방법이지만 비용이 많이 드는 것이 단점이다. 또한 자신의 생각보다 깊은 눈에서의 파우더 스킹이 어려워 비싼 비용을 지불하고도 충분히 즐기지 못하는 경우가 의외로 많다. 반드시 체력과 기술을 겸비한 뒤에 도전하길 권한다.

파우더 스키에 입문하는 많은 사람들이 자신의 버킷리스트로 헬리스킹을 꼽는다. 하지만 충분히 준비되지 않은 채 도전했다가는 지옥을 만날 수도 있다. 친구 따라 강남 가듯 선택하지 말고 전문가로부터 조언을 받아 자신의 체력적, 기술적 준비 정도를 검토한 뒤 도전하길 추천한다. 또 가성비면에서 유리한 캣스킹을 먼저 시도하고 충분히 자신감이 생긴 뒤에 헬리스킹을 도전하는 것이 좋다.

헬리스킹은 설질과 날씨가 좋은 경우 최상의 깊은 파우더를 즐길 수 있는
파우더 스키어의 버킷리스트이다.
ⓒ 노재윤

왜
파우더 스키인가?

스키는 대단히 흥미롭고 중독성이 강한 스포츠이다. 스키는 수천 년 전부터 눈 덮인 설원에서 이동수단으로 개발되어 이용되던 것이 점차 속도를 겨루는 노르딕 경기로 발전했다. 리프트 개발과 장비의 발전을 통해 대중화되기 시작한 알파인 스키는 현대에 와서는 겨울 스포츠의 꽃으로 자리잡았다. 이 가운데 파우더 스키는 장비의 발전과 더불어 최근 스키 유행을 주도하고 있다. 왜 이렇게 파우더 스키가 인기를 끌고 있는 걸까?

크게 두 가지 이유가 있다. 첫째, 파우더 스키야말로 인간의 본성에 가장 부합하는 형태의 스킹이기 때문이다. 둘째, 스키장비의 진화가 점점 더 파우더 스키에 유리한 방향으로 이루어지고 있기 때문이다.

인간의 본성

파우더 스키가 주는 특별한 감각

파우더 스키는 매우 특별한 감각을 제공한다. 파우더는 일반적으로 정설된 눈과 비교해 가볍고, 폭신폭신하며, 둥둥 떠다니는 느낌을 준다. 이렇게 둥둥 떠다니는 느낌을 영어로는 플로팅Floating이라 부른다. 우리말로 하면 부양, 부양감, 부양력 등으로 해석할 수 있다. 어감상 부양력이라 표현하겠다. 앞에서 파우더 스키를 정의할 때도 이야기했듯이 부양력이야말로 결정적인 파우더 스킹의 특징이다.

우주를 이루고 있는 가장 중요한 힘은 중력이다. 지구가 태양 주위에서 일정한 거리를 유지하며 돌고 있는 것도 중력의 힘이고, 사람을 비롯한 물체와 생명체가 지구에 자기 위치를 잡고 존재할 수 있는 힘도 중력 때문이다. 우리는 태어나면서 죽을 때까지 중력의 영향을 벗어날 수 없다. 그만큼 중력은 우리에게 자연스러운 힘이다. 이처럼 익숙한 중력을 벗어나는 경험은 대단히 신선하고 충격적으로 다가온다.

사람들이 패러글라이딩이나 스킨스쿠버와 같은 활동에 매료되는 것은 중력을 일정 수준에서 벗어나는 경험을 할 수 있기 때문이다. 놀이동산에 있는 대부분의 놀이기구는 높은 곳에서 떨어지는 경험을 하게 한다. 이런 경험을 극대화한 것이 번지점프다. '떨어지는 경험'은 일정하게 느껴지던 중력에서 해방되는 느낌과 함께 대단한 스릴과 즐거움을 준다.

우리가 미끄럼틀을 타거나 눈썰매를 타며 느끼는 즐거움의 근원도 높은 곳에서 낮은 곳으로 내려오는 느낌에서 비롯된다. 중력은 일상적인 상황에서는 수직 방향으로 작용한다. 반면 미끄러운 표면 위에 있을 때는 중력이 비스듬한 경사면을 따라 끌어당긴다. 사람들은 중력에 이끌려 미끄러지는 것을 즐거워 한다. 눈 쌓인 언덕에서 미끄러지는 눈썰매만으로도 너무나 행복해 한다.

자, 이렇게 미끄러져 내려오는 것만으로도 신나해 하는 사람들에게 미끄러짐의 방향을 맘껏 컨트롤 할 수 있게 해주는 스키라는 운동은 얼마나 환상적인가! 스키에 입문하던 날을 떠올려 보자. 처음 스키를 신으면 마음대로 스키가 움직이지 않고, 스키가 빠른 속도로 미끄러져 공포감을 느낀다. 그러다 어느 순간부터 자신의 의지대로 회전이 만들어지면 세상을 다 가진 것 같은 희열을 느끼게 된다. 눈썰매를 타고 일직선으로 미끄러지는 것에 회전의 즐거움이 더해져 한 차원 더 높은 행복감을 경험하게 된다. 빠른 속도에서도 날카롭게 회전할 수 있게 발전한 카빙스키는 기존 컨벤셔널 스키(사이드컷이 작은 일자형 스키)보다 훨씬 더 큰 즐거움을 주는 것이 당연하다.

일본 홋카이도 루스츠 리조트에서 파우더를 타며 즐거워하는 스키어들.

스키를 신고 좌우로 회전하며 내려오는 것에 더해 몸이 위아래로 둥둥 떠다니면 어떤 기분일까? 당연히 우리 몸이 입체적으로 움직이면서 스키를 타면 그 즐거움은 배가 된다. 파우더 스키를 타면 미끄러짐의 즐거움(직선 운동)에 회전의 즐거움(직선+좌우 운동), 그리고 부양력의 즐거움(직선+좌우+상하 운동)이 더해져 황홀경을 선사한다.

적선과 좌우, 상하 운동이 결합된 것을 글로 표현하면 1+1=2, 2+1=3처럼 산술적으로 다가올 것이다. 하지만 두 손을 스키라 생각하고 손을 앞으로 내밀어 위의 동작을 직접 흉내 내보면 엄청나게 복잡한 운동이 된다. 그것은 마치 돌고래가 바다에서 점프를 하며 뛰노는 느낌이다. 파우더 스킹은 아무도 지나지 않은 파우더에서 마치 돌고래가 뛰놀 듯 둥둥 떠다니며 스키를 타는 것이다. 이런 느낌은 세상 어디서도 맛볼 수 없는 특별한 경험이다. 이런 경험을 '제대로' 해 본 스키어는 절대 파우더 스키를 잊지 못하고 또다시 찾게 된다. 그래서 '파우더를 안 타본 사람은 있어도 한 번만 타 본 사람은 없다.'고 말한다.

파우더 스키의 신경화학적 이해

다윈의 진화론을 한 마디로 정의하면 적자생존이다. 잘 적응하는 것이 살아남고 번영한다는 것이다. 그럼 호모 사피엔스는 어떻게 지구상에서 가장 번성한 종이 될 수 있었을까? 인간이 호랑이나 사자 같은 강력한 포식자를 꺾고 나약한 신체능력으로도 최상위 포식자가 될 수 있었던 힘은 두뇌다. 그 어떤 종보다 똑똑한 인간의 두뇌는 도구를 활용하고 의사 소통 능력을 발전시킴으로써 점차 경쟁자들을 꺾고 현대의 문명을 건설했다.

우리가 파우더 스키를 타며 행복해 하는 이유는 뇌에서 분비되는 신경 화학 물질을 살펴봄으로써 좀 더 과학적으로 이해할 수 있다. 스키를 타는 동안 특히, 파우더 스키와 같은 신나는 활동을 하는 동안 우리 뇌에서는 도파민, 엔도르핀, 세로토닌 같은 신경 전달 물질이 분비된다. 이 신경 전달 물질의 혼합물이 스키를 타는 내내 행복감과 만족감을 준다. 도파민은 스키 타는 사람들의 기분 좋은 면을 강화하고 동기를 부여한다. 엔도르핀은 고통을 완화하고 행복감을 유도한다. 세로토닌은 긍정적인 기분을 느끼도록 한다.

파우더 스키를 타면 뇌에서 행복감과 즐거움을 주는 신경 전달 물질이 분비된다.
© Milad Fakurian

세계는 자파우 열병을 앓는 중

자파우JAPOW란 저팬Japan과 파우더Powder의 합성어로 '일본의 파우더'를 부르는 말이다. 2000년대 이후 일본 홋카이도에 있는 니세코 스키장에 호주의 스키어들이 찾아와 파우더를 즐기기 시작하면서 널리 알려졌다. 영어권인 호주 스키어들이 SNS나 유튜브를 통해 홋카이도의 깊은 파우더에서 스킹하는 사진과 영상들을 올리면서 점차 세계의 파우더 매니아들에게 알려지기 시작했다.

2010년대 이후부터 호주는 물론이고 북미와 유럽 등 다양한 나라에서 최고의 파우더를 즐기기 위해 홋카이도를 찾으면서 점차 세계적인 파우더의 성지가 됐다. 2020년대부터는 급격하게 스키 인구가 증가한 중국과 홍콩, 대만, 싱가포르 등 아세안 스키어까지 합세하면서 전 세계적인 '자파우'의 열풍으로 이어졌다.

최근 북미나 유럽을 찾아온 한국의 스키어들을 보면서 세계 최고의 파우더 성지인 일본을 바로 옆에 두고 왜 이리 멀리까지 왔냐며, 일본과 가까운 곳에 사는 한국의 스키어들을 부러운 눈으로 바라보는 현지의 스키어들이 늘고 있다. 실제로 홋카이도의 니세코 스키장에 가보면 '여기가 일본인가?' 싶을 정도로 북미와 유럽, 호주 등에서 온 서양인 스키어들의 비중이 높다.

한국이라는 좁은 우물 안을 벗어나서 세계를 바라보면 파우더 스키를 즐기기에 가장 축복받은 스키어들이 한국의 스키어들이라는 것을 깨닫게 된다. 지리적으로 보면 홋카이도는 한국에서 가나 일본 본토에서 가나 거리상 큰 차이가 없는데다, 본토의 일본 사람들에 비해 해외 관광객인 탓에 다양한 할인 혜택을 누리기 때문이다.

파우더 스키를 탈 때 분비되는 여러 신경 전달 물질 가운데 도파민은 결정적 역할을 한다. 도파민은 신경 세포 사이에 신호를 전달하는 것을 돕는 뇌의 화학적 전달 물질로 다양한 생리적, 심리적 기능에 작용한다. 도파민의 두 가지 중요한 역할에 대해 살펴보면 다음과 같다.

보상과 즐거움 Reward and Pleasure: 맛있는 음식을 먹거나 파우더 스키와 같은 즐거운 활동에 참여할 때, 도파민은 특정 뇌 영역에서 분비된다. 이렇게 분비된 도파민은 행복감을 경험하게 한다.

동기 부여 및 강화 Motivation and Reinforcement: 파우더 스키의 행복한 경험에 대한 기대는 도파민의 분비를 촉발하는데, 이는 동기를 부여해 기대되는 보상으로 이어지는 행동이나 활동을 추구하도록 이끌어 낸다. 도파민은 행동과 관련된 즐거운 경험을 연결시켜 그 행동을 반복할 가능성을 증가시키는 '강화 메커니즘'이다.

아래는 보상과 동기부여의 두 가지 역할을 하는 도파민이 어떻게 파우더 스키를 타도록 만드는가에 관한 도표이다.

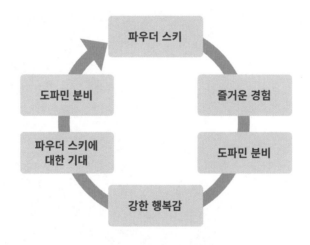

파우더 스키의 강한 중독성을 설명하는 그림.

물론 이러한 도파민 분비는 파우더 스키를 탈 때만 분비되는 것은 아니다. 스키를 타는 것은 물론이고 맛있는 음식을 먹거나, 즐거운 경험을 하는 것만으로도 도파민은 분비된다.

파우더 스키가 도파민 분비에 도움을 주는 이유는 도파민의 재미있는 특성 때문이다. 아무리 좋은 것도 반복되어 똑같은 자극이 주어지면 도파민은 분비되지 않는다. 매너리즘을 싫어하는 도파민의 특성은 인간으로 하여금 현 상태에 안주하기보다는 끊임없이 새로운 것과 새로운 방법을 추구하도록 만든다.

도파민의 이러한 특성을 가장 발빠르게 연구하고 실용적으로 적용하는 것이 컴퓨터 게임이다. 가장 성공한 컴퓨터 게임은 그 자체로 인간 두뇌의 도파민 분비에 최적화된 프로그램이다. 너무 어렵지 않은, 그렇다고 너무 쉽지도 않은 상대방이 단계적으로 출현하고 이를 이기면 레벨업과 아이템이라는 보상을 쥐어준다. 그리고 또 그 다음 단계로 넘어가면 이전 레벨보다 '살짝 더' 어렵고 새로운 상대방이 출현한다. 어렵게 이 상대방을 처리하면 또 그에 따른 보상으로 레벨업과 새로운 아이템이 주어진다. 이러한 새롭고 적절한 난이도의 과제와 이를 해결했을 때의 보상이 확실하게 주어지는 시스템이야말로 도파민이 지속적으로 분비되기에 최적의 환경이다.

스키는 그 자체로 대단히 매력적인 운동이지만 파우더처럼 항상 변화하는 상황을 만나기는 어렵다. 파우더의 특성은 쌓인 눈의 양과 설질, 경사도, 사면의 방향에 따라 매일, 매시간마다 다르다. 또한 고르게 정설된 슬로프보다는 울퉁불퉁하거나 나무들 사이로 스키를 타야 하는 지형적인 특성 때문에 한 순간도 똑같은 상황을 경험할 수 없다. 그리고 내가 원하는 때에 언제든 파우더를 즐길 수 있는 것도 아니다. 아무리 파우더를 타고 싶어도 눈이 내리지 않으면 탈 수가 없다. 그렇게 애타게 기다리다 눈이 내려 폭신한 파우더에 안기게 되면 그 행복감이란 말로 표현하기 힘들다. 이처럼 파우더야말로 인간의 애정을 항상 최고조 상태에서 유지하는 밀당의 고수다. 인간이 만들어낸 도파민 촉진제가 컴퓨터 게임이라면 가히 자연계가 만들어 낸 최고의 도파민 촉진제는 파우더 스키라 부를 수 있다.

파우더 스키의 심리학적 이해

뇌과학이 발견한 신경화학적 이해가 대단히 과학적인 최근의 발견이라면 심리학은 수천년의 역사를 가진 학문답게 다양한 근거를 제시하고 있다. 파우더 스키에 적용할 수 있는 다양한 심리학적 견해를 언급하면 다음과 같다.

첫째, 행복감

파우더에 어느 정도 적응한 스키어들은 누구나 신나는 함성을 지른다. 그들은 마치 놀이동산의 롤러코스터를 타며 맘껏 소리 지르는 아이들과 마찬가지 표정을 지으며 즐거워한다. 그것은 파우더 스키와 놀이기구가 같은 형태의 즐거움을 주기 때문이다. 우리는 너무 기쁘고 즐거우면 일어나 펄쩍펄쩍 뛰며 환호성을 지른다. 또 신나는 음악이 나오면 자신도 모르게 음악에 맞춰 몸을 흔든다. 이것은 의도적인 것이 아니라 본성에 따른 행동이다.

수많은 심리학 연구를 통해 밝혀진 바에 따르면 큰 소리로 웃으면 그에 따라 기분이 좋아진다고 한다. 면접 시험 직전에 크게 심호흡을 하고 최대한 신체를 크고 당당하게 하면 그만큼 자신감이 상승한다는 것은 누구나 알고 있는 상식이 되었다. 우리의 몸은 뇌와 연결되어 있고 뇌는 우리의 정서와 생각을 좌우하는 신경 전달 물질을 분출하기 때문이다. 우리가 파우더 스키를 타면서 푹신한 파우더에서 통통 튀어 오르며 달려 내려가는 그 행위 자체만 보면 우리의 몸은 가장 신나고 행복할 때의 신체반응과 똑 같다. 그러므로 펄쩍펄쩍 뛰며 환호성을 지르는 스키어의 행동은 그 자체로 가장 행복할 때의 행동과 거의 유사하다. 위에 언급했듯이 가장 행복할 때의 행동은 가장 행복한 심리상태로 이끌어 간다. 이것이 일반 스키를 탈 때보다 파우더 스키를 탈 때 더욱 행복감을 느끼는 심리학적 이유이다.

일본 이와테현 앗피스키장에서 환상적인 아스피린 파우더를 경험한 뒤 환호하는 스키어들. ⓒ 조성하

둘째, 성취감

파우더 스키는 정설되지 않은 오프 피스트에서 이루어져 종종 어려운 지형을 헤치고 나아가거나 가파른 경사면을 정복하는 것과 같은 도전을 제시한다. 눈 상태도 매번 다르다. 타기 편한 건설이 있기도 하고, 무거운 습설이나 얼어붙은 눈이 기다리기도 한다. 이처럼 끊임없이 변화하는 파우더 스킹 환경은 당연히 끊임없이 기술적 도전으로 다가온다.

매번 바뀌는 파우더 스킹 환경의 도전을 헤쳐나가기 위해 스키어는 파우더 스키 장비를 구비하고 적절한 기술을 갖추기 위해 노력한다. 이러한 연구와 노력을 통해 도전을 적절히 이겨내고 원하는 슬로프를 내려오게 되면 스키어는 강한 성취감을 느낀다. 새로운 기술을 마스터하고 장애물을 극복하는 느낌은 스키를 계속 타고 싶고 비슷한 업적을 추구하려는 심리적 욕구를 강화하게 된다.

셋째, 몰입감

파우더 스키는 종종 스키어를 플로우Flow 상태를 경험할 수 있는 기회를 제공한다. 이 플로우는 심리학에서 중요하게 다루는 개념으로 고도의 집중이 이루어지는 상태, 완전한 몰입 상태, 그리고 시간을 초월하는 감각으로 특징지어진다. 소위 무아지경이라고 표현하는 상태로 시간 개념이 없어지도록 몰입하는 것이 특징이다. 누구나 살아오면서 이러한 몰입을 경험한다. 너무나 재미있는 영화를 볼 때, 게임을 즐길 때, 책을 볼 때 등 밤 새는 줄 모르고 무언가에 집중하는 경험이 있을 것이다. 파우더 스키에 빠져들면 스키를 타는 동안 이러한 플로우 상태를 경험하는 경우가 많다. 순수한 즐거움과 기분 좋은 흥분 상태, 도전을 이겨낼 수 있다는 기술적 자신감이 넘치는 무아지경의 느낌은 대단한 중독성을 가지고 있어 사람들이 파우더 스키의 매력에 빠져 들게 만든다.

넷째, 일체감

파우더 스키는 일상과 스트레스로부터 탈출하는 기회를 제공한다. 파우더 스키가 이루어지는 지형적 환경은 사람들이 붐비는 도시나 리조트의 슬로프가 아니다. 흰 눈으로 덮인

일본 백컨트리 스키의 성지 아오모리 핫코다산에서 투어에 나선 스키어들.

설원과 나무들 사이에서 즐긴다. 타인의 시선이나 평가에서 자유로워져 신나게 환호성을 지르며 자연의 한복판을 누빈다. 일상적인 걱정이나 책임감 등 스트레스에서 벗어나 자연과의 일체감을 경험하는 것은 대단한 심리적 안정감을 주는데 이러한 심리학적 견해를 뒷받침하는 것이 '바이오필리아 가설Biophilia Hypothesis'이다.

생물학자 에드워드 윌슨Edward Osborne Wilson(1929~2021)에 의해 제안된 이 가설에 따르면 인간은 자연에 대한 선천적인 친화력과 자연과 연결되려는 뿌리 깊은 욕망을 가지고 있다. 파우더 스키에서 발견되는 자유와 기쁨은 현대인이 일상의 스트레스에서 벗어나 자연과 깊게 교감하려는 이 뿌리 깊은 욕망에서 비롯된 것이다. 이것이 일반 스키와 뚜렷이 구별되는 파우더 스키가 가진 강한 치유와 행복감을 설명하는 심리학적 견해다.

스키 장비의 진화

앞에서 파우더 스키가 유행인 이유를 인간의 본성과 가장 부합되는 스킹의 형태라고 언급하였다. 가장 인간의 본성에 적합한 스킹의 형태가 파우더 스키라면 이러한 스키가 왜 스키의 역사에서 초창기부터 유행하지 못하고 현대에 와서야 유행하게 되었는가? 라고 고개를 갸우뚱하게 될 것이다. 이는 그 동안의 스키 장비가 그러한 본성을 뒷받침하지 못했기 때문이다. 스키 장비가 어떻게 진화하여 왔는지를 살펴보면 현재의 스키의 진화는 파우더 스키로 향하고 있음을 알게 된다.

스키 장비의 진화에 관한 주목할 만한 논문 가운데 '스키 디자인의 역사적 경향: 스키는 지난 100년간 어떻게 진화하였는가Historical Trends in Alpine Ski Design: How Skis Have Evolved Over the Past Century'가 있다. 이 논문은 캐나다 셔브룩대학교 기계공학과에서 2020년 6월 국제스포츠공학협회에 발표한 논문으로 1920년대부터 2019년까지 제작된 1,016개 스키의 기계적 특성을 측정한 것이다. 100년에 걸쳐 제작된 스키 디자인의 진화를 조사한 이 연구는 알파인 스키 발전에 대한 귀중한 통찰력을 제공하고 있다. 이 논문의 핵심적인 내용은 '디자인의 진화' 그리고 '소재와 제작 방법의 진화'다.

쉐입 스키가 몰고 온 스키 혁명

역사적으로 볼때 스키는 수천년의 기원을 가지고 있다. 하지만 과거의 스키는 주로 이동수단으로 사용되었고, 레져와 스포츠로서의 스키는 최근 100년 간에 걸쳐 발전했다. 1920년대부터 1980년대까지 스키는 거의 대부분 앞Tip – 허리Waist – 뒤Tail까지 일정한 넓이를 가진 컨벤셔널 스키였다. 컨벤셔널 스키는 일반적으로 190~210cm 내외의 긴 길이에 사이드컷이 작은 일자 모양이다. 그러다 1990년대부터 팁과 테일은 넓어지고 허리는 가늘어진 모래시계 모양의 사이드컷을 갖춘 쉐입 스키Shaped Ski가 본격적으로 등장했다. 한국에서는 '카빙 스키'로 알려져 있지만 해외에서는 '쉐입드 스키Shaped Ski'가 일반적인 표현이며, 이 책에서는 발음이 편하도록 '쉐입 스키'로 부른다.

쉐입 스키는 1990년대 스키 장비 업체 엘란Elan이 대중화하고 상품화하는 데 중요한 역할을 했다. 엘란은 포물선Parabolic이라는 용어를 도입했고, 1993년 카빙을 더 쉽게 할 수 있도록 특별히 설계된 SCXSide Cut eXtreme 스키를 출시했다. 엘란이 출시한 SCX 스키는 스키의 머리Tip와 꼬리Tail가 넓어진 반면 허리Waist는 잘록해진 뚜렷한 사이드컷을 특징으로 한다. 쉐입 스키는 기존 스키에 비해 턴의 시작이 용이하고, 에지 그립이 개선되며, 조작이 월등히 쉬워졌다.

엘란의 쉐입 스키는 스키 디자인과 성능에 극적인 변화를 주어 스키 산업에 혁명을 일으켰다. 더 쉬운 카빙 성능과 조작의 용이성 때문에 일반 스키어는 물론 스키 선수에게도 인기를 끌기 시작했다. 실제로 엘란의 쉐입 스키는 레이스 대회에서 좋은 결과를 내기 시작했다. 1990년대 초반 쉐입 스키를 채택한 엘란 스키팀은 지역 스키 대회에서 10위권에 8명이 진출해 스키 성능의 우위를 증명했다. 1996년 미국 주니어 챔피언쉽에서는 보디 밀러Bode Miller가 K2에서 개발한 선수용 쉐입 스키를 신고 우승하면서 일반인과 선수 모두에게 쉐입 스키의 우수성을 입증했다.

쉐입 스키의 혁명이 얼마나 대단했는지는 쉐입 스키의 매출을 보면 알 수 있다. 1995/96년 겨울 3%에 불과하던 쉐입 스키 판매량은 이듬해 50%에 이르렀다. 스키업체들은 1997년부터 더 이상 컨벤셔널 스키를 생산하지 않고 쉐입 스키만 제작하기 시작했다. 이처럼 사이드컷의 혁명은 불과 몇 년 만에 스키 시장의 판도를 완전히 뒤바꿨다.

쉐입 스키가 만들어낸 변화는 48페이지 그림 1을 보면 명확히 알 수 있다. 쉐입 스키의 사이드컷은 단지 카빙 성능만을 향상시키는 것이 아니라 턴을 보다 쉽게 만들어내어 스키의 회전 반경을 짧게 하는데 기여했다. 이전 스키의 회전 반경이 30~100m에 이르는 반면 쉐입 스키의 회전 반경은 10~25m이다.

쉐입 스키 유행이 본격화되던 1999년 지산스키장에서 패트롤로 근무할 당시 필자.

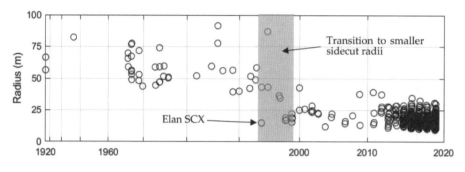

그림1 사이드컷과 회전 반경.
사이드컷이 깊은 쉐입 스키가 도입되면서 회전 반경이 크게 준 것을 알 수 있다.

이는 스키의 길이와도 연관되는데, 사이드컷이 도입되는 시기와 거의 같은 시기에 스키의 길이가 짧아지기 시작했다. 이전까지 190~210cm가 주류였던 스키는 1990년대 이후부터 150~180cm가 주류가 되었다. (그림2 참조)

사이드컷이 깊어지면 스윙 웨이트가 너무 커지는 물리학적 이유로 인해 스키의 길이가 짧아져야만 한다. 그러므로 이러한 두 가지 변화는 동전의 앞뒷면처럼 동시적으로 발생하게 된 것이다. 이로써 쉐입 스키는 스키의 진화에서 가장 큰 혁명이 되었다.

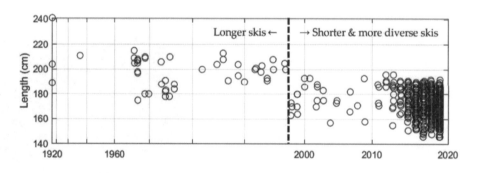

그림2 스키의 길이와 회전 반경.
스키가 짧을수록 회전 반경이 좁아진다.

팻스키가 가져 온 두번째 스키 혁명

1990년대 극적인 변화가 사이드컷이 도입되고 길이가 짧아진 쉐입 스키의 등장이라면, 그 이후의 극적인 변화는 바로 팻 스키Fat Ski의 출현이다. 초창기 스키는 물론 쉐입 스키가 나온 이후에도 별다른 변화가 없던 스키는 2010년 이후 급격히 넓어지기 시작했다. 쉐입 스키가 나온지 20년 만에 스키에 두번째 혁명이 시작된 것이다. (그림3 참조)

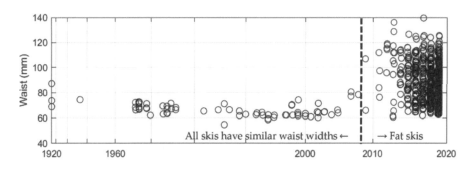

그림3   연도에 따른 스키 허리의 넓이 변화.

스키의 허리가 넓어진 이유는 무엇일까? 지금도 레이싱 스키는 100년 전 스키 넓이와 큰 차이가 없다. 빠른 속도에서 카빙을 하려면 스키 허리가 좁은 것이 유리하기 때문이다. 그럼 카빙의 불리함에도 불구하고 허리가 넓어지는 이유는 무엇일까? 다른 이유는 없다. 오 직 부양력 때문이다. 다져진 정설 슬로프를 벗어나 파우더 환경의 오프 피스트에서 타는 스 키의 즐거움에 빠진 스키어들은 점점 더 넓은 스키를 찾기 시작했다.

1975년 미국의 제이크 버튼 카펜터Jake Burton Carpenter(1954~2019)가 최초로 스노우 보드를 선보였다. 짧은 길이에 깊은 사이드컷을 장착한 스노우보드는 스키에 비해 더욱 짧 아진 회전 반경과 파우더에서의 뛰어난 부양력으로 사람들의 이목을 집중시켰다. 1980년 대와 90년대를 거치며 스노우보드는 자유로운 패션과 다양한 트릭을 앞세워 젊은 층의 인기를 끌기 시작했다. 스키의 시대가 막을 내리고 스노우보드 시대가 열리는가 싶었다. 그 러나 1990년대 쉐입 스키가 출시되어 엑스퍼트만의 전유물이었던 카빙이라는 보물을 누 구나 쉽게 경험할 수 있게 되면서 다시 스키의 부흥을 만들어낸다. 그래도 여전히 깊은 눈 에서는 부양력을 극대화한 스노우보드가 스키보다 월등히 유리했다.

스키의 부양력을 끌어내기 위해 스키의 허리가 점점 넓어지기 시작한 것은 선구적인 스 키어들과 엔지니어들의 연구 덕분이었다. 팻스키의 가장 초창기 모델은 1988년 아토믹사 에서 제작한 '파우더 매직Powder Magic'이다. 허리의 넓이가 115mm로 당시에는 획기적인 스키였지만 크게 주목받지는 못했다.

2001년 미국 스키 제조사 볼란트Volant에서 스패츌라Spatula라는 파우더 스키를 개발 했다. 이 스키는 캐나다의 전설적 프리스키어 쉐인 맥콩키Shane McConkey(1969~2009)가

알래스카의 깊은 파우더에서 수상스키를 사용해 스키를 탔던 아이디어를 더욱 발전시킨 것이다. 수상스키의 모양을 흉내내어 리버스 사이드컷Reverse Sidecut, 리버스 캠버Reverse Camber라는 당시에는 혁명적인 디자인을 도입했다.

팻스키에 대한 아이디어는 더욱 발전되어 훗날 DPS로 이름을 바꾼 미국의 스키제조사 DB가 2003년 출시한 카본 스키 타블라 라사Tabla Rasa로 이어졌다. 이 때 처음으로 리버스 캠버를 락커Rocker라는 용어로 부르기 시작했다.

로시뇰사의 혁신적인 팻스키 쏘울 세븐.

팻스키에 대한 아이디어와 연구가 모아져 꽃을 피운 것은 2008년 로시뇰Rossignol이 만든 쏘울 세븐Soul 7이다. 엘란의 SCX가 쉐입 스키의 대중화를 열었다면, 로시뇰의 쏘울 세븐은 락커 스키를 파우더 스키의 주류로 만들었다. 넓은 허리, 리버스 캠버(락커), 얼리 라이즈, 경량화로 대표되는 파우더 스키의 특징을 모두 담은 이 스키는 부드러운 눈의 파우더는 물론 압설된 눈에서의 카빙 성능까지 갖춘 전천후 스키로 엄청난 인기를 끌었다. 이후 많은 스키 제조사가 락커 스키를 제작하기 시작했다.

부양력을 극대화시킨 락커 기능

락커는 최초에 리버스 캠버Rreverse Camber에서 시작되었다. 스키를 테이블 위에 올려 놓고 옆에서 바라봤을 때 팁과 테일 부분이 테이블에 닿고 허리 부분은 허공에 떠 있는 모양이면 캠버 스키(그림4), 반대로 허리 부분이 바닥에 닿고 팁과 테일이 허공에 떠 있으면 락커 스키 (그림5)다.

그림4 캠버 스키. 그림5 락커 스키.

모양에서 알 수 있듯이 캠버는 스키의 팁이 공격적으로 눈으로 파고드는 모양이다. 이러한 모양은 압설된 슬로프에서 카빙을 한다면 아주 유리하다. 반면 파우더에서는 깊은 눈 속으로 스키가 자꾸만 잠겨 들어가는 단점이 된다. 반면 락커는 앞뒤로 말려 올라가 있어서 파우더에서 둥둥 떠다니기에 유리한 모양을 갖추고 있다. 이러한 락커는 파우더에서의 부양력을 극적으로 향상시켰다.

락커가 도입되면서 파우더에서의 부양력이 극적으로 향상되었지만 압설된 슬로프에서 카빙 성능은 열악했다. 락커 스키는 파우더만 타겠다는 파우더 매니아라면 모를까 다양한 슬로프를 타고자 하는 일반 스키어들에게는 크게 매력적이지 않았다. 하지만 스키 엔지니어들은 이를 개량해 캠버와 락커를 적절하게 조합하기 시작했다.

즉, 풀 캠버에서 시작해 락커를 팁에만 적용하는 팁 락커Tip Rocker, 팁과 테일에 적용하는 팁&테일 락커Tip&Tail Rocker, 캠버가 없는 플랫Flat, 그리고 풀 락커Full Rocker 등 다양한 성능의 팻스키를 출시했다(그림6). 이러한 차이는 결국 스키의 용도에 따라 결정되는데, 카빙 성능과 부양력으로 대별되는 스키의 기능을 동시에 담으려는 열망 때문이다.

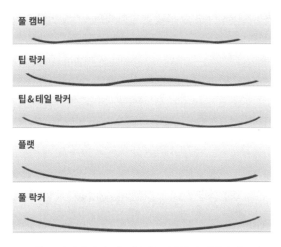

그림6 캠버와 락커 기능을 넣은 다양한 스타일의 팻스키.

그림7을 보면 락커의 도입이 본격화된 2010년 이후부터 다양하게 락커가 적용된 스키들이 만들어지고 있음을 알 수 있다. 캠버가 0 이하인 경우가 리버스 캠버를 나타내는데, 2010년 이전에 보이지 않다가 그 이후에 출현하고 있다. 올마운틴 스키가 유행하면서 다양한 종류의 캠버가 나타나고 있다.

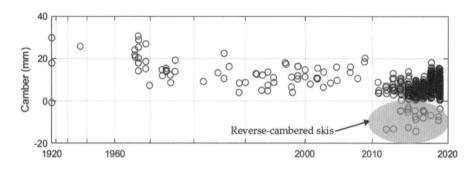

그림7 캠버 vs 연도.

그림8은 스키의 팁과 테일 길이가 어떻게 변화했는지를 보여준다. 2010년 락커가 보편화되기 이전에는 거의 차이가 없지만, 2010년 이후 락커 적용으로 팁과 테일의 길이가 길어지는 경향을 뚜렷하게 보여준다. 특히, 파우더에서의 부양력을 증가시키기 위해 팁에 락커가 적용되고 있다. 팁 락커 스키는 테일에는 락커를 적용하지 않기 때문에 테일 길이에 큰 차이가 없는 경우도 많다. 유의미한 것은 아무래도 팁 부분의 길이가 길어진 것이다. 이렇게 팁의 길이가 길어짐으로써 모든 락커 스키는 캠버 스키보다 앞이 들려 있는 모양을 취하는데 이를 얼리 라이즈Early rise라고 부른다. 얼리 라이즈가 도입된 스키는 파우더에서 스키 팁이 눈에 박히지 않고 떠오르는 기능이 월등히 우수하다.

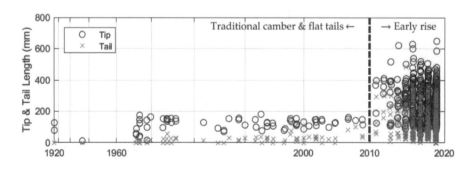

그림8 팁&테일길이 vs 연도.

점점 가벼워지는 투어링 스키

쉐입 스키에 이어진 변화가 팻 스키와 락커의 도입이라면 최근의 한 경향은 경량화로 표현할 수 있다. 2015년 이후 카본 스키 등 스키 등반과 투어링에 적합한 초경량 스키가 등장하기 시작했다. 경기용 스키가 바인딩 플레이트를 장착함으로써 더욱 무거워진 반면 백컨트리 스키, 스키 투어링, 스키 등반Ski Mountaineering 처럼 눈 덮인 산을 오르거나 이동하는데 필요한 스키들은 상당히 가벼워지고 있다. (그림9 참조)

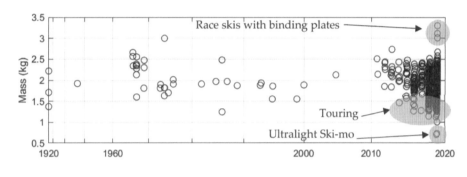

그림9 스키의 무게 vs 연도.

하지만 무조건 가볍다고 좋은 것은 아니다. 풀 락커가 들어간 스키가 부양력에는 유리하지만 정설 사면에서는 불리한 것과 마찬가지로, 초경량 스키는 스키를 신고 산을 오르는 업힐에는 유리할지 모르지만 다운힐에서는 그만큼 안정성이 떨어지는 경향이 있다. 따라서 투어링이나 스키 등반에서는 업힐의 비율을 고려해 스키 무게를 결정하는 것이 좋다.

결론

지금으로부터 100년 동안 진행된 스키의 진화를 검토해보면서 크게 4가지 변화를 알 수 있다. 첫 번째는 1990년대 등장한 쉐입 스키가 가장 결정적이다. 쉐입 스키는 이전의 컨벤셔널 스키를 완전히 대체했다. 그 이후 진행된 세 가지 변화는 팻스키, 락커, 경량화다. 뒤에 진행된 세 가지 변화는 모두 파우더 스킹에 적합한 스키로의 진화라 할 수 있다. 2013/14년 이후 대부분의 스키 회사에서 발표한 신제품은 대개 락커 스키다. 물론 올마운틴 스키는 카빙과 부양력이라는 두 가지 기능을 다 가지고 있는데, 카빙 성능을 기본으로 부양력을 향상시킨 것이다.

'왜 파우더를 타는가?'라는 질문에 대한 첫 번째 이유를 인간의 본성에서 찾았다면, 두

번째 이유는 이처럼 스키의 진화의 방향이 파우더를 향하고 있기 때문이다. 파우더 스키가 스키의 작은 경향으로 치부되는 것이 얼마나 좁은 시각인지를 깨닫고, 기회가 닿는 대로 파우더 스키의 세계로 도전해보자. 게임은 이미 시작되었다. 누가 더 일찍 시작하는가만 남은 셈이다.

Now you can actually ski all those places where you've been telling people you've skied.
그동안 당신이 사람들에게 스키를 탔다고 뻥쳐왔던 그 모든 곳에서, 당신은 이제 정말로 스키를 탈 수 있다.

2001년 볼란트Volant가 현대 파우더 스키의 전형이 된 스패츌라Spatular를 출시하며 만든 광고 문구이다. 참으로 의미심장하다.

우리가 타는 파우더 스키는 시대를 앞서 간 수많은 선구자들의 노력의 결실이다.

누가 파우더 스키를 즐기나?

중독 정도에 따른 분류

수많은 스키어들이 파우더의 세계에서 그 이전 세대 어느 때보다 열심히 스키를 즐기고 있다. 하지만 한국의 스키어들에게 파우더 스키는 아직 낯선 영역이다. 그래도 어디에나 선구자는 있기 마련이다. 아직 입문을 망설이는 사람부터 이미 수십 년 전부터 파우더를 즐기는 사람까지 다양하다. 한국의 파우더 스키어들을 다음과 같이 분류해 보았다.

파우더 비기너

일단 파우더의 매력을 느낀 사람이라는 전제가 필요하다. 아예 해외 스키장을 나가본 적이 없거나, 별다른 준비없이 파우더에 도전하였다 겨우 살아난 사람들은 파우더의 매력을 도저히 알 수 없기 때문이다. 물론 국내 스키장에서도 뭉쳐진 범프나 눈 내린 날 파우더를 맛보고 올마운틴 스키나 파우더 스키를 동경할 수는 있다. 하지만 실질적으로 파우더 스키의 첫 경험을 하지 않은 사람들은 여전히 동경에 머물 수밖에 없다. 앞에서 언급했듯이 별다른 준비없이 파우더에 무작정 뛰어들면 대개는 즐거움을 느끼기는 커녕 낭패를 겪을 확률이 높다. 이렇게 낭패를 겪은 뒤에는 '아! 상상과는 다르구나. 파우더는 나에겐 무리다' 라며 포기하게 된다.

그래서 막연히 동경만 하는 사람이나 아예 시도조차 하지 않는 사람들은 파우더 비기너에조차 포함될 수 없다. 적어도 파우더 스키 비기너가 되기 위해서는 정도의 차이가 있을지라도 해외 스키장의 후레쉬 파우더나 오프 피스트의 부드러운 눈에 대한 경험이 필요하다. 이 책의 가장 첫 장에서 적었던 파우더 스키의 정의에서 언급한 부양력을 느낄 정도의 깊은 파우더가 아니라도 좋다. 한국의 딱딱한 압설 사면과 달리 부드러운 자연설의 느낌과 그 자연설로 덮인 광대한 자연을 사랑하게 되었다면, 그래서 그 자연설에서 신나게 뛰노는 파우더 스키어들을 부러운 눈으로 바라보았다면 이미 파우더 스키의 세계로 진입할 마음의 준

일본 앗피스키장에서 치러진 파우더 캠프에서 파우더 입문을 위한 강습을 진행 중이다.

비가 된 것이다. 이런 호기심과 동경이 파우더 비기너의 첫 단계이다.

사람마다 다르지만 일반적으로 경험있는 친구나 스키 동호회 지인들과 파우더 스키를 경험하게 된다. 조언을 주는 주변 사람이나 강사가 전문적인 지식과 경험을 갖추고 있다면 멋진 경험을 쌓을 확률이 높다. 하지만 많은 경우 한국 스키장에서의 기술을 기본으로 한 조언을 들어 실제 상황에서 당황하는 경우가 많다. 겨우겨우 힘들게 따라 다니다보니 즐거운 것보다는 힘들었던 경험으로 남을 확률이 높다. 물론 이런 힘든 경험 속에서도 파우더 스키의 매력에 빠지는 사람들이 있다. 이들은 폭신한 감촉과 둥둥 떠다니는 듯한 느낌, 몇 번 넘어져도 폭신한 착지를 느끼며 안도감을 갖는다. 아름다운 자연 속에서 느끼는 해방감과 자유 등 한국 스키장에서는 느낄 수 없는 특별한 만족감을 경험한다. 비록 파우더를 잘 타지 못하더라도 재미있고 신선하다는 첫 인상을 받으면 드디어 본격적인 관심을 갖는다.

파우더 스키 정보를 찾아보고, 유튜브에서 파우더 관련 영상을 찾아서 본다. 경우에 따라서는 파우더 스키 등 필요한 장비를 구입하게 된다. 겨울 시즌에 파우더 스키를 더 많이 경험하기 위한 계획을 세운다. 주변 사람들 가운데 파우더 스키를 함께 탈 만한 사람을 관심있게 찾기도 한다. 해외 스키 투어를 가고, 파우더를 탈 수 있는 기회가 주어지면 최대한 경험하고자 노력한다. 파우더 스키 기술 영상을 보면서 흉내내거나, 파우더 전문 강사로부터 강습을 받는다. 파우더 스키 캠프가 있으면 참가하거나 참가를 고민한다.

위와 같은 수준의 스키어를 파우더 비기너라 부를 수 있을 것이다. 여기서 핵심은 호기심과 동경에서 멈추는 것이 아니라 실제로 기회가 주어지는대로 파우더를 경험하기 위해 애쓰는 사람, 혹은 파우더 스키 캠프에 참가하는 사람을 의미하는 것이다. 해외 스키장을 찾더라도 정설 사면에서만 스키를 타는 사람은 파우더의 세계를 보지 못하는 눈뜬 장님일 뿐이다.

올마운틴 스키어

올마운틴 스키어는 한국 스키장 환경에서는 정의할 수가 없다. 올마운틴All Mountain이라는 의미가 자연설로 덮인 광활한 스키장에서 다양한 형태의 스킹을 즐기는 스키어를 말하기 때문이다. 즉, 정설 사면에는 카빙을, 파우더에서는 파우더 스킹을 즐긴다. 범프에서는 범프 스킹을 즐긴다. 여기에 절벽처럼 가파른 사면에서 타는 블랙 다이아몬드 스킹이나 나무 사이를 누비는 트리런 스킹 등 모든 환경을 누비고 다니며 다양하게 즐긴다. 당연히 이들이 스키를 즐기는 환경은 모든 것을 즐길 수 있는 해외 스키장이다.

이들은 주로 올마운틴 스키를 사용하며, 기술적으로는 다양한 환경에 적응할 수 있는 올마운틴 스키 기술을 갖추고 있다. 이들은 기술적으로 상당히 숙련된 스키어들이므로 파우더 데이에는 거의 파우더 매니아가 되기도 한다. 하지만 의식적으로 파우더만을 탐닉하는 파우더 매니아에 비해서 파우더에 대한 집착이 덜하다. 신설이 없으면 범프나 트리런 등 다양한 슬로프 환경에서 스킹을 즐긴다. 파우더가 있으면 즐기지만 일부러 파우더만을 찾아 다니지 않는다고 보면 된다. 한 마디로 잡식성(?)이다.

캐나다 휘슬러의 범프에서 올마운틴 강습에 참가한 스키어들.

올마운틴 스키어 가운데는 이민이나 유학, 출장 등의 이유로 해외 스키장에서 몇 달 혹은 몇 년의 스킹 경험을 쌓은 사람들이 많다. 왜냐하면 다양한 스킹 환경에 많은 시간 노출되어야 올마운틴 스키를 잘 탈 수 있다. 반면 한국 스키장에서 대부분의 시간을 보내면서 시즌에 며칠 단기간 해외 스키 투어를 다니는 이들 가운데는 올마운틴 스키어가 드물다. 그렇다해도 정설된 사면에서의 카빙 스키에 너무 집착하지 않는다면 다양한 환경에서의 스킹에 적합한 올마운틴 스키 기술을 익혀 단기간이라도 다양한 스키 환경에서 올마운틴 스킹을 즐길 수 있다. 해외 스키장이라고 항상 파우더가 기다리는 것은 아니므로 올마운틴 스키 기술을 갖춘다면 눈이 오면 오는대로, 오지 않으면 오지 않는대로 어디서나 즐겁게 스킹할 수 있다.

이러한 올마운틴 스키어들은 해외 스키장에서는 거의 정설 사면을 타지 않는다. 한국에서 항상 접할 수 있는 정설 사면을 굳이 해외 스키장에 와서까지 즐기고 싶지 않은 탓이다. 그들은 주로 파우더나 범프, 트리런, 블랙 다이아몬드 등 한국에서 경험하기 어려운 지형을 선호한다.

올마운틴 vs 올라운드

한국에서는 올마운틴All-Mountain 스키를 올라운드 All-Round 스키로 오해하기도 한다. 한국에는 올마운틴 환경이 없으므로 올마운틴의 개념을 이해하기 힘든 탓이지만, 때때로 의사 소통에서 불필요한 오해를 하기도 하기 때문에 분명히 서로의 차이점을 이해할 필요가 있다. 올라운드All-Round라는 개념은 주로 스키가 숏턴과 롱턴 등 다양한 턴 쉐입을 구사하는 다기능성을 갖췄다는 의미로 사용된다. 이때는 대개 정설 사면에서의 스키 기능을 전제로 한다. 반면 올마운틴All-Mountain은 숏턴과 롱턴에 대한 구분보다는 정설, 범프, 파우더 등 다양한 지형에 대한 다기능성을 의미한다. 그러므로 해외 스키장에서는 올마운틴 스키라는 개념을 주로 사용한다.

파우더 매니아

파우더 비기너를 거쳐 올마운틴 스키어가 되고 이후에 파우더 매니아가 되는 것이 해외에서는 일반적인 발전 단계다. 어려서부터 거대한 스키장에서 스킹을 하다보면 자연스럽게 이 단계를 거치게 된다. 물론 이 책에서는 파우더 스키어를 주제로 이야기 하기 때문에 파우더 매니아를 마지막 단계로 언급하였지만, 실제로 해외에서는 올마운틴 스키어 단계에 있는 스키어들이 대다수다. 그것은 기술적 차등을 말하는 것은 아니고 취향의 차이다. 스키장 내에서도 다양한 형태의 파우더 스키를 즐길 수 있고, 파우더가 아니더라도 범프, 트리런 등 스키를 통해 즐길거리가 여기저기 있기 때문에 올마운틴 스키어들은 굳이 파우더에 집착하지 않을 뿐이다.

하지만 한국의 스키어는 이런 발전 과정을 차근차근 단계적으로 진행하기가 쉽지 않다. 한국의 스키어들은 파우더 비기너를 벗어나면 잠깐 올마운틴 스키어의 단계를 거쳐 비교적 빠르게 파우더 매니아로 발전한다. 여러 스키 기술을 섭렵하기보다는 일 년 중 한 두 차례의 스키 투어라는 제한된 시간 때문에 가장 최고의 즐거움을 주는 스키의 정수 파우더에 선택적 집중을 하는 것이다.

파우더 매니아라고 해도 파우더 비기너에서 넘어온 지 얼마 되지 않은 경우 스키 기술과 경험에서 한계가 있다. 또한 일찍부터 파우더 매니아가 되어 파우더 스킹을 즐겨온 스키어들도 올마운틴 스키어 단계를 충실히 겪지 않으면 스키 기술의 정석에서 벗어나 파우더에만 편중된 기술과 지식을 가지게 된다. 예를 들면 '파우더는 후경으로 탄다'거나 '팔과 상체를 이용하는 몸턴을 하면 파우더가 쉽다'는 주관적이고 경험적 스킹을 설파하기도 한다. 반대의 편향은 한국적 스키 기술에 익숙한 스키

일본 앗피스키장의 아스피린 파우더.

어들이 '인터 스키 기술과 차이가 없다', '인터 스키를 잘 타면 파우더도 잘 탄다'라는 또 다른 형태의 잘못된 정보를 만들어내기도 한다.

앞에서 언급했듯이 해외 스키장에서의 스킹은 그에 맞게 진화해 온 올마운틴 스키가 주류다. 이러한 올마운틴 스키 기술을 기본으로 파우더 스키 기술이 하나의 특화된 영역으로 발전해 온 것이다. 헬리스킹처럼 오로지 파우더만 타는 게 아니라면 대부분의 스키 환경은 올마운틴에서 시작된다. 파우더만 타는 경우가 드물다는 것이 의미하는 바는 당연히 파우더를 타다가 범프도 타고, 트리런도 타고, 급사면을 내려오기도 한다는 것이다. 그러므로 파우더를 안전하게 즐기기 위한 가장 이상적인 접근은 기회가 닿는 대로 올마운틴 스키 기술을 숙달하는 것이다.

또한 파우더 매니아들은 누구보다 적극적으로 파우더를 탐닉하기에 그에 관련된 장비와 기술, 안전 지식 등을 잘 갖추어야 한다. 이를 위해서 잘못된 정보를 걸러내고 체계적인 정보와 기술을 갖춰나가야 한다. 정보 소통의 장만 마련된다면 한국의 파우더 매니아들은 파우더 스키의 세계에서 늦게 출발하였지만 가장 빠르게 성장하는 파우더 매니아가 될 수도 있다.

일본 아오모리 핫코다산의 수빙 사이로 업힐을 하고 있는 스키어들.

파우더 매니아를 부르는 다른 명칭들

나라마다 혹은 문화권마다 파우더 스키 애호가를 부르는 명칭은 다양하다.

- **파우더 매니악**Powder Maniac : 한국에서는 매니아로 부르지만 영어로는 파우더 매니악으로 부른다.
- **파우더 홀릭**Powder Holic : 파우더 스키에 중독된 사람이라는 의미로 파우더 스키에 매료된 스키어를 말한다.
- **파우더 하운드**Powder Hound : '하운드'는 그레이하운드 같은 개의 한 종이다. 헉헉대며 파우더를 찾아 달리는 사냥개를 은유한 표현이다.
- **파우더 헌터**Powder Hunter : 사냥꾼처럼 파우더를 찾아 다닌다는 의미에서 부르는 용어이다.
- **파우더 체이서**Powder Chaser : 일기예보를 보며 스노우 스톰을 따라 이동하면서 가장 적극적으로 파우더를 추구하는 스키어들을 일컫는 말이다.

파우더 체이서

가장 적극적으로 파우더 스키를 추구하는 사람들로 가장 중독이 심한 스키어들을 말한다. 말 그대로 파우더를 사랑하지만 아주 유별난 형태를 보이는 사람들을 말한다. 이들의 행동을 파우더 체이싱Powder Chasing이라 부르는데, 해외에서도 가장 극단적인 하드코어로 여겨진다. 파우더 체이싱에 대해 설명하면 다음과 같다.

첫째, 일기예보로 눈폭풍 예보를 파악한다. 최소 7일 전의 눈폭풍 예보를 확인하고 폭풍의 예상경로를 파악한다. 눈폭풍을 따라 가며 새롭게 쌓인 깊은 파우더에서 스키를 타기 위한 모든 준비(이동 방법, 숙소, 리프트 티켓, 파우더 스키 장비, 함께 할 체이서 수배 등)를 마치고 대기한다.

둘째, 미리 가서 기다린다. 눈폭풍으로 고속도로나 공항이 폐쇄되기 전에 미리 스키장에 도착한다. 눈이 온 다음에는 파우더 매니아들이 몰려 들게 뻔하기 때문에 반드시 그 전에 미리 가서 대기하여 가장 첫 파우더를 타는 것을 목숨보다 소중하게 생각한다.

셋째, 스키장에 대해 정확히 파악한다. 인터넷이나 스키장 로컬을 통해 그 스키장에서 파우더 타기 가장 좋은 코스를 미리 연구한다. 일부 스키장은 눈이 많이 오면 슬로프나 리프트를 폐쇄하고 눈사태 컨트롤을 하는 코스들이 있다. 이런 코스들을 미리 확인하여 피하고, 오픈 예정시간을 미리 확인해 대기하기도 한다. 만약 이런 슬로프에서 첫 런을 할 수 있다면 가장 깊은 파우더를 즐길 수 있다.

넷째, 항상 떠날 준비를 한다. 한 스키장에 머물면 안 된다. 아무리 많은 눈이 퍼부어도 눈이 멈추면 하루나 이틀 내로 후레쉬 파우더가 사라진다. 따라서 눈폭풍을 따라 언제든 이동할 준비가 되어 있어야 한다. 가끔은 눈폭풍을 따라 8~10시간씩 운전할 수도 있어 가장 강력한 스노우 타이어와 차량으로 무장하고 길을 떠난다.

다섯째, 정해진 계획은 없다. 언제든 비상상황에 대한 마음의 준비를 한다. 도로가 폐쇄되어 원하는 스키장으로 이동할 수 없다면 재빨리 다음 옵션으로 넘어간다. 차량을 포기하고 비행기로 이동하거나 눈폭풍의 예상경로를 따라 그 다음 목표인 스키장으로 이동한다. 경우에 따라 스키 부츠와 스키복만 들고 뛰기도 한다. 스키는 스키장에서 빌려도 된다.

여섯째, 멀티 리조트 패스는 필수다. 북미나 유럽에서는 멀티 리조트 패스를 판매한다. 가장 대표적인 것이 미국 콜로라도

파우더 체이서에게 한계는 없다.
파우더만 있다면 어디든 간다.

베일스키장에서 시작한 에픽 패스EPIC PASS다. 이외에 아이콘 패스IKON PASS 마운틴 콜렉티브 패스Mountain Collective Pass, 맥스 패스M.A.X. Pass 등이 있다.

일곱째, 한계는 없다. 눈폭풍이 끝나거나 체이싱이 어려워지면 다음 옵션은 백컨트리 스키다. 스키 리조트를 벗어나면 언제든 깊은 파우더를 즐길 수 있다. 백컨트리 스키로도 깊은 파우더를 맛보기 어려우면 헬리스키나 캣스키가 그 다음 옵션이다. 포기는 없다. 어디든 후레쉬 파우더가 있는 곳이라면 간다.

여덟째, 파우더 데이에 친구나 가족은 없다. 최고의 파우더 데이에는 파우더 체이싱을 같이 할 실력을 갖춘 스키 버디는 존재해도, 가족과 친구는 없다. 다 버려야 한다. 후레쉬 파우더를 즐기는데 방해가 되는 것은 무엇이든 잊어야 한다. 파우더 체이서에게 파우더 스킹이 멈추는 것은 리프트가 끝나는 시간뿐이다.

스킹 스타일에 따른 분류

파우더 스키어 구분의 또 다른 형태는 스킹 스타일에 따른 분류다. 스킹 스타일에 따라 같은 파우더를 타더라도 스킹하는 지역과 기술적 지향, 사용하는 장비가 달라진다.

올마운틴 스키어

지역

올마운틴 스키어는 기본적으로 스킹이 가능한 모든 지역에서 즐겁게 스킹하는 것을 추구하기 때문에 파우더가 없다고 강박증을 느끼지는 않는다. 파우더 데이에는 신나게 파우더를 즐기고, 눈이 멈추면 곧바로 생겨나는 범프와 트리런, 그리고 숨겨진 파우더를 찾아서 스킹한다. 그러므로 최대한 다양한 환경과 설질에서 파우더 스키를 즐긴다. 후레쉬 파우더가 있으면 즐기고, 없으면 범프나 트리런을 즐기면 된다는 생각을 가지고 있어 주로 프론트컨트리나 사이드컨트리에서 스킹한다. 백컨트리는 업힐에 소비되는 시간이 많아 충분히 다양한 사면에서 즐겁게 노는 것이 불가능하기 때문이다.

기술

올마운틴 스키어는 어떤 지형과 설질도 마다하지 않고 도전하므로 어떤 어려운 스키 환경에서도 스킹이 가능한 안정적인 스키 기술을 갖추길 희망한다. 단지 안 넘어지고 내려오는 것에 만족하지 않고 우아하게 내려오는 것을 원한다. 기술적인 도전과 이를 극복하는 것에서 대단한 성취감을 느낀다. 한국의 스키어들은 대부분 인터 스키로 부르는 테크니컬 스키에 익숙하므로 이러한 올마운틴 스키어의 성향을 지닌다.

장비

올마운틴 스키를 사용한다. 올마운틴 스키는 정설 사면에서도 카빙이 가능해 테크니컬 스킹을 할 수 있고, 파우더 환경에서는 부양력도 갖춘 다기능성 스키다. 이런 다기능성 때문에 올마운틴 스키는 올마운틴 카빙 스키(허리 넓이 70~90mm)와 올마운틴 파우더 스키(허리 넓이 90~110mm)로 구분하기도 한다. 적극적인 파우더 매니아가 아니라면 대부분은 프론트컨트리에서 파우더 스킹을 즐기기 때문에 올마운틴 스키를 위주로 스키를 탄다.

일본 타자와코스키장 최상급 코스 챔피언에서 파우더를 즐기는 필자.

일본 아오모리 핫코다산에서 루트를 탐색하고 있는 백컨트리 스키어.

백컨트리 스키어

지역

파우더에 대한 중독이 심해 더 깊은 눈과 아무도 지나지 않은 후레쉬 파우더를 찾는 스키어들이다. 깊은 눈에서의 파우더 스킹에 매료되어 있어 최대한 사람들이 적은 곳으로 후레쉬 파우더를 찾아서 스킹한다. 이들에게는 백컨트리가 가장 놀기 좋은 무대가 된다. 이 가운데 업힐을 싫어하는 사람은 헬리스키나 캣스키로 파우더를 즐기기도 한다. 비록 업힐을 하지는 않지만 깊은 눈에서의 파우더 스킹을 추구하므로 여기서는 스타일상 백컨트리 스키어로 분류한다.

기술

백컨트리 스키어도 당연히 기술적 완성도를 추구한다. 파우더에서 최대한 멋진 스킹을 하기를 원하는 것은 스키어라면 누구나 가지는 욕망이다. 하지만 백컨트리 스키어들은 기술적 도전-극복-성취감보다 파우더 타는 그 자체를 탐닉하고 자연과의 일체감을 더 중요시한다. 상대적으로 기술적 완성은 집착하지 않는다. 기술은 수단이지 목적이 아니기 때문이다.

장비

헬리스키나 캣스키에서는 딥파우더용 스키(허리 넓이 120~130mm)를 사용하지만 일반적으로 백컨트리 전용 장비를 사용한다. 깊은 파우더에서 스킹하기에 아주 넓은 딥파우더용 스키를 사용할 것 같지만 실제로 백컨트리 스키는 생각보다 넓지 않다. 업힐에서 너무 넓은 스키는 불리하기 때문이다. 오히려 95~115mm가 일반적으로 사용되는데, 경량화에 많은 초점을 맞추고 있다. 카본 화이바 같은 소재를 통해 스키와 바인딩, 부츠의 무게를 줄여 업힐에서의 유리함을 추구한다. 하지만 스키가 너무 가벼우면 스킹에서 안정성이 떨어지므로 적절한 밸런스 유지가 필요하다.

프리 스키어

지역

프리 스키어는 프리 스킹을 즐기는 스키어로 한국의 스키어들에게서는 일반적인 성향은 아니다. 프로 스키어들이 경사진 슬로프를 타고 내려오는 영상을 보면 급사면에서 빅라인 스킹(대단히 빠른 속도로 절벽 같은 급사면을 내려오는 스킹), 점프나 트릭 등을 섞어 화려한 퍼포먼스를 담아 파우더를 타고 내려오는 스킹을 볼 수 있다. 이런 절벽 같은 급사면에서 파우더를 즐기는 것을 프리 스킹, 혹은 빅 마운틴 스킹Big Mountain Skiing이라고 부른다.

기술

프리 스키어는 급사면 파우더에서 점프와 트릭을 위한 점프와 에어 기술, 뒤로 스킹하는 백워드 스킹Backward Skiing 등 프리 스킹 기술에 능숙하다.

장비

점프와 착지, 백워드 스킹에 특화된 프리라이드용 스카나 트윈 팁 스키를 사용한다. 파우더에서는 더 넓은 스키를 선호하며, 빅 마운틴 환경에서는 딥 파우더용 스키를 사용하기도 한다.

PART 2

파우더 스키
장비와 선택

파우더 스키 강습을 하다보면 파우더 스키에 입문하려는 다양한 스키어들을 만나게 된다. 그들로부터 가장 많이 받는 질문은 기술에 대한 것보다 오히려 장비에 대한 것이다. 장비 구비가 파우더 입문의 첫 시작인 셈이다. 이 장에서는 입문자가 가장 먼저 고민하는 파우더 스키 장비를 세 가지로 구분해 소개한다.

'파우더 스키 필수 장비'에서는 파우더 스키에 반드시 필요한 스키판, 바인딩, 부츠, 폴에 대해 알아본다. '파우더 스키 의류'에서는 파우더 스키에 사용되는 의류와 레이어링 시스템을 소개한다. 마지막으로 '파우더 스키 전문 장비'에서는 스키 백팩, 헬멧, 고글 등 파우더에 본격 입문 시 필요한 장비들과 구매 시 고려해야 할 사항을 정리했다.

파우더 스키
필수 장비

파우더 스키 필수 장비 1_
스키판

파우더 스키를 위한 장비 선택에서 가장 중요한 것이 파우더 스키판의 선택이다. 스키는 스포츠 종목으로서의 스키와 스키어가 착용하는 기구로서의 스키판이라는 두 가지 의미를 가진다. 그러므로 스키가 스키판을 의미할 때도 있지만, 불필요한 오해를 피하기 위해 이번 장에서는 스키판으로 명명하도록 한다.

파우더 스키판의 두 가지 특성

앞 장에서도 언급했지만 스키의 진화는 1990년대 쉐입 스키라는 첫 번째 혁명과 2010년대 파우더 스키라는 두 번째 혁명을 겪었다. 파우더 스키로의 진화는 크게 스키판이 넓어진 것Fat과 락커Rocker의 도입이다.

팻Fat

1920년부터 2000년대까지 스키 허리의 넓이는 65mm 내외에서 크게 변화하지 않았다. 그러나 2010년대 이르러 스키 허리의 넓이가 확 넓어졌다. 좁은 것은 기존처럼 60mm대에서 머물렀지만, 넓은 것은 그 두 배인 130mm까지 넓어졌다. 이렇게 스키 허리가 넓어진 이유는 부양력을 높이기 위해서다. 스키의 허리가 넓어지면 그에 따라 팁과 테일도 넓어지는 것이 일반적이다. 이렇게 넓어진 표면적은 스키의 부양력을 높여서 깊고 부드러운 눈에서 스키의 조작을 월등히 유리하게 한다.

락커Rocker

전통적인 알파인 스키에 캠버가 도입된 것은 1900년대다. 캠버가 도입되면서 스키어의 체중을 스키 전체로 분산시켜 더욱 안정적인 스키 조작이 가능해졌다. 이러한 캠버의 혁신적 효과는 100여년 이상 지속되었다. 오랜 캠버 스키 역사에 변화의 바람이 분 것은 2000년대 들어 스키어들이 파우더에 관심을 가지면서부터다. 전통적인 스키가 파우더 환경에서 눈 속으로 자꾸 파고드는 것을 해결하기 위해 수상스키의 바나나 쉐입을 도입하였는데, 이것은 캠버 스키와 정 반대 개념인 리버스 캠버Reverse Camber를 탄생시켰다. 팁과 테일이 들려 올라간 모양은 파우더에서 스키가 깊이 빠지던 단점을 해결하고 부양력을 획기적으로 향상시켰다. 이렇게 탄생한 최초의 락커 스키는 지속적으로 발전하여 현재는 다양한 락커의 모양으로 발전하였다.

이렇게 넓어진 스키와 락커는 스키의 부양력을 높여주는데 결정적인 역할을 했다. 쉐입 스키가 카빙이라는 보물을 일반 스키어에게 전해준 천사라면, 파우더 스키는 부양력이라는 보물을 안겨준 천사다. 이제 파우더 스키어들은 자신이 원하는 곳에서 자신이 추구하는 스킹을 할 수 있게 되었다.

파우더 스키판의 종류

해외에서도 그랬지만 한국에서도 최초로 파우더 스키를 접한 스키어들은 허리의 넓이가 120mm가 넘는 넓은 스키판에 풀 락커가 적용된 파우더 스키를 사용했다. 하지만 이런 스키는 파우더 바닥이 닿지 않는 딥 파우더Deep Powder에서 최적의 성능을 발휘하도록 설계된 스키다. 눈이 조금만 뭉쳐 있거나 딱딱해지면 다루기가 엄청 불편하고 답답하다. 딥 파우더만 타는 스킹은 폭설이 내린 다음날, 혹은 헬리스킹이 아니면 경험하기가 어렵다. 일반적인 스키어가 전체 스킹 가운데 딥 파우더를 탈 수 비율은 5~10%에 불과하다. 따라서 딥 파우더라는 특수 상황에만 적절한 스키는 대중적인 사랑을 받기 힘들다.

카빙 스키와 딥 파우더 스키 중간에는 올마운틴 또는 프리라이드라 불리는 전천후 기능을 갖춘 다양한 스타일의 스키가 있다. 이처럼 스키가 기능과 환경에 맞춰 다양해지면서 파우더 스키어에게는 자신에게 맞는 스키를 찾는 것이 과제이자 즐거움이다.

스키의 종류를 구분하는 것은 일반적으로 통일되어 있지 않다. 스키 제조업체마다 기준과 적용 기술, 부르는 용어도 제각각이다. 다만, 상식적인 선에서 일반적인 스키 구분법은 다음과 같다.

스키의 분류

대분류	소분류	지형terrain	허리 넓이waist width	락커rocker
카빙 스키		정설piste	60~70mm	전통적 캠버
올마운틴 스키	올마운틴 스키	정설/오프 피스트/파우더	70~90mm	팁 락커 팁&테일 락커
	프리라이드 스키	오프 피스트/파우더/백컨트리	90~110mm	팁&테일 락커
파우더 스키	파우더 스키	파우더/백컨트리	110~120mm	팁&테일 락커/풀 락커
	딥 파우더 스키	딥 파우더/헬리스키&캣스키	120mm 이상	풀 락커

파우더 스키 선택 가이드 라인

파우더 스키를 선택할 때는 스킹 스타일과 선호도를 고려해 필요에 맞는 장비를 찾는 것이 중요하다. 실력과 경험이 축적되면서 자신만의 취향을 분명히 이해하고 있는 스키어는 자신의 취향에 따른 장비를 스스로 연구하여 선택할 수 있다. 하지만 입문자는 다르다. 자신의 취향을 파악하기 전에는 장비 선택에 대한 가이드 라인이 없어 혼란스러움을 겪는다. 입문자라면 아래의 가이드 라인을 참고해 파우더 스키를 선택하자.

스킹 스타일

파우더에서 자신이 스킹하는 모습을 돌이켜보자. 빠른 속도로 질주하는 스킹을 즐기는가? 아니면 숏턴을 그리며 즐겁게 춤추는 듯한 스킹을 즐기는가? 깊은 파우더에서의 스킹을 주로 하는가? 아니면 깊거나 얇거나에 상관없이 다양한 설질에 만족하며 상황을 즐기는 스킹을 하는가? 파우더만 즐기는 것이 아니라 정설사면, 범프, 트리런 등 다양한 사면에서 스킹하는가? 이런 자신의 취향을 먼저 파악하는 것이 첫번째 단계.

허리 넓이

파우더 스키는 일반적으로 올마운틴 스키보다 허리가 더 넓다. 부드러운 눈에서의 부양력을 더욱 높이기 위해서다. 한국의 스키어들은 일반적으로 해외 파우더 스키어에 비해 리드미컬한 숏턴을 통해 파우더에서 안전하면서도 즐겁게 스키 타기를 좋아한다. 해외 스키어들은 모험적인 경향이 강해서 기술적으로 부족한 부분을 체력과 밸런스 능력으로 극복해

가며 속도를 내서 달리는 편이다. 따라서 해외 스키 관련 사이트에서 추천하는 스키는 기본적으로 한국 스키어들이 추구하는 스킹 스타일에 비해 더 넓고 더 긴 스키인 경우가 많다.

현대 스키의 가장 큰 변화는 허리가 넓어져 부양력을 강화한 것이다. 한국에서 주로 볼 수 있는 60~70mm 허리폭의 카빙 스키는 해외에서 일반인들이 많이 사용하지 않는다. 특히, 북미에서는 레이서가 아니라면 거의 사용하지 않는다. 일반 스키어에게 가장 보편적인 허리 넓이는 85mm 내외의 스키다. 범프와 트리런 등이 스키장 대부분을 차지하고 있어 이런 환경에 최적화된, 편하게 즐기면서 타기 좋은 스키를 선호한다. 따라서 스키판을 고를 때는 파우더에 유리하다고 무조건 넓은 스키를 고르기 보다 자신의 취향과 실제로 즐길 수 있는 스킹을 고려해 스키를 선택하는 것이 좋다. 브랜드마다 다르지만 스키판의 넓이에 따라 대략적으로 스키를 분류하면 다음과 같다.

스키판의 넓이에 따른 스키 분류

구분	올마운틴 카버	올마운틴	프리라이드	파우더	딥파우더
허리 넓이	70~80mm	80~90mm	90~110mm	110~120mm	120mm 이상

※ 대부분의 스키 브랜드나 스키 사이트에서는 올마운틴 카버, 올마운틴, 프리라이드를 통칭해 올마운틴 스키라 부른다. '올마운틴'이라는 이름 자체가 다양한 기능성을 포괄하는 명칭이기 때문이다.

락커의 양

깊은 파우더를 주로 타려면 풀 락커를 추천한다. 하지만 파우더 스키에 본격적으로 뛰어들기 전에 충분히 자신의 취향을 판단하는 것이 필요하다. 딥 파우더 스키는 짧은 일정의 스키 투어로는 쉽게 접하기가 어렵다. 때문에 충분히 자주 파우더 스키 투어를 갈 수 있는 경제적, 시간적 여유가 있는 사람들이 아니라면 올바른 선택이 아닐 수 있다. 일반적인 경우 올마운틴 스키를 주 스키로 사용하고, 폭설이 내리거나 백컨트리 투어를 나갈 때 상황에 맞게 스키장에서 스키를 렌탈해 사용하는 것을 추천한다.

올마운틴 스키는 대체로 팁&테일 락커, 혹은 팁 락커 프로파일을 적용하고 있다. 하지만 올마운틴 스키 자체가 워낙 다양한 특성을 가지고 있어 좀 더 깊은 이해가 필요하다. 같은 팁&테일 락커 스키라도 좀 더 딱딱한 눈(정설 사면이나 범프)에서 타기 좋은 스키와 부드러운 눈에서 타기 좋은 스키로 특성이 나뉜다. 이는 락커의 양이 어느 정도인가에 따라 스키의 성능에 차이가 생기기 때문이다.

스킹 스타일에 따른 특징과 추천 스키

구분	특징	추천 스키
테크니컬 카버 Technical Carver	카빙을 절대적 신념으로 가진 스키어들로 한국의 압설 사면에서 거의 카빙으로만 타는 스키어들이다. 이들은 해외 스키장에서도 부드러운 정설 사면을 찾아 카빙으로 눈을 후벼 파는 느낌을 추구한다. 파우더나 트리런 등 오프 피스트는 잠깐씩 맛보는 간식 정도로 여긴다. 정설:오프 피스트 비율 90:10	올마운틴 카빙 스키. 허리 80mm 이내, 락커가 거의 없거나 아주 적게 들어간 스키. 한국에서 사용하는 60mm 중간의 인터 스키를 사용해도 되지만, 눈이 많이 온 날에는 부츠가 걸리거나 스키팁이 묻힐 수 있다.
테크니컬 올라운더 Technical All-rounder	카빙을 선호하지만 모글 등 카빙 이외의 기술을 적용하는 스킹도 좋아하는 스키어로 해외 스키장에서도 오프 피스트의 모글과 트리런에 도전하는 것을 주저하지 않는다. 정설:오프 피스트 비율 50:50	올마운틴 스키. 허리 80~90mm, 팁&테일 락커가 적게 들어간 스키.
올마운틴 스키어 All-mountain Skier	해외 스키장에서는 정설 사면보다는 오프피스트를 위주로 스킹하는 스키어들이다. 범프, 트리런, 파우더 등 다양한 환경에 적극적으로 도전한다. 여전히 주로 스킹하는 지역은 프론트 컨트리다. 정설:오프 피스트 비율 20:80	올마운틴 스키. 허리 85~95mm, 팁&테일 락커가 좀 더 많이 적용된 스키.
프리라이드 스키어 Freerider	거의 오프 피스트에서 스킹하며 정설 사면은 웜업이나 이동경로로만 이용하는 스키어로 취향이 분명하다. 오프 피스트에서 주로 스킹하며 테크니컬 스킹보다는 빠르게 활주하거나 점프 등을 즐기는 모험적인 스키어들이다. 프론트컨트리와 사이드컨트리를 위주로 스킹하며, 종종 깊은 눈에서의 빅 라인 스킹이나 점프를 즐기기 위해 백컨트리를 찾기도 한다. 정설:오프 피스트 비율 10:90	프리라이드 스키. 허리 100~110mm, 파우더 락커 또는 풀 락커.
파우더 매니아 Powder Maniac	오프 피스트 가운데에서도 주로 파우더를 찾아 다니는 스키어들이다. 해외 스키 투어의 주목적이 파우더인 스키어들로 스키장도 파우더가 많은 스키장을 일부러 선정해 찾아 다닌다. 프론트컨트리, 사이드컨트리, 백컨트리를 가리지 않고 가장 깊은 눈을 찾아 스킹한다. 정설 사면은 이동경로로 생각한다. 정설:오프 피스트 비율 5:95	파우더 스키 또는 딥파우더 스키. 허리 110~130mm의 파우더 락커 또는 풀 락커.
백컨트리 스키어 Backcountry Skier	파우더 매니아로 구분할 수도 있지만 백컨트리 스키어는 자연과의 일체감을 중시하고 업힐에도 상당히 가치를 부여하는 독특한 정체성을 가진 스키어들이다. 폭설이 내린 경우나 눈사태 위험, 화이트 아웃 등 위험도가 높은 경우를 제외하고 프론트컨트리에서는 거의 스킹하지 않는다. 정설:오프 피스트 비율 거의 0:100	프리라이드 스키 또는 파우더 스키. 업힐 편의성에 따라 95~115mm 정도가 적당하다. 장거리나 빠른 업힐 속도를 요구하는 초경량 투어링용 스키는 전문적인 영역으로 별도의 카테고리다.

이를 직관적으로 파악하기에 좋은 사진이 있다. 그림1은 같은 길이의 DPS의 두 가지 스키 RP와 C2를 비교한 것이다. 왼쪽 오렌지색이 RP이고 오른쪽 검은색이 C2이다.

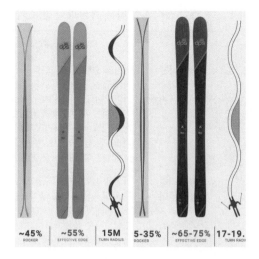

옆에서 바라본 스키의 모양을 비교해 보면 RP는 C2에 비해 팁과 테일의 락커가 상당히 많이 들어가 있다. RP는 허리 넓이가 100mm이고, 락커가 많이 들어간 탓에 유효 에지의 길이가 짧아 회전반경이 15M다. 그림처럼 겉게 스키딩으로 나타나는 구간이 생긴다. 그만큼 카빙 성능이 떨어진다는 의미다. 하지만 눈이 많은 곳에

그림1 락커 디자인에 따른 성능의 차이.

서는 다루기 쉽다는 의미가 된다. C2는 허리 넓이가 94mm이고, 락커 양이 적어 유효 에지 길이가 길고 회전반경이 17~19M다. 부드러운 눈에서도 여전히 적당한 카빙 성능을 유지하고 있다. RP와 같이 락커가 많이 들어간 스키를 별도로 '파우더 락커'라 부르기도 한다(그림 2 참조).이렇게 락커의 비율을 검토하는 것이 파우더 스키를 고를 때 핵심적인 포인트다.

그림2 파우더 락커 프로파일.

락커의 양으로 스키를 구분하면 팁&테일 락커, 파우더 락커, 풀 락커로 나눌 수 있다. 풀 락커가 락커의 양이 가장 많다. 인터 스키에 익숙하고 카빙에 초점을 맞추던 한국의 스키어들에게 락커가 많이 들어간 스키는 처음에 낯설게 느껴질 수 있다. 그래서 처음에는 적당히 락커가 들어간 스키를 타는 것이 편하다. 하지만 일본처럼 파우더 환경에 초점을 맞춘다면 파우더 락커를 추천한다. 특히, 일본은 유럽이나 북미의 스키장에 비해 눈이 내리는 날이 많아 파우더 락커가 좋은 선택이다.

스키 길이

파우더에서 부양력을 향상시키려면 스키가 넓고, 길고, 풀 락커일수록 좋다. 하지만 깊은 파우더에서 타는 것은 제한적이라서 스키 환경과 스키어의 취향에 따라 적절한 정도로 조합하는 것이 필요하다. 과거 190~200cm이던 스키판 길이는 쉐입 스키가 나오면서 160~170cm로 30cm 가량 짧아졌다. 그러나 파우더 스키가 유행하면서 부양력을 향상시키기 위해 170~180cm로 다시 길어지는 추세다. 체력과 기술이 좋고, 파우더 성향이 강할수록 길게 선택하는 것이 파우더에서 유리하다.

키 175cm, 몸무게 75kg 내외의 중상급 실력을 가진 스키어를 기준으로 보면 평균적인 스키 길이는 175cm 내외가 적당하다. 이를 평균치로 해서 몇 가지 조건에 따라 더하거나 빼면 자신에게 적절한 스키 길이를 계산할 수 있다.

스키 무게

파우더 스키는 무조건 가벼운 스키가 유리하다고 생각하는 사람들이 있다. 하지만 모든 것에는 장점과 단점이 있다. 스키는 가벼운 만큼 안정성이 떨어지는 것이 일반적인 경향이다. 파우더 스키 가운데 투어링Touring 스키는 카본 등 첨단 소재로 제작한다. 스키 기능을 경량화에 초점을 맞추어 다른 기능은 과감히 포기함으로써 무게를 극적으로 낮춘다. 남성용과 여성용, 스키 길이 등에 따라 조금씩 차이가 나지만 이런 스키들은 1kg 내외여서 스키 두 짝의 무게가 일반 올마운틴 스키 한짝의 무게(2kg)와 비슷할 정도로 가볍다.

투어링 스키는 업힐에 상당히 유리해 백컨트리 스키라면 무조건 투어링 스키를 선택해야 한다고 생각할 수 있다. 하지만 위에서 언급한 것처럼 가벼운 스키는 다운힐에서 안정성이 떨어진다. 따라서 최대한 멀리 이동하기를 선호하거나 업힐을 자주하는 스키어라면 가벼운 스키를 선택하는 것이 바람직하겠지만, 깊은 눈에서 멋진 스킹을 추구한다면 적당히 안정성과 조작성을 갖춘 스키가 적절하다. 최근에는 무게가 가벼우면서도 안정성과 조작성을 갖춘 스키들도 많이 출시되고 있다. 다만 카본 화이버 같은 소재가 적용되어 가격이 비싸다는 점을 고려해야 한다. 이런 스키들은 한 짝의 무게가 1.5kg 내외여서 투어링용 스키와 올마운틴 스키의 중간쯤 된다.

파우더 스키 구입을 위한 현실적 조언

해외 스키장의 스키 장비점에서 종류별 파우더 스키를 렌탈해서 사용해 보고 구매하는 것이 가장 좋겠지만, 일주일 미만의 짧은 스키 여행에서 다양한 설질과 환경을 경험하기는 생각보다 쉽지 않다. 투어 기간에 눈이 안 오거나 혹은 폭설이 내리면 두 환경의 차이는 하늘과 땅 만큼 크다. 투어 기간에 운 좋게 폭설이 내려 딥 파우더 스키를 렌탈해서 스키를 탔더니 너무 좋아서 딥 파우더 스키를 구입했다 치자. 그 이후 투어에서 이런 폭설을 만나지 못하면 딥 파우더 스키가 불편해진다. 따라서 시간적 제약이 있는 환경에서의 경험이 스키 선택의 절대적 기준이 될 수 없다.

파우더를 제대로 경험해보지 못한 스키어들은 가장 기본적인 올마운틴 스키를 선택하는 것이 좋다. 일본을 포함한 유럽, 미국, 캐나다, 뉴질랜드 등 해외 스키장의 다양한 환경에서 가장 적절한 스키는 올마운틴 스키이기 때문이다. 해외 투어에서 올마운틴 스키를 사용하다가 폭설이 내리면 본격 파우더 스키를 렌탈해 경험해 보면 된다. 깊은 파우더에서의 스킹을 통해 자신의 취향과 능력을 이해하고, 그에 따른 스키를 선택하면 된다.

인터넷과 직접 방문으로 정보를 수집한다

먼저 인터넷 검색을 통해 국내에서 판매 중인 파우더 스키와 가격대를 조사한다. 국내에서 파우더 스키를 판매하는 스키샵은 2~3곳에 불과하므로 직접 방문 혹은 전화 상담을 통해 구입할 수 있는 스키를 조사한다. 이때 스키 모델, 종류, 길이, 허리 넓이, 락커 등을 확인한다. 서울 청담동 소재 스키샵 스노우뱅크는 국내에서 가장 많은 파우더 스키 장비를 보유하고 있다.

허리가 85~100mm의 스키를 추린다

85mm에 가까운 스키는 올마운틴 스키로 정설 사면과 오프 피스트 비중이 50-50 정도다. 해외 스키장의 정설 사면에서 멋진 카빙을 그리고 싶은 스키어라면 90mm 이하의 넓이를 가진 회전반경 15m 정도의 올마운틴 스키가 익숙하게 느껴질 것이다.

해외 스키장에서 정설 사면을 달리기 보다 오프 피스트에서 범프와 트리런, 파우더를 주로 즐기고 싶다면 90~100mm 정도에 회전반경 15~20m 정도의 올마운틴(혹은 프리라이드) 스키가 적당하다. 이러한 스키는 같은 올마운틴 계열로 분류되지만 정설 사면보다는 오프 피스트와 파우더에 더욱 초점을 맞추고 있다.

키와 무게, 스키 실력을 고려해 적절한 길이를 선택한다

예를 들어 키 175cm, 몸무게 75kg 내외의 상급 실력을 가진 남성 스키어라고 가정해 보자. 주로 정설과 오프 피스트 모든 사면에서 다양하게 퍼포먼스 스킹을 추구한다면 길이 175cm 내외, 허리 85~90mm 정도의 올마운틴 스키가 적당하다. 주로 오프 피스트에 도전해 자연 범프와 트리런 등에서 퍼포먼스를 추구한다면 길이 175~180cm, 허리 90~100mm 정도의 스키가 좋겠다. 아직 파우더에 대한 경험은 많지 않지만 자신의 성향

스노우뱅크에서 판매 중인 다양한 파우더 스키 장비들.　　　　　ⓒ 노재윤

을 보았을 때 확실히 파우더 성향이고, 파우더에 대한 열정이 높다면 아예 첫 스키부터 길이 175cm 이상, 허리 100~110mm 정도의 파우더 스키를 선택하는 것도 나쁘지 않다. 스키 길이는 본인의 성향과 몸무게, 실력 등을 반영해 5cm 정도 더하거나 빼면 된다.

키 160cm, 몸무게 50kg 내외의 중급 실력을 가진 여성 스키어라면 길이 155~165cm, 허리 80~95mm 정도의 여성용 파우더 스키를 선택하면 적당하다.

직구에 도전해 보자

자신에게 맞는 적당한 모델과 사이즈를 알았다면 이제 구매를 해야 한다. 스키 구매는 국내 스키샵이나 해외 사이트, 중고 마켓에서 구입하는 방법이 있다. 국내 스키샵에서 구매하는 것이 가장 일반적이다. 단점이라면 자신이 원하는 모델이나 사이즈가 없을 수 있다. 이런 경우는 스키샵에 직접 문의하거나 해외 사이트 직구 등이 대안이 될 수 있다. 또 함께 활동하는 동호회나 클럽에서 공동 구매를 통해 가격을 낮추는 것도 좋은 방법이다. 해외 사이트에서 직구하는 것은 원하는 스키를 좀 더 저렴하게 구매할 수는 있지만, 제품에 문제가 있을 경우 A/S가 어려운 단점이 있다.

OSQ를 찾아라!

원 스키 퀴버

OSQ는 원 스키 퀴버One Ski Quiver의 약자다. 퀴버는 화살을 담는 화살통이나 화살을 의미한다. 궁수가 활을 쏠 때 화살통에서 적절한 화살을 골라 쏘는 것처럼 스키를 타러 갈 때 가지고 있는 스키 가운데 상황에 맞는 적절한 스키를 선택한다는 뜻에서 생겨난 말이다.

스키 매니아라면 스키를 한 대만 가지고 있는 경우는 거의 없다. 국내 스키장에서도 숏 턴용, 롱턴용, 모글용, 레이싱용 스키를 두루 갖추고 그날의 필요에 따라 스키를 선택해 탄다. 스킹 환경이 다양한 해외 스키장에서는 카빙 스키, 올마운틴 스키, 파우더 스키, 백컨트리 스키 등 더욱 다양한 스키가 필요하다. 하지만 스키 여행을 갈 때 자신이 가진 모든 스키를 가지고 갈 수는 없다. 결국 하나의 스키를 골라 여행을 떠난다. 이처럼 화살통에서 하나의 화살을 꺼내듯 하나의 스키를 선택해야 하는 상황에서 원 스키 퀴버가 탄생하게 된 것이다.

원 스키 퀴버는 화살통에서 하나의 화살을 선택하듯이 그날의 환경에 따라
하나의 스키를 선택한다는 뜻이다.

OSQ는 개인적인 스키 스타일, 스키 능력, 스키장 환경에 따라 스키어마다 선택이 다를 수 있다. 여행하는 지역의 환경이 눈이 많은 지역이라면 좀 더 파우더 스킹에 유리한 스키를 선택할 것이고, 파우더 보다는 범프나 트리런 등 올마운틴 환경이라면 올마운틴, 혹은 프리라이드 스키를 선택하면 된다. 또한 함께하는 사람들이 백컨트리를 좋아한다면 백컨트리 스키를 준비한다.

투 스키 퀴버

한국의 스키어들이 가장 많이 찾는 해외 스키 투어의 대상지는 일본이다. 눈이 많이 오는 일본은 파우더 스키를 즐기기 위해 비교적 파우더에 유리한 넓은 스키를 선택한다. 하지만 일본의 스키 시즌은 유럽이나 북미에 비해 비교적 짧다. 일본뿐 아니라 유럽이나 북미 등 다양한 지역으로 스키 투어를 다니는 스키어라면 그 지역의 적설량을 고려하여 락커가 적게 들어간 스키를 선택하는 것도 방법이다. 대부분의 스키어는 2~3대, 혹은 그 이상의 종류별 스키를 갖추고 있다. 따라서 스키를 구매할 때 완벽한 하나One-for-All Ski를 찾는데 집중하기보다는 상황에 최적화된 스키를 2~3대 적당하게 갖추는 것도 대체 가능한 방법이다.

이렇게 '하나의 스키'라는 개념의 OSQ에서 '두 개의 스키'라는 개념의 TSQTwo Ski Quiver라는 표현도 생겼다. 투 스키 퀴버는 스키의 특성상 도저히 한 대로는 만족하지 못하는 경우에 보조로 한 대의 스키를 더 준비하는 것을 말한다. 대학에서 전공과 부전공의 개념이다. 한국의 스키어들이 해외로 스키 투어를 갈 때 인터 스키와 파우더 스키 2대를 가지고 가는 경우도 TSQ에 속한다.

파우더에 처음 입문하는 한국의 스키어들은 일반적으로 올마운틴 스키나 프리라이드 스키를 선택해 파우더 경험을 쌓기 시작한다. 점차 다양한 스키 환경과 설질을 경험하고, 자신의 취향도 깨닫게 되면서 딥 파우더 스키, 혹은 백컨트리 스키를 구입하기도 한다. 어쩌면 OSQ는 단지 스키를 찾는 것에 그치지 않고 자신의 스키 취향을 찾는 여정일지도 모른다.

필자의 OSQ

필자의 OSQ는 뵐클Volkl의 M6다. 길이 177cm, 허리가 96mm인 팁＆테일 락커 스키다. M6의 M은 'MANTRA'를 의미하고 6은 6번째 세대Generation를 의미한다. 뵐클의 대표적 인기 스키 만트라는 2004년 출시되자마자 베스트 셀러에 올라 현재까지 20년에 걸쳐 가

필자의 OSQ 뵐클 M6 스키. 22/23 모델과 23/24모델이다.

일본 홋카이도 니세코스키장에서 촬영한 필자의 OSQ 뵐클 M6 스키.

장 인기 있는 올마운틴 스키로 평가받고 있다.

파우더 스키는 2010년대부터 본격적으로 유행했지만, 2000년대 이전에도 다양한 시도가 있었다. 특히, 파우더 매니아와 엑스퍼트 스키어들은 1994년 출시된 허리 90mm인 뵐클의 EXPLOSIVE를 사용해 파우더와 다양한 사면을 날아 다녔다.

EXPLOSIVE가 진화해서 2004년 탄생한 만트라는 96mm로 허리가 넓어지고, 쉐입 스키의 사이드컷이 적용되어 기대 이상의 호평을 받았다. 애초에 파우더 매니아들을 대상으로 출시하였지만 사이드컷이 장착된 팻 스키는 파우더에서는 물론 정설 사면과 오프 피스트에서 놀라운 성능을 발휘했다. 만트라를 비롯한 몇몇 스키들이 파우더 매니아 뿐만아니라 일반 스키어들에게 인기를 끌면서 팻 스키가 새로운 스키의 혁명을 일으키기 시작했다.

당시 허리가 96mm인 스키는 굉장히 드물었다. 만트라는 처음에는 팻 스키로 구분되었지만, 2010년대 이후 110mm 이상의 팻 스키가 본격적으로 유행하면서 올마운틴 스키로 분류되었다. 락커가 도입되기 전에 출시된 초기 만트라는 전통적인 캠버를 가진 스키였다. 오프 피스트와 파우더에서 기존 스키에 비해 부양력이 증가하고 조정이 훨씬 쉬워 큰 인기를 끌었으며 출시되자마자 베스트 셀러가 되었다. 당시 만트라는 스키샵에 들어오자마자 팔리는 바람에 진열대에서는 보기 힘든 스키라는 전설이 생겨나기 시작했다.

수년간 인기를 끌던 만트라는 2014년 풀 락커를 적용하면서 인기가 시들해졌지만, 이후 혁신을 거듭한 뵐클은 2018년 풀 락커 대신 팁&테일 락커를 장착하고, 티타날 프레임과 카본 화이버를 사용해 무게는 줄이고 리바운드는 향상시킨 M5를 출시해 다시 베스트 셀러의 왕좌를 탈환했다.

필자는 2018/19시즌 이후 뵐클 M5 모델부터 M5-Mantra102-M6-Kendo88 등 다양한 종류의 올마운틴 스키를 사용했다. 이들 모두 만트라의 DNA를 이어받은 스키다. 모델에 따라 약간의 특성 차이가 있지만 본성은 같다.

만트라는 스키를 들어보면 무거운 느낌이지만 실제로 스킹에서는 그리 무겁게 느껴지지 않는다. 너무 가벼워서 출싹거리는 느낌보다는 중간 정도의 반응 속도와 적당한 크기의 리바운드가 안정감 있는 스키 조작을 가능하게 한다. 이러한 반응 속도와 리바운드 세기는 사람마다 취향이 달라서 어느 것이 좋다고 할 수 없다. 전적으로 개인 취향이다. 하지만 일반적인 파우더 스키에 비해 좁은 허리임에도 깊은 파우더조차 무리없이 헤치고 나가는 것은 그만큼 스키가 적절한 리바운드를 만들기 때문이다.

만트라의 카빙 성능은 한국 스키어들이 좋아하는 카빙 숏턴을 구사하기에는 넓은 회전반경인데다 중간 정도의 반응 속도 때문에 짧은 리듬을 만들기가 쉽지 않다. 하지만 미디엄턴과 롱턴을 그리며 스킹하기에는 부족함이 없다. 가장 큰 장점은 오프 피스트와 파우더에서 속도를 내서 달려도 꽤 안정적이라는 점이다. 적당한 회전반경의 숏턴을 구사하기에도 좋아서 트리런과 범프에서도 안정감 있게 달리는데 탁월한 성능을 발휘한다. 고급 승용차가 달릴수록 낮게 깔리는 느낌과 같다.

본격적인 파우더 스킹을 원한다면 더욱 경량화를 추구하는 뵐클의 카타나 브이웍스 KATANA V.WERKS도 좋은 선택이 될 것이다. 백컨트리에서 파우더를 즐기기 위해 최적화되어 있다.

뵐클 KATANA V.WERKS.

파우더 스키 필수 장비 2_
바인딩

스키판을 구매했다면 다음은 여기에 장착할 바인딩을 선택해야 한다. 파우더 스키에 적절한 바인딩은 크게 알파인 바인딩, 프레임 바인딩, 테크 바인딩(핀 바인딩), 하이브리드 바인딩 네 가지로 나뉜다. 네 가지 종류의 바인딩 장단점을 비교하고, 어떻게 선택의 기준을 세울 것인지 알아보자.

알파인 바인딩Alpine Bindings

자신의 취향이 주로 프론트컨트리에서 스킹하는 것이라면 굳이 업힐 기능을 추가할 필요는 없다. 기존 알파인 바인딩 가운데 가벼운 제품으로 구입하면 된다. 본인이 점프나 트릭을 하는 프리스타일 스키어라면 좀 더 안정성에 집중해야 하지만 일반적인 스키어라면 최대 딘DIN 수치가 12만 돼도 충분하다. 알파인 바인딩은 가격도 저렴하다. 20~30만원대로 구입할 수 있다.

마커 스콰이어11 바인딩.

마커 그리폰 13 바인딩.

미국의 대표적인 바인딩 제조업체 마커에서 출시한 스콰이어11Squire 11은 바인딩의 무게가 820g에 불과하고 딘수치는 11까지이다. 마커의 그리폰Griffon은 무게 1,030g, 딘수치는 최대 13이다. 체중이 많이 나가거나 공격적인 스킹을 많이 하는 스키어에게 추천한다. 브레이크의 넓이도 90~120mm까지 다양해 대부분의 파우더 스키에 적용 가능하다.

프레임 바인딩Frame Bindings

프레임 바인딩은 일반 알파인 바인딩의 토 피스와 힐 피스가 프레임(또는 레일) 위에 올려진 모양을 상상하면 된다. 이 프레임(또는 레일)의 앞부분에 고정축이 있어 이 고정축을 기준으로 프레임 전체가 오르락내리락 할 수 있도록 설계한 것이다. 업힐할 때는 뒤축을 자유롭게 오르락내리락 하도록 하고, 다운힐을 할 때는 뒤축을 고정해 일반 다운힐 스킹 기술과 같은 방법으로 스킹할 수 있도록 되었다. 즉, 알파인 바인딩에 업힐 모드가 추가된 것이라 이해하면 편하다. 당연히 알파인 바인딩과 같은 강력한 힘의 전달이 가능하고, 알파인 부츠를 사용할 수 있으며, ISO 안전기준 또한 알파인 바인딩과 동일하게 적용된다.

프레임 바인딩은 알파인 부츠를 그대로 사용할 수 있어 백컨트리 입문에 많이 쓰인다. 업힐에서는 불편하지만 다운힐에서는 기존의 스킹과 큰 차이가 없기 때문이다. 주로 프론트컨트리에서 스키를 즐기다 가끔 백컨트리 스킹을 하거나, 백컨트리 스킹을 하더라도 장거리보다는 짧은 업힐을 하는 경우, 또 사이드컨트리 위주로 스킹을 한다면 프레임 바인딩은 좋은 선택이 된다.

마커의 대표적인 프레임 바인딩 F10과 F12 바인딩이다. 무게와 가격의 차이가 있는데, 일반적인 스키어라면 F10을 추천한다. 몸무게가 많이 나가거나 어그레시브하게 스키를 탄다면 F12가 적당하다.

프레임 바인딩의 단점은 세 가지이다. 첫째, 무겁다. 파우더 스키용 바인딩 가운데 가장 무겁다. 프레임 무게가 추가되어 알파인 바인딩보다도 무겁다. 이는 업힐에서 가장 극적으로 체험할 수 있다. 업힐 시 부츠만 들어올려 걷는 테크 바

마커 F10(위)과 F12(아래) 프레임 바인딩.

인딩에 비해 프레임 바인딩은 프레임 무게+토 피스 무게+힐 피스 무게를 모두 들어올려야 한다. 업힐 구간이 조금만 길어져도 바로 하체에 피로감이 느껴진다. 이러한 피로감은 다운힐 스키 퍼포먼스에도 영향을 미친다. 따라서 체력이 월등하지 않으면 프레임 바인딩은 추천하지 않는다.

둘째, 프레임이 스키의 퍼포먼스에 영향을 미친다. 파우더 스키는 일반적으로 부드러운 눈에서 스킹하도록 디자인 되었다. 스키가 카빙 스키에 비해 전반적으로 부드럽다는 의미이다. 하지만 프레임 바인딩이 위치한 길이만큼은 이러한 스키의 부드러움이 제한된다. 깊은 눈에서 스키를 탈 때 파우더 스키의 특성을 100% 발휘하기 어렵다. 또한 프레임 높이만큼 부츠 위치가 올라가 민감한 스키의 조작성에도 영향을 미친다. 즉, 프레임 바인딩은 스탠드 하이트(Stand height: 스키 상판과 부츠 바닥과의 거리)가 36mm로 알파인 바인딩의 24mm에 비해 12mm나 높다.

셋째, 업힐 시 불편하다. 이는 무게와 상관없이 프레임 바인딩 구조상 프레임 전체를 들어올려야 하고, 고정축이 프레임과 함께 단단히 고정되어 있어 걷는 데 불편함을 준다. 이러한 구조적 특성이 테크 바인딩에 비해 비효율적이어서 무게와는 또 다른 형태로 업힐 시 체력을 갉아먹는다.

테크 바인딩Tech Bindings

테크 바인딩은 다른 말로 핀Pin 바인딩으로 불린다. 테크 바인딩이 토 피스에 두 개, 힐 피스에 두 개 등 총 4개의 핀으로 부츠를 고정해서 나온 이름이다. 핀 바인딩은 반드시 이러한 바인딩의 구조에 맞는 특별한 구조의 테크 부츠(핀 부츠)를 필요로 한다. 테크 부츠는 앞에 핀이 들어갈 수 있도록 핀 인서트Pin Insert를, 뒤에 핀 슬레이트Pin Slate를 부착하고 있다.

테크 바인딩은 본격적인 백컨트리와 투어링을 위해 만들어진 만큼 업힐에서는 절대적

마커의 초경량 알피니스트 바인딩.

으로 유리하다. 특히, 무게에서의 장점은 다른 바인딩이 따라올 수 없다. 테크 바인딩 무게는 360g 내외다. 프레임 바인딩이 1,100g 정도 나가는 것에 비하면 1/3 정도 밖에 안 된다. 업힐 모드에서는 부츠 앞쪽만 고정되어 있어 부츠 뒤꿈치만 들어올려 전진할 수 있다. 인체 구조적으로도 프레임의 앞쪽이 아닌 발가락에 고정축이 있어 훨씬 효율적이고, 하체의 피로도 덜하다.

테크 바인딩은 단점도 있다. 첫째, 다운힐 퍼포먼스에서 힘의 전달이 약하다. 스키 부츠의 앞면 그리고 뒷면 전체를 쥐고 있는 알파인 바인딩과 달리 앞과 뒤에 두 개의 핀으로만 고정하고 있어 고정력이 상대적으로 약하다. 이는 컵을 쥘 때 손바닥 전체로 잡는 것과 엄지와 검지 손가락만으로 잡는 것 같은 차이다.

둘째, 안전성이 알파인 바인딩과는 다르다. 알파인 바인딩에 적용하는 안전기준은 ISO 9462이다. 반면 테크 바인딩에는 ISO 13992가 적용된다. 별도의 다른 기준이 적용되는 이유는 구조가 다르기 때문이다. 아무래도 수십년에 걸쳐 레이싱과 수많은 스키어들에 의해 검증되고 발전해 온 알파인 바인딩에 비해 테크 바인딩은 백컨트리와 업힐이라는 특정 목적에 맞게 개발된 것이라 구조적으로 알파인 바인딩만큼의 안정성을 보장하지 못한다는 것이 일반적인 의견이다.

하이브리드 바인딩Hybrid Bindings

하이브리드 바인딩은 테크 바인딩의 장점을 최대한 살리면서 다운힐에서의 안정성을 보강한 것으로 최근 인기를 끌고 있다. 마커의 킹핀Kingpin의 경우 토 피스는 여전히 테크 바인딩의 장점을 살리면서도 힐 피스는 전통적인 알파인 바인딩의 안정성을 적용했다. 무게는 테크 바인딩에 비해 2배 정도 무겁지만 프레임 바인딩에 비하면 현저히 가볍다. 본격적인 투어링용으로는 테크 바인딩에 비해 불리하지만, 적당한 거리의 백컨트리에서는 업힐

마커의 킹핀 바인딩.

의 부담도 크게 줄면서 다운힐에서는 충분한 성능을 발휘한다.

최근에는 킹핀을 더욱 발전시킨 살로몬의 쉬프트Shift, 마커의 듀크 피티Duke PT 등 더욱 진화한 하이브리드 바인딩이 출현했다. 킹핀은 힐 피스에만 알파인 바인딩을 적용했는데, 이들은 토 피스마저 알파인 바인딩과 같은 방식으로 작동하도록 했다. 다운힐에서는 알파인 바인딩이 되고, 업힐에서는 테크 바인딩으로 변신할 수 있게 되었다. 테크 바인딩에 불안감을 가졌던 공격적인 스키어들도 이제 다운힐 퍼포먼스에서 전혀 불리함을 느끼지 않게되었다. 정설 사면과 오프 피스트에서 맘껏 속도를 내며 퍼포먼스를 최대한 발휘하게 되었다는 점에서 가장 진화한 시스템으로 평가받고 있다.

마커의 듀크 피티 바인딩.

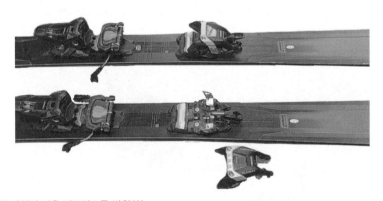

다운힐 시 알파인 바인딩 같은 퍼포먼스를 발휘하는
마커의 듀크 피티 바인딩.

86페이지 맨 아래 사진은 듀크 피티 바인딩이 설치된 모습인데, 아래쪽 스키는 바인딩 토 피스가 열린 상태다. 업힐 시에 토 피스를 떼어내면 무게가 300g이 줄어든다. 토 피스를 떼어내면 얼핏 봐서는 킹핀과 구별되지 않을 정도로 유사한 구조이다. 토 피스를 결합한 위쪽 스키는 완전히 알파인 바인딩이다. 범프나 깊은 파우더에서 넘어졌을 때 테크 바인딩 핀을 결합하지 못해 고생하는 사람들이 의외로 많다. 물론 이 또한 경험이 쌓이면서 익숙해지겠지만 그렇게 되기까지 그 몇 분간의 순간이 엄청 당황스럽고 짜증난다. 허우적대는 자신을 바라보는 다른 사람들의 시선의 무게는 덤이다. 반면 듀크 피티는 일반 알파인 바인딩과 같은 구조라 바인딩 결합에 대한 부담감이 적다. 경험이 부족한 백컨트리 스키 초창기에는 바이딩에 부츠를 결합하는 사소한 것 하나만으로도 고생스런 기억으로 남을 수 있다.

나에게 맞는 바인딩 선택

바인딩을 선택할 때는 자기의 스키 취향을 고려해야 한다. 가장 중요한 선택 요인은 업힐을 할 것인가다. 즉 백컨트리나 사이드컨트리처럼 업힐이 필요한 스킹을 할 것인지, 아니면 프론트컨트리 스타일로 업힐 없이 스키를 탈 것인지가 바인딩 선택의 가장 중요한 기준이다.

한국의 스키어 가운데 업힐을 즐기는 유형은 크게 두 가지다. 첫 번째 유형은 정말 깊은 파우더를 탐닉하는 스키어들이다. 경제적 여유만 된다면 헬리스키나 캣스키도 하고, 해외 투어에서는 가장 깊은 파우더를 찾아 가이드 투어를 선호하는 스키어들이다. 이들은 더 깊은 파우더를 찾아 백컨트리 스키도 마다하지 않는다.

두번째 유형은 기본적으로 등산과 아웃도어를 즐기는 사람들이다. 이런 성향의 스키어는 업힐의 수고로움 자체를 즐기고, 깊은 자연을 찾아가는 것에서 행복감을 느낀다. 물론 운동효과 때문에 업힐을 즐기는 사람도 있지만 이 또한 이런 유형의 하나로 두자.

이런 두 가지 유형을 제외한 스키어들은 업힐에 대한 매력을 실감하지 못하고 대부분 프론트컨트리 위주로 스킹을 즐긴다. 아직 프론트컨트리 파우더에도 충분히 적응하지 못한, 실력과 체력이 갖춰지지 않은 입문 단계의 스키어들에게는 업힐이 부담스럽게 다가온다. 입문자들은 업힐보다는 좀 더 다양한 오프 피스트 스킹에서 실력을 높이는 것을 중요하게 여긴다. 이들에게는 올마운틴 스키판+알파인 바인딩 조합이 적절하다고 본다.

업힐을 결정했다면 위에 언급한 세 가지 스타일의 바인딩 가운데 선택을 해야 한다. 이때 가장 중요한 선택 기준은 업힐의 정도다. 프론트컨트리 위주로 타면서 필요에 따라 20~30분 이내의 가벼운 업힐을 한다면 프레임 바인딩도 좋은 선택이다. 반나절 정도의 업힐은 기본으로 하면서 다운힐의 퍼포먼스도 포기할 수 없다면 하이브리드 바인딩이 훌륭한 대안이다. 반면, 하루 온 종일, 또는 업힐 그 자체를 즐기는 유형이라면 테크 바인딩을 선택하는 게 좋다.

필자의 경우 백컨트리 스키에 입문하던 2000년대 중반에는 뵐클 만트라+프레임 바인딩 조합을 사용하다가 2010년대 후반 M5+킹핀 조합으로 변경했다. 그러나 테크 부츠와 바인딩에 충분히 적응하지 못한 탓인지 모르겠지만 다운힐 퍼포먼스에 만족하지 못해 다시 Mantra102+프레임 바인딩 조합을 선택했다. 이 조합에 대해서는 만족스러웠다. 그러나 코로나 팬데믹으로 인해 해외로 나갈 수 없는 상황이라 백컨트리 스킹 기회는 많지 않았다. 현재 M6+듀크 피티 조합을 사용 중인데, 지금까지 경험한 것 가운데 가장 만족스러운 조합이라 생각한다.

바인딩에 따른 특징 비교

구분	프레임 바인딩	테크 바인딩	하이브리드 바인딩
업힐 퍼포먼스	가장 불리하다. 무겁고 비효율적이다. (마커 F10 기준 1,100g)	장거리 투어링에 적절하다. (마커 알피니스트 기준 360g)	대부분의 백컨트리 스키에 적절하다. (마커 킹핀 기준 655g) (마커 듀크 PT 11 기준 850g)
다운힐 퍼포먼스	알파인 바인딩과 같은 강한 힘 전달력과 안정성을 갖추었다. 프레임 길이만큼 스키 플렉스에 제한을 준다.	업힐에 적합하게 설계되었다. 반면 다운힐에서의 안정성과 퍼포먼스는 제한적이다.	다운힐 퍼포먼스도 상당히 좋아졌다. 특히, 마커 듀크 PT처럼 앞뒤 모두 알파인 바인딩 방식으로 전환할 수 있는 바인딩은 알파인 스키처럼 퍼포먼스 스킹이 가능하다.
부츠 호환성	알파인 부츠 사용 가능	테크 부츠만 가능	테크 부츠만 가능
적합 용도	정설, 오프 피스트, 짧은 백컨트리, 사이드컨트리	장거리 투어링, 백컨트리	정설, 오프 피스트, 투어링, 백컨트리

한국의 스키어들은 파우더 스키의 경험조차 상당히 낯선 경우가 많다. 여기에 백컨트리는 또 다른 세상이다. 스키어의 경험은 몇 가지 단계를 거쳐 다른 차원으로 진화한다. 첫째, 연습장과 같은 환경의 한국 스키장에서만 타다가 해외 스키장의 진정한 스키 문화를 접했을 때의 문화적 충격이다. 둘째, 정설 사면에서 오프 피스트로 들어섰을 때 느끼는 스키의 새로운 세상에 대한 기술적 충격이다. 셋째, 깊은 파우더와 트리런에서 경험하는 스킹의 진정한 즐거움에 대한 감각적 충격이다. 넷째, 백컨트리에서 만나는 천상의 풍경과 자연과의

깊은 교감에서 오는 철학적 충격이다.

스키의 넓은 세상에 풍덩 뛰어들어 신나게 스킹의 즐거움을 즐기고 자유로움을 느끼는 스키어들이 더욱 많아지길 기대해 본다. 스키 장비는 이미 우리를 앞서 진화하고 있다.

파우더 스키 필수 장비 3_
부츠

파우더를 탈 준비가 된 스키어라면 대부분 패럴렐 스킹이 가능한 수준의 스키어일 것이다. 이들은 누구나 자신이 사용하는 부츠가 있다. 처음부터 업힐을 고려하지 않는다면 그 부츠를 이용해 파우더에 입문하면 된다. 스키판은 렌탈하거나 자신에게 적절한 올마운틴 스키와 알파인 바인딩을 조합하면 당장 오늘이라도 파우더를 탈 가장 기초적인 준비는 끝난 것이다.

다만 지금 사용하는 알파인 부츠가 대단히 딱딱한 레이싱 부츠라면 잠시 생각해 볼 필요가 있다. 한국의 스키어들이 딱딱한 한국의 슬로프에 익숙해지다보니 레이싱 스키와 레이싱 부츠를 사용하는 사람들이 의외로 많다. 현재 사용 중인 알파인 부츠가 대단히 딱딱하고 불편한 부츠라면 파우더 스키 입문을 앞두고 부츠를 새롭게 구입하는 것도 고려할 사항이다. 또한 렌탈 스키를 통해 몇 차례 파우더 스킹을 경험한 뒤 새롭게 파우더 스키 장비를 구입한다면 이에 걸맞게 부츠도 구매하는 것이 좋다.

파우더 스키용 부츠는 알파인 부츠와 달리 몇 가지 특별한 기능을 갖추고 있다. 특히, 업힐을 하겠다면 업힐 시 요구되는 필수적인 기능을 갖추고 있다. 부츠를 구매할 때 아래에 언급되는 모든 기능을 갖출 수도 있지만, 자신의 상황과 취향에 따라 단계적으로 업그레이드하거나 혹은 몇 가지 기능에 집중한 부츠를 선택할 수 있다.

파우더 스키 부츠의 기능

플렉스Flex

자연설로 덮인 범프와 트리런, 파우더에서는 고르게 정설된 슬로프에 비해 변화하는 지형과 설질에 대응해 다양한 조작이 필수적이다. 정설 사면에서의 카빙 기술이 평면 위에서 좌우로 부츠를 기울여 에징을 이용해 회전을 만드는 반면, 범프와 파우더에선 훨씬 복잡한 조작을 해줘야 한다. 좌우로 움직이는 것에 그치지 않고 위와 아래 움직임까지 더해져 3차원 동작이 된다. 이런 동작을 하려면 스키어는 발목을 좌우로 기울이는 것 뿐만아니라 펴고 구부리는 동작도 해야 한다. 파우더 환경에서는 너무 딱딱해서 다양한 움직임을 제대로 할 수 없는 레이싱 부츠보다 부드러운 부츠가 유리한 이유다.

파우더 환경에 적합한 부츠는 평균적인 체중(70~80㎏)과 중상급 이상의 기술을 갖춘 남성은 플렉스 110~130, 여성은 80~95 정도가 적정하다.

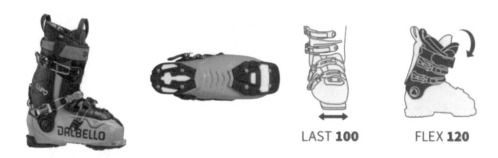

달벨로의 LUPO 부츠.

폭Width

발에서 가장 넓은 부분은 발볼이 위치한 곳이다. 스키 부츠에서 이 부분의 폭을 라스트 Last로 표기한다. 파우더 스키에서는 라스트가 기존 알파인 부츠보다 살짝 넉넉한 게 유리하다. 알파인 부츠 라스트가 98mm라면 파우더 스키용 부츠는 100mm 정도를 선택하는 것이 좋다.

발볼이 너무 딱 맞는 것보다 살짝 편안한 느낌의 폭을 찾는 이유는 특정 방향으로의 제한적 움직임이 아니라 다양한 움직임에 대응하기 위해서다. 또한, 거의 다운힐만 하는 프론트컨트리에 비해 스키를 메고 올라가거나 백컨트리 장비를 이용해 업힐을 하는 등 복합적인 운동을 해야 하기 때문이다. 너무 꽉 조이는 부츠는 발을 불편하게 해서 즐거운 스킹의 느낌을 방해한다.

워크 모드Walk mode

파우더 스키 특성상 다양한 사면에서 부츠를 신고 걷기를 하거나 백컨트리 장비를 이용해 업힐을 해야 하는 경우가 있다. 이때 부츠의 워크 모드를 이용하면 아주 편리하다. 따라서 파우더 스키용 부츠를 구매할 때는 이런 기능을 갖춘 것을 마련하는 것이 좋다.

투어링 부츠는 스키 모드와 워크 모드로 쉽게 전환시킬 수 있다. 스키 모드로 하면 스키의 종아리 부분이 앞으로 기운 상태에서 고정되어 스키 타기에 적절한 각도를 만들어 준다.

반면에 워크 모드에서는 앞으로 기운 채 고정되었던 발목의 각도가 자유롭게 펴지게 된다. 이렇게 종아리 움직임의 범위Cuff Range of Motion를 폭 넓게 해줘야 걷기나 업힐에서 월등히 편해진다.

스키 모드 　　　　 조정 　　　　 워킹 모드

워크 모드가 장착된 부츠.

그립 워크Grip Walk

그립 워크는 부츠 밑바닥을 걸을 때 좀 더 편안하고 안전하도록 특수한 기술(ISO 23223)로 만든 것을 말한다. 그립 워크 기능이 있는 부츠는 세 가지 주요 특징이 있다.

첫째는 보행 편의성이다. 그립 워크 밑창은 일반 등산화 밑창처럼 살짝 락커 처리를 했다. 앞에서 언급한 스키판의 락커처럼, 부츠의 가장 앞쪽과 뒤쪽이 살짝 말려 올라가도록 디자인되어 기존의 알파인 스키 부츠 밑창에 비해 보행 편의성을 획기적으로 향상시켰다.

둘째는 접지력이다. 스키장 주차장, 계단, 보도 같은 미끄러운 표면에서 덜 미끄러지도록 접지력을 제공하는 트레드 패턴을 가지고 있다. 이런 기능은 리조트에서 즐기는 스키에 비해 더 다양한 조건에서 더 많이 걸어야 하는 올마운틴, 프리라이드, 투어링 스키 부츠 등에 적용되고 있다.

셋째는 호환성이다. 그립 워크 기술은 그립 워크 전용 바인딩과 호환되도록 설계되었다. 파우더 스키용 바인딩은 대부분 그립 워크와 호환되도록 제작되고 있다. 또한 이 부츠는 일반 바인딩에도 사용할 수 있지만, 그립 워크 밑창이 일반 알파인 부츠보다 높아 높이 조절이 가능한 AFDAnti-Friction Device를 갖춘 바인딩에 사용할 수 있다.

그립워크 기능이 적용된 부츠는
접지력이 향상된다.

호환이 가능하도록 나사로
고정되어 있다.

경량화Light Weight

부츠는 스키만큼 무게가 많이 나가는 장비다. 다운힐 위주의 스키에서는 부츠 무게가
크게 문제되지 않는다. 오히려 적당한 무게가 도움이 되기도 한다. 하지만 파우더 환경이나
업힐을 해야 하는 경우 무거운 부츠는 큰 부담이 될 수 있다. 특히, 반나절 이상 업힐을 해야
하는 경우 최대한 가벼운 부츠를 신어야 피로도를 줄일 수 있다. 따라서 파우더 스키는 경
량화가 거의 필수다. 다만, 자신의 스타일에 맞춰 부츠도 선택할 수 있다.

용도에 따른 부츠 구분

올마운틴 부츠

올마운틴 스키 부츠는 백컨트리는 불가능한 부
츠지만 정설 사면은 물론 범프, 트리런, 파우더 등 다
양한 환경에서 스킹하기에 최적화된 부츠라 생각하
면 된다. 일반 알파인 부츠보다 가볍고 다양한 움직
임을 하기에 편한 부츠다. 달벨로의 판테라 같은 모
델은 무게가 1,715g으로 레이싱 부츠(2,300g)에 비
하면 가벼운 편이다. 본인의 취향이 백컨트리를 하지
않을 것이라 판단한다면 올마운틴 스키 부츠도 적당
한 선택이 된다.

달벨로의 올마운틴 스키 부츠 판테라
130 ID. 무게는 1715g이다.

알파인 투어링 부츠

알파인 투어링 부츠Alpine Touring Boots는 좀 더 업힐과 투어링에 초점을 맞춘 울트라 라이트Ultra-Light 부츠와 일반적인 경량 부츠가 있다. 울트라 라이트 부츠는 업힐에서의 피로감을 줄이기 위해 최대한 가볍게 제작되어서 당연히 다운힐 퍼포먼스는 떨어진다. 달벨로의 퀀텀 프리 아솔로의 무게는 1,250g으로 부츠 두 짝 무게가 레이싱 부츠 한 짝 무게밖에 안 된다.

달벨로 알파인 투어링 부츠 퀀텀 프리 아솔로 130. 무게는 1,250g이다.

일반 경량 부츠

일반적인 경량 부츠는 업힐도 가능하고 올마운틴 스킹도 가능한 다기능성을 갖추고 있으면서도 상당히 가벼운 무게를 자랑한다. 백컨트리 스키를 즐기면서도 파워풀한 스킹이 가능하고 범프와 트리런에서도 안정적으로 발을 잡아줄 수 있는 전천후 기능을 갖추고 있다. 전문적인 백컨트리 스키어가 될 것은 아니지만 어떤 방식으로든 백컨트리를 할 것이라 생각한다면 이런 류의 부츠가 좋은 선택이 될 것이다. 달벨로의 루포LUPO는 대표적인 일반 경량 부츠로 업힐 시 부츠의 무게는 1,625g이다.

테크 호환 부츠Tech-Compatible Boots

테크 바인딩과 호환되도록 만들어진 부츠다. 바인딩 핀이 부츠를 고정할 수 있는 금속 재질의 홈이 부츠의 앞면에, 금속재질의 플레이트가 부츠 뒷면에 있다. 업힐에서의 절대적 우위 때문에 짧던 길던 업힐을 고려하는 스키어들은 자연스럽게 테크 바인딩과 테크 호환 부츠를 고민하게 된다. 지금 당장 백컨트리를 하지 않아도 장기적으로 더 많은 사람들이 파우더 스키에 도전하고, 더 많은 사람들이 백컨트리 스키 경험을 하게 된다면 본인의 현재 취향과는 상관없이 백컨트리 스키의 기회도 생길 수 있다. 그런 면에서 파우더 스키용 부츠를 고를 때 중복투자를 피하는 최선의 선택이 될 수 있다.

나에게 적합한 부츠는?

파우더 스키 입문자에게는 경량화보다 중요한 것이 안정성과 조작성이다. 이런 면에서 울트라 라이트 모델보다는 일반 경량 모델을 선택하는 것이 적절하다. 일반 경량 부츠는 업힐 이외에도 다양한 사면에서 충분히 좋은 기능을 발휘하기 때문이다. 평생 동안 한 번도 업힐을 하지 않더라도 크게 상관이 없다. 파우더 스키용 부츠의 다양한 장점들을 모두 가지고 있어서 숙소나 스키장에서 걸어다닐 때, 사이드컨트리 진입 시에 큰 도움을 받을 수 있다. 위에서 테크 호환 울트라 라이트 스타일 부츠는 전문적인 백컨트리 스키어들의 선택에 맡기자.

필자의 경우 많은 부츠를 사용했지만 최종 선택은 달벨로의 테크 호환 부츠 루포LUPO다. 원 스키 퀴버OSQ를 찾는 과정에서 스키는 M6, 바인딩은 Marker Duke PT, 그리고 부츠는 달벨로 LUPO가 되었다. 장비가 진화하고 스키의 취향이 변화한다면 또 다른 선택이 있을 수 있겠지만 현재 필자의 OSQ 장비들이다.

달벨로의 프리라이딩과 투어링용 부츠 루포 AX 120.
무게는 업힐 시 1,625g, 다운힐시 1,780g이다.

달벨로 루포 AX 120은 프리라이딩과 투어링을 위한 크로스오버 스키 부츠이다. 라스트 폭이 100mm로 발볼이 아주 넓은 경우가 아니면 적당한 편안함을 제공한다. 플렉스 120으로 스키 리조트의 피스트부터 백컨트리의 깊은 파우더까지 광범위한 조건에서 최고의 성능을 발휘한다. 전설적인 프리라이드 성능은 오프 피스트에서의 다운힐 퍼포먼스로 증명되었다. 피스트에서의 카빙 성능 또한 탁월하다.

파우더 스키 필수 장비 4_
스키 폴

파우더 스키 필수 장비 마지막으로 파우더 스키 폴을 꼽는 이유는 단순하다. 깊은 파우더에서 넓은 파우더 바스켓을 장착한 폴을 사용하면 절대적으로 유리하기 때문이다. 딱딱한 정설 사면과 달리 폭신폭신한 파우더에서는 균형을 유지하기가 쉽지 않다. 이러한 상황에서 폴을 적절히 이용하면 밸런스 잡는 데 큰 도움이 된다. 파우더 스키 폴은 일반 스키 폴과 구별되는 여러 가지 특징과 기술이 적용되어 있다.

파우더 스키 폴의 특징과 기능

파우더 바스켓Powder Basket

파우더 바스켓이 파우더에서는 절대적으로 도움이 된다. 정설 사면에서는 바스켓이 작아도 크게 문제되지 않는다. 하지만 파우더에서는 바스켓이 작은 경우 폴을 찍을 때마다 한없이 눈 속으로 파고 들어서 폴 플랜팅이 큰 도움이 되지 않는다. 이 때 바스켓이 큰 파우더 스키 폴을 사용하면 적절한 지지대가 형성되어 정설 사면에서의 폴 플랜팅과 유사한 느낌이 된다.

파우더 스키 폴은 파우더 바스켓을 전용으로 쓰는 것도 있지만, 일반 바스켓과 파우더 바스켓을 호환해 사용하는 것도 있다. 이렇게 바스켓을 호환해 사용할 수 있는 폴은 깊은 파우더 스킹을 할 때만 파우더 바스켓을 사용할 수 있어서 편리하다.

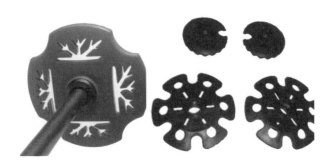

파우더 환경에 적합한 파우더 바스켓(왼쪽), 일반 바스켓과 파우더 바스켓의 크기 비교(오른쪽).

길이조절Adjustable

파우더 스키에서 길이 조절이 가능한 폴도 절대적으로 필요하다. 그 이유는 깊은 파우더에서는 파우더 바스켓을 사용해도 눈의 깊이와 설질에 따라 눈에 묻히는 깊이가 달라지기 때문이다. 이렇게 변화하는 상황에 따라 폴 길이를 달리 하면 밸런스를 잡아주는 폴의 역할에는 큰 차이가 없다.

업힐 할 때도 길이조절용 폴이 있으면 유용하다. 올라가는 사면의 경사도에 따라 폴의 길이를 적절히 조절해 사용하면 업힐이 한결 수월하다. 경사가 급한 곳에서 다운힐을 할 때도 폴의 길이가 길어야 안정적인 지지가 가능해진다. 길이조절용 폴을 구매할 때는 몇 가지 고려할 게 있다.

첫째, 조절 가능한 길이를 체크하자. 일반적인 길이조절 폴은 110~140cm까지 조절되지만, 폴의 무게나 스윙 웨이트를 고려해 숏Short과 롱Long으로 구분하는 모델도 있다. 이 경우 숏은 100~125cm, 롱은 110~140cm+이므로 자신의 키를 고려해 구입하면 된다. 조정 가능 길이는 브랜드에 따라 달라진다.

DPS 길이조절 폴의 길이 비교. 최소 95mm부터 최장 140mm까지 조정이 가능하다.

클램프clamp 방식의
길이조절 폴.

둘째, 조임쇠의 기능을 확인하자. 길이조절용 폴을 선택할 때는 길이조절을 담당하는 부분을 잘 확인하자. 돌려서 길이를 조절하는 스크류Screw 방식 보다는 조임쇠Clamp 방식을 추천한다. 조임쇠 방식은 강한 폴 플랜팅에도 길이가 줄어드는 상황을 방지할 수 있다. 또 추운 아웃도어 환경에서 간단히 조작할 수 있고, 더 정확하게 작동한다. 해외에서 파우더 스키를 즐기는 스키어 가운데 돌려서 고정하는 방식을 사용하는 경우는 본 적이 없다.

경량화 vs 내구성

스키 투어링에서는 경량화가 절대적인 과제다. 폴도 마찬가지다. 보통 카본 소재로 만든 울트라 라이트 폴Ultra Light Poles을 사용한다. 울트라 라이트 폴은 무게가 200~300g대로 아주 가볍다. 하지만 올마운틴 스킹에서는 정설 사면과 범프에서 강한 폴 플랜팅이 필요하므로 내구성도 상당히 중요한 요소가 된다. 내구성을 중시하는 스키어들은 카본보다 알루미늄을 선호하기도 한다. 혹은 알루미늄과 카본이 조합되어 두 마리 토끼를 쫓는 폴을 선택할 수도 있다. 파우더 스키용 폴은 폴의 무게를 고려하되 전문적인 백컨트리 스키어가 아

니라면 내구성에 초점을 맞추어 구입하는 것을 권한다. 파우더와 백컨트리 환경에서 폴이
부러지면 생각보다 많이 곤란해진다.

퀵 플릭 유틸리티 탭Quick flick Utility Tab

투어링 전용 폴은 그립의 끝 부분을 길게 만들어 바인
딩의 힐 리프트Heel Lift를 조절하거나 부츠 버클을 채우고
푸는 용도로 쓸 수 있다. 폴의 그립을 마치 손처럼 이용할
수 있도록 디자인 되었는데, 이는 허리를 구부려 조작할 때
사용되는 에너지를 줄여 스키어의 수고를 줄여준다. 이처
럼 폴을 사용해 가볍게 장비를 조작할 수 있게 도와주는 디
자인을 '퀵 플릭 유틸리티 탭'이라 부른다. 업힐 시 체력 소
모를 많이 줄여주고, 빠르게 바인딩 높이를 조절할 수 있어
생각보다 큰 도움이 된다.

허리를 숙이지 않고도
바인딩 높이를 줄일 수 있게 그립이
제작된 뵐클의 Touristic CC 폴.

사이드힐 그립Sidehill Grip

경사진 사면을 트래버스 하거나 지그재그로 올라갈 때 업힐쪽과 다운힐쪽 폴의 길이
는 큰 격차를 보인다. 이런 경우 폴의 길이 조절만으로 해결하기가 어렵다. 투어링 스키 폴
은 이런 경우에 대비해 폴의 그립을 다양하게 쥘 수 있도록 그립 부분을 길게 만든다. 이런
확장된 그립이 있으면 폴의 중간 부위를 쥘 수 있어 경사진 사면에서도 폴의 길이를 조절할
필요가 없다. 또한 적절한 높이에 손을 고정할 수 있는 지지대를 만들어주어 지지가 필요한
경우 안정된 그립을 제공한다. 사이드힐 그립 디자인은 브랜드마다 다양해 본인의 취향에
따라 선택하면 된다.

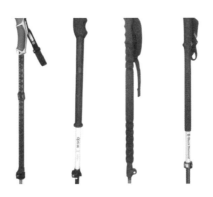

다양한 디자인의 사이드힐 그립. 사이드힐 그립은 폴의 그립 부분 아래로도 그립이 가능한 구간을
확장해 폴 길이를 조절할 필요가 없도록 했다.

스위치 릴리즈Switch Release

스키 폴 그립에 달린 스트랩을 사용하면 크게 두 가지 이득이 있다. 첫째는 적당한 길이의 스트랩은 손의 위치를 유지시켜 폴 플랜팅 시 훨씬 안정감을 느낄 수 있다. 둘째는 힘 주어 그립을 쥐지 않아도 스트랩이 지지해주므로 에너지 효율적이다.

반면 스트랩은 단점도 있다. 백컨트리와 같이 깊은 파우더에서 스킹하거나 트리런을 즐길 때 발생하는 사고에서 스트랩은 오히려 더욱 큰 사고로 이어지는 경우가 있다. 구체적으로는 눈사태에 휩쓸릴 때, 트리런 중 나무에 팔이 걸릴 때, 트리 웰에 추락했을 때 스트랩 때문에 폴이 손에서 빠지지 않아 더욱 큰 위험에 처할

강한 힘이 가해지면 스트랩이 풀리는 스위치 릴리즈 스트랩 폴.

수 있다 이 때문에 백컨트리 전문 가이드는 폴 스트랩 사용을 제한하고 있다. 따라서 파우더나 백컨트리 다운힐에서는 폴 스트랩을 사용하지 않는 것이 안전하다.

그렇다고 폴 스트랩 없이 스킹하는 것도 리스크가 있다. 깊은 파우더에서 스키를 타다 넘어져 폴을 놓치면 생각보다 폴 찾기가 쉽지 않다. 폴을 찾기 위해 수 미터에서 수십 미터의 눈을 헤치고다닌 경우도 있다. 그렇게 해도 폴을 못 찾고 분실하는 경우도 있다. 이런 여러 가지 위험 상황에 대비해 스트랩에 가해지는 힘이 위로 작용할 때 자동적으로 스트랩이 스키폴에서 이탈하도록 하는 기술Switch Release Technology이 적용된 폴도 있다.

파우더 스키 의류

파우더 스키 의류가 갖춰야 할 네 가지 기능

파우더 스키나 백컨트리 스키는 한국 스키장 환경과 많이 다른 환경에 노출된다. 한국의 겨울은 이미 눈이 안 오는 건조한 시즌이 된 지 오래다. 눈이 많이 온다는 것은 습하고 흐린 날이 많다는 것을 뜻한다. 눈이 많은 곳에서 파우더 스키나 백컨트리 스키를 타게 되면 다양한 기능을 전천후로 수행하는 스키 의류가 필요하다. 스키복이 갖춰야할 핵심 기능은 크게 네 가지로 나눌 수 있다.

방수/방풍Waterproof/Windproof

눈이 많이 오는 지역은 당연히 습기가 많다. 눈도 스키복에 붙어서 녹으면 곧 물로 변한다. 탁월한 방수 성능은 필수다. 또한 높은 산에서 바람이 많이 분다면 금방 체온이 떨어진다. 규모가 작은 한국 스키장은 조금만 움직여도 호텔이나 식당, 화장실로 갈 수 있다. 하지만 규모가 큰 해외 스키장은 상황이 다르다. 특히, 깊은 파우더를 찾아 외진 곳으로 이동했거나 백컨트리 스키 투어를 나섰다면 짧은 시간 안에 안전한 장소로 이동하는 것이 어렵다. 이런 환경에서는 방수/방풍 성능은 생명과 같은 역할을 한다.

통기성Breathable

방수/방풍 성능이 가장 뛰어난 것은 비닐이다. 한국 스키장에서도 비가 오거나 눈이 오면 리프트 탑승장에서 우비를 나눠주기도 한다. 그러나 비닐은 방수/방풍 성능이 좋은 반면 치명적인 단점이 있다. 바로 통기성이 없다. 비닐을 겹쳐 입으면 금방 옷이 젖는 것을 알 수 있다. 이는 통기성이 떨어지기 때문이다. 스키를 타다보면 열과 땀이 발생한다. 특히, 업힐을 하거나 파우더처럼 격렬하게 스킹을 하는 상황에서는 훨씬 더 많은 열이 발생한다. 이렇게 발생한 열기와 땀을 제대로 배출하지 못하면 스키복이 젖고 만다. 따라서 스키복은 방수/방풍 기능과 함께 통기성이 있어야 한다. 방수/방풍 기능에 통기성까지 갖춘 소재는 고어텍스Gore-Tex가 대표적이다.

보온성Warmth

파우더 스키는 리조트 스킹에 비해 훨씬 다양한 환경에 노출된다. 이는 한국 스키장에 비해 더 오랜 시간 추운 환경에 노출되기도 한다는 의미다. 따라서 추운 환경에서 체온을 보존할 수 있는 충분한 보온성을 갖추어야 한다.

활동성과 경량성Good mobility & Light-weight

사이드컨트리나 백컨트리에서는 다양한 활동을 해야 한다. 걷기, 업힐, 넘어졌다 일어나기 등 다운힐 위주의 리조트 스키보다 훨씬 더 많이 움직여야 한다. 이렇게 많이 움직이려면 어떤 움직임도 방해받지 않게 활동성이 보장되어야 한다. 또한 가볍고 부피가 적어야 휴대하기 편리하고, 불필요한 체력소모를 줄일 수 있다.

파우더 스키 의류는 스키어가 필요로 하는 다양한 기능을 충족해야 한다.

자, 위에 언급한 네 가지 기능을 가장 잘 갖춘 의류는 어떤 것일까? 현재까지 아웃도어에서 검증된 의류가 파우더 스키에 가장 적합하다고 볼 수 있다. 왜냐하면 위에 언급한 네 가지 기능은 바로 아웃도어 의류가 갖춰야할 덕목과 일치하기 때문이다. 한국 스키장과 같은 제한된 환경과 달리 올마운틴, 오프 피스트, 사이드컨트리, 백컨트리 등으로 이루어진 곳은 아웃도어 환경과 일치한다. 그래서 파우더 스키 마니아들은 아크테릭스, 노스페이스, 파타고니아, 블랙 다이아몬드 같은 아웃도어 회사에서 제작한 스키 의류를 선택한다.

레이어링 시스템 기원과 진화

위에서 언급했듯이 아웃도어 의류, 파우더 스키에 적합한 스키복은 네 가지 기능을 갖추고 있어야 한다. 그러나 현재의 의류 제작 기술로는 스키복 한 벌에 이 모든 기능을 넣을 수 없다. 스키어가 상황에 맞춰 필요한 기능을 갖춘 의류를 입거나 벗으면서 조절해야 한다. 이처럼 상황에 맞게 옷을 입는 것을 레이어링 시스템Layering system이라 한다. 아웃도어 의류가 채택하고 있는 레이어링 시스템을 제대로 이해하면 파우더에서 최적의 기능을 발휘할 수 있다. 지금부터 레이어링 시스템에 대해 알아보자.

레이어링의 기원

레이어링Layering이란 한마디로 '겹쳐입기'를 의미한다. 최초의 레이어링은 알피니즘의 탄생과 함께 한다. 산악인들은 1786년 최초의 몽블랑 등정을 알피니즘의 시작으로 여긴다. 이 때 등정자인 산악가이드 쟈크 발머Jacques Balmat와 의사 미쉘 파카드Michel Gabriel Paccard는 추위를 이겨내기 위한 울 계열의 외투와 허리에 두르는 보온성 외투를 겹쳐서 착용하였고, 온도가 올라가면 외투를 벗어 기온변화에 대처했다.

1921년 영국 에베레스트 원정대에 참가한 조지 말로리(앞줄 왼쪽 첫번째).
© Public domain,via Wikimedia Commons

1924년 조지 말로리George Mallory가 인류 최초로 에베레스트 정상에 도전했다가 사망했다. 그의 정상 등정은 여전히 논란거리지만, 1999년 발견된 그의 시신을 분석한 결과

버버리 코트 소재인 개버딘Gabardine과 울, 비단 등 다양한 소재의 옷을 여러 겹 겹쳐 입고 있었다. 물론 현재 기준으로 보면 극악한 수준이지만, 당시에는 최선의 노력으로 레이어링을 시도했다고 볼 수 있다.

한편, 1953년 세계 최초로 에베레스트 등정에 성공한 에드먼드 힐러리Edmund Hillary는 원정에서 브린제Brynje가 디자인한 망사 형태의 헬스 셔츠Health Shirt를 입었다. 이 셔츠는 수분을 흡수하지 않고 바로 배출하면서도 열전도율이 낮아 체온유지에 효과적인 혁신적인 소재였다. 방수&방풍과 보온에 치중하였던 레이어링에 '통기성'이 중요한 기능으로 대두되기 시작하였다. 아무리 방수와 보온 기능이 훌륭한 옷을 입어도 몸에서 나오는 습기 때문에 안에서부터 젖으면 체온을 빼앗기기 때문이다.

합성섬유가 가져온 혁신

1938년 듀퐁사가 나일론nylon을 개발한 후 다양한 합성섬유가 출시되었다. 그러나 1960년대까지 아웃도어 의류는 면, 가죽, 실크, 그리고 양모Wool가 주요 소재였다. 이러한 천연섬유들은 큰 한계를 가지고 있었다. 대부분 습기를 쉽게 흡수하거나, 아니면 가죽처럼 너무 무겁고 통기성이 떨어졌다.

합성섬유가 본격적으로 아웃도어 의류에 도입된 것은 1968년 미국 등산장비 제조사 시에라 디자인Sierra Design이 면 60%와 나일론 40%를 합성한 '60/40 마운틴 파카'를 개발하면서부터다. 이 파카는 미군이 만든 'M65 파카'를 개량한 것으로 천연섬유보다 더 가볍고, 물과 바람에 더 저항적이었다. 1969년 밥 고어Bob Gore가 개발한 고어텍스Gore-Tex는 아웃도어 의류에 일대 혁신을 가져왔다. 고어텍스는 방수 방풍 외에 땀을 배출하는 발수 기능까지 갖췄다. 고어텍스는 50년이 지난 현재까지 가장 진화한 소재로 인정받고 있다.

1979년 말덴 밀스Malden Mills사가 '폴라 플리스'를 최초로 개발했다. 플리스Fleece는 가볍고, 단열성이 높고, 속건성까지 갖춰 전통적인 양털 스웨터를 능가했다. 추위에 맞서 스웨터를 여러 겹 입어야 했던 이전 의류와 달리 한 겹만 입어도 충분해 부피를 크게 줄일 수 있었다. 이러한 탁월한 보온성을 바탕으로 플리스는 순식간에 아웃도어 의류 시장을 휩쓸었다. 플리스는 역사상 가장 빠르게 성공한 아웃도어 의류가 되었다. 특히, 파타고니아Patagonia는 1980년 신칠라 플리스Synchillar Fleece를 생산해 상업적으로 큰 성공을 거두었다. 이 성공이 오늘의 파타고니아로 성장할 수 있는 발판이 되었다.

합성섬유는 천연섬유에 비해 염색하기가 쉽다. 이것은 의류 브랜드가 다양한 종류의 색상과 패턴의 의류를 제작할 수 있게 해주었다. 밝고 대담한 아웃도어 트렌드와 잘 어울렸고, 이전에는 불가능했던 방식으로 아웃도어 의류에 활기를 불어넣었다. 합성섬유의 발전과 더

불어 아웃도어 의류의 발전은 노스페이스, 파타고니아, 아크테릭스 등 수많은 아웃도어 브랜드의 성장과 함께 전 세계적 유행이 되었다.

현재의 레이어링 시스템

기술의 진보와 더불어 새로운 합성섬유들이 개발되면서 레이어링의 개념도 진화했다. 다양한 기후 환경에서 실험과 경험적 연구를 통해 개발된 현재의 아웃도어 의류는 세 가지 레이어링 시스템으로 정립되었다. 업체마다 조금씩 다른 표현이 있을 수 있지만 가장 보편적으로 사용되는 레이어링의 구분은 베이스 레이어, 미드 레이어, 아우터 레이어다.

세 개의 레이어링이라고 해서 옷을 세 벌을 겹쳐 입으라는 의미는 아니다. 더운 여름철은 베이스 레이어 하나로도 충분하다. 추운 겨울은 보온을 위해 미드 레이어를 몇 벌 더 겹쳐 입을 수도 있다. 다만, 스키어들은 날씨가 추운 환경에서 주로 활동하므로 겨울을 위주로 레이어링에 대해 설명하겠다.

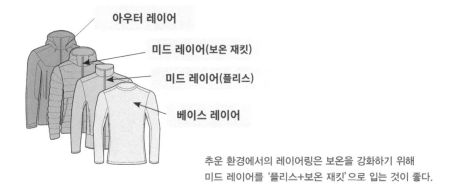

추운 환경에서의 레이어링은 보온을 강화하기 위해
미드 레이어를 '플리스+보온 재킷'으로 입는 것이 좋다.

베이스 레이어

베이스 레이어Base layer는 이너 레이어Inner layer, 퍼스트 레이어First layer라고도 부른다. 피부에 직접적으로 맞닿는 가장 안쪽에 입는다. 땀을 밖으로 배출해 피부를 건조하게 유지해 쾌적하게 하는 것이 가장 중요한 기능이다.

베이스 레이어는 환경에 따라 성향이 조금 다르다. 추운 환경에서는 좀 더 두텁고 보온 기능을 갖추어야 한다. 따뜻한 환경에서는 얇고 가벼우며 열을 배출하는 기능이 필요하다. 또한, 신축성이 좋아 체형에 잘 맞고 편안해야 한다. 베이스 레이어에 주로 사용되는 울

Wool은 젖었을 때도 적당한 보온력을 유지하며, 냄새를 제거하는 기능이 있다. 반면, 합성 섬유는 더 가볍고, 더 잘 마르며, 내구성이 좋다. 날씨가 따뜻한 계절에는 베이스 레이어 하나만 입고 아웃도어 활동이나 운동을 할 수도 있다. 따라서 속옷이라는 개념보다는 땀을 배출하여 쾌적함을 유지하는 기능을 하는 레이어로 이해하면 되겠다.

수분 배출의 비밀 모이스쳐 위킹

베이스 레이어의 목적은 땀을 피부에서 바깥층으로 끌어내는 것이다. 이렇게 하면 착용자가 더 따뜻하고 편안함을 느낀다. 그렇다면 베이스 레이어는 어떻게 수분을 배출할까? 수분의 이동은 모세관 작용으로 발생하는데, 이를 모이스쳐 위킹Moisture Wicking이라 부른다. 물에 튜브를 넣으면 물이 튜브를 따라 올라오는 현상을 발견할 수 있다. 이러한 수분 이동 과정을 모세관 작용capillary action이라 부른다. 베이스 레이어는 이런 작용을 잘 하는 소재를 이용해 만들어진 기능성 옷이다.

이런 모이스쳐 위킹을 제대로 하지 못하면 베이스 레이어로 적당하지 않다. 일상적으로 많이 사용하는 면cotton을 예를 들어보자. 면은 부드러운 느낌으로 사랑받지만, 땀을 흡수하되 배출하지 못해 수분을 머금고 있다. 이렇게 되면 몸에 달라 붙고 불편한 느낌을 줄 것이다. 면은 또 수분을 흡수하되 건조가 느리다. 습기가 차면 열전도성이 높아져 보온기능이 떨어진다. 따라서 면은 습하고 추운 환경에서는 체온을 떨어뜨리는 역할을 할 수 있어 아웃도어 베이스 레이어로는 적합하지 않다.

베이스 레이어의 소재

울Wool은 모이스쳐 위킹과 방수기능이 결합되어 있는 데다 냄새 제거 기능까지 갖추고 있어 아웃도어 베이스 레이어로 가장 사랑받는 소재다. 특히, 메리노울Merino Wool은 촉감이 부드러워 베이스 레이어 소재로 각광 받고 있다. 단점은 실크와 함께 베이스 레이어에 사용되는 소재 중에서 가장 비싸다.

폴리에스터 기반의 합성섬유는 울에 비해 상대적으로 저렴한 편이다. 모이스쳐 위킹 기능은 일반적으로 울에 비해 뛰어나지만, 울처럼 냄새를 제거하는 기능은 없다. 최근 생산되는 베이스 레이어 제품은 특별한 항균제와 냄새제거제로 마감처리를 해 냄새를 줄여주기도 한다.

위에서 살펴본 것처럼 베이스 레이어로 가장 많이 사용되는 소재는 메리노울과 합성섬유이다. 소재의 특성 때문에 기능도 약간씩 차이나 둘 중 어떤 것이 더 좋다고 할 수 없다.

구분	메리노울	합성섬유
보온성	☆☆☆☆	☆☆
발수성	☆☆☆	☆☆☆☆
냄새제거	☆☆☆☆	☆☆
내구성	☆☆	☆☆☆
가격	☆	☆☆☆

메리노울 vs 합성섬유 성능 비교.

최근에는 울과 합성섬유를 필요에 따라 적절하게 혼합한 하이브리드 제품도 많다. 활동의 특성에 따라 종류별로 사용해보고 자신의 취향에 더 맞는 것을 선택하면 된다.

베이스 레이어 소재는 속옷은 물론 모자와 양말, 장갑 등에도 활용된다. 자신이 땀을 많이 흘리는 체질이라면 이러한 기능성 소재가 적용된 팬티를 입는 게 좋다. 또 헬멧 안에 착용할 수 있는 얇은 기능성 소재 모자를 착용하면 땀을 많이 흘리는 상황에서도 좀 더 쾌적함을 유지할 수 있다. 메리노울 스키 양말은 보온성과 속건성 외에 발냄새도 제거해줘 더 쾌적하고, 더 따뜻하게 파우더 스키를 즐길 수 있게 해준다.

아크테릭스 로 메리노 울 LS 크루.

아크테릭스 로 헤비웨이트 짚 넥.

아크테릭스 로 하이브리드 크루 넥 LS 그라파이트.

베이스 레이어 소재는 속옷은 물론 모자와 양말, 장갑 등에도 활용된다.

미드 레이어

미드 레이어Mid layer는 베이스 레이어와 아웃터 레이어 사이에 입는다. 체온 유지가 가장 중요한 기능이라 보온 레이어Insulating layer라고도 부른다. 춥지 않은 날씨에는 아웃터로도 즐겨 입는다. 미드 레이어는 보온성이 중요하지만, 몸에서 발생하는 과도한 열기를 배출하는 기능도 갖추어야 한다. 따라서 미드 레이어를 선택할 때는 무게와 날씨를 잘 고려해야 한다.

미드 레이어는 크게 플리스Fleece와 보온재가 들어간 인슐레이션 재킷Insulation Jacket, 두 가지로 구분한다. 플리스는 바람이 잘 통하고 보온 성능이 우수해 미드 레이어로 사용되며, 아우터 없이 단독 착용하기도 한다. 기후 대응력보다는 부드럽고 따뜻한 촉감과 편안한 활동성이 강조된다. 부드러운 플리스 안감에 발수 성능의 겉감을 붙여 만든 하드 플리스도 있다. 하드 플리스는 내부 열기와 습기를 빠르게 제거하면서도 방풍 방수 기능이 있어 체온 유지에 도움을 준다. 기온이 낮고 흐린 날씨에 이루어지는 강도 높은 아웃도어 활동에 적합하다.

인슐레이션 재킷은 보온재가 들어 있다. 주요 보온재인 다운Down은 무게 대비 보온성이 가장 좋다. 부피를 작게 줄일 수 있어 컴팩트하게 수납할 수 있고, 춥고 건조한 환경에서 최고의 성능을 발휘한다. 반면, 습한 날씨나 땀을 많이 배출하는 활동을 하면 젖는 단점이 있다. 합성섬유Synthetic는 습기가 많을 때도 적당한 보온성을 유지하며 내구성이 좋다. 다만, 다운에 비해 무겁고, 부피도 많이 차지한다.

아웃도어 의류 혁명을 불러온 플리스

1979년 미국 말덴 밀스Malden Mills에서 폴라 플리스Polar Fleece라는 합성소재를 개발하면서 아웃도어 의류의 혁명이 시작된다. 플리스는 울Wool이 가진 특성을 인공 합성섬유로 만든 것으로 가볍고, 따뜻하고, 부드럽다. 여기에 수분을 배출하는 기능Moisture Wicking 등 많은 장점을 가지고 있다. 특히, 플리스는 물 속에 넣어도 거의 물을 흡수하지 않는 특성 (무게의 1% 미만의 수분만을 함유) 때문에 젖은 상태에서도 보온성을 유지할 수 있다. 세탁기로 세탁이 가능하며, 빨리 마른다. 이러한 특성으로 인해 아웃도어 의류에 다양하게 응용되기 시작했다. 1980년 파타고니아가 플리스를 소재로한 신칠라 플리스Synchilla Fleece를 출시해 상업적으로 성공하면서 지금은 일반인에게도 익숙한 폴라텍PolarTec까지 다양한 제품들로 발전했다. 플리스는 모든 폴라 플리스 제품군을 통칭한다.

플리스는 용도에 따라 다양한 두께로 제작된다. 가장 얇은 마이크로부터 100, 200, 300까지 있다. 여름과 같이 더울 때는 가장 얇은 마이크로 제품을, 추운 겨울에는 가장 두꺼운 300을 사용한다. 플리스의 넘버를 확인하는 것은 용도에 맞게 의류를 선택하는데 도움이 된다.

아크테릭스 카이어나이트 재킷.

플리스는 본래 방풍기능이 없다. 바람이 불면 보온성이 떨어지는 단점이 있다. 그래서 일반적으로 방풍기능을 갖춘 아우터 레이어와 겹쳐서 입는다. 최근에는 플리스 바깥에 나일론과 같은 방풍기능 소재를 덧댄 하이브리드 제품도 생산되고 있다. 품질이 떨어지는 플리스 제품은 보풀이 일어나는 단점이 있다. 최근에는 끊임없는 기술개발로 단점을 보완한 다양한 플리스 제품이 생산되어 일반인에게도 인기를 끌고 있다.

인슐레이션 재킷

인슐레이션 재킷은 보온성을 향상시키기 위해 옷감 사이에 보온재를 넣어 만든 재킷이다. 어떤 보온재 소재를 사용하는가에 따라 다운 재킷과 합성보온재 재킷으로 나뉜다. 최근에는 두 가지를 적절하게 활용해 보온력을 극대화시킨 하이브리드 제품도 출시되고 있다.

다운 재킷

다운Down은 오리나 거위의 앞가슴털을 말한다. 고급 아웃도어 의류에는 주로 거위 앞

가슴털을 사용한다. 무게 대비 훌륭한 보온력과 아주 작게 수축되는 장점이 있어 춥고 건조한 환경에서 성능이 가장 우수한 보온재이다. 다운의 품질을 평가하는 기준으로 필 파워Fill Power가 있다. 필파워는 1온스(23g)의 다운을 24시간 압축한 뒤 부풀어오르는 복원력을 테스트한 것이다. 이 수치가 높다는 것은 그만큼 두터운 공기층을 형성한다는 의미다. 일반적으로 700 필 파워를 넘어가면 우수한 품질의 다운이다. 아크테릭스 다운 재킷은 850 필 파워를 보여줘 상당히 우수한 품질의 다운이 사용되고 있음을 알 수 있다.

천연소재인 다운의 보온성, 경량성, 압축성을 아직 인간의 기술력이 넘어서지 못한다는 것은 꽤 흥미롭다. 여전히 춥고 건조한 상황에서 최고의 성능을 발휘하는 다운 재킷은, 특히, 추운 날 체온을 유지하는데 큰 도움을 준다. 그러나 격렬한 신체활동으로 몸에 땀이 나면 다운 재킷은 금방 젖어들어 오히려 불쾌감을 준다. 따라서 땀이 나기 전에 다운 재킷을 벗어 백팩에 휴대하다가 체온이 떨어지는 상황에서 꺼내 입어야 효과를 극대화할 수 있다.

스키를 타면서 다운 재킷을 수시로 입었다 벗었다 하기가 귀찮다면 비상용으로 백팩에 휴대하고, 미드레이어로 플리스나 합성보온재 재킷을 사용하는 것이 좋다. 체온이 올라가 땀이 나는 경우에도 어느 정도 통기성을 유지하고 수분도 배출하기 때문이다. 하지만 사람마다 추위를 느끼는 정도와 땀을 흘리는 정도가 달라 어느 것이 정답이라 하기 힘들다. 다양한 경험을 통해 자신만의 레이어링 노하우를 정립하여야 한다.

아크테릭스 세륨 후디.

합성보온재 재킷

합성보온재Synthetic는 인공적으로 만들어진 보온 소재를 말한다. 가장 널리 알려진 것은 3M의 신슐레이트Thinsulate, 프리마로프트의 프리마로프트Primaloft, 듀폰의 써모라이트Thermolite, 아크테릭스의 코어로프트Coreloft 등이 있다. 1960년에 개발되어 합성소재 인슐레이션의 기원이 된 신슐레이트가 가장 대중적으로 알려져 있지만, 다운Down에 가까운 최고 수준의 보온력을 자랑하는 것은 프리마로프트다. 프리마로프트는 미군에 의해 개발되고 실제 미군복과 침낭에 사용되고 있다. 아크테릭스의 코어로프트도 프리마로프트 못지 않다는 평가를 받고 있다.

합성보온재는 다운에 비해 보온력이 다소 떨어진다. 하지만 젖은 상태에서도 보온력을 발휘하고 내구성이 강해 점점 더 활용도가 높아지고 있다. 특히, 눈이 많은 습환 환경에서 보온력을 유지하고 인체의 땀을 내보내 건조함을 유지하는 기능은 합성보온재가 다운보다 더 뛰어나다. 추운 겨울에는 베이스 레이어만으로 충분히 보온을 유지하기 어렵다. 따라서 플리스나 합성보온재 재킷으로 체온을 유지하는 것이 좋다. 아크테릭스 제품을 예를 들면 일반적인 상황에서는 아크테릭스 아톰 AR이나 아톰 LT 정도를 미드 레이어로 입는게 좋다. 땀이 많이 나는 업힐을 한다면 통기성이 좋은 프로톤 LT가 좋은 선택이다. 날씨와 상황이 아우터를 입기에 덥다고 느껴진다면 프로톤 하이브리드 후디가 미드 레이어와 아우터 레이어 기능을 동시에 수행할 수도 있다.

아톰 LT 후디.

다운 vs 합성보온재

합성보온재가 조금씩 진화하고 있으니 언젠가 다운의 성능을 능가하는 날이 오리라 생각한다. 하지만 아직까지 다운이 가진 장점과 단점이 명확하다. 어떤 상황에서, 어떻게 사용하는지를 정확히 이해한다면 레이어링에 큰 도움이 될 것이다. 합성보온재도 마찬가지다. 다양한 상황에 맞게 적절한 기능을 갖춘 제품들이 생산되고 있어 충분히 이해하고 사용한다면 자신만의 레이어링 시스템을 만드는데 큰 도움이 될 것이다.

보온재 소재에 따른 특징 비교

구분	다운 재킷	합성보온재 재킷
장점	• 최고의 보온성 • 최고의 경량성 • 최고의 압축성	• 젖은 상태에서도 보온성을 유지한다 • 다운에 비해 상대적으로 가성비가 좋다 • 세탁과 보관이 쉽다 • 내구성이 좋다 • 통기성이 좋다
단점	• 젖은 상태에서 보온성이 떨어진다 • 가격이 비싸다 • 세탁과 보관이 어렵다 • 내구성이 떨어진다	• 다운에 비해 상대적으로 보온성과 압축성이 떨어진다

아우터 레이어

아우터 레이어Outer Layer는 신체의 가장 바깥에서 다른 레이어들과 피부를 보호하는 방어기능을 수행한다. 따라서 적절한 내구성과 방수, 방풍 기능을 갖추어야 한다. 여기에 추가되어야 하는 기능이 있다. 바로 투습성이다. 아웃도어 활동을 통해 몸에서 발생하는 열은 수증기와 땀으로 배출된다. 이러한 수증기를 효과적으로 배출하는 것이 아우터 레이어로서 중요한 덕목이다.

예를 들어, 플라스틱 비닐로 만든 우의를 입고 스키를 탄다고 하자. 방수 성능이 탁월한 우의는 완벽하게 바람과 물을 차단할 것이다. 하지만 안쪽에서 발생하는 수증기를 발산하지 못한다. 이 때문에 우의 안쪽의 옷이 젖는다. 이렇게 젖은 옷은 결국 스키어의 체온을 떨어뜨리고 불쾌감을 준다. 이것은 아우터 레이어로서 치명적인 단점이다. 초창기 우의가 판초의로 제작되어 마치 모포를 뒤집어 쓰듯 넓직하게 생긴 이유는 이러한 투습기능이 없기 때문이다. 공간을 넓게 만들어 자유롭게 공기가 순환되도록 하기 위해 그런 디자인을 선택한 것이다.

아우터의 대명사 고어텍스

1970년대 개발되면서부터 현재까지 독보적인 기능으로 주목받는 아우터 레이어 소재는 고어텍스Gore-Tex다. 고어텍스가 만들어낸 혁명적인 기술의 진보는 군사용품과 아웃도어 의류에서 폭발적인 인기를 끌면서 현재까지 아우터 레이어의 대표적인 소재로 사용되고 있다.

1969년 개발되어 1976년부터 본격적으로 상용화되기 시작한 고어텍스는 수분은 차단하지만, 습기는 밖으로 배출하는 기능을 갖추고 있다. 어떻게 수분을 차단하면서도 습기를 배출하는 기능이 동시에 가능할까? 이는 고어텍스 멤브레인Membrane이 가진 특성 때문이다.

고어텍스 멤브레인은 각각의 평방 인치 안에 90억 개의 작은 구멍을 가지고 있다. 1인치가 대략 2.5cm이므로, 가로 세로 2.5cm인 사각형 안에 90억개의 구멍이 있다는 것을 의미한다. 이 상상할 수 없을 만큼 많은 구멍이 고어텍스의 세 가지 기적같은 기능, 방수성, 방풍성, 투습성을 가능케 한다.

고어텍스 멤브레인의 구멍은 물방울보다 2만배 작다. 2만배나 작은 구멍으로 물분자가 통과할 수는 없다. 차라리 낙타가 바늘구멍으로 통과하는 것이 더 쉽다. 이로 인해 멤브레인이 적용된 모든 오리지널 고어텍스 제품군은 비와 눈이 도저히 침투할 수 없는 방수성Waterproof을 지닐 수 있는 것이다. 하지만 방수는 고어텍스 멤브레인 특성의 1/3에 불과하다. 다른 두 가지 기능은 바로 방풍과 투습기능이다.

고어텍스 멤브레인의 방풍기능Windproof은 추운 겨울의 강한 바람조차 고어텍스 아우터를 통과할 수 없게 완벽히 방어한다. 아크테릭스 아우터는 대개 스톰 후드Storm Hood 기능을 갖추고 있다. 이는 등반이나 스키, 자전거용 헬멧 위로 후드를 덮어 쓸 수 있도록 디자인한 것이다. 후드를 쓰면 강한 바람에도 거의 완벽한 방풍이 되는 것을 확인할 수 있다.

마지막으로 고어텍스 멤브레인이 수행하는 투습성Breathable이다. 체온이 올라가면 인체는 체온을 낮추기 위해 땀구멍을 통해 수증기 형태로 땀을 배출한다. 추운 날씨에 격한 운동을 하면 전신에서 수증기가 피어 오르는 것을 볼 수 있다. 이렇게 배출되는 수증기는 고어텍스 멤브레인을 통해 밖으로 배출된다. 이것이 가능한 이유는 수증기가 멤브레인에 있는 구멍보다 700배나 작기 때문이다.

고어텍스로부터 시작된 아웃도어 의류의 혁명은 유사한 기능의 제품 출시로 이어졌다. 대표적인 제품들이 폴라텍의 폴라텍 네오쉘Polartec NeoShell, 콜롬비아의 아웃드라이OutDry, 노스페이스의 드라이벤트DryVent, 파타고니아의 H2NO, 이벤트 패브릭의 eVent 등이다. 국내 업체 코오롱의 하이포라HIPORA, 밀레의 드라이에지DryEdge도 이에 속한다. 하지만 아직까지 고어텍스의 인지도를 넘어서는 제품은 없다.

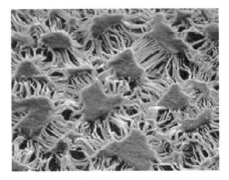

미세현미경으로 본 고어텍스 멤브레인.

고어텍스 아우터의 레이어 분류

오리지날 고어텍스Original Gore-Tex

가장 광범위하게 적용되는 제품이다. 대부분의 아웃도어 의류에 적용하고 있어서 가장 쉽게 접할 수 있다. 아웃도어 활동에서 만나는 방수, 방풍, 투습 기능을 균형 있게 갖추고 있고, 중간 정도의 내구성도 보여준다. 아크테릭스 재킷 가운데 알파, 베타, 감마 시리즈 대부분이 오리지널 고어텍스 소재다.

스키와 스노우보드용 센티넬 아노락.

고어텍스 프로Gore-Tex Pro

혹독한 환경에서 아우터 레이어의 기능을 유지하도록 내구성을 극적으로 강화한 제품군이다. 아크테릭스 스키&스노우보드 의류 모델 러쉬Rush는 백컨트리와 트리런을 하면서 나뭇가지에 긁히거나 눈밭을 뒹굴어도 될 수 있을 정도도 질긴 내구성을 갖추고 있다. 등산과 트레킹 등 터프한 아웃도어 환경에 유용한 '베타 AR'과 '알파 SV' 제품들에도 사용된다. AR은 All-Round를 의미하며 다양한 환경의 아웃도어에서 필요한 제품군이다. SV는 SeVere를 의미한다. 말 그대로 '혹독한' 환경에서의 아웃도어에 필요한 제품군이다. 따라서 대부분 SV 모델은 고어텍스 프로로 만들어 진다.

러쉬 IS 재킷.

고어텍스 인피니엄Gore-Tex Infinium

이전의 고어텍스 액티브Gore-Tex Active가 더욱 발전한 제품군으로, 가벼운 아웃도어 활동이나 고강도 유산소 운동에 필요한 최상의 통기성과 활동성에 초점을 맞춘 제품이다. 기본적인 방수기능은 있지만, 비가 많이 오는 환경에서는 적절치 않은 생활방수 정도 기능을 갖추었다고 보면 된다. 일상생활에서 가볍게 입기 좋으며, 여행, 조깅, 사이클링, 하이킹 등에서 유용하다.

가벼운 아웃도어용 세이디 후디 재킷.

하드쉘 vs 소프트쉘

예전에는 아우터 레이어 제품을 하드쉘Hard-Shell과 소프트쉘Soft-Shell로 구분했다. 하지만 최근에는 소재의 강도 보다 기능에 따른 구분이 더욱 적절하다고 여겨지고 있다. 내구성을 강조하는 혹독한 환경에서는 소프트쉘이 의미가 없다. 중요한 것은 내구성을 갖추었느냐다. 하지만 아웃도어 의류에는 여전히 이러한 구분이 많이 이뤄지고 있어 이에 대해서도 이해할 필요가 있다.

하드쉘Hard-Shell은 방수, 방풍 기능을 갖추면서도 통기성을 유지해야 한다. 동시에 내구성도 잘 갖춰야 한다. 윈드쉘Wind-Shell은 가볍고 바람을 막아주는 기능을 갖추고 있으나, 방수성능이 약해 비나 눈이 오는 환경에서는 적절하지 않다. 소프트쉘Soft-Shell은 신축성과 내구성을 적절히 갖춘 아우터로 기본적인 방풍 성능과 가벼운 습기를 막아주는 성능Weather Resistant이 있다.

아크테릭스 아톰 LT 후디(왼쪽)와 Rush 자켓(오른쪽).

실용적인
레이어링을 위한
조언

적절한 벤트 활용으로 습기 배출

대부분의 아우터 레이어에는 몸의 열기를 배출하는 환기Ventilation 기능이 있다. 평상시에는 지퍼를 이용해 닫혀 있지만, 몸에 열이 많이 발생하면 지퍼를 열어 단기간에 열을 밖으로 배출하는 기능이다. 다운힐 위주의 리조트 스킹에서는 이런 벤트 기능을 많이 사용하지 않는다. 하지만 파우더나 올마운틴에서는 운동량이 크게 증가하므로 몸에 열이 많이 발생한다. 아무리 의류의 투습성이 좋아도 고강도 활동에서 발생하는 열을 모두 배출할 수는 없다. 따라서 수시로 벤트를 열고 닫아 체온을 조절한다.

벤트Vent는 스키복의 경우 상의는 주로 겨드랑이에, 하의는 허벅지 안쪽이나 바깥쪽에 설치되어 있다. 장갑을 착용한 상태에서도 지퍼를 작동할 수 있도록 지퍼 손잡이에 짧은 천을 덧대어 놓아 몇 번만 연습하면 쉽게 조정이 가능하다. 특히, 하의보다는 상의에 벤트가 설치된 경우가 많은데 겨드랑이 아래쪽으로 설치된 벤트를 특별히 핏집Pit Zips이라 부른다. Pit은 영어로 겨드랑이Armpit를, Zips는 지퍼

벤트를 이용해 체온을 조절하는 모습.
파우더 스키 의류를 구입할 때 고려할 기능이다.

Zippers를 의미한다. 엑스퍼트들은 리프트에 탑승할 때는 벤트를 닫고, 본격적으로 스킹을 시작하기 전에 벤트를 열어 효과적으로 체온을 조절한다. 일반 스키복 가운데 흉내만 낸 작은 벤트를 적용한 제품도 있다. 그러나 이는 파우더 스키에서 거의 쓸모가 없다. 벤트가 크게 열리는 제품을 선택하는 것이 좋다.

악천 후에는 스톰후드 활용

아웃도어 활동을 하다보면 머리를 통해 뺏기는 열의 양이 상당하다. 머리를 통해 발생하는 열손실이 40~50% 정도 된다고 알려져 있지만, 실제로는 10% 내

아웃도어 의류의 스톰후드는 완벽한 방풍 기능을 제공한다.

외다. 하지만 이 정도도 대단히 큰 영향을 미친다. 따라서 추운 환경에서 체온을 유지하려면 머리 부위를 잘 보호하여야 한다.

머리에서 발생하는 열 손실을 막아주기 위해서 적용한 기술이 스톰후드Storm Hood다. 이는 스키복이나 등산복 상의에 달린 모자(후드)를 헬멧 위로 쓸 수 있도록 특별히 디자인 한 것이다. 강풍이 불거나 눈보라가 치는 악천후에 리프트에 앉아 있으면 짧은 시간 체온이 급격하게 떨어진다. 이 때 스톰후드를 사용해 헬멧 위로 후드를 덮어쓰고 재킷의 지퍼를 올리면 바람이 거의 들어오지 않는다.

스톰후드는 고글을 착용한 부위를 제외하고 거의 모든 부분을 덮어줘 바람의 영향을 최소화시킨다. 반면 일반적인 아우터에 달린 드롭후드Drop Hood는 얼굴과 목 사이에 틈새가 있어 바람을 완벽히 차단하기가 어렵다. 스톰후드는 추위를 많이 타거나 바람이 많은 아웃도어 환경에서 생각보다 상당히 중요한 역할을 한다.

파우더 스커트로 눈 차단

대부분의 스키 재킷에는 파우더 스커트Powder Skirt라 부르는 것이 허리 부근에 달려 있다. 이는 스키를 타다가 넘어졌을 때 눈이 밀려 올라와 재킷 안으로 들어오는 것을 막아주는 기능이다. 눈이 많은 파우더에서 넘어지면 많은 눈이 여러 방향에서 스키복 안으로 들어올 기회가 생긴다. 이때 파우더 스커트가 없으면 아우터 안으로 눈이 밀려들어오는 것을 막을 수가 없다. 일반 아웃도어 의류가 기능적으로는 방수, 방풍, 투습 기능을 갖추고 있지만, 이런 상황에서는 눈을 막을 수 없다. 파우더 스커트는 스키용으로 제작된 의류에만 적용된다. 따라서 파우더 스키복 구매 시 파우더 스커트 기능이 있는 제품을 구입해야 한다.

파우더나 백컨트리 아우터의 경우 상의와 하의를 똑딱이 단추로 연결되게끔 디자인 되어 있는 것이 있다. 이것 역시 심설에서 스키를 타거나 넘어졌을 때 눈이 아우터 안으로 들어오는 것을 방지하게 만든 기능이다.

아웃도어 스키 의류의 파우더 스커트.

핫팩, 발열 제품의 적절한 사용

추운 겨울 영하 15도 이하로 떨어지고 바람까지 분다면 체감 온도는 영하 20도를 밑돌 것이다. 이런 상태에서 체온을 유지하기 위해 1회용 핫팩이나 충전식 발열 제품들을 사용한다. 기술력을 인정받는 회사의 발열 장갑, 발열 깔창, 발열 양말 등 인공적인 발열 제품들은 손끝이나 발끝의 추위를 막는데 효과적이다. 아랫배나 허리 등에 1회용 핫팩을 붙이거나 충전식 발열 조끼를 입기도 한다. 이런 발열 제품들은 추운 겨울 체온을 유지하고 동상을 예방하는데 긍정적인 역할을 한다. 하지만 파우더나 백컨트리와 같이 체온이 많이 올라가는 활동에서는 몇 가지 주의할 부분이 있다.

체온이 올라갔을 때에도 계속 열을 발생시키는 1회용 핫팩은 제거하는 것이 좋다. 핫팩을 붙인 부분이 과열되는데다, 땀이 날 경우 통기성과 투습성을 떨어뜨려 안쪽에 습기가 차기 때문이다. 하지만 한번 떼어낸 핫팩은 다시 붙여 사용할 수 없다. 따라서 파우더 스키에서는 추천하지 않는다. 예상치 않은 기온변화 등 비상시에 대비해 1~2개를 백팩에 휴대할 수는 있다. 하지만 부피가 큰 핫팩은 꽤 무게가 나간다는 것을 기억해야 한다.

충전식 발열 제품은 켜고 끄는 기능이 있어 날씨의 변화에 따라 조정이 가능하다. 발열 조끼는 투습기능을 갖추었는지 확인해야 한다. 일반적으로 아웃도어 의류들은 기능적으로 대단히 훌륭하지만, 발열 조끼는 이런 기능을 갖추지 않았을 확률이 높다. 따라서 업힐과 같은 체온이 오르는 활동을 할 때는 발열 조끼를 착용하지 않는 것이 좋다.

발열 장갑도 대개 두꺼운 제품일 확률이 높아 업힐에는 추천하지 않는다. 하지만 업힐을 하면서 낄 얇은 장갑을 휴대한다면 휴식을 취하거나 스킹을 할 때 좋은 효과를 발휘할 수 있다. 발열 깔창이나 발열 양말은 추위를 많이 타는 사람이라면 착용을 권한다. 업힐 할 때는 추위를 느끼지 않겠지만, 휴식시간이나 다운힐 할 때는 추위를 타게 된다.

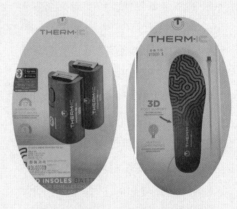

성능이 검증된 발열 제품들은 혹독한 겨울 날씨에 대응할 수 있도록 도와준다.

융통성 있는 레이어링 시스템 운용

레이어링에는 정답이 없다. 사람마다 온도에 대한 민감도가 다르고, 땀을 흘리는 정도가 다르며, 활동 강도가 다르기 때문이다. 그러므로 레이어링을 왜 하는지, 레이어링의 필수적 기능이 무엇인지를 먼저 이해한 뒤 자기만의 레이어링 시스템을 만들어야 한다. 이런 자기만의 레이어링은 경험을 통해서 완성된다. 어느 정도의 시행착오는 감수하여야 한다는 것이다.

백컨트리에서 업힐 할 때는 몸에서 열이 발생한다. 이 때는 전통적인 레이어링에 연연할 필요가 없다. 땀이 난다면 재빨리 미드 레이어를 벗어 백팩에 넣고, 아우터 레이어의 벤트Vent를 모두 열어야 한다. 재킷은 물론이고 바지의 벤트도 마찬가지다. 날씨가 따뜻한 봄날의 백컨트리라면 아우터와 미드 레이어까지 모두 벗어젖혀야 한다.

반면 정말 추운 날에는 보온을 위해 다양한 시도를 해야 한다. 업힐이 포함되지 않은 스킹이라면 미드 레이어를 두 겹 껴입고, 아우터 레이어에도 인슐레이션이 첨가된 제품을 입는 것이 좋다. 일부 스키어 가운데 어설프게 레이어링을 이해하고 베이스 레이어+미드 레이어+아우터 레이어 한 벌씩 입고는 춥다고 불평하는 경우가 있다. 추울 때는 두 겹 세 겹으로 껴입는 것이 레이어링이다. 각 레이어마다 한 벌씩만 입으라는 의미가 아니다.

특히, 한국의 스키장은 업힐은 물론 파우더나 트리런을 할 기회가 없다. 다운힐 위주로 스키를 타게 된다. 이런 상황에서 아웃도어용 레이어링을 하면 추위에 벌벌 떨 확률이 높다. 한국 스키장과 같은 환경에서는 체온을 잘 유지하는 기능이 필요

보온재가 들어있는 아크테릭스 마카이 재킷은 한국 스키장과 같은 환경의 리조트 스킹에서 적당하다.

하다. 따라서 적극적으로 보온을 위한 레이어링이 필요하다. 아크테릭스의 마카이 Macai 재킷과 같은 인슐레이션이 추가된 아우터 레이어는 한국 스키장과 같이 짧고 정설된 슬로프에 최적이다. 미디움 사이즈 기준 약 70g의 다운Down이 들어간 따뜻하고 럭셔리한 아우터 레이어이다. 스키장이나 아웃도어는 물론이고 일상생활 의류로도 적당하다.

옷과 장비가 만능은 아니다. 스스로 고민하고, 스스로 부족함을 채워 나가는 것이 자기만의 레이어링을 만드는 길이다. 자기만의 특성(체력, 기술, 취향)을 이해하고 그에 따른 레이어링을 만들어보자.

파우더 스키 전문 장비

앞에서 파우더 스키 필수 장비로 입문자가 파우더 스키를 경험하기 위해 필요한 최소한의 장비인 스키판, 바인딩, 부츠, 파우더 폴을 소개했다. 필수 장비 가운데 지금 사용하고 있는 알파인 부츠와 바인딩, 폴을 사용하고 파우더 스키판만 교체한다면 최소한의 비용으로 파우더 스키에 입문할 수 있다. 하지만 지속적으로 파우더를 타려고 한다면 자연스럽게 위에 언급한 네 가지 필수 장비를 갖추게 될 것이다. 여기서는 입문 단계를 거친 뒤에 고민하게 될, 좀 더 본격적인 파우더 스키를 위한 전문 장비를 소개한다.

스키 백팩

스키 백팩과 일반 백팩의 차이

파우더 스키에 관심 없는 리조트 스키어 가운데에도 백팩을 사용하는 사람들이 있다. 그들은 음료수나 에너지바, 혹은 핸드폰이나 여분의 옷 등을 챙겨 다니는 용도로 백팩을 이용한다. 이들이 사용하는 것은 말 그대로의 백팩이다. 일상생활이나 짧은 당일 하이킹에서 사용하는 20리터 이하의 조그만 백팩을 상상하면 된다. 한국 스키장의 젊은 스키어들이 사용하는 힙색 혹은 웨이스트 팩Waist Pack도 이에 포함된다.

스키 백팩은 필수 장비와 전문 장비 중간에 있다. 왜냐하면 전문적으로 파우더 스키를 하지 않는 많은 입문 단계의 스키어들도 백팩을 이용하기 때문이다. 그들은 백팩에 음료수와 에너지바, 여분의 옷 등을 담는 용도로 사용한다. 올마운틴 환

아크테릭스 맨티스 16리터 백팩과
맨티스1 웨이스트 팩.

경, 즉 범프, 트리런, 파우더 스키를 즐기는 것은 체력 소모가 많아 휴식 시간이나 리프트 이용 시 에너지를 보충하는 경우가 종종 있다.

파우더 스키 입문 단계의 스키어들에게 백팩은 여전히 선택 사항이다. 체력이 좋은 스키어들이 여유를 가지고 범프나 트리런, 파우더를 즐기면 백팩이 없더라도 큰 무리가 없다. 그래서 백팩을 메지 않고 프론트컨트리의 파우더와 올마운틴을 누비는 스키어를 많이 볼 수 있다. 또 백팩을 휴대하더라도 전문적인 스키 백팩이 아닌 일반 하이킹용 백팩을 휴대하는 경우도 많다.

하지만 입문 단계를 넘어 전문적으로 파우더 스키를 즐기고자 하는 스키어라면 프론트컨트리는 물론이고 사이드컨트리와 백컨트리에서 스킹 할 확률이 높다. 이런 환경에서 스킹을 하고자 한다면 스키 백팩은 선택이 아닌 필수 사항이 된다. 그럼 일반 백팩과 차별되는 스키 백팩만의 기능은 무엇일까?

첫째, 별도의 눈사태 안전 장비 수납 공간이 있다. 스키 백팩은 기본적으로 메인, 안전 장비, 액세서리 포켓 등 세 개의 수납 공간으로 분리되어 있다. 메인 수납 공간은 물과 에너지바, 여분의 옷, 장갑, 카메라 등을 넣는다. 눈사태 안전 장비 수납 공간은 눈사태 안전 장비인 눈삽Snow shovel, 탐침봉Probe을 수납하는 별도의 공간이다. 액세서리 포켓은 작은 별도의 수납공간으로 고글이나 선글라스, 립밤 등 주로 작은 물건들을 수납하는 주머니이다. 이 세 개의 수납 공간 가운데 눈사태 안전 장비 수납공간은 특히 스키 백팩에서 중요하다. 눈사태 같이 급박한 상황에서 안전 장비가 이런저런 물건들과 뒤죽박죽 되어 있으면 시간을 다투는 구조 상황에서 귀중한 시간을 잃어버리게 된다. 그러므로 다른 장비들과 별개의 수납 공간을 만들어 눈삽과 탐침봉만을 별도로 수납하도록 한 것이다.

둘째, 스키를 결착하는 시스템이 있다. 사이드컨트리나 백컨트리에서 짧은 하이크 업을 해야 하는 경우 스키를 들고 이동하는 것보다 스키를 배낭에 결착하면 훨씬 에너지 소모가 적고, 자유로운 두 손을 이용해 안전하면서도 효율적으로 힘을 사용할 수 있다. 이렇게 스키를 배낭에 결착할 수 있는 것도 스키 백팩만의 특별한 기능 중 하나다.

셋째, 방수 기능이다. 스키는 눈이 있는 환경에서 이루어진다. 눈이 내려 백팩 위에 쌓일 수도 있고, 휴식 시간에 눈 위에 내려놓을 수도 있다. 이때 배낭에 방수기능이 없으면 휴대한 의류나 전자기기 등이 손상을 입게 된다. 스키 백팩이 일반 백팩에 비해 충분한 방수 기능을 갖춰야 하는 이유다. 시중에서 판매되는 스키 백팩은

스키 백팩에 수납한 눈사태 안전 장비.

짧은 업힐을 위해 스키를 결착할 수 있는 시스템.

대개 높은 방수기능을 갖추고 있다.

넷째, 간소한 유선형 디자인Steamline Design도 중요한 요소다. 스키 백팩의 주요 특징은 백팩을 메고 스킹을 한다는 점이다. 따라서 스킹에 방해가 되는 요소는 과감히 생략하고 필요한 기능만 갖추고 있어야 한다. 일반 백팩의 경우 편의를 위해 다양한 수납공간을 가지고 있다. 좌우에 물병이나 옷을 넣을 수 있는 포켓을 비롯해 여기저기 스트랩이 달렸다. 그러나 스키 백팩은 가급적 심플하고 유려하게 디자인해야 제 성능을 발휘한다. 스키 백팩을 메고 빠른 속도로 활강할 때 바람의 저항도 큰 방해요소이지만, 트리런 할 때 나뭇 가지에 배낭이 걸리면 큰 사고로 이어질 수 있다. 따라서 유선형 디자인은 안전과 멋을 동시에 만족시킨다. 또한 스킹 시 배낭의 좌우 움직임을 최소화하기 위해 힙 벨트는 물론 가슴 벨트도 반드시 필요하다.

스키 백팩의 크기

대부분의 스키 백팩은 20~35리터 사이즈로 제작된다. 전문적인 백컨트리 스키어가 아니라면 일반적으로 20~30리터의 백팩이 가장 보편적으로 사용된다.

20~25리터 사이즈는 대부분의 당일 스킹에 최적화된 사이즈다. 음료수와 에너지바, 여벌 옷 등을 수납하는데 충분한 기능을 발휘한다. 25~30리터 사이즈는 눈사태 안전 장비와

업힐용 스킨 등을 수납할 수 있어 당일 사이드컨트리와 백컨트리용으로 적당하다.

30~35리터 사이즈는 당일용은 물론 멀티 데이 백컨트리용으로도 사용된다. 오트루트처럼 산장을 이용하는 헛투헛Hut-to-Hut 투어에 사용할 수 있다. 만약 텐트와 침낭, 취사 도구 등을 휴대해야 한다면 훨씬 더 큰 사이즈가 필요하다.

아크테릭스 SK32 스키 백팩을 맨 스키어들.

스키 백팩에 담겨야 할 입문자를 위한 필수품

음료: 평소 자신이 갈증을 느끼는 정도에 맞게 물이나 에너지 드링크 500~1,000ml(생수 1~2병) 정도를 준비한다.

에너지바: 에너지바는 평소 자신이 좋아하는 종류로 최소 2개 이상 준비한다. 기호에 따라 육포, 사탕, 초콜릿 등 다양한 먹을 거리를 준비할 수 있다.

보온 재킷: 미드 레이어로 입고 있거나 아니면 백팩에 담아 휴대한다. 다운 재킷은 가볍고 압축성이 좋아 휴대가 편하다.

호루라기: 파트너와의 신호용, 혹은 비상용으로 휴대한다. 백팩 내부보다는 배낭끈에 걸거나 아우터 레이어 지퍼에 매다는 형태로 휴대하는 것이 좋다.

비상용 블랭킷: 가급적 사용할 일이 없는 것이 좋지만 휴대를 권한다. 80g 정도로 아주 가볍지만, 비상시에 체온을 유지시켜 생명을 지켜줄 수 있다.

스키 백팩에 담겨야 할 파우더 스키어를 위한 필수품

눈사태 안전장비(비컨/눈삽/탐침봉): 백컨트리 환경에서 반드시 갖춰야할 필수품이다. 이에 대해서는 백컨트리 스키 편에서 자세히 다루겠다.

클라이밍 스킨: 업힐을 위한 필수품이다. 꼭 백컨트리를 하지 않더라도 전문가들은 응급상황을 위해 휴대하기도 한다.

응급 처치 키트: 압박 붕대와 소독제, 진통제 등 가장 기본적인 것부터 골절에 대비한 부목까지 상황에 따른 응급 처치 키트를 휴대하기도 한다.

여분의 고글 혹은 렌즈: 파우더에서 넘어져 고글 안쪽에 눈이 들어가면 습기 때문에 앞이 안 보이는 경우가 있다. 이를 대비해 여분의 고글이나 렌즈를 준비한다.

업힐용 장갑: 업힐 시에 땀이 많이 나기 때문에 다운힐용과 별개로 활동성과 통기성이 좋은 업힐용 장갑을 휴대한다.

테입&스트랩: 급작스런 장비의 고장이나 무언가를 고정할 때 유용하다. 예를 들면 클라이밍 스킨이 자꾸 벗겨진다거나 폴이 부러지는 경우, 백팩에 스키를 고정하는 경우 등 다양한 상황에서 무언가를 고정할 때 필요하다.

스키 백팩에 담겨야 할 백컨트리 전문가를 위한 생존장치들

눈사태 에어백 팩 Avalanche Airbag Pack: 눈사태 발생 시 생존 확률을 높일 수 있도록 제작된 특수한 스키 백팩. 전문적인 백컨트리 스키어를 위한 장비로 자세한 내용은 백컨트리 스키 편에서 다루겠다.

응급 호흡 시스템 Emergency Breathing System: 눈사태에 휩쓸리거나 트리웰에 빠졌을 때 대부분은 질식에 의해 사망한다. 눈에 묻힌 뒤 15분 이내에 구조하면 생존확률이 높지만, 그 이후부터는 생존확률이 급격히 떨어진다. 이런 상황에서 호흡을 연장할 수 있다면 생존확률은 급격히 올라가게 될 것이다. 이를 위해 나온 두 가지 제품이 있다. 블랙 다이아몬드에서 제작한 아발렁Avalung과 세이프백에서 제작한 Safeback SBX이다. 이 또한 자세한 내용은 백컨트리 스키에서 다루겠다.

헬멧

2010년대 이전까지 헬멧은 선택사항이었다. 예전 스키 비디오나 사진을 보면 일반 스키어들은 스키 비니를 애용하는 경우가 많았다. 그러다 안전에 대한 인식이 높아지면서 현재는 대부분의 스키어들이 헬멧을 착용하고 있다.

파우더용 헬멧을 선택할 때는 안전성과 착용감, 환기성, 경량성 네 가지를 고려해야 한다. 안전성과 착용감은 가장 기본적인 기능이다. 환기성과 무게는 한국 스키장에서는 크게 고려하지 않지만, 파우더 스키에서는 대단히 중요한 기능이다. 올마운틴과 파우더 스키, 백컨트리 스키에서는 환기가 잘 되고, 가벼운 헬멧을 선택하여야 한다.

안전성

안전을 책임지는 밉스MIPS

안전성은 헬멧의 가장 중요한 요소다. 현재 스노우 헬멧이 채택하고 있는 외부로부터의 충격을 완화하는 가장 발전한 방식은 밉스 MIPS 라이너이다. MIPS는 Multi-directional Impact Protection System의 약자로 '다방향 충격 보호 시스템'을 말한다. MIPS는 헬멧의 바깥 쉘과 독립적으로 움직이는 라이너를 통해 스킹시 발생하는 여러 방향의 충격으로부터 뇌 손상을 줄이기 위해 설계되었다. 헬멧의

밉스MIPS 시스템의 작동 원리.

안쪽을 보면 얇은 플라스틱 층이 몇 개의 작은 탭으로 헬멧의 바깥 쉘에 연결되고 독립적으로 움직여 회전 충격이 뇌로 전달되지 않도록 하고 있다.

이렇게 외부의 충격이 곧바로 뇌에 전달되지 않도록 하는 MIPS 충격완화 방식은 더욱 발전하여 밉스 스페리컬MIPS Spherica로 발전했다. 2개층의 EPP 폼이 볼과 소켓처럼 작동해, 충격 시 최초 1,000분의 2초에 헬멧과 머리 사이가 10~15mm 움직여 충격 시 발생하는 회전 에너지로부터 머리를 보호해 준다.

EPS 폼 vs EPP 폼

대부분의 스노우 헬멧은 EPS 폼으로 만들어진다. EPP 폼보다 가격이 저렴하면서도 부서지기 쉽다. 충분한 충격을 받으면 EPS 폼에 금이 가기 때문에 더 이상 사용할 수 없다. 만약 심한 충격을 받았다면 이 헬멧은 더 이상 사용하지 않는 것이 좋다. 반면, EPP 폼은 충돌 후에 다시 원상 복귀되고 여러 번 부딪혀도 사용할 수 있다. EPP 폼 헬멧은 프리스타일 스

밉스 스페리컬 시스템은
두 개층의 EPP 라이너가 따로 움직이며 충격을
완화시킨다.

키어와 공격적인 스키어들에게 훌륭한 선택이 된다. EPP 폼 헬멧은 경량 구조로 인해 등산 헬멧에 많이 사용된다. 스노우 헬멧에는 널리 보급되지 않았는데, 최근 지로Giro가 출시한 MIPS Spherical에 사용해 주목받고 있다.

착용감

구조적 착용감

헬멧은 착용감이 중요하다. 자신의 두상에 맞지 않는 헬멧을 착용하면 사용 중이거나 사용 후에 머리가 아픈 증상을 겪는다. 특히, 서양인과 동양인은 두상이 다르다. 일반 헬멧을 착용했을 때 한국인은 머리의 옆면이 헬멧에 닿아 통증을 느끼는 경우가 많다. 따라서 헬멧은 반드시 직접 써보는 것이 중요하다. 영문으로 AF(아시안 핏; Asian Fit)으로 표기된 제품들은 동양인의 두상 특징을 반영한 것이다.

헬멧 선택 시 한국인의 두상에 맞는 '아시안 핏AF'과 내부 사이즈 조절 시스템을 고려하자.

안쪽에 사이즈를 조절하는 시스템을 적용한 헬멧은 두상에 맞춰 사이즈를 조절할 수 있어 착용감을 높이는데 도움이 된다. 자신의 특이한 두상 때문에 약간 사이즈가 넉넉한 헬멧을 착용하더라도 조절 시스템을 사용하면 안쪽 전체가 두상에 맞게 조여져 불편없이 착용할 수 있다.

내피의 소재

피부와 직접 맞닿는 헬멧 내피 소재도 편안한 착용감과 보온을 위해 중요한 요소다. 부드럽고 따뜻하면서도 땀의 흡수와 발산이 원활한 제품이 좋다. 내피에 폴라텍 소재 등 기능성 원단을 사용하면 포근한 느낌은 물론 습기를 발산하는 등 외부 환경 대응해 충분한 역할을 한다.

파우더 스키처럼 다양한 환경에 노출되는 경우 내피의 소재도 중요한 고려사항이다.

환기성

안전성과 착용감이 헬멧의 기본 기능이라면 지금부터 언급할 환기성과 경량성은 파우더 스키를 생각했을 때 좀 더 비중을 두어 고려해볼 기능들이다. 특히, 환기성이 중요한 이유는 올마운틴과 파우더 스키에서는 일반 정설 사면에서의 스킹보다 더욱 많은 운동을 하기 때문이다. 이에 따라 발생하는 열을 최대한 효율적으로 배출하는 기능이 필요하다. 파우더 스키를 위해서는 벤트가 잘 갖춰진 헬멧을 고려하는 것이 좋다.

대부분의 상급 헬멧은 적절한 환기성을 갖추고 있지만, 레이싱 헬멧은 생각보다 환기성이 떨어진다. 효율적인 환기를 하기 위해서는 벤트Vent가 필요한데, 얼마나 많은 벤트가 어떻게 효율적인 통풍구조를 만드는 가에 따라 환기 성능이 좌우된다. 레이싱 헬멧은 용도상 벤트를 최소한으로 갖추고 있어 결과적으로 환기성이 떨어진다.

파우더 스키용 헬멧의 필수 고려 사항은 벤트의 기능이다.

벤트는 필요에 따라 열고 닫을 수 있는 어드저스터블 벤트Adjustable Vents와 항상 열려진 픽스드 벤트Fixed Vents가 있다. 물론 몇 개의 벤트는 항상 작용하도록 픽스드로 만들고, 몇 개는 열고 닫을 수 있도록 어드저스터블로 만들어 혼합형으로 제작하기도 한다. 파우더 스키와 백컨트리 스키 환경에서는 어드저스터블 벤트가 좋다. 산 정상에서 눈보라를 만나거나 했을 때 닫을 수 없는 고정된 픽스드 벤트만 있으면 체온을 잃을 수 있다. 따라서 다양한 환경에 노출되는 만큼 상황에 따라 벤트를 열고 닫는 기능이 필수적이다.

경량성

활동량이 많은 파우더 스키에서는 가벼운 헬멧이 절대적으로 유리하다. 특히, 걸어올라가거나 백컨트리에서 업힐을 하는 경우 헬멧이 가벼워야 부담감이 줄어든다. 상하 움직임이 큰 파우더 환경에서는 환기성과 경량성을 고려해 헬멧을 선택하면 파우더 스키가 더욱 즐겁고 쾌적할 것이다.

헬멧은 어떤 방식으로 제작되었는가에 따라 무게 차이가 많이 난다. 헬멧의 제작방식은 ABS, 인몰드In-mold, 하이브리드 인몰드Hybrid In-mold 세 가지 방식으로 구분된다. 이 가운데 고급형 헬멧에 주로 쓰이는 인몰드 헬멧은 400~450g, 하이브리드 헬멧은 480~540g, ABS는 560g 이상이다.

지로의 Grid 헬멧. 인몰드In-mold 방식의 경량 EPP 폼을 사용한 397g의 초경량 헬멧.

고글

고글은 스키의 필수 장비 중 하나다. 강렬한 자외선으로부터 눈을 보호하고, 눈이 오거나 바람이 불어도 시야를 확보해준다. 고글은 기술과 특성, 그리고 패션에 따라 다양한 프레임과 렌즈로 발전하고 있다. 렌즈 모양, 선명도 등 렌즈 선택의 체크 사항을 숙지하고 스킹 환경에 맞는 특성의 고글을 선택해 사용하자. 고글 선택 시 고려할 사항들을 소개한다.

선명도와 콘트라스트

고글의 여러가지 기능 중 가능 중요한 것은 선명도일 것이다. 아무리 보기에 이쁘고 착용감이 좋아도 제대로 보이지 않으면 아무런 소용이 없다. 고글의 선명도를 좌우하는 것은 렌즈를 만드는 광학 기술이다.

오클리가 채택하고 있는 프리즘Prizm 렌즈는 흐린 날씨에도 슬로프 높낮이가 가장 잘 보이는 렌즈로 알려졌다. 흐린 날이 많은 겨울에 스키나 스노우보드를 즐기는 사람들에게

흐린 날이 많은 환경에서 스키를 탈 때는 고글의 선명도가 중요하다.

호평을 받으면서 고글에서 선명도가 가장 중요한 것임을 인식시켰다. 선명도와 콘트라스트가 대단히 뛰어나다고 알려진 지로Giro의 '비비드 렌즈'는 카메라 렌즈에서 독보적으로 평가받는 세계적 광학 업체 자이스Zeiss에서 개발한 것이다.

선명도가 좋은 고글은 흐린 날 진가를 발휘한다. 특히, 눈이 많이 내리는 곳을 일부러 찾아 스킹하는 파우더 스키어들에게는 필수적인 기능이라고 할 수 있다. 한국 스키장에서 사용하던 고글이 흐린 날 잘 안 보였다면 이런 기술이 탑재된 고글을 파우더 스키용으로 별도로 준비하길 추천한다.

미러&편광 렌즈

밝고 눈이 부신 날에는 미러Mirror 렌즈가 정말 중요하다. 이 렌즈는 가장 바깥층에 반사 코팅이 되어 있어 빛이 적게 들어오도록 해 눈부심을 부드럽게 한다. 미러 렌즈는 화창한 날씨에 주변이 온통 흰 눈에 덮인 가장 밝은 환경에서 사용하도록 설계되었다. 따라서 미러 렌즈는 눈이 부신 날 좋은 선택이 된다.

맑은 날의 파우더 스키는 광활한 설원에서
빛 반사가 많아 미러 렌즈가 좋다.

편광Polarized 렌즈도 선명도를 높여주는 데 중요한 역할을 한다. 빛은 파장이라서 일정한 파장을 그리며 사람의 눈으로 들어온다. 바닷가나 스키장의 슬로프처럼 수평한 환경이 펼쳐진 곳에서는 수평의 반사광이 눈을 부시게 한다. 이 때 수평의 파장을 줄일 수 있다면 눈부심을 줄여줘 훨씬 더 선명하게 사물을 볼 수 있다. 편광 렌즈는 수평의 반사광을 걸러내 훨씬 더 사물을 선명하게 볼 수 있게 해준다.

편광 렌즈(왼쪽)는 일반 렌즈(오른쪽)보다 수평 반사광을 줄여줘 눈부심을 방지하고
더욱 선명한 시야를 만들어 준다.

모양에 따른 렌즈 분류

평면 렌즈

평면 렌즈를 체택한
지로의 액시스Axis 고글.

대부분의 보급형 스키 고글은 평면 렌즈를 사용한다 (영어로는 Cylindrical로 표기해 '원통면'으로 번역하는 것이 적절하나 '평면'이라는 단어가 더 직관적이라 한국에서는 '평면 렌즈'로 표기한다). 평면 렌즈는 수평으로 얼굴을 가로질러 구부러지지만 수직으로는 평평한 모양이어서 제조하기가 쉽고 저렴하다. 평면 렌즈로 만든 저가형 모델은 시야가 좁고, 렌즈 상단과 하단이 약간 변형되며, 더 많은 눈부심을 초래하기도 한다. 하지만 모든 평면 렌즈 고글이 저가형은 아니다. 최근 출시된 프리미엄급 고글 가운데 평면 렌즈를 채택한 것도 많아지고 있다.

지로의 액시스Axis와 오클리의 폴라인 프리즘Fall Line Prizm을 포함한 고글 브랜드에서 출시한 많은 상위 모델이 평면 렌즈 유형을 가지고 있다. 이는 렌즈 기술의 발달로 평면 렌즈도 구면 렌즈Spherical Lens 못지 않게 시야와 선명도가 좋아졌다. 또 미적인 관점에서도 곤충의 눈처럼 보이는 튀어나온 구면 렌즈보다 평면 렌즈가 세련된 느낌을 준다.

구면 렌즈

구면 렌즈로 만든
지로의 아티클ARTICLE 고글.

최근 몇몇 고글 브랜드가 평면 렌즈로 전환하고 있지만 여전히 많은 프리미엄 고글은 구면 렌즈로 만들어진다. 구면 렌즈는 수평은 물론 수직으로도 구부러진 렌즈를 말한다. 구면 렌즈는 곤충의 눈처럼 과장되게 구부러져서 평면 렌즈에 비해 월등히 넓은 시야와 선명도를 제공한다.

토릭 렌즈

토릭 렌즈로 만든
지로의 컨투어Contour 고글.

토릭 렌즈Toric Lens는 평면 렌즈와 구면 렌즈의 중간쯤에 해당한다. 구면 렌즈처럼 수직과 수평으로 살짝 구부러졌지만 구부러짐이 덜 뚜렷하고 자연스러워 미적으로 구면에 비해 우수한 편이다. 광학적 관점에서 차이를 분석하는 것은 점점 더 어려워지고 있지만, 가장자리의 왜곡을 최소화하여 구면 렌즈와 유사한 성능을 발휘하고 있다.

렌즈의 밝기와 색상

렌즈의 구조와 함께 밝기와 색상도 고글을 선택하는 중요한 요소다. 최근에는 주변 밝기에 따라 렌즈가 변하면서 최적의 시야를 확보해주는 고글도 출시되고 있다.

가시광선투과율VLT

VLTVisible Light Transmission는 렌즈를 통과하는 가시광선의 양을 말한다. 화창한 날에는 빛을 최소한으로 투과시켜야 눈이 부시지 않는다. 반대로 어두운 날에는 최대한 통과시키는 것이 좋다. 렌즈마다 VLT가 조금씩 차이가 있지만, 일반적으로 밝은 렌즈가 더 많은 빛을 투과시키고, 어두운 렌즈일수록 더 적게 투과시킨다. 따라서 눈이 많이 오는 지역에서는 어두운 색상의 렌즈는 불편할 수 있다.

렌즈 색상

고글 제조사의 브로셔를 보면 다양한 렌즈 색상을 볼 수 있다. 렌즈의 색상을 고를 때는 먼저 VLT를 참고하고, 그 다음으로 자신이 선호하는 색상을 고르면 된다. 아래 첨부한 지로 고글의 렌즈 색상을 참고해 보면, 가장 왼쪽에 날씨와 적정 VLT의 범위가 나와 있고, 중간에는 Vivid 렌즈, 오른쪽에는 일반 렌즈 순으로 날씨에 따른 추천 렌즈를 색상별로 보여주고 있다.

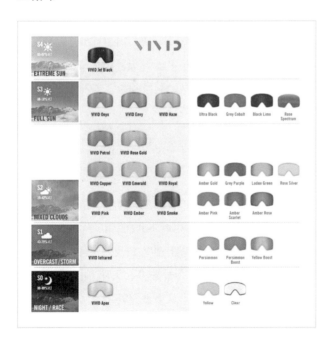

지로 고글의 렌즈 색상과
가시광선투과율 비교.

퀵-체인지 렌즈 시스템

제조 업체와 모델에 따라 차이가 있겠지만 프리미엄 고글들은 대부분 쉽고 빠르게 렌즈를 교환할 수 있는 시스템을 갖추고 있다. 이를 퀵-체인지 렌즈 시스템Quick-Change Lens System이라 부른다. 이런 시스템을 갖춘 고글은 대개 고글을 판매할 때 별도의 밝은 렌즈를 포함하여 판매한다. 대부분의 렌즈는 자석을 이용해 간편하게 탈부착할 수 있게 되었으며, 충격이 왔을 때 너무 쉽게 떨어지지 않도록 추가적인 안전장치를 갖추고 있다. 지로에서 판매하는 고글은 추가적으로 밝은 색상의 렌즈를 제공하며, 자석으로 1차 고정하고, 2차로 클릭Click을 통해 고정하게 되어 있다.

파우더와 백컨트리 스키에서 유용한 퀵 체인지 렌즈 시스템.

파우더 스키와 백컨트리 스키에서 여분의 렌즈를 백팩이나 재킷에 휴대하면 날씨에 따라 교환해 사용할 수도 있다. 또 렌즈에 습기가 차거나 눈이 들어 갔을 때도 교체용을 사용할 수 있다. 따라서 파우더 스키어에게 퀵-체인지 렌즈 시스템을 갖추고 추가 렌즈를 제공하는 고글은 아주 좋은 선택이 된다.

더욱 넓어진 시야

최근 제작되는 고글은 상당히 넓은 시야를 제공하고 있다. 그 이유는 세 가지다. 첫째, 예전에 비해 렌즈의 크기가 굉장히 커졌다. 둘째, 구면Spherical이나 토릭Toric 렌즈는 수평, 수직으로 곡선을 이루고 있어 상당히 넓은 시야를 제공한다. 셋째, 고글 프레임에 적용된 로우 프로파일low Profile 디자인 때문에 더욱 넓은 시야가 가능해졌다. 프레임이 너무 두터우면 그만큼 시야를 가리는데, 프레임이 낮아진 탓에 시야가 넓어진 것이다.

같은 브랜드의 헬멧과 고글을 사용하면 기능적으로도 좋고, 패션적으로도 세련된 매칭을 할 수 있다.

아시안 핏과 헬멧 호환성

대부분의 동양인에게는 코 주위에 두텁게 패드가 들어간 아시안 핏 고글이 잘 맞는다. 특별히 콧대가 높지 않으면 서양인의 얼굴형에 맞추어 제작한 고글이 제대로 맞지 않아 코 주변으로 바람이나 눈이 들이친다. 이것은 시야를 방해하는 것은 물론이고, 눈을 건조하게 하여 피로감과 통증을 유발할 수 있다. 따라서 최적의 착용감을 주는 고글을 선택해야 한다.

얼굴형과 고글의 매칭뿐만 아니라 헬멧과 고글의 매칭도 중요하다. 헬멧과 고글의 형태가 맞지 않으면 틈이 생겨 바람과 눈이 틈새로 파고 들게 된다. 또한 패션상으로도 불편하다. 같은 브랜드의 헬멧과 고글은 최대한 매칭되도록 제작되기 때문에 특별한 선호가 있지 않다면 고글과 헬멧은 같은 브랜드를 추천한다. 같은 브랜드의 헬멧과 고글을 사용하면 기능적으로도 좋고, 패션적으로도 세련된 매칭을 할 수 있다.

PART 3

파우더 스키
기본 기술

이 장에서는 2018년부터 한국의 스키어를 대상으로 진행해 온 '파우더 스키 캠프'에서 다루었던 내용을 위주로 정리한 것이다. 파우더 스키 캠프에는 중급자부터 상급자까지 다양한 스키어들이 참가해 파우더 스키라는 새로운 스킹의 영역과 어떻게 적응해야 하는지에 대한 로드맵을 배웠다. 한국과 외국의 스키장 환경 차이에 대한 이해를 기본으로 스키에 대한 인식의 전환과 그에 따른 기본 기술을 소개한다. 특히, 한국 스키장에서는 생소한 '부양력'의 개념과 기술을 이해하는 것이 중요하다. 또한, 파우더 스킹에서 요구되는 폴 플랜팅의 중요성에 대해서도 알아본다.

스키 환경 차이에 대한 이해

설질의 차이

스키를 타기에 충분한 적설량을 유지하는 해외 스키장은 슬로프는 물론이고 모든 곳이 눈으로 덮여 있다. 슬로프에만 눈이 쌓인 한국의 스키장과는 근본적으로 다른 환경이다. 이렇게 모든 산을 덮고 있는 눈은 무한히 넓은 다양한 코스를 제공한다는 것을 의미한다. 해외 스키장도 정설차에 의해 잘 정설된 메인 슬로프가 있고, 이 슬로프에는 한국과 마찬가지

자연설이 많이 내리는 해외 스키장은 한국과는 전혀 다른 스키 환경을 제공한다. 휘슬러의 심포니 보울.

© Jerry

로 인공설을 뿌려 베이스를 굉장히 두껍게 만든다. 그래야 급작스럽게 기온이 올라가거나 혹은 시즌 말에 평균 온도가 올라가도 메인 슬로프를 운영할 수 있기 때문이다.

하지만 대부분의 해외 스키장은 그보다 훨씬 넓은 사면이 인공설이 아닌 자연설로 덮인 채 스키어와 보더에게 놀이터를 제공한다. 이러한 곳을 오프 피스트라고 하고, 이런 곳을 위주로 스킹하는 것이 올마운틴 스키다. 파우더를 주로 타기 위해 사이드컨트리나 백컨트리를 나갈 수도 있지만, 이에 필요한 장비를 별도로 준비해야 하고 또 지식과 경험도 쌓아야 하기에 대부분의 스키어들은 프론트컨트리에서 스키를 즐긴다. 파우더 스키를 타는 것과 올마운틴 스키를 타는 것은 동전의 앞뒷면과 같다. 눈이 오면 오프 피스트는 파우더 스키를 즐기기에 가장 좋은 환경을 제공하기 때문이다.

대부분의 스키어들이 정설 슬로프를 누비는 동안 파우더 스키어들은 오프 피스트에서 더 깊은 눈을 즐길 수 있다. 리프트 밑이나 트리런, 범프 등은 파우더가 오래도록 남아 있다. 난이도가 어려울수록 스키어의 발길이 닿지 않고, 스키 기술이 좋을수록 더 깊은 파우더를 만나게 된다. 깊은 파우더는 더 부드럽고 폭신폭신하다. 이런 곳에서의 스킹은 한국의 정설 사면과는 완전히 다른 느낌이다. 강력한 에징에 의한 카빙이 필요가 없을뿐더러 오히려 방해가 된다. 부드러운 눈에서는 딱딱한 눈에서와 같은 강력한 지지대Platform가 없어진다. 마치 땅 위를 걷다가 물 속에 들어간 것처럼 전혀 다른 느낌으로 다가온다. 따라서 스키 타는 기술도 달라진다. 땅에서는 달리기를 잘 해야 하지만, 물에선 수영을 잘 해야 하는 것과 같다.

자료마다 편차가 있지만 세계적으로 적설량이 많은 것으로 유명한 스키장 순위를 보면 다음 표와 같다. 표를 보면 세계적으로 많은 적설량을 자랑하는 스키 리조트들이 일본에 많이 있는 것을 알 수 있다. 일본의 스키장은 연평균 적설량이 10~15m에 이르고, 일주일에 최소 1~2회는 눈이 내린다. 이처럼 일본은 풍부한 적설량을 자랑해 짧은 여행에도 좋은 눈을 만날 확률이 그만큼 높다. 용평리조트 연간 적설량이 대략 2.5m인 것에 비하면 해외와 국내 스키장의 스키 환경이 근본적으로 다르다는 것을 알 수 있다.

지형의 차이

한국의 스키장은 모든 슬로프가 펜스에 의해 슬로프 이외의 지역과 구분되어 있다. 이렇게 구분된 지역은 모두 정설된 인공설을 잘 다져 놓고 정비하고 있다(물론 파크나 모글은 예외로 한다. 해외 스키장에서도 이런 지역은 터레인 파크로 지정하고 휀스나 표시를 두어 구분한다). 이렇게 정설된 사면을 피스트Piste라고 부른다.

하지만 해외 스키장은 대부분 자연설이 많이 내리는 지역에 있다. 정설된 피스트 사면

세계 스키장 적설량 순위

구분	연간 적설량	스키리조트
최상위권	15~17m	Mount Baker Ski Area, Washington, USA Alyeska Resort, Alaska, USA Kiroro, Hokkaido, Japan Niseko, Hokkaido, Japan Keto Kogen, Iwate, Japan Arai, Niigata, Japan
상위권	12~15m	Alta Ski Area, Utah, USA Timberline Lodge, Oregon, USA Snowbird, Utah, USA Revelstoke Mountain Resort, British Columbia, Canada Grand Targhee Resort, Wyoming, USA Asahidake, Hokkaido, Japan Moiwa, Hokkaido, Japan Rusutsu, Hokkaido, Japan Hakuba, Nagano, Japan Myoko, Niigata, Japan
중상위권	9~12m	Whistler Blackcomb, British Columbia, Canada Jackson Hole Mountain Resort, Wyoming, USA Mammoth Mountain, California, USA Snowbasin Resort, Utah, USA Mount Hood Meadows, Oregon, USA Big Sky Resort, Montana, USA Warth-Schröcken, Austria Nozawa Onsen, Nagano, Japan Shiga kogen,Nagano, Japan Furano, Hokkaido, Japan Sahoro, Hokkaido, Japan Tomamu, Hokkaido, Japan Appi, Iwate, Japan Kagura, Niigata, Japan
한국	2.5m	용평스키장

이외에도 자연설이 쌓여 스키를 탈 수 있는 지역이 자연적으로 생겨나는데, 이런 곳을 오프 피스트Off-Piste라고 부른다. 오프 피스트는 자연설로 덮인 지역으로 절벽이나 크레바스, 눈 사태 위험지역 등 통제된 지역만 아니라면 어디든 자신의 실력에 따라 도전하고 즐길 수 있는 스키어들의 놀이터이다.

해외 스키 투어를 다녀온 한국의 스키어 중에서도 오프 피스트를 제대로 경험한 스키어가 의외로 많지 않다. 그 이유는 스키장 지형이나 설질이 낯설어 오프 피스트에 도전하기를 주저하기 때문이다. 그보다 더 근원적인 이유는 정설 사면에서 스키 타는 것에만 익숙한 한국의 스키문화와 기술 때문이다. 해외의 스키 매니아들은 대개 피스트와 오프 피스트를 가리지 않고 스키를 탄다. 모든 곳에서 즐겁고 멋지게 스키를 타는 사람을 엑스퍼트 스키어라고 생각한다.

　유럽과 북미, 호주 등에서 홋카이도를 찾아온 수많은 스키어들은 멀고 먼 동양의 시골까지 찾아와 구석구석 숨겨진 보물들을 만끽한다. 일본의 스키장이 낯선 것은 그들에게도 마찬가지다. 아니 오히려 지리적, 문화적 이질감은 더욱 클 것이다. 하지만 그들은 대부분의 스킹을 오프 피스트에서 한다. 그들이 꼭 스키를 잘 타서도 아니다. 최상의 재미가 오프 피스트와 파우더에 숨겨져 있다는 것을 아는 것뿐이다. 반면 한국의 스키어들은 주로 정설 사면에 머문다. 잘 알지 못하고, 경험이 적기 때문에 두려워서 오프 피스트 스킹을 꺼린다. 지금부터 오프 피스트 환경에 대해 자세히 알아보자.

파우더Powder

　파우더는 특정한 지형이라고 할 수는 없다. 신설이 내려 딱딱한 정설 사면보다는 폭신폭신한 느낌이 든다면 이때부터 파우더 스킹이라 할 수 있다. 정설된 사면에서도 파우더를 즐길 수는 있다. 정설차가 정설을 마친 이후에 많은 눈이 내린다면 피스트에서도 깊은 파우더를 즐길 수 있다. 하지만 그런 경우는 흔치 않다. 또 같은 양의 눈이 왔다고 해도 오프 피스트에

휘슬러의 플룻 보울에서 깊은 파우더를 즐기고 있는 필자.

훨씬 더 많은 눈이 쌓여 있기 때문에 대부분의 스키어들이 파우더 데이에는 피스트보다 오프 피스트에서 파우더를 즐긴다. 이런 전제를 바탕으로 대부분의 파우더 스킹을 정설되지 않은 오프 피스트에서 하는 것으로 정의하면 추후 파우더 스킹에 대한 논의를 할 때 오해를 줄일 수 있을 것이다.

범프Bumps

해외 스키장에서는 자연적으로 형성된 울퉁불퉁한 사면을 범프 혹은 모글Mogul이라 부른다. 대부분의 울퉁불퉁한 사면은 자연적으로 형성된 범프다. 한국 스키장에서 볼 수 있는 인공적으로 조성된 규격화된 범프는 별도로 프리스타일 모글Freestyle Mogul이라 부른다. 앞에 프리스타일을 붙이지 않고 범프나 모글이라고 부르면 자연 범프로 이해하면 된다. 한국에서는 '프리스타일 모글'을 그냥 '모글'로 부르는 경향이 있다. 따라서 이 책에서는 불필요한 오해를 줄이기 위해 '자연적으로 형성된 범프Natural Bumps'를 줄여서 범프로 부르기로 한다.

정설을 하지 않는 오프 피스트는 신설이 내리고 사람들이 파우더를 즐기고 나면 이리저리 파헤쳐진 눈들에 의해 자연적으로 울퉁불퉁한 범프로 변하게 된다. 신설이 내리지 않는 기간이 길어질수록 범프는 더욱 커지고 깊어져 굉장히 다루기 힘든 괴물처럼 변하기도 한다. 범프는 단계에 따라 부르는 말이 다르다. 처음 생길 때는 베이비 범프Baby Bumps라 부르고, 엄청나게 커져버린 범프는 몬스터 범프Monster Bumps라 부른다.

블랙콤의 블랙다이아몬드 범프에서 다이나믹한 스킹을 즐기는 필자.

트리런Tree Run

한마디로 숲 속에서 나무들 사이로 스키를 타는 것을 말한다. 트리 스킹Tree Skiing, 글레이드 런Glade Run이라고도 부르지만 '트리런'이 기억하기 쉬운 명칭이다. 숲 속은 나무 때문에 정설이 불가능해 전형적인 오프 피스트라고 할 수 있다. 나무 사이로 트리런 스킹을 하면 몇 가지 장점이 있다.

첫째, 나무 사이로의 스킹은 마치 어릴적 숨바꼭질을 하는 것과 같은 즐거움을 준다. 나무를 요리조리 피하면서 스킹하는 것은 스키어를 어린아이로 만들어버린다. 피해야 할 나무가 계속 눈 앞에 나타나 정신이 없지만, 어느 순간 너무나 즐거워하는 자신을 발견하게 된다. 숲 속을 뛰노는 즐거움은 무엇과도 바꿀 수 없는 스킹의 즐거움이 된다

둘째, 숲 속에 숨겨진 파우더는 더 오래도록 신선하게 남아 있다. 스키 실력이 모자라거나 낯선 지형은 누구나 쉽게 도전하지 못한다. 그래서 트리런은 일반적으로 훨씬 더 적은 스키어와 보더들이 도전한다. 그만큼 싱싱한 파우더가 남아 있을 확률이 높다. 특히, 스키장을 구석구석 잘 아는 로컬 스키어와 함께라면 정말 아무도 손대지 않은 멋진 파우더를 맘껏 즐길 수 있다. 스키 실력을 충분히 갖춘 상급 스키어들도 스키 가이드를 고용해 가이드 투어를 하는 이유다.

일본 아키타 아니스키장에서 트리런을 즐기는 스키어.

POWDER SKI BIBLE

셋째, 눈 내리는 흐린 날과 안개가 심한 날은 무조건 트리런이다. 흐리거나 안개가 심해 앞이 보이지 않는 상황을 화이트 아웃White Out이라 부른다. 이런 상황에서는 앞이 보이지 않아 스킹이 아주 힘들다. 방향 감각이 없어지고, 어지럼증을 느끼거나 심하면 구토를 하기도 한다. 길을 잃어버릴 확률도 높다. 이럴 때 트리런을 하거나 슬로프 가장자리에서 나무와 최대한 가까이 붙어서 스킹을 하면 훨씬 시야가 좋아진다. 나무가 만들어 내는 음영이 사물을 분별하고 위치와 방향을 판단하는 기준이 되어 주기 때문이다. 보이지 않던 범프의 굴곡이 보이고, 어지럼증도 사라진다. 화이트 아웃을 만나면 트리런을 하는 것이 정답이다.

단, 주의해야 할 것이 있다. 트리런을 하면서 나무에 부딪치거나, 트리웰Tree Well에 빠지지 않도록 조심해야 한다. 특히, 트리웰은 나무 아래 음푹 들어간 곳으로 잘못하면 빠져나오지 못하고 큰 위험에 직면할 수 있으므로 반드시 피해야 한다.

급사면Steeps

인공적으로 조성된 한국의 스키장과 달리 자연적으로 형성된 해외 스키장에는 절벽과 같은 급사면이 있다. 이런 급사면을 해외에서는 블랙 다이아몬드Black Diamond로 표기한다. 더욱 경사가 심하고 위험한 곳은 더블 블랙 다이아몬드Double Black Diamond로 표기한다.

이런 급사면에서의 스킹을 스팁 스킹Steep Skiing이라 부른다. 스팁 스킹은 보통 30~40도 정도의 급경사에서 스킹하는 것을 말한다. 이보다 더 급한 경사에서의 스킹은 익스트림 스킹Extreme Skiing으로 부른다. 한국 스키장에서는 경사가 심해도 정설 사면이라 쉽게 속도를 조절해 내려올 수 있다. 하지만 해외 스키장의 급사면은 접근부터 어렵다. 슬로프 입구에서 점프해서 진입하거나 점프턴을 해야 내려갈 수 있는 곳도 많

휘슬러의 더블 블랙 다이아몬드 코스.
슬로프가 절벽처럼 솟아 있다.

다. 따라서 급사면 스킹은 쉬운 곳에서 충분히 연습한 뒤에 도전하기를 권한다.

사이드컨트리 & 백컨트리|Sidecountry & Backcountry

피스트를 벗어난 모든 지역에서의 스킹을 오프 피스트 스킹으로 본다면 사이드컨트리와 백컨트리 스킹 또한 오프 피스트 스킹으로 여길 수 있다. 하지만 사이드컨트리와 백컨트리 구분은 업힐을 할 수 있는 장비와 안전 지식, 경험 같은 스키 기술이나 장비만으로 다 설명할 수 없는 차이가 있다. 사이드컨트리의 경우, 스키를 어깨에 메고 짧은 하이크업을 한 뒤 다양한 오프 피스트에서 스킹을 즐긴 뒤 다시 리조트 안으로 들어온다면 이는 오프 피스트 스킹으로 볼 수도 있다. 하지만 클라이밍 스킨을 이용해 멀리까지 업힐을 하고 리조트 관리 지역이 아닌 곳에서 스킹을 한다면 이는 오프 피스트와는 다른 차원의 스킹으로 분류된다. 따라서 사이드컨트리는 오프 피스트와 겹치는 부분이 있는 회색지대로 볼 수 있지만, 백컨트리는 오프 피스트 개념과는 다른 별도의 카테고리로 봐야 한다.

사이드컨트리 스킹 천국으로 불리는 일본 홋카이도 니세코.

파우더 스키의 기본은 중경

한국에 돌아와 파우더 스키 아카데미를 시작하면서 수많은 한국의 스키어들과 만나 파우더 스킹에 대한 이야기를 나누었다. 그러면서 스키어들 사이에 광범위하게 퍼져 있는 미신이 있음을 알게 되었다. 바로 '파우더에서는 후경으로 타야 한다'는 미신이었다. 파우더 스키를 제대로 알려주려면 이런 미신을 넘어서는 것이 가장 큰 과제라고 생각되어 2018년 11월 10일 제1회 파우더 매니아 워크샵을 홍대 앞 RYSE 호텔에서 열었다. 이 워크샵에서 발표한 파우더 스키 기술의 첫 번째 주제가 '파우더에서 후경으로 타면 안 된다'였다.

그럼 '파우더는 후경으로 탄다'는 미신은 어떻게 만들어진 것일까? 이 원인을 찾기 위해 우선 처음으로 파우더에 도전한 사람들의 경험을 생각해 보자.

제1회 파우더 매니아 워크샵 포스터.
2023년 6회 워크샵을 준비중이다.

'파우더는 후경'이라는 미신의 탄생

영상이나 사진을 통해 파우더에 대한 동경을 갖게 된 스키어들이 해외 스키장에서 드디어 파우더를 만나게 되었다. 너무나 이쁘게 펼쳐진 하얀 설원을 보며 첫 사랑에 빠진 아이처럼 가슴이 콩닥콩닥 뛴다. 흥분감을 안고 파우더에 첫 발을 디딘 순간, 스키가 눈에 걸리면서 그대로 다이빙! 생각과 달리 파우더가 엄청 까칠한 연인이라는 것을 데이트를 시작하자마자 깨닫는다. 이런 과정을 몇 차례 겪으며 파우더 스키가 생각보다 어렵다는 것을 알게 된다. 한국 스키장의 정설 사면과 같은 자세로 파우더에 뛰어들었다가 앞으로 넘어진 경험을 한 스키어는 자연스럽게 몸을 뒤로 기대는 후경 자세를 취하게 된다. 이는 너무나 자연스런 과정이다.

이런 후경 자세로 넘어지지 않고 대충 내려올 수 있었다면 그의 머릿속에는 '파우더에서는 후경이구나!'라는 가설이 성립된다. 그리고 이런 가설이 맞는지 확인하기 위해 유튜브를 찾아본다. 그랬더니 신나게 파우더를 누비는 서양의 스키어도 앞으로 잔뜩 웅크린 채 스키를 타는 한국 스키어들의 전형적인 자세에 비해 훨씬 편하게 뒤로 살짝 기대어 탄다. 가설이 확신이 되는 순간이다.

이런 확신을 파우더에서 실행해 본다. 후경 자세로 뒤로 살짝 기대어 타보니 된다! 몇 번 기우뚱하며 균형을 잃어버릴뻔 하기도 했지만, 이전처럼 철퍼덕 앞으로 넘어지는 당혹스런 상황은 겪지 않았다. 이렇게 몇 차례 성공적으로 파우더를 헤치고 내려오면 파우더 전도사가 된다. '파우더는 후경으로 탄다'는 확신을 주변 사람들에게 전파하기 시작한다. 이렇게 파우더를 경험적으로 접근한 스키어들이 자신의 경험을 일반화하면서 후경 미신이 탄생했다.

파우더에서 후경으로 보이는 이유

구글에서 'Powder Skiing'이나 'How to Ski Powder'를 검색해 보면 어떤 강사나 코치도 후경으로 타라는 말을 하지 않는다. 그리고 후경으로 타는 것은 처음 입문자들이 보이는 본능적인 움직임이며, 보편적인 실수Common Mistake라고 분명히 지적하고 있다. 하지만 위에서 확인해 보았듯이 대부분의 경험적 스키어들은 다른 파우더 스키어들의 '후경 자세로 보이는 모습'을 보면서 '후경 미신'을 믿게 되고, 실제로 파우더에서 안 넘어지고 내려오게 되면 확신으로 변하게 된다. 하지만 아래의 사진을 보자.

사진에서도 보이듯 스키의 가장 앞부분이 살짝 눈 위에 보이고 있지만 나머지는 눈 속에 파묻혀 있다. 파우더에 가려져 보이지 않는 스키와 신체의 아랫 부분을 그려 보았다. 딱딱한 정설 사면에서 스키는 항상 사면과 같은 각도를 유지한다. 즉, 스키가 사

파우더 속에 잠긴 스키와
스키어의 하체 자세를 추론한 모습.

면에 평행한다. 하지만 파우더에서는 스키가 눈 속으로 가라앉기 때문에 사면의 각도보다는 더 완만한 각도를 만든다. 이러한 각도가 만들어지는 이유는 눈에서 발생하는 저항 때문이다. 우리가 빙판에서 미끄러질 때 빙판이 끝나는 부분에 닿으면 갑자기 미끄러짐이 사라지고 마찰력을 경험한다. 마치 자동차의 브레이크를 밟았을 때의 느낌과 같다. 그러므로 스키가 만나는 눈과의 저항을 고려하여 밸런스를 유지하는 것이다.

어쨌든 정설 사면에서의 자세를 기준으로 보면 스키어의 자세는 분명 후경 자세로 보인다. 이는 우리 눈에 태양이 지구의 주위를 도는 것처럼 보이는 것과 마찬가지다. 그러나 실체를 이해하면 '아, 지구가 자전하니까 태양이 도는 것처럼 보이는구나'라고 생각하게 된다. 파우더에서의 실제 자세는 왼쪽 사진에서 보듯이 스키어가 스키와 수직을 이루며 중경 자세Centered Stance를 유지하고 있는 것이다.

후경 자세의 세가지 단점

여기서 어떤 후경 미신의 숭배자가 '어쨌든 후경 자세를 취하면 스키 팁이 눈 위로 떠오르면서 파우더에서 안 넘어지고 내려올 수 있지 않느냐?'고 반론을 제기할 수 있다. 자신의 경험만을 숭배하는 경험론자라면 '파우더는 후경'이라는 미신을 쉽게 포기하지 않는다.

물론 이러한 의견이 틀린 것은 아니다. 한국의 스키장에서도 후경으로 타는 사람들이 있고, 그 가운데에는 꽤 잘 타는 사람들도 있다. 소위 '후경 데몬'이라고 불리는 사람들이다. 이런 사람들은 대개 제대로 스키를 배우지 않고 자신의 감感으로 스키를 배운 경우다. 본인의 타고난 운동 능력과 균형 감각이 있어 그렇게 타는 것이야 왈가왈부할 필요가 없다. 문제는 그런 자신의 스타일을 주변 사람들에게 전파하는 것이 문제다. 그들로부터 '후경 기술'을 배운 사람들은 스키를 제대로 타기 힘들다. 모든 사람들에게 적용되는 보편적인 기술인 '정석'과 일부의 몇몇 사람들에게만 해당하거나 혹은 초보적인 단계에서만 해당하는 기술인 '임기응변'의 차이다.

파우더 스키의 입문자 가운데에는 이런 후경 미신이 맞다고 느낄 수 있다. 마치 컴퓨터 자판을 익힐 때 눈으로 자판을 보면서 치는 '독수리타법'이 눈으로 보지 않고 열 손가락을 이용해 자판을 치는 '정석'보다 빠르고 쉽다고 느끼는 것과 같다. 하지만 조금씩 파우더 스키에 익숙해지면서 금방 그 한계를 깨닫게 된다. 그럼 후경의 단점은 무엇인지 알아보자.

조정력 결여

후경 자세로 타면 넘어지지 않고 내려올 수는 있다. 하지만 그뿐이다. 경사가 일정하고 중간에 나무가 없는 적당한 환경이라면 후경자세만 유지해도 문제가 없다. 턴은 필요할 때 적당히 하면서 내려오면 된다. 하지만 중간에 트리런을 만나거나 경사가 급격하게 변하는 지형에서는 턴을 크고 작게, 때론 급하게 스키를 돌려야 하는 상황에 직면한다. 이럴 때 체중이 스키의 테일쪽에만 실려 있으면 좀처럼 스키를 조정하기가 쉽지 않다.

스키는 애초에 바인딩의 부착 지점을 표시해서 제작된다. 스키를 조작하기 가장 좋은 위치에 힘이 전달되도록 하기 위해서다. 이를 스윗 스팟Sweet Spot이라고 부른다. 균형을 유지하고, 힘을 전달하며, 스키를 조정하기에 좋은 최고의 위치를 스키 제조사는 연구와 실험을 통해 알고 있다. 후경 자세란 바로 이런 '스위 스팟'을 한참 벗어난 곳에 밸런스를 유지한다는 의미다. 당연히 스키에 힘을 전달하기 힘들고, 방향 조절도 어렵다.

전형적인 후경 자세의 스키어.

근육 피로와 경직

일반적으로 몸의 밸런스가 딛고 있는 발보다 뒤에 있으면 항상 근육을 써서 균형을 유지해야 한다. 즉, 근육이 쉴 틈이 없어진다. 특히, 파우더 스키처럼 우리가 딛고 서 있는 베이스가 물컹물컹하다면 항상 긴장하고 많은 힘을 써서 균형을 유지해야만 한다. 이런 상태에서 후경 자세로 턴을 만들고 속도를 줄이는 등 큰 에너지가 필요한 동작을 하면 아주 많은 근력을 소비한다. 많은 시간과 돈을 들여 해외 스키장까지 왔지만 반나절만에 탈진해서 더는 스키를 타지 못한다.

많은 스키어들이 이를 자신의 체력 문제라고 생각한다. 물론 좋은 자세와 기술을 갖추어도 체력이 약해서 제대로 스키를 즐기지 못하는 경우도 있다. 하지만 후경 자세에서 오는 불필요한 근력 사용 때문에 그나마 체력의 1/2 또는 1/3 밖에 쓰지 못 한다면 이는 너무 슬픈 일이다. 특히, 신체 전반적으로 근육이 피곤하기보다는 허벅지 앞쪽 근육이 집중적으로 피곤하다면 이는 후경 자세에서 발생하는 통증이라고 볼 수 있다.

엉덩이가 뒤로 빠진 자세는 근육의 피로가 극심하다.

무릎 부상의 위험

후경 자세 중에서도 마치 의자에 앉은 듯한 후경 자세를 백 시트Back Seat라 부른다. 이 자세는 허벅지 근육뿐만 아니라 무릎 관절에도 많은 부담을 준다. 백 시트 자세에서 균형을 잃으면 큰 충격이 무릎 관절에 가해져 부상의 위험이 증가한다. 이런 자세는 일반 정설 사면에서도 대단히 불편하고 위험하다. 파우더 입문자 가운데는 파우더에서 안 넘어지기 위해 이런 자세를 취하는 경우가 많다. 그러나 이런 자세는 급격히 근육의 피로를 부른다. 또 피로해진 근육으로 인해 자세가 흐트러지면서 컨트롤을 잃었을 때 바로 부상으로 연결된다. 스키어에게는 최악의 상황이다. 따라서 아마추어 스키어는 무릎이 엉덩이와 비슷한 높이가 되도록 무릎 관절을 많이 구부리는 것은 좋지 않다.

파우더의 기본은 중경

위에서 후경 자세의 여러가지 단점에 대해 언급했다. 이제 파우더에서 중경 자세를 유지해야 하는 이유를 어느 정도 이해했을 것이다. 중경 자세만 잘 잡으면 스키의 스윗 스팟에 힘을 전달해 조정력이 증가하고, 근육의 피로도를 최소화시켜 부상의 위험도 방지할 수 있다. 그럼 이렇게 좋은 중경 자세를 파우더에서 어떻게 유지하는가에 대해 알아보자.

수직으로 작용하는 힘 느끼기

파우더에서는 딱딱한 지면이 없어 이에 대한 두려움 때문에 무의식적으로 엉덩이가 뒤로 빠지는 후경 자세를 만들 기회가 높아진다. 한국 스키장에서도 이런 후경을 극복하는 것이 상급자가 되기 위한 과제이듯이, 파우더에서도 후경을 극복하는 것은 처음으로 넘어야 할 과제이다. 특히, 딱딱한 사면이라면 발바닥으로 딛고 있는 느낌이 확실하지만 폭신폭신한 파우더에서는 가만히 있으면 이런 느낌을 느끼기 정말 어렵다. 그러므로 좀 더 능동적으로 중경의 밸런스를 느끼기 위한 훈련이 필요하다.

우선 스키에 수직으로 작용하는 힘을 느껴보자. 적당히 발목과 무릎을 펴고 구부리면서 체중이 스키에 실리는 느낌을 만들어 보자. 이를 바운싱(Bouncing: 스키에 체중을 실어 연속적으로 눌러 주는 동작)이라고 한다. 좀 더 적극적으로는 마치 줄넘기를 하듯이 발목을 튕겨서 살짝 지면에서 뜨는 것도 시도해 보자. 폭신한 파우더에서는 이런 작은 동작만으로도 스키가 가진 탄성 때문에 튕겨져 올라오는 리바운드를 느낄 수 있을 것이다.

이런 동작을 해보면 본인의 체중이 발바닥 전체로 고르게 전달되는 것을 느낄 수 있는데, 이때 자신이 스키판에 체중을 수직으로 전달하는 중경 자세가 만들어진 것이다. 이를 잘

좋은 중경 밸런스 자세를 만드는 것은 스키어의 가장 기본이다.

기억하자. 그래서 파우더에서도 발바닥의 느낌에 따라 자신의 체중이 어떻게 실리고 있는지 확인할 수 있다. 이렇게 발바닥에 실리는 압력의 느낌을 파우더 매니아들은 '발맛'이라 부른다. 원초적인 표현이지만 가장 직접적으로 느낌을 전달하는 표현이다. 점잖게 표현하자면 '발바닥 감각'이라 부를 수 있다.

발바닥 감각, 즉 발바닥으로 느끼는 눈의 질감에 따라 스탠스는 시시각각 변한다. 특히, 눈이 오는 날은 흐리고 시야가 제한되어 발바닥 감각이 중요하다. 발바닥이 빨리 눈의 무게감과 리바운드의 세기를 알려주어야 거기에 맞게 밸런스를 조정할 수 있기 때문이다. 눈의 질감은 정말 천차만별이다. 얼마나 많은 눈이 쌓였는가? 얼마나 가벼운 눈인가? 슬로프의 방향이 북사면인가? 바람의 방향이 어떤가? 오전인가 오후인가? 경사도는 급한가, 완만한가? 등등 무수한 변수에 따라 달라진다. 이렇게 세밀한 차이를 느끼기 시작하면 소위 파우더 매니아들이 이야기 하는 '발맛 논평'에 참여할 수준이 된다. 아래와 같은 맛평가를 하면서.

'오늘은 아주 통통 튀는 맛이야'
'오늘은 엄청 끈적끈적해서 와~ 힘들더라고...'
'오늘은 눈이 가벼워서 완전 소프트 아이스크림을 먹는 느낌이었어.'
'오늘은 바닥이 딱딱해서 영 거시기 하던데.'

스키에 적용된 락커 기술 이해하기

발바닥 감각을 이용해 체중이 스키에 수직으로 전달되는 것을 느끼기 시작하면 이제 중경 자세가 눈의 깊이나 질감과 상관없이 이해가 될 것이다. 하지만 이 단계에 도달하기 이전의 입문 단계에서는 여전히 파우더는 쉽지 않은 도전이 된다. 특히, 정설 사면에 맞게 진화한 카빙 스키는 풀 캠버여서 조금만 체중이 앞쪽에 실려도 바로 스키가 눈에 걸려 넘어지게 된다. 이런 경우 파우더 전용의 풀 락커나 파우더 락커가 적용된 스키를 권한다.

스키 장비의 진화에서 살펴보았듯이 꽤 오래 전부터 허리가 넓은 스키를 만들려고 시도했지만, 파우더 스키가 대중화하지 못한 것은 스키의 팁이 자꾸 눈에 꽂히면서 후경이 아니면 제대로 깊은 눈을 탈 수 없었기 때문이다. 하지만 2010년을 즈음해서 대부분의 파우더 스키에 락커Rocker가 적용되면서 파우더 스키의 조작이 월등히 쉬워졌다. 락커가 도입됨으로 인해 스키의 얼리 라이징Early Rising 성능이 혁신적으로 좋아졌다. 스키 팁이 파우더에 가라앉지 않고 자꾸 떠오르려는 특성으로 인해 중경을 취해도 스키 팁이 눈에 꽂히지 않고 편하게 치고 나갈 수 있게 된 것이다. 풀락커, 팁&테일 락커, 팁 락커 등 모든 종류의 락커에는 이런 '얼리 라이징' 기능이 포함되어 있다.

카빙 자세는 버려라!

파우더에서 카빙 자세의 세 가지 단점

한국 스키어는 한국 스키장에 최적화된 카빙 위주의 스킹에 맞추어 진화했다. 한국 스키장이라는 환경적 특성에 맞추어 다른 나라 어느 스키어들 못지 않게 열심히 스키 기술을 발전시켜 왔으며, 한국인 특유의 열정과 능력이 결합해 개성 있고 다이나믹한 스킹 스타일을 만들어가고 있다. 하지만 이러한 진화가 정설 사면이라는 한국 스키장의 특성에 맞춘 것이다보니 정설 사면이 아닌 곳, 즉 파우더나 범프에서는 오히려 적응력이 떨어지는 단점이 되었다. 스키의 여러 기술 중 하나인 에징 기술에 너무 많은 비중을 두기 때문이다.

근육 피로

카빙을 위한 낮은 자세는 다리와 허리 근육에 과중한 부담을 주게 된다. 선수들처럼 일상적인 근력 훈련을 통해 체력을 키운 스키어는 문제가 없다. 하지만 하중에 대한 부담을 견딜 준비가 되지 않은 대부분의 사람들에게 이런 낮은 자세는 반드시 부담이 된다. 특히나 해외 스키장처럼 슬로프가 길고 울퉁불퉁한 설면에서는 근육 피로도가 한국 스키장에 비할바가 아니다. 한국과는 차원이 다른 긴 슬로프에서, 한시도 긴장을 놓치지 말아야할 범프 사면에서 스킹을 하게 되면 당연스럽게 근육이 쉴틈이 없다. 이렇게 뭉친 근육은 스키 투어 내내 스키어를 괴롭힌다.

오른쪽 사진에서도 확인할 수 있듯이 스키어는 카빙을 위한 낮은 자세를 만들고 있다. 이런 낮은 자세를 만들어야 좌우로 진폭이 큰 카빙턴을 만들 수 있기 때문이다. 하지만 보기에

낮은 카빙 자세는
파우더와 범프에서 대단히 비효율적이다.

도 다리와 허리에 힘이 많이 들어가 보인다. 가만히 서 있어도 5분 이상 이런 자세를 유지하기가 힘들 것이다. 이런 자세로 범프와 파우더를 탄다면 짧은 거리의 스킹 외에는 할 수 없다. 하루 종일 온 산을 즐기며 타려면 편안히 서 있는 자세를 취해야 한다.

민첩성의 결여

낮은 카빙 자세는 정설 사면처럼 예측 가능한 지형에서는 유용하지만 범프와 파우더처럼 예측 불가능한 지형에서는 대단히 불리한 자세이다. 민첩하게 전후, 좌우, 상하 모든 방향으로의 움직임에 대응하기 위해서는 약간 높은 자세에서 적당히 신체 관절이 구부러진 자세를 취해야 한다.

특히, 범프와 트리런 등 스키가 가진 회전호와는 상관없이 재빠르게 스키를 조작해야 하는 상황에서는 높은 자세가 유용하다. 범프에서 충격을 흡수하기 위해서는 적당히 높은 자세를 유지해야 무릎 관절을 충분히 굽힘으로써 충격을 흡수할 수 있다. 이미 무릎을 충분히 구부린 낮은 자세에서는 더이상 충격을 흡수할 여지가 없다.

허리와 무릎 부상의 위험

낮은 자세를 취하고 스킹하다가 범프에서 튕겨져 나가면 허리와 무릎에 큰 부담이 온다. 앞에서 언급했던 근육 피로도 마찬가지로 지형의 변화에 민첩하게 대응할 수 없기 때문에 부상의 위험으로 이어질 확률이 높아진다. 특히, 범프와 파우더에서 상체를 앞으로 숙인 자세는 큰 충격이 허리로 와서 허리 부상 확률이 급격히 증가한다.

상체를 많이 숙인 자세는 허리에 충격이 오기 때문에 좋은 자세가 아니다.
© Mitja Mikolavcic

뼈대를 사용하는 자세

이처럼 한국 스키어들에게 익숙한 카빙 자세는 올마운틴 환경에서는 단점이 많다. 해외 스키장의 다양한 환경에서 편하게 스키를 타려면 자세를 높게 유지하는 것이 필요하다. 높은 자세에서 스키를 타면 뼈대를 이용해 서 있기 때문에 장기간의 스킹에도 근육 피로가 최소화된다. 해외 스키장은 일반적으로 한국 스키장에 비해 훨씬 더 넓고 긴 슬로프를 가지고 있다. 그러므로 뼈대를 이용해 높게 서 있는 자세를 유지해야 장거리의 스킹에도 피곤함을 줄일 수 있다. 또한 범프와 파우더에서 발생하는 충격을 흡수하는데도 충분히 높은 자세를 유지하는 게 도움이 되고, 다양한 슬로프 컨디션에 대응할 수 있다.

그럼 이런 높은 자세는 어떻게 만들까? 높은 자세가 차렷 자세처럼 온 몸을 쭉 뻗어서 서 있는 자세를 말하는 것은 아니다. 10~20cm 정도의 작은 점프를 한다고 생각하고 살짝 모든 관절을 구부려보자. 그러면 높은 자세를 유지하면서도 모든 관절이 살짝 구부러져서 어떤 방향으로든 빠르게 움직일 수 있는 자세가 만들어진다. 스키를 착용한 상태에서도 제자리에서 가볍게 합턴Hop Turn을 해보면 높은 자세가 어떠한 것인지 이해할 수 있다.

뼈대로 서는 자세는 몸에 무리가 적은 좋은 자세다.

파우더 스키의 기본은 부양력

부양력이란?

카빙에 익숙한 고수들이 '에지감'을 언급하듯이 파우더에 익숙한 고수들은 '발맛'이라는 표현을 쓴다. 파우더의 푹신한 눈을 밟고 체중이 실리면 눈은 그에 대한 반작용으로 스키어를 밀어 올린다. '부양력'이라고 부르는 이 힘을 느끼고, 이 힘을 이용해 스키를 타야 파우더의 고수가 될 수 있다. 그러므로 파우더 스키를 제대로 즐기려면 이 부양력을 느끼는 것이 중요하다.

부양력은 쌓인 눈의 양, 눈의 설질, 경사도 등에 따라 다 다르다. 이렇게 매번 변화하는 변덕스러운 부양력 세기를 느끼기 위해서는 발 밑에서 올라오는 힘에 대해 예민해져야 한다. 고수들은 예민해진 발바닥의 감각을 통해서 밀어올리는 부양력의 세기를 조율하기에 '발맛'이라는 표현을 쓰는 것이다.

파우더 스키판의 핵심적 특성인 팻Fat과 락커Rocker는 결국 부양력을 끌어내는 기술을 담은 것이다. 따라서 파우더 스키 기술적인 면에서도 부양력을 이해하는 것이 가장 기본이다. 그렇다면 부양력은 어떻게 만들어지는걸까?

고대 그리스의 수학자 아르키메데스가 임금의 왕관이 순금으로 만들어졌는지 확인하라는 명령을 받은 후, 물이 가득 찬 욕조에 들어갔을 때 물이 넘치는 것을 보고 부력의 원리를 발견하여 "유레카!"라고 외친 것은 매우 잘 알려진 이야기이다. 여기서 아르키메데스가 깨달은 원리는 액체에 잠긴 물체에 작용하는 부력은 물체를 제외한 액체의 무게와 같다는 것이다. 이를 부력Buoyancy으로 표시한다. 일반적으로 Buoyancy는 유체Fluid에 담긴 상태에서 물체가 가진 상승력을 말하고, 스키에서처럼 눈 위에 떠 있는 상태에서의 상승력을 나타낼 때는 'Floating'을 주로 사용한다. 파우더 스키에서 부양력을 높이는 요소는 무엇일까? 부양력을 높이는 여섯 가지를 소개한다.

일본 하치만타이 백컨트리에서 부양력을 이용해 파우더에서 스키를 띄워 올리고 있다.

무게가 가벼울수록 부양력이 증가한다

같은 길이와 넓이의 스키를 착용한 두 스키어가 같은 환경에서 같은 속도와 기술로 파우더에서 스키를 탄다면 무게가 많이 나가는 스키어가 더 깊이 가라앉는다. 스키어의 몸무게 뿐만아니라 스키판, 바인딩, 부츠 또한 전체 중량에 영향을 미친다. 최근 파우더 스키 장비가 경량화에 역점을 두는 이유도 파우더에서의 부양력과 조정의 용이성, 그리고 업힐에서의 기동력 때문이다.

스키판 표면적이 넓을수록 부양력이 증가한다

스키판 진화에서 쉐입스키의 도입 이후 가장 큰 변화는 스키의 허리가 점점 넓어지고 있는 점이다. 이는 전적으로 스키의 부양력을 높이는 데 물리적으로 큰 도움이 된다. 65~70mm가 대세를 이루던 스키의 허리가 이제 올마운틴 스키와 파우더 스키에 적합한 80mm 이상이 주류가 되고 있다. 또한, 카빙 스키에 비해 올마운틴 스키와 파우더 스키 길이가 평균 10cm 이상 길어졌다. 길이 또한 표면적을 넓게 해 부양력을 증가시켜준다.

스키팁이 떠오를수록 부양력이 증가한다

스키판이 넓어도 스키팁이 계속 가라앉으면 넓어진 표면적의 부양력이 제대로 작동하지 않는다. 기존 캠버 스키에 락커가 도입되면서 스키팁이 자동적으로 떠오르도록 스키가 진화했다. 이러한 진화는 일찍부터 스키팁이 떠올라 넓어진 표면적으로 설면을 짓누름으로써 부양력을 극대화하는데 기여했다. 이러한 파우더 스키의 특징을 '얼리 라이징Early Rising'이라 부른다.

속도가 빠를수록 부양력이 증가한다

파우더 스키와 관련한 강습의 내용 중 많은 부분이 속도를 내야 더 잘 떠오른다고 설명하고 있다. 너무 느리면 부양력이 제대로 작동하지 않아 가라앉게 된다. 물살을 헤치는 배가 빠를수록 더 물 위로 뜨는 것과 같은 이치이다. 쾌속선은 거의 물 위를 날아가는 듯한 느낌이다. 빠른 속도로 활주할 수만 있다면 파우더에서도 더 많은 부양력이 발생한다. 물론 스키어가 제대로 컨트롤하지 못하는 빠른 속도는 의미가 없다. 충분히 컨트롤한다는 전제에서 빠르게 타는 것이 부양력을 높인다는 의미를 기억하자.

스키 리바운드가 클수록 부양력이 증가한다

스키어의 체중과 속도가 결합해 발생한 중량이 스키판 가운데 '스윗 스팟Sweet Spot'에 정확히 가해지면 스키판이 충분히 휘면서 강한 리바운드를 발생시킨다. 리바운드가 발생하면 스키어를 밀어올려 부양력을 크게 증가시킨다. 엑스퍼트 스키어들은 이런 리바운드 기술을 통해 기존 컨벤셔널 스키나 카빙 스키로도 깊은 파우더를 헤치며 스킹할 수 있었다. 특히, 컨벤셔널 스키나 카빙 스키의 경우 리바운스를 이용하면 파우더에 아주 깊이 빠졌다 튕겨져 나오기 때문에 팻스키에 비해 더욱 깊은 파우더를 타는 효과가 있다. 하지만 기술적으로 아주 정교한 조작과 에너지가 필요해 대부분의 스키어들은 넓은 스키를 선호한다.

눈이 가벼울수록 부양력이 증가한다

물기 가득한 습설은 스키가 빠지면 마치 늪처럼 스키를 붙잡는다. 스키를 조종하기도 어렵고 부양력도 약해 스키 타기가 어렵다. 반면 눈이 가벼우면 스키 타기가 한결 수월하다. 눈 속에 묻힌 상태에서도 스키의 조작이 어렵지 않은데다, 마치 트램폴린처럼 통통 스키를 튕겨내어 부양력을 높여준다. 가벼운 눈에서는 적당한 중급 기술의 스키어들도 파우더 스키를 착용하면 어렵지 않게 파우더를 즐길 수 있다. 하지만 건설의 파우더를 만나는 것은 인간이 어찌할 수 없는 자연의 영역이다. 최대한 가벼운 눈이 내리는 자연환경을 찾아서 스킹하는 것 외에는 방법이 없다.

부양력을 향상시키는 두 가지 기술

앞에서 부양력을 높이는 여섯 가지 요소를 언급했다. 이 가운데 스키어의 기술이 결정적 영향을 미치는 것이 두 가지다. 하나는 양발 하중을 제대로 사용하여 스키의 표면적을 넓히는 것이다. 다른 하나는 적절한 리바운드 기술을 통해 스키판의 탄성을 강하게 이끌어내는 것이다. 스키어가 이 두 가지 기술을 갖춘다면 스키 장비의 진화와 조화를 이루어 극대화된 부양력을 이끌어 낼 수 있다. 스킹 속도가 빠르면 부양력이 향상되지만, 제대로 컨트롤 하지 못하는 속도는 오히려 위험을 자초할 수 있어 여기서는 언급하지 않는다. 스키 표면적 넓히기와 리바운드, 두 가지 기술을 익히면 자연스럽게 자신감이 생기고, 더불어 자연스럽게 스킹 속도도 빨라질 것이다.

양발 하중을 이용한 스키 표면적 넓히기

본격적인 파우더 스키가 만들어지기 이전 얇은 스키를 사용하던 스키어들은 파우더에서 신나게 즐기는 스노우보더를 동경의 눈으로 바라보았다. 스노우보드는 절대적으로 넓은 표면적을 이용해 파우더에서 높은 부양력을 자랑했기 때문이다. 그러나 허리가 넓고 길이가 긴 파우더 스키가 출시되면서 부양력이 이전과는 비교할 수 없을 만큼 커졌다. 스키어가 더 이상 스노우보더를 부러워할 이유가 없어졌다.

파우더 스키가 대중화되면서 스키 표면적이 급격히 넓어져 스노우보드 부럽지 않게 되었지만, 스키어들에게는 여전히 커다란 기술적 장벽이 존재한다. 바로 두 스키에 적절한 하중을 분배해 두 스키판의 표면적을 모두 활용할 수 있어야 한다는 점이다. 카빙 스키가 대세인 한국의 스키어들은 바깥발에 절대적으로 하중을 두어 스킹하는 기술에 익숙하다. 그러나 스키 표면적이 넓어졌다 해도 하나의 스키판에만 체중이 실리면 부양력을 활용하지 못하고 가라앉게 된다. 더 불리한 점은 체중이 실린 바깥발만 눈에 빠져 좌우 균형이 무너지는 복합적인 난관에 맞닥뜨린다는 점이다. 파우더에서 넘어진 경험담을 들어보면 스키팁이 눈 속에 파묻히면서 앞구르기를 한 것과 거의 비슷한 비율로 바깥발만 빠져서 옆구르기를 한다. 따라서 두 개의 스키판에 골고루 힘이 실리도록 양발에 하중을 주는 기술을 익혀야 한다.

안쪽발에도 적절하게 하중을 줄 수 있다면 안쪽 스키의 표면적이 넓어져 부양력을 높여준다. 또 좌우 균형을 유지하는데도 도움을 줘 훨씬 안정적인 스킹이 가능해진다. 여기에 두 발의 넓이를 적절하게 좁혀 두 스키가 하나의 스키판처럼 조작할 수 있다면 더욱 효율적인 스킹이 가능하다. 물론 이를 위해 스키를 너무 바짝 붙일 필요는 없다. 파우더 입문자들은

두 개의 스키판을 하나의 스키판처럼
사용하려면 양발에 적절히 체중을
나누는 양발 하중 기술을 갖춰야 한다.

넓어진 스키판을 의식하지 못하고 두 발을 딱 붙이고 타다 스키 팁이 걸려 넘어지는 경우가
많다. 스키를 너무 붙여서 타려다 발생하는 부작용이다. 따라서 스키팁이 겹치지 않되 양발
동시조작이 가능하도록 적절한 넓이로 두 스키를 유지하도록 한다.

그럼 양발 하중은 어떻게 익힐 수 있을까? 양발을 같이 쓰고 같은 하중을 두는 연습을
하면 되겠다고 생각하겠지만 이는 생각처럼 쉽지 않다. 이렇게 생각하고 훈련해도 익숙한
방식대로 바깥발 위주의 스킹을 하게 되기 때문이다. 양발 하중을 익히는 가장 좋은 방식은
안쪽발 스킹을 연습하는 것이다. 바깥발 스킹에 너무나 익숙해져 있기 때문에 안쪽발을 따
로 훈련하여야 한다. 이를 통해 안쪽발에 하중을 싣고, 안쪽발로 회전하는 것이 가능해지면
양발 하중은 저절로 이루어 진다.

하지만 입문 단계의 스키어에게 안쪽발 스킹을 익히는 것은 너무 어려운 일일 수 있다.
그렇다면 양발 조작을 통해서만 가능한 바운싱Bouncing과 합턴Hop Turns을 먼저 도전해 보
자. 바운싱과 합턴은 다음 장에서 다루기로 한다.

리바운드 이용하기

리바운드Rebound는 체중을 이용해 스키를 강하게 눌러줌으로써 튕겨져 올라오는 스키
의 탄성을 말한다. 리바운드를 이용하는 것은 파우더에서 아주 강력한 기술이 된다. 아무리
깊은 파우더에서도 적절한 타이밍에 체중을 실어 스키판의 중앙을 눌러주면 튕겨져 올라온
다. 이 탄성을 이용해 최대한 위로 떠오를 수 있다. 이처럼 리바운드를 이용해 최정점으로
올라온 순간에 스키를 원하는 방향으로 비틀어 줌으로써 깊은 파우더에서도 멋진 턴을 만
들어 낼 수 있다.

최적의 리바운드는 중경 자세에서 스키판 중앙을 누를 때 만들어진다. 후경 상태에서

스키판을 누르면 스키판 뒷부분이 눌리면서 스키가 앞으로 튕겨져 나간다. 반대로, 체중이 너무 앞으로 쏠리면 스키팁이 눈 속으로 파고 들면서 앞구르기를 하게 된다. 하지만 중경 상태에서 스키판을 수직으로 아래로 누르면 리바운드의 방향 또한 수직으로 위로 작용한 다. 이렇게 체중을 이용해 스키판을 수직 방향으로 누르는 것이 리바운드의 핵심이다.

리바운드에서는 눌러주는 방향 뿐만아니라 양발 하중 역시 중요하다. 표면적이 넓어야 더욱 큰 부양력이 발생하기 때문이다. 앞에서 언급한 양발 하중으로 누를 때 더욱 큰 리바 운드를 만들어 낼 수 있다.

딥파우더 스킹에서는 리바운드를 이용하는 것이 핵심이다.

부양력을 향상시키는 4단계 훈련법

부양력 향상을 위한 가장 기본적인 훈련 방법은 바운싱Bouncing이다. 바운싱은 양발 하중과 리바운드를 동시에 향상시키는 아주 효과적인 훈련이자, 실제 파우더 스킹에서 사용할 수 있는 방법이기도 하다. 처음 파우더에 입문하는 스키어라면 바운싱을 네 가지 단계를 거쳐 발전시키는 것이 좋다.

1단계 바운싱 트래버스

바운싱 트래버스Bouncing Traverse는 턴을 하지 않고 눈 덮인 슬로프의 경사면을 가로지르며 바운싱을 연속하는 것이다. 파우더 스키 입문자는 무턱대고 파우더에 달려들기 보다 우선 파우더에 대한 적응력을 키워야 한다. 파우더에서 스키가 어떻게 움직이는지, 혹은 움직이지 않는지에 대한 이해를 해야 한다.

바운싱 트래버스는 파우더에서의 리바운드를 경험할 수 있는 가장 기본적 훈련 방법이다.

바운싱 트래버스를 하려면 안정된 기본 자세를 갖추고 하체의 관절 중 발목을 위주로 구부리고 펴준다. 너무 천천히 하면 바운싱 효과가 없으므로 적극적으로 발목을 구부리며 체중을 수직으로 눌러준다. 이 때 상체를 이용해 바운싱하면 안 된다. 상체를 사용하면 균형을 안정적으로 유지하기 어렵고, 허리에 무리가 갈 수 있다. 만약 바운싱에 의해 스키가 둥둥 떠오르는 리바운드가 느껴진다면 제대로 하고 있는 것이다.

바운싱 트래버스를 할 때 양발 하중을 기억하고, 스키 간격이 너무 넓지 않도록 유지한다. 두 발이 묶여 있다는 상상을 하면 양발 동시 조작과 양발 하중을 익히는데 도움이 된다. 줄넘기를 할 때 동시에 양발에 체중을 주어 뜀을 뛰는 것과 같다. 바운싱 트래버스는 토끼가 깡총깡총 뛰는 움직임과 같다고 하여 '버니 합Bunny Hop' 이라고도 부른다. 통통 거리며 슬로프를 가로지르는 산 속의 토끼가 되어 보자.

2단계 바운싱 폴라인

바운싱 트래버스를 하며 리바운드에 대한 감을 익혔다면 이번에는 바운싱 폴라인Bouncing Fall Line을 해본다. 바운싱 폴라인은 사선이 아닌 산 아래로 내려가면서 바운싱을 하는 것이다. 바운싱 트래버스와 바운싱 폴라인 모두 턴을 하는 것이 아니라 직진하며 바운싱을 하는 것이라 큰 부담이 없다. 하지만 폴라인으로 내려가는 것은 속도가 많이 날 수 있어 적절한 경사도를 선택해 시도하여야 한다. 트래버스는 경사도에 맞추어 트래버스 각도를 조정해 속도를 조절할 수 있지만, 폴라인은 각도를 조정할 수 없다. 따라서 속도가 너무 붙지 않도록 처음에는 완사면을 찾아 연습하고, 익숙해지면 조금 더 경사진 사면을 찾아 연습하는 것이 좋다.

바운싱 폴라인은 트래버스에 비해 속도가 빠른 경우가 대부분이다. 이 때 당황해서 후경 자세가 되거나 턴을 하려고 하면 쉽게 밸런스가 무너진다. 속도 컨트롤에 최대한 집중하고, 속도가 조금이라도 빨라지려고 하면 스노우플라우 자세로 서서히 멈추거나 슬로우모션 턴을 통해 멈추는 것이 좋다. 속도조절이 어려울 것으로 판단되면 처음부터 스노우플라우 상태에서 바운싱을 시작하는 것도 좋은 방법이다.

바운싱 폴라인은 경사가 완만한 파우더에서 훈련하기에 좋다.

바운싱 트래버스와 바운싱 폴라인은 슬로프의 경사도에 따라 응용이 가능하다. 완사면이라면 바운싱 폴라인을, 조금 경사가 있다면 바운싱 트래버스를 혼용하면 안전하게 부양력을 느끼며 훈련할 수 있다.

3단계 바운싱 서펜타인

바운싱 폴라인 연습을 통해 파우더에 대한 적응력이 높아지고 하체만을 이용해 리바운드를 이끌어내는 것이 익숙해지면, 바운싱 서펜타인Bouncing Serpentine을 해보자. 서펜타인은 완전히 둥근 호를 만드는 것이 아니라 뱀이 꿈틀거리듯이 깔짝깔짝 턴을 만드는 것을 의미한다. 턴을 만들 때처럼 체중 이동을 할 필요도 없고, 스키 테일이 좌우로 10cm 정도만 움직여도 상관없다. 그동안 직진하던 것에서 아주 작은 변화만 만들면 된다. 그것이 지렁이가 꿈틀대는 것처럼 작은 움직임일지라도 파우더에서는 대단히 큰 도전이 된다.

이렇게 작은 움직임에도 두 스키에 실리는 하중이 달라지면 부양력이 떨어지고 균형을 잃고 넘어질 수 있다. 반드시 양발 하중을 주면서 살짝살짝 발을 비틀어 주는 것으로 만족하도록 한다. 경사면은 바운싱 폴라인을 하는 정도의 완사면에서 시작하는 것이 좋다. 이런 완사면에서 살짝살짝 발을 비틀어 줌으로써 파우더에 대한 적응력을 높이고 턴을 할 수 있다는 자신감을 갖추어야 한다. 아무리 바운싱 동작에 익숙해져도 일반적인 턴을 하려고 하면 바로 균형을 잃게 되므로 이런 '꿈틀이 턴'을 통해 적응력을 높여야 한다.

바운싱 서펜타인(왼쪽)과 바운싱 턴(오른쪽)의 비교.

4단계 바운싱 턴

바운싱 서펜타인이 되면 이제 조금씩 더 여유있고 부드러운 움직임으로 바운싱 턴Bouncing Turns을 하면서 큰 회전호를 만들어 보자. 앞에서 연습한 바운싱 서펜타인을 굳이 한국어로 표현하자면 '바운싱 꿈틀이턴'이라고 별명 지을 수 있다. 말 그대로 꿈틀거리는 것이지 턴이 아니다. 하지만 이제 본격적인 턴을 하려면 좀 더 큰 움직임으로 바뀌어야 한다. 이 때 '부드러움'이 관건이다. 급한 움직임은 항상 부작용이 따른다. 그동안의 바운싱 동작이 통~통~통~ 박자였다면 바운싱 턴에서

경사가 완만한 파우더 슬로프에서 자신만의 멋진 턴을 그려보자.

는 투~웅~ 투~웅~ 투~웅~의 느린 박자로 바뀌어야 한다. 여전히 양발에 하중을 주고 슬로모션처럼 움직이면 된다. 서펜타인의 꿈틀이턴과 달리 어느 정도 둥근 회전호가 만들어지기 시작하면 속도가 줄어드는 것이 느껴진다.

바운싱 폴라인과 바운싱 서펜타인은 거의 직진처럼 내려와서 완사면에 적합한 훈련이다. 하지만 둥근 회전호가 만들어지기 시작하면 이제 완사면을 벗어날 때가 되었다는 신호다. 살짝 더 경사진 곳을 찾아 바운싱 턴을 연습해 보자.

바운싱 턴을 위한 4단계를 거치면 입문자도 파우더에서 턴을 만들기 시작할 수 있다. 무작정 파우더에 뛰어들어 넘어져 가면서, 혹은 넘어지지 않기 위해 과도한 후경으로 타는 실수를 거치지 않아도 파우더에 대한 적응을 할 수 있다.

바운스 턴 훈련법

폴 플랜팅의 중요성

폴 체킹 vs 폴 플랜팅

한국에서 많이 쓰이는 폴 체킹Pole Checking이란 표현은 영어권 어디에서도 찾아보기 힘든 표현이다. 영어권에서는 폴 플랜팅Pole Planting이란 표현이 보편적이다. 스키를 포함해 어떤 영역에서든 한국적 표현들이 많기에 그 어원을 모두 따져볼 필요는 없다. 하지만 단어가 가지는 의미가 편향적인 경우에는 고민의 여지가 있다고 본다. 그 가운데 하나가 '폴 체킹'이란 단어다.

체킹Checking이란 말을 들었을 때 직관적으로 '상당히 가벼운 폴 플랜팅', '스킹의 리듬 혹은 박자를 맞추기 위한 움직임'으로 인식된다. 반면에 플랜팅Planting은 말 그대로 '나무를 심는 조작'이다. 폴을 나무라 생각하고 이 나무를 설면에 꽂아 넣어 심는 것이다. 너무 약하면 나무가 제대로 설면에 꽂히지 않아 자랄 수가 없다. 정확한 동작으로 꽂아 넣는 것이 중

파우더 스키에서는 폴 체킹이 아니라 강력한 폴 플랜팅을 해야 한다.

요하다. 물론 스킹의 흐름을 방해할 정도로 강하고 큰 동작으로 꽂을 필요는 없다. 폴 플랜팅의 기능이 어떤 것인지에 대해 이해하고, 그 기능을 발휘할 수 있도록 조작하면 된다.

특히, 범프와 파우더, 급사면 등에서 강한 폴 플랜팅은 필수적이다. 파우더에서는 딱딱한 지지기반이 없기 때문에 스키어는 양발에 하중을 두어 최대한 스키의 표면적을 넓히기 위해 노력한다. 그만큼 넓은 지지 기반을 만들기 위해서다. 이 때 안쪽 폴이 균형 유지에 큰 도움을 줄 수 있다. 이는 마치 발끝으로 스쿼트 할 때를 상상하면 된다. 발가락 부분으로 균형을 유지해야 하는 불안한 상태에서 검지 손가락 끝만 벽에 대줘도 굉장한 안정감을 느끼게 된다. 스키는 균형 운동이다. 균형에 도움을 주는 것이라면 아무리 작은 도움이라도 큰 차이를 만들어낸다. 물컹물컹 불안한 파우더 위에서 눈에 꽂은 폴이 얼마나 큰 도움이 될지는 상상만으로도 고개가 끄덕여질 것이다.

카빙에서의 가벼운 폴 체킹과 달리 올마운틴 환경이나 파우더에서는 자신감 있는 폴 플랜팅이 절대적으로 필요하다. 폴 플랜팅에 큰 도움이 되는 파우더 바스켓을 장착한 파우더 폴을 반드시 구비해야 할 기본 장비로 분류한 것도 이 때문이다. 그럼 도대체 폴 플랜팅이 얼마나 절실히 필요한 것이기에 기본 기술로 언급하는 것인지 보다 자세히 살펴보자.

폴 플랜팅의 네 가지 비밀

❶ 리듬을 만들어내는 마법의 지휘봉

지휘자가 오케스트라를 지휘할 때 사용하는 지휘봉을 바통Baton이라고 부른다. 바통은 지휘자가 음악의 리듬, 템포, 다이내믹스 등을 표현하고 오케스트라의 연주를 조절하기 위해 사용된다. 지휘자는 바통을 흔들거나 움직여서 음악적 표현을 전달하고 오케스트라와의 음악적 상호작용을 도모하는 기능을 수행한다.

스키어에게 이런 역할을 수행하는 것이 스키 폴이다. 폴을 단순히 흔들어주는 것만으로도 스킹에 좋은 리듬이 생긴다. 여기에 폴 플랜팅까지 곁들여지면 턴의 마무리와 시작이 연결되면서 보다 완벽한 리듬이 만들어진다. 계속해서 언급하듯이 파우더는 딱딱한 설면이 아니어서 100% 완벽한 지지기반이 만들어지는 것이 아니다. 느낌상으로는 70~80% 정도의 적당한 지지기반이 만들어지면 다음 턴으로 넘어가야 한다. 그래서 타이밍이 상당히 중요하다. 지지기반의 완성도를 따지는 것보다 좋은 타이밍에 다음 턴을 시작하는 것이 더욱 중요하기 때문이다.

부양력을 향상시키기 위한 바운싱 훈련도 무작위적인 도움닫기를 하는 것이 아니다. 리드미컬하게 체중을 스키에 실었다 풀었다 해야 효과적이다. 여기에 턴을 만들기 위한 리듬은 복합적인 운동의 조화라서 타이밍이 더욱 중요해진다.

필자가 많이 사용하는 방법은 카운팅을 하는 것이다. 원~ 투~ 원~ 투~ 이런 식으로 입으로 소리를 내면서 이에 맞춰 폴 플랜팅을 하는 것이다. 이러한 폴 플랜팅을 통해 리듬이 생기면 언제 턴을 마무리하고 다음 턴을 시작해야 할지가 명확해진다. 이는 오케스트라 지휘자가 바통을 통해 전체 연주자들을 이끌어가는 것과 같다.

❷ 장대 높이뛰기 선수의 장대

파우더 스키에서의 부양력은 항상 안정되게 떠오른 상태를 유지하는 것이 아니다. 스키어가 회전을 하며 내려감에 따라 떠올랐다 가라앉았다를 반복하는 상태다. 바운싱을 훈련하는 것도 이러한 부양력이 극대화되어 설면으로 떠오르는 방법과 타이밍을 익히는 것이다. 스키가 가라앉았다 떠오르는 타이밍을 이용해 스키를 돌려 놓는다면 눈 속 깊이 가라앉은 상태에서 스키를 회전시키는 것에 비해 월등히 쉬운 조작이 된다.

이 때 파우더 바스켓을 장착해 넓은 표면적을 갖춘 파우더 폴이 파우더 설면을 누르는 힘은 반대급부적으로 스키가 떠오르는 부양력을 극대화하게 된다. 이는 장대높이 뛰기 선수가 장대를 활용해 더 높이 날아오르는 것과 같다. 즉, 스키가 눈을 밟고 리바운드를 이용해 튕겨져 올라오는 타이밍에 폴을 찍으면 장대 높이 뛰기에서 선수가 폴대를 넘기 위해 장대를 짚었을 때와 같은 효과를 만들어낸다. 그러나 표면적이 작은 일반 바스켓은 폴을 찍을 때 푹 꺼져 들어가 부양력을 만들어내는데 도움이 안 된다. 오히려 폴이 가라앉아 균형을 무너뜨린다.

파우더 스키는 정설 사면에 비해 폴 플랜팅이 월등히 중요하다. 또 표면적이 넓은 파우더 바스켓이 폴 플랜팅 시 지지대 역할을 해주기 때문에 반드시 파우더 바스켓을 장착해야 하는 이유가 된다.

눈이 깊고 무거운 환경에서는 강한 폴 플랜팅을 통해 부양력을 최대한 끌어올려야 헤쳐 나갈 수 있다.

❸ 회전을 용이하게 하는 앵커Anchor

폴 플랜팅은 장대 효과 뿐만아니라 고정된 닻(앵커) 역할도 해 회전을 용이하게 한다. 이는 카약의 방향을 바꿀 때 원하는 방향쪽 패들을 물 속에 담가 저항을 발생시켜 급격한 방향 전환을 유도하는 것과 같다. 한쪽 턴을 마무리 하고 다음 턴을 시작하려는 시점에 강한 폴 플랜팅을 해주면 폴 플랜팅을 통해 발생하는 토크Torque가 다음 턴으로의 회전을 훨씬 용이하게 해준다.

정설 사면에서는 스키의 에지에 의해 턴이 만들어진다. 반면 파우더에서는 눈에 의해 발생하는 저항이 더욱 큰 요인이다. 카약을 타며 방향 전환을 할 때 물 속에서 패들을 이용해 저항을 만드는 것처럼, 강한 폴 플랜팅은 회전의 안쪽에서 저항을 발생시켜 스키가 회전하는데 도움을 준다.

폴이 앵커 역할을 해주면 그만큼 스키를 회전시키기 용이하다.

❹ 밸런스 유지를 도와주는 트레이닝 휠

자전거 타는 법을 배울 때 뒷바퀴에 작은 보조 바퀴를 단다. 이 보조 바퀴를 트레이닝 휠Training Wheels이라 부른다. 이 보조 바퀴는 초보자가 균형과 주행 기술을 익히는 동안 추가적인 안정성과 지지를 제공한다. 보조 바퀴가 있으면 옆으로 넘어지지 않고 계속 균형을 유지하며 자전거를 탈 수 있다.

스키에서 폴은 자전거 트레이닝 휠과 같은 역할을 한다. 정설 사면과 달리 파우더와 범프로 뒤덮인 오프 피스트 사면에는 한시도 예측하기 힘든 복잡다양한 설면이 펼쳐져 있다. 예측이 불가능하기 때문에 균형을 잡으려고 해도 자꾸 무너지게 된다. 이럴 때 폴은 부가적

안쪽 폴을 잘 활용하면 어려운 환경에서 밸런스 유지에 큰 도움을 끌어낼 수 있다.

으로 균형 유지에 도움을 주는 굉장히 유용한 수단이 된다.

엑스퍼트 스키어들의 스킹을 보면 폴을 설면에 꽂은 채 끌어주는 것을 볼 수 있다. 이렇게 설면에 끌리는 안쪽 폴은 급작스럽게 균형을 잃을 때 리커버리할 수 있는 지지기반을 제공한다. 필요한 상황에서 안쪽 폴을 활용하면 다른 스키어에 비해 월등히 유리한 밸런스 능력을 발휘한다. 폴 플랜팅과 더불어 안쪽 폴을 끌어주는 드래깅Dragging 동작은 필요한 경우 자전거 트레이닝 휠처럼 사용할 수 있는 좋은 습관이 된다.

하지만 폴 플랜팅 시 너무 깊이 안쪽 폴에 의지하는 것은 좋지 않다. 이는 트레이닝 휠 없이는 자전거를 타지 못하는 사람처럼 불필요하게 안쪽으로 기대는 습관을 만들 수 있다. 불필요하게 안쪽 폴에 기대면 손목 통증을 유발하기도 한다. 자신의 스킹 스타일에 맞춰 적당히 안쪽 폴의 긴장감만 느끼는 정도면 충분하다. 위에서 언급했듯이 발가락 끝으로 스쿼트할 때 검지손가락 끝으로 살짝 벽면을 대어주는 느낌 정도면 된다.

폴 플랜팅1

폴 플랜팅2

합턴

일반 턴과 파우더 턴의 근본적 차이

파우더 스키와 카빙 스키는 턴의 방식이 다르다. 카빙 스키는 도입-조정-마무리-전환 네 단계를 거치면서 턴을 만든다. 반면 파우더 스키는 프레스Press-릴리즈Release 두 단계만으로 턴을 만들어낸다. 이처럼 근본적으로 다른 파우더 스키의 방식을 알아야 안정적인 턴을 만들어낼 수 있다.

턴을 분석하는 일반적인 방법

일반적으로 턴을 분석하는 방식은 에징을 기준으로 도입-조정-마무리-전환 4단계로 이루어진다. 이는 주로 레이싱에서 스키 턴을 분석하는 방식이기에 정설 사면을 기준으로 하고 있다.

도입

영어로는 Initiation 구간으로 표기하는데, 새로운 턴을 시작하는 것을 말한다. 턴의 시작에서 중요한 부분은 에지 체인지에 의해 새로운 에지 그립Grip이 만들어져야 한다는 것이다. 이때 스키딩이든 카빙이든 중요하지는 않다. '전환 구간'을 통해 발생한 크로스오버가 정확히 에지 그립으로 이루어지지 않으면 아무런 의미가 없다. 에지 그립을 통해 새로운 턴의 시작이 효율적으로 만들어지기 때문이다.

에지 그립을 만들기 위해 필요한 두 가지 전제가 있다. 하나는 정확한 크로스오버다. 다른 하나는 바깥발 안쪽의 모지구(Ball of foot; 엄지 발가락 뿌리 근방의 툭 튀어나온 뼈. 탁구공처럼 둥근 모양을 하고 있어서 영어로는 '볼 오브 풋'으로 부른다)를 향해 압력을 가하는 것이다. 이곳에 힘을 가해야 스키의 에지가 안정적으로 눈을 그립하기 시작한다.

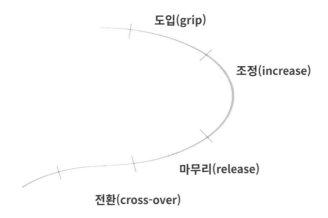

일반적인 턴의 분석.

이 두 가지 전제가 충족되면 새롭게 형성된 에지가 눈을 붙들어 발판Platform을 만든다. 이 에지 그립에 의해 스키판이 휘어지고 새로운 턴이 만들어진다.

조정

조정은 영어로 Control 구간으로 표기한다. 그립한 에지 각도가 점점 더 강하게 서면서 스키에 더욱 강한 압력이 실리게 된다. 스키판은 부러질 듯이 휘어지면서 턴을 만든다. 여기서 턴을 만든다는 의미는 드디어 스키어의 몸의 중심COM;Center of Mass이 방향을 틀었다는 의미다. 레이싱에서는 레이서가 폴라인 직전부터 기문을 통과하는 구간까지가 이에 해당한다. 조정에서는 에지 각도가 증가increase하는 것이 가장 큰 변수다. 에지 각도의 크기에 따라 회전호가 변화하기 때문이다.

에지 각도를 점점 더 세우기 위해서는 첫째, 스키어의 속도에 비례한 몸의 전체 기울기가 필요하다. 경주용 오토바이가 회전을 위해 안쪽으로 기울어지는 각도를 생각해 보면 쉽게 이해가 갈 것이다. 이를 인클리네이션Inclination이라 한다.

둘째, 같은 인클리네이션 각도라 하더라도 더욱 강력한 에지 그립과 에지 각도의 증가를 위해서는 하체의 각 관절들(힙, 무릎, 발목)을 조금 더 안쪽으로 꺾어주는 앵귤레이션Angulation이 필요하다.

마무리

마무리는 영어로 Completion 구간으로 표기한다. 레이서가 기문을 통과하면서 에지 각도가 풀리는Release 구간에 해당한다. 턴 후반부까지 에지를 세워 턴을 만들면 스키가 산쪽으로 향하게 된다. 따라서 턴이 마무리 되면 에지 각도를 풀어 스키가 더 이상 회전하지 않고 직진하도록 한다.

에지를 푸는 것은 앵귤레이션을 약하게 조작해 이루어지기보다 스키가 폴라인 이후 몸의 안쪽으로 돌아들어오면서 인클리네이션 각도가 자동적으로 약화되면서 만들어진다. 스키가 폴라인 이후 몸의 안쪽으로 돌아 들어오기 시작하면 '도입'과 '조정' 구간에 가했던 압력을 서서히 풀어 스키가 자연스럽게 돌아 들어오게 만드는 것이 핵심이다.

프로 스키어들은 스쿼트 할 때 일반적인 스쿼트와 달리 서서히 자세를 낮추는 슬로우 에센트릭 스쿼트Slow Eccentric Squat를 한다. 이게 실제 마무리 구간에서 스킹하는 동작에 더욱 가깝기 때문이다. 이를 슬로우 네거티브 스쿼트Slow Negative Squat라고도 부른다.

전환

전환은 영어로 Transition 구간으로 표기한다. 크로스오버가 발생하는 순간이다. '마무리' 구간을 거치며 스키의 에지가 풀리고 스키의 회전 에너지는 직진 에너지로 바뀐다. 이렇게 스키가 슬로프를 가로지르며 직진할 때 스키어의 중심은 다음 턴의 안쪽을 향해 스키를 가로질러 넘어간다. 스키의 궤적과 스키어 몸 중심의 궤적이 서로 교차하는 것이다. 이를 크로스오버Crossover라 부른다. 전환 구간에서는 이 크로스오버가 얼마나 좋은 타이밍에 이루어지는가가 핵심적 과제가 된다.

파우더에서 턴을 분석하는 방법

파우더에서는 정설 사면과 달리 에징이 큰 역할을 발휘하지 못한다. 스키를 돌리는 피버팅Pivoting 조작과 체중을 스키에 싣고 풀어주는 프레셔 컨트롤Pressure Control 조작이 주를 이룬다. 우리가 부양력을 향상시키기 위한 훈련으로 바운싱을 하는 이유는 바로 체중을 실어주고 풀어주는 프레셔 컨트롤 기술을 향상시키기 위해서다. 그럼 피버팅 기술은 어떻게 적용될까?

바운스 훈련을 통해 경험하듯이 눈 속에 묻혔던 스키가 설면 가까이 혹은 설면 위로 떠오르면 스키에 실린 무게가 상대적으로 굉장히 가벼워진다. 스키는 에징이 가해졌을 때에 비교해 회전이 용이해진다.

바운싱 훈련할 때 상체는 고정하고 하체만 이용할 것을 강조한 이유는 상하체가 분리 Seperation되게 하기 위해서다. 세퍼레이션을 통해 상체를 다운힐 방향으로 안정되게 유지하면 하체는 자동적으로 꼬이고 풀리는 현상이 발생한다. 스키가 리바운드에 의해 파우더 위로 떠올랐을 때 하체를 살짝 비틀어 주면 스키가 착지하면서 휘어지고, 휘어진 스키는 다음 턴을 자연스럽게 만들어간다. 따라서 파우더에서는 프레셔 컨트롤 기술을 중심으로 턴을 구분해 프레스Press-릴리즈Release 두 구간으로 나눈다. 이는 바운싱 폴라인 훈련을 할 때 직진하며 스키에 체중을 싣고 풀던 조작을 좌우로 발전시킨 것이다. 기술적으로 단계를 거치며 고르게 발전해온 스키어라면 적당한 기울기의 사면에서 좌우로 리바운드를 이용해 통통 튀는 듯한 파우더 턴을 만들 수 있다.

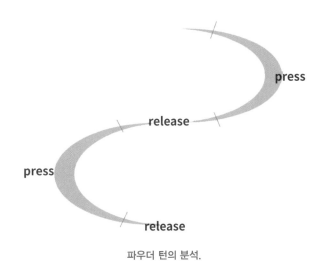

파우더 턴의 분석.

프레스

프레스Press 구간은 스키어의 체중과 모멘텀 에너지를 더해 스키를 눌러주는 조작이 발생하는 구간이다. 바운싱을 할 때 주로 수직 방향(아래)으로 눌러주는 훈련을 했다면 파우더 턴에서는 좌우로 눌러주는 운동이 된다. 정설 사면에서는 에지의 그립을 통해 스키가 휘면서 회전력을 만들어낸다면, 파우더에서는 스키 바닥면에 밟히는 눈이 뭉쳐지면서 스키를 팅겨내는 에너지를 만들어낸다. 이 때 스키가 둥글게 휘어지지 않으면 스키어는 제대로 턴을 만들지 못할 것이다. 팅겨내는 에너지의 양은 스키 바닥의 표면적에 비례하며, 스키가 둥글게 휘어져 자연스러운 턴을 만드는 힘은 파우더 스키의 락커 디자인이 크게 기여한다.

프레스 구간에서 더욱 효율적으로 회전을 만들어 내기 위해서는 몇 가지 기술이 필요하다. 첫째, 스키어의 밸런스가 정확히 스키 중앙에 압력을 주는 각도를 만들어야 한다. 즉, 중경을 잘 유지하여야 한다. 둘째, 양발 하중을 두 스키에 고르게 실어 체중을 분산시키고, 스키의 표면적을 극대화해야 한다. 셋째, 슬로프 경사도와 설질에 따라 최적의 속도를 만들기 위한 회전호를 만들어내야 한다.

릴리즈

릴리즈Release 구간은 프레스 구간에서 형성된 에너지를 이용해 스키를 스키어의 반대 방향으로 보내는 조작이 발생하는 구간이다. 바운싱 훈련에서도 경험했겠지만 충분히 압력을 받아 눌려진 눈은 그만큼의 크기로 스키를 밀어올린다. 이 때 압력에 의해 휘어진 스키 또한 원래의 상태로 복원하려는 반발력을 스키어에게 전달한다. 이 에너지를 이용해 스키어가 튕겨져 오르면 스키는 깊은 눈 속에서 설면 가까이, 혹은 설면 위로 튀어 오른다. 스키어의 체중이 실리지 않은 데다 눈의 저항이 없거나 가벼운 상태라 스키를 돌리기 쉬운 상태가 된다. 이 때 하체를 이용해 스키 방향을 살짝 돌려 정확한 착지 지점에 놓아준다.

릴리즈를 잘 하려면 좋은 타이밍에 스키를 튕겨 올리는 훈련이 전제되어야 한다. 또한 충분히 스키가 잘 튀어오르는 상태에서 상체를 안정되게 유지하고 하체만을 이용해 턴을 만든다. 상하체의 분리, 즉 세퍼레이션이 잘 유지되면 하체의 꼬임과 풀림이 자동적으로 이루어지는 것을 이해할 수 있다.

PART 4

파우더 스키 중급 기술

이 장에서는 파우더 스키 입문 이후의 단계에서 필요한 본격적인 파우더 스키 기술들을 다룬다. 미국과 캐나다, 호주, 뉴질랜드 등 영어권 국가들이 발전시킨 스키 기술에 대한 원리의 이해와 향상 방법을 소개한다. 신체의 정렬과 스키의 네 가지 조작 방법 등에서 한국의 스키 기술 이해와 차이가 있어 상당히 흥미있는 주제를 많이 발견하게 될 것이다. 또한 올마운틴 스키 기술을 이해하고 향상시킴으로써 오프 피스트에서 만나게 되는 파우더와 자연 범프 등에서 어떻게 스킹할 것인지를 구체적으로 다루고 있다. 파우더 스키 입문 단계를 넘어서고자 하는 스키어들과 한국 스키장의 상급 스키어들에게 실질적인 도움을 줄 것이다.

중급자가 알아야할 3가지 스키 원리

입문 단계에서 기술적으로 다룬 것은 처음 파우더에 입문할 때 벗어나야 할 여러 가지 오해들과 기존 스키 환경과의 차이를 이해하고, 가장 기본인 부양력을 익히는 것에 초점을 맞추었다. 중급 기술에서는 본격적인 스키 기술의 기본부터 다시 한번 정립하면서 구체적인 향상 방법까지 체계적으로 알아보자. 그 전에 중급 단계에서 반드시 알아야 할 3가지 스키 원리부터 살펴보자.

1. 인체 중심점과 지지기반

스키에서 인체의 중심점COM과 지지기반BOS은 신체의 자세, 그리고 스킹시의 균형과 관련된 필수 개념이다. 아무리 스키에 대해 쉽게 설명하더라도 이 부분에 대한 이해가 없으면 여러 오해의 여지가 생길 수 있어 반드시 이해하고 넘어가야 한다.

인체 중심점COM

인체 중심점 COMCenter Of Mass은 다른 말로 COGCenter Of Gravity로 부르기도 하는데, 물리적 힘이 작용하는 3차원의 균형점이다. 예를 들어 스키 폴의 중간 부분을 손가락으로 받치고 좌우로 균형을 유지한다면 그 부분이 스키 폴의 COM인 것이다. 스키 폴 대신 인체의 COM은 손끝이나 발끝, 혹은 머리 같은 곳이 아니라 배꼽 부근 어딘가에 작용한다. 따라서 스키어의 COM은 대략적으로 배꼽 부근이라고 쉽게 이해할 수 있다. COM은 한 곳에 고정된 것이 아니다. 우리가 몸을 옮기면 조금씩 이동한다. 차렷 자세에서 오른쪽 팔만 옆으로 들어올린다면 COM은 살짝 우리 몸의 오른쪽으로 이동한다. 균형이 바뀌었기 때문에 당연히 균형점의 위치 또한 약간의 변화를 보이는 것이다.

스키를 탈 때 적당히 안정적인 자세를 잡는다면 이 중심점은 배꼽 주위에 머물러 있을

모든 스키의 이론은 COM과 BOS를 이해하는 것으로 시작한다. ⓒ 하늘찬

것이다. 하지만 상체를 앞으로 많이 숙인다면 COM은 배꼽 앞 어디쯤의 허공으로 이동할 것이다. 이처럼 스키어의 움직임에 따라 COM 위치가 변화하기 때문에 스키를 타는 동안 최대한 COM을 안정시킬 수 있어야 한다. 스키를 타면서 넘어지지 않는 것은 바로 이 COM을 안정적으로 잘 유지하기 때문이다.

COM이 배꼽 부근에 머무르는 경우(왼쪽)와 COM이 신체 앞으로 이동한 경우(오른쪽).

지지기반BOS

BOSBase Of Support는 COM이 안정적으로 균형을 유지하도록 지지하는 기반을 말하며, 스킹시의 BOS는 지지대를 제공하는 스키어의 발이다. 스키 전체적으로 체중이 조금씩 분산되지만 가장 집중적으로 COM을 지지하는 부분은 발이므로 발을 BOS로 이해하면 쉽다. 경우에 따라 COM과 마찬가지로 발의 앞쪽 혹은 뒤쪽으로 BOS가 조금씩 이동하기도 하고, 안쪽발에 체중이 많이 실리면 안쪽발 쪽으로 BOS의 비중이 조금 더 이동한다. 이때 안쪽 폴을 끌어주면 안쪽 폴 쪽으로 BOS가 확대되기도 한다.

BOS는 발 간격을 좁히거나 넓힘에 따라 좁아지고 넓어진다. BOS가 넓은 것이 안정적이지만, 항상 넓은 것이 좋은 것은 아니다. 예를 들면 가장 BOS를 넓힌 것이 스노우플라우턴이다. 스노우플라우턴은 안정적이지만 속도를 내기 어렵고, 순발력 있는 조정이 불가능하다. 엑스퍼트 스키어들은 발 간격을 적당히 벌려 안정된 고속의 카빙턴을 만들기도 하고, 범프나 파우더에서는 두 발의 간격을 좁혀 양발 하중과 동시 조작을 추구하기도 한다. 이처럼 스키어는 다양한 스키 상황에 맞게 스키 사이의 폭을 변경하여 BOS를 조정할 수 있어야 한다.

스키를 타는 동안 균형과 안정성, 제어력을 유지하려면 BOS 위에 COM을 적절하게 정렬하는 것이 중요하다. COM이 BOS 위에 정렬된 상태에서 중심을 잡고 균형 잡힌 자세를 취하면 스키어는 다양한 상황에서 효과적으로 회전을 시작하고, 충격을 흡수하며, 제어력을 유지할 수 있다. 스킹에서 COM과 BOS의 개념과 위치 관계를 적절히 활용하는 것은 엑스퍼트 스키어가 되기 위한 중요한 자산이다.

2. 스키의 회전

나라마다, 스키협회마다 스키 기술을 분석하는 여러가지 분석틀이 있다. 여기에 레이싱, 인터, 프리스타일, 모글, 파우더 등 스키 종목에 따라 기술에 대한 비중도 다르다. 하지만 종목이 달라도 스키를 조정하는 3가지 기술에 대한 이해는 비슷하다. 즉, 알파인 스키는 스키를 이용해 턴을 만들며 활강하는 것이 기본이며, 어떻게 스키를 회전시킬 것인가가 가장 중요한 기술이 된다. 스키를 회전시키는 스티어링Steering 기술은 크게 피버팅, 에징, 프레셔 컨트롤로 구분 된다.

피버팅

에징   프레셔
컨트롤

스키를 회전시키는 세 가지 스티어링 기술.

피버팅Pivoting

피버팅은 하체를 비틀어 스키를 피버팅시킴으로써 스키가 회전하도록 만드는 기술이다.

하체만을 돌려서 스키를 회전시키는 피버팅 기술.

스키를 회전시키는 것이 스티어링이라고 했을 때 가장 기본적인 조작이며, 스키의 입문 단계에서 최상급 단계까지 고르게 활용되는 기술이다. 특히, 자연범프, 파우더, 트리런 등 오프 피스트에서는 절대적으로 중요한 기술이 된다.

피버팅은 회전 조작에 해당하며, 회전 밸런스의 유지에 긴밀히 연관되어 있다. 피버팅을 이해하려면 세퍼레이션Separation, 카운터링Countering, 레그 로테이션Leg Rotation, 풋 로테이션Foot Rotation 등 핵심적인 용어와 동작 원리를 이해하여야 한다.

에징Edging

에징이란 스키의 에지각을 적절한 각도로 세워줌으로써 스키가 회전하도록 만드는 기술이다. 1990년대 중반 쉐입 스키의 출현 이후 스키어들에게 가장 중요한 기술로 인식되고 있다. 스키의 진화가 에징이 보다 쉽고 효율적으로 작동하도록 만들었으며, 이에 발맞춰 에징 기술을 향상시키기 위한 다양한 기술적 진보가 이루어지고 있다.

에징은 좌우 조작에 해당하며, 좌우 밸런스와 긴밀히 연관되어 있다. 에징을 이해하려면 인클리네이션Inclination, 앵귤레이션Angulation, 카빙Carving, 스키딩Skidding 등 핵심적인 용어와 동작 원리를 이해하여야 한다.

스키의 에지를 사용해 스키를 회전시키는 에징 기술.

프레셔 컨트롤Pressure Control

프레셔 컨트롤이란 설면으로부터 스키어에게 전해지는 힘을 적절하게 조절하고, 스키에 하중을 가해 스키판을 휘게 함으로써 스키가 회전하도록 만드는 기술이다. '업-다운' 개념은 상체 조작으로 인식할 오해의 여지가 커 '하체 펴기-구부리기' 개념으로 이해하는 것이 적절하다.

프레셔 컨트롤은 상하 조작Vertical Movement에 해당하며, 상하 밸런스와 긴밀히 연관되어 있다. 프레셔 컨트롤을 이해하려면 스키에 작용하는 힘Force, COM-BOS의 거리, 수동적 프레셔 컨트롤, 능동적 프레셔 컨트롤, 버츄얼 범프 등 핵심적인 용어와 동작 원리를 이해하여야 한다.

스키에 압력을 가하고 풀어줌으로써 스키를 회전시키는 프레셔 컨트롤 기술.

위 세 가지 스티어링 기술은 서로 상호작용을 하면서 스키의 회전에 기여한다. 이 세 가지 기술의 조합을 통해 다양한 설질과 지형에서 스킹이 가능하며, 각 기술을 균형있게 발전시켜야 엑스퍼트 스키어로 진화할 수 있다. 다음 그림은 실제 스킹에서 세 가지 기술이 어떻게 조합되는지를 설명하고 있다.

스키 유형별 세 가지 스티어링 기술의 조합. P 피벗팅, E 에징, P/C 프레셔 컨트롤.

3. 네 가지 차원의 밸런스

스키를 어떤 상황에서도 자유자재로 조절하기 위해서는 네 가지 차원4 Planes of Balance 의 조작 방법을 익혀야 한다. 여기서 '네 가지 조작'이라는 표현 대신에 굳이 '차원'을 넣은 이유가 있다. 스키를 탈 때 우리가 스키를 조작하는 것은 단순하게 스키를 움직이는 조작이 아니다. 모든 조작이 밸런스와 연관되어 있기 때문이다. 어떤 조작도 밸런스를 잃게 만든다면 전혀 의미 없는 조작이 된다. 우리가 스키를 타면서 경험하는 밸런스의 차원은 네 가지 방향의 밸런스가 복합적으로 작용한 결과이다. 그럼 어떤 차원의 밸런스가 있는가?

전후 밸런스Fore-aft Balance

'포 앤 애프트 밸런스'라고 부르며, 표기할 때는 Fore-aft로 적는 전후 밸런스이다. 처음 스키를 탈 때부터 시작해 급사면에서 미끄러져 내려가는 엑스퍼트가 되어서도 스키 위에 안정되게 서는 것이 스키를 타는 내내 가장 중요한 이슈다. 경사가 급해지고 사면이 복잡해질수록 전후 밸런스가 아주 복잡한 조작이 되기 때문이다. 더군다나 설질이 아이스인가 혹은 습설인가에 따라 같은 슬로프에서도 전후 밸런스는 극적으로 변화한다. 스키라는 운동을 할 때 근원적인 힘인 중력이 스키어를 끊임없이 아래로 당기기 때문에 전후 밸런스는 가장 근원적인 밸런스 조작이라 할 수 있다.

좌우 밸런스Lateral Balance

'래터럴 밸런스'라고 부르며 코치에 따라 '사이드 투 사이드 밸런스'로 부르기도 한다. 우리가 턴을 함에 따라 중력 에너지의 방향이 좌우로 이동하면서 원심력이라 부르는 힘이 발생한다. 이러한 좌우에서 당기는 원심력에 대응해 옆 방향으로 균형을 유지하는 것이 필요하다. 경사가 급해지면 그만큼 중력의 힘도 커진다. 이렇게 커진 에너지는 좌우로 더욱 강하게 작용하므로 엑스퍼트 스키어일수록 좌우로 발생하는 큰 힘에 대응하기 위해 인클리네이션도 커지게 된다. 인클리네이션은 철저히 원심력에 대응하여 발생하기 때문이다. 월드컵 레이서들이 보여주는 인클리네이션은 일반 스키어들이 따라할 수 없는 큰 원심력에 대응하는 동작이다. 프로와 아마추어가 구별되는 기술을 장착하여야 하는 근원적인 이유이고, 가장 차별화된 스키어의 자세가 만들어지는 이유이기도 하다. 아마추어가 프로를 흉내내 너무 안쪽으로 몸을 기울이면 반드시 안쪽 스키로 체중이 실리게 되어 스킹이 불안해진다.

상하 밸런스Vertical Balance

'버티컬 밸런스'는 가장 오해가 심한 밸런스다. 이를 이해하려면 반드시 인체중심점 COM과 지지 기반BOS를 이해해야 하기 때문이다. 앞에서 COM과 BOS에 대해 알아보았다. 우리가 다리를 곧게 뻗으면 COM과 BOS의 거리는 멀어진다. 반면에 다리를 구부리면 COM과 BOS의 거리가 가까워진다. 버티컬 밸런스는 이런 관점으로 이해하는 것이 오해를 줄이는 방법이다. 버티컬 밸런스를 쉽게 업-다운Up-Down으로 설명하면 오해의 여지가 너무나 많다.

엑스퍼트 스키어가 카빙성 숏턴을 하면서 슬로프를 활강하고 있다고 상상해보자. 스키어는 전환 구간에서 다리를 최대한 구부리고, 폴라인 근방에서는 다리를 길게 뻗어낸다. 이를 한국에서는 벤딩턴 혹은 밴딩 조작으로 부르는데, 어떤 표현을 쓰던 그런 동작이 초중급자들이 배우는 업-다운과는 타이밍이 상반된다. 따라서 이 동작을 업-다운 개념으로 설명하면 서로 모순된다. 하지만 버티컬 밸런스로 이해하면 모순이 사라진다.

버티컬 밸런스는 울퉁불퉁한 범프 사면을 트래버스 해보면 가장 쉽게 이해할 수 있다. 울퉁불퉁한 사면을 넘어가면서 안정된 밸런스를 유지하려면 다리가 마치 자동차의 서스펜션처럼 펴고 구부리면서 충격을 흡수하는 것이 필요하다. 이것이 가장 기본적인 단계에서 버티컬 밸런스를 이해하는 방법이다.

자, 그럼 엑스퍼트 스키어들은 정설 사면에서 왜 다리를 뻗고 구부릴까? 울퉁불퉁한 범프 사면이 아닌데도 말이다. 그 이유는 범프를 넘을 때와 같다. 강하게 발생하는 스키의 리바운드는 마치 범프를 넘을 때처럼 우리의 COM을 날려버릴듯 작용한다. 이런 강한 리바운드를 부드럽게 다리를 구부리거나 펴는 기술을 사용해 완충시키는 것이다. 상하 밸런스는 이처럼 스키어의 COM을 향해 다가오는 강한 힘을 조율해서 안정되게 밸런스를 유지하는 것이다.

회전 밸런스Rotational Balance

스키어가 숏턴을 하는 모습을 위에서 드론으로 촬영하며 스키어를 따라간다고 상상해 보자. 이때 스키어의 중심인 COM을 노란색으로 표기하고, 스키어 발의 움직임을 발바닥으로 표시해 이를 그림으로 만들면 다음과 같다.

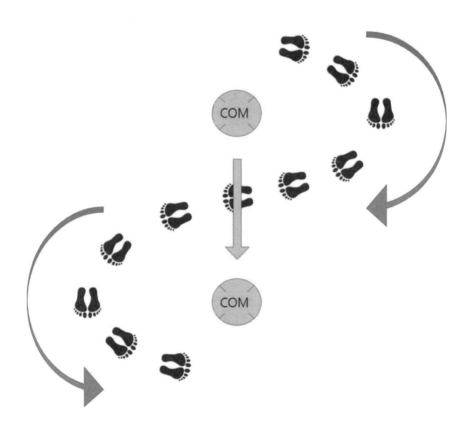

COM과 BOS의 움직임. COM은 다운힐 방향으로 이동하고, BOS는 따라 돌며 회전한다.

위의 그림에서 스키어가 앞으로 이동하는 움직임을 없애면 스키어의 중심은 제자리에 있을 것이다. 이 때 발의 움직임을 묘사하면 아래의 그림처럼 발만 스키어를 중심으로 회전하고 있는 것으로 보일 것이다. 이 모양은 마치 숫자8을 옆으로 뉘여 놓은 무한대 표시처럼 좌우로 이동하며 회전을 그리고 있는 모습이다.

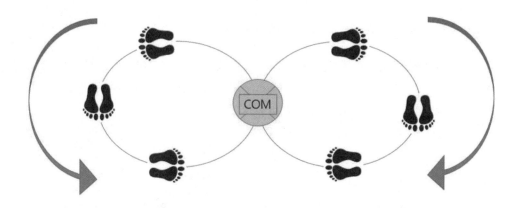

움직이는 스키어의 중심을 고정하면 발만 스키어를 중심으로 회전하게 된다.

이처럼 몸의 중심점인 COM을 중심으로 우리의 발이 회전하고 있기 때문에 회전하는 동안에 끊임없이 회전 모멘텀이 발생한다. 바닥에 있는 공을 찬다고 생각해보자. 공을 강하게 찰수록 그만큼 강한 회전 모멘텀이 발생할 것이다. 이렇게 강하게 발생하는 회전 모멘텀에 대응해 팔과 몸통을 반대 방향으로 회전시켜서 회전 밸런스를 안정되게 유지한다. 스키도 마찬가지다. 스키어는 발생하는 회전 모멘텀에 대응해 안정된 밸런스를 유지하기 위한 노력이 필요하다.

스키가 회전함으로 인해 스키어는 회전하는 힘에 대응해 안정된 균형을 유지할 필요성이 생기는데, 이를 '회전 밸런스' 또는 "로테이셔널 밸런스"라 부른다. 폴라인을 지나며 중력에 의해 강하게 형성된 힘이 폴라인 이후에는 스키의 회전에 의해 방향이 틀어지면서 회전성을 띄게 된다. 스키어는 이렇게 에너지의 방향이 전환될 때마다 COM을 중심으로 균형을 유지해야 한다. 이러한 회전 에너지에 맞서 회전 밸런스를 유지하는 것은 스키어나 스노우보더에게 가장 어렵고 복잡한 일이다. 그만큼 엑스퍼트와 중급 스키어의 차이가 많이 나는 밸런스이기도 하다.

어떻게 설 것인가

'어떻게 설 것인가?'란 제목은 톨스토이의 인생론이 담긴 그의 마지막 역작인 〈어떻게 살 것인가?〉가 생각나는 제목이다. 스키어에게 어떻게 설 것인가?는 철학자가 던지는 어떻게 살 것인가? 만큼 중요한 질문이다.

이제부터 본격적인 스키어의 자세에 대해 언급하고자 한다. 단지 파우더에서만 적용되는 것은 아니고 모든 일반적 스키어에게 적용되는 자세다. 하지만 한국의 스키어들이 너무 카빙 위주의 자세를 불문률처럼 인식하고 있어 상대적으로 좀 더 올마운틴과 파우더 스키 환경을 위주로 자세를 설명하겠다.

뼈대로 서라!

뼈대는 힘에 대응하기 위한 구조물

지구에서 살아가는 동안 사람은 누구나 중력의 영향을 받는다. 스키라는 운동은 근본적으로 중력을 이용한 운동이다. 미끄러운 경사면을 마찰력을 최소화한 스키라는 장비를 이용해 달려 내려온다. 이때 우리를 아래로 당기는 힘(중력)이 없다면 애초에 스키라는 운동이 생겨날 수 없다. 완사면을 똑바로 직활강한다고 상상해 보자. 완사면 끝에 살짝 오르막이 있다면 스키는 저절로 속도가 줄어 멈춘다. 우리는 스키 위에 수직으로 편하게 서 있었을 뿐인데, 중력이 우리를 내려오게 하고 또 멈추게 한다.

대부분의 스키어는 완사면을 벗어나 좀 더 경사가 있는 곳에서 활강하려는 욕망이 있다. 그러나 경사가 급하면 직활강은 너무 속도가 붙어 위험하다. 스키어는 반드시 속도를 줄여야 안전하게 내려온다. 속도를 줄이는 가장 쉬운 방법은 스키 테일을 넓게 벌려 스노우플라우Snowplow 자세를 만드는 것이다. 이런 자세를 취하면 스키 안쪽 에지가 설면을 긁어 저항을 발생시켜 속도가 준다. 그러나 이 자세로 속도를 줄이는 것은 한계가 있다. 적당한 경사에서는 가능하지만 경사가 심해질수록 중력의 힘이 강해지면서 근력으로 버티기 힘든 상황에 다다르게 된다. 그럼 어떻게 해야 할까?

슬로프의 경사가 심해지면 턴을 통해 속도를 줄여야 한다. 턴을 하게 되면 다운힐 방향으로 끌어당기는 중력 에너지를 좌우로 변화시켜 다운힐의 속도를 줄일 수 있다. 속도를 줄이기 위해 중력의 방향을 좌우로 변화시키려면 회전 운동을 해야 하는데, 이는 스키어가 균형을 유지하는 것을 훨씬 더 어렵게 만든다. 스키 기술의 진화는 이런 상황을 극복하는 것에서 비롯됐다.

직선으로 뻗은 고속도로에서 자동차를 시속 100km 속도로 운전한다고 치자. 우리는 속도감을 거의 느끼지 못한다. 졸음운전을 하기에 아주 좋은 평온한 환경이다. 반면 구불구불한 내리막길에서 속도를 내서 자동차를 운전한다면? 우리 몸은 좌우로 크게 흔들리며 엄청난 속도감을 느끼게 된다. 스키도 마찬가지다. 급경사 구간에서 턴을 하며 빠르게 내려오면 스키어는 엄청난 속도감과 함께 긴장감에 휩싸인다. 자동차는 충격 완충 장비가 구비되어 있지만, 스키어는 맨 몸으로 상하좌우에서 당기는 중력과 회전력을 견뎌내야 한다. 이런 큰 힘을 이겨내고 안정되게 스키를 타려면 근육으로 버티는 자세보다 뼈대를 이용해 버티는 자세가 필요하다.

인간은 뼈대를 이용할 때 가장 큰 힘을 낼 수 있다. 어깨 위에 무거운 물건을 이고 있다고 가정해보자. 신체를 편 상태로 버티는 것이 관절을 구부리고 자세를 낮추고 있을 때에 비해 월등히 강하고 피로감도 덜하다. 스키를 탈 때도 마찬가지다. 스키 컨트롤을 위해 필요한 움직임을 제외하고 가능하면 뼈대로 서는 것이 유리하다.

올마운틴 환경에서는 뼈대로 서는 자세를 만드는 것이 가장 중요하다.

뼈대를 이용한 바디 얼라인먼트 3원칙

그럼 스키에서 '뼈대로 탄다'는 의미는 무엇일까? '뼈대'는 영어로 Bone Structure, 혹은 Skeletal Structure라고 한다. 둘 다 '뼈가 구성하는 구조물'이란 의미다. 스키에서 '뼈대로 탄다'는 의미는 스키판을 중심으로 우리 몸의 뼈가 힘을 받는 자세를 만들어 타라는 이야기다. 이는 보여주기식 자세가 아닌, 기능에 집중하는 스키어의 자세를 만드는데 도움이 된다. 뼈대를 이용한 스키어의 바디 얼라인먼트는 크게 3가지로 압축된다.

첫째, 비슷한 비율의 관절 각도를 유지한다

가장 주요한 하체의 세 관절인 힙, 무릎, 발목의 각도를 비슷한 비율로 유지한다. 이런 비슷한 관절 각도가 만들어지는 이유는 딱딱한 스키 부츠로 인해 발목의 각도가 제한되기 때문이다. 스키 부츠를 신고 발목을 구부려보자. 정강이가 부츠에 닿으면 더 이상 발목을 구부릴 수가 없을 것이다. 이 발목 각도에 무릎과 고관절의 각도를 비슷하게 맞추면 전체적으로 뼈대로 선 상태가 된다.

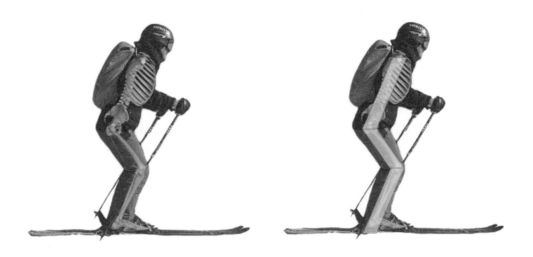

힙과 무릎, 발목의 관절을 비슷한 비율의 각도로 유지한다.

많은 한국의 스키어들이 자세를 낮추기 위해 무릎과 고관절을 많이 구부리는데, 이런 자세는 올마운틴 환경에서 대단히 쉽게 피로감을 느끼게 된다. 부츠에 의해 발목이 더 이상 구부러지지 않기 때문에 자신도 모르게 무릎 관절과 고관절만 많이 구부리게 되어 무릎과 허리에 하중이 많이 걸리게 된다. 스키를 세게 탄 날에는 허리 통증이 심할 수밖에 없다. 이를 극복하려면 선수들처럼 근육을 강화해야 하는데, 일반 아마추어 스키어들은 선수들처럼 몸을 만들 수가 없다. 따라서 무릎과 고관절을 많이 구부리는 것은 적절하지 않은 자세라 할 수 있다.

무릎과 고관절을 심하게 구부린 바디 얼라인먼트.

이에 비해 뼈대로 선 자세는 굉장히 편안한 자세가 되며 장시간의 스킹에도 피로감이 덜하다. 또한 낮은 자세에서 발생하는 부상의 위험도 줄일 수 있다. 뼈대로 타는 자세는 한국 스키어들의 일반적인 스킹 자세에 비하면 톨 포지션Tall Position이라 부를 만한 높은 자세다. 그러나 아마추어 스키어에게 중요한 것은 스키를 편하게 오래오래 타는 것이다. 특히, 톨 포지션은 아마추어 스키어, 여성이나 시니어 스키어에게는 더욱 효과적이고 우아한 자세이다.

스탠스

둘째, 힙은 발 위에 놓여야 한다

스키의 가장 기본 물리적 원리로 인체 중심점COM과 지지 기반BOS에 대해 알아보았다. 스키어에게 COM은 골반으로, BOS는 발로 이해한다면 여러가지 면에서 스키 기술을 이해하는데 편리하다.

바디 얼라인먼트의 관점에서 보면 힙을 발 위에 올려 놓은 자세가 뼈대로 선 자세가 된다. 힙이 발 뒤로 놓일수록 근육의 사용량이 극대화되고 피로감이 높아진다. 힙은 우리 신체 관절 중 가장 크며, 코어 근육이라 볼 수 있는 복근과 둔근, 허벅지 근육 등이 만나는 지점이다. 영어권 스키 강사와 코치들은 "Keep your hip over your feet"라는 표현을 일상적으로 사용한다. 그만큼 힙이 뒤로 빠지는 것을 경계한 표현이다.

물론 실제 스키 상황에서 자세를 낮추다 보면 어쩔 수 없이 힙이 뒤로 빠지게 된다. 그렇다해도 끊임없이 힙을 발 위에 위치시키려는 노력을 통해 뼈대로 선 자세를 만들 수 있다. 턴 후반부에 자연스럽게 다리를 구부리는 낮은 자세에서 힙이 뒤로 빠지더라도 턴 전환 구간에서 힙과 발의 위치가 크로스오버가 되고, 턴 전반부에 힙이 다음 턴의 안쪽에서 발 위에 위치하게끔 만드는 적극적인 노력이 필요하다.

힙이 발 위에 놓여야 뼈대로 스키를 타는 것이다.

셋째, 허리를 똑바로 세워라

예전에는 스키어의 상체는 허리를 앞으로 숙인 새우등 자세를 강조했다. 그래서 등을 말고 허리를 깊숙하게 앞으로 숙인 자세로 타는 스키어들이 많았다. 반면 웨이트나 요가 같은 운동을 하며 가급적 허리의 아치를 잘 유지하라고 강조하는 말을 귀 담아 듣고 허리의 아치를 만들며 스키를 타는 스키어도 있었다. 그럼 어떤 자세가 스키어에게 좋은 자세일까? 결론부터 말하면 두 가지 자세 모두 적당하지 않다.

골반을 영어로 펠비스Pelvis라고 부르는데, 요가 자세처럼 척추의 아치를 유지하며 상체를 세우면 골반이 앞으로 기운 골반 전경Anterior Pelvic Tilt이 된다. 반면에 새우등처럼 상체를 말게 되면 골반이 뒤로 빠지는 골반 후경Posterior Pelvic Tilt이 나온다. 스키를 탈 때는 골반이 앞으로, 혹은 뒤로 기울지 않은 중립적 자세를 유지하는 것이 좋다.

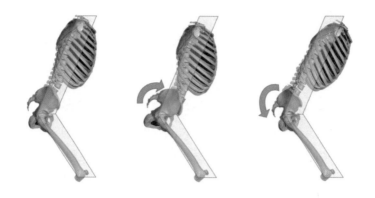

(왼쪽부터) 허리를 똑바로 세운 골반 중립인 상태, 골반 전경인 상태, 골반 후경인 상태.

또한 골반 위로 연결되는 허리뼈를 요추라고 부르는데, 이 요추를 가능하면 직립으로 유지하는 것도 중요하다. 요추는 골반 전경이나 골반 후경과 맞물려 있다. 요추를 직립 상태로 만들면 이에 따라 골반도 중립 상태가 된다.

요추를 직립하는 방법은 간단하다. 바닥에 누우면 요추의 아치 부분은 바닥에 닿지 않는다. 이때 살짝 크런치 자세를 취하면 요추가 바닥에 닿는 상태가 만들어진다. 스킹 시에 이런 자세를 만들면 된다. 스킹 시 이런 자세를 취하고 크런치를 한다고 생각하면 살짝 복근에 힘이 들어가고 어깨는 약간 앞으로 숙여지게 된다.

상체와 하체는 독립적으로 움직여야 한다

상체와 하체의 정확한 구분

사람들이 상식적으로 생각하는 상체와 하체의 기준은 무엇인가? 인체역학적으로 상하체 구분은 고관절을 기준으로 한다. 인간의 신체를 이루고 있는 뼈대가 그렇게 이루어져 있기 때문이다. 하지만 많은 스키어들이 상하체 구분을 정확히 하지 못해 스키 기술을 잘못 이해하는 경우가 많다.

다음 그림을 보고 자신은 ①배꼽 부근(허리) ②고관절 중 어디를 기준으로 상하체를 구분하였는지 생각해 보자. 이 기준선에 대한 오해로 인해 스키어의 스킹 자세와 기술이 완전히 달라진다.

① 허리벨트

② 고관절

　스키어들은 "상체를 안정되게 다운힐 방향으로 유지하고, 하체를 이용해 턴을 만들어라."라는 이야기를 귀가 따갑게 들었다. 이를 구현하기 위해 자신의 스킹을 갈고 닦았다. 하지만 어디를 기준으로 상하체를 구분하는 지에 대해서는 잘 몰랐다. 상하체 구분을 고관절로 했을 때와 그렇지 않을 때의 차이는 우리가 생각하는 것보다 심각한 결과를 낳는다.

　①허리벨트 부근을 기준으로 상하체를 구분하는 사람은 허리 아래를 이용해 상하체를 분리한다. 그렇게 되면 허리 아래에 위치한 골반이 스키를 따라 회전하게 된다. 이렇게 허리의 아래 쪽이 회전하게 되면 척추가 비틀리고, 강한 힘에 대응하기 어려운 자세가 만들어져 허리통증의 원인이 된다. 또한 인체 중심점COM이 좌우로 흔들려 좋은 균형을 유지하기가 어렵다.

배꼽부근(허리)　　　　　　　　　　　　　　　　　　　고관절

배꼽(허리벨트) 부근을 기준으로 상하체를　　　　고관절을 기준으로 상하체를 구분할 때
구분할 때 나타나는 조작.　　　　　　　　　　　　나타나는 조작.

②고관절을 기준으로 상하체를 구분하는 스키어는 골반을 안정되게 유지하고 고관절에 연결된 대퇴뼈를 이용해 턴을 만든다. 척추가 전체적으로 곧은 상태를 유지해 허리 부상을 예방할 수 있다. 또한 안정된 COM을 유지할 수 있어 균형을 잡는데도 훨씬 유리하다.

상하체가 독립적으로 움직여야 하는 이유

위에서 상하체의 구분은 고관절을 기준으로 해야 한다는 것을 이해했다. 이처럼 상하체를 구분하면 통계적으로 스키어의 체중 가운데 대략적으로 상체는 65%, 하체는 35%를 차지한다. 이처럼 2/3에 해당하는 무거운 상체가 턴을 할 때마다 움직인다면 그만큼 중심 유지에 어려움을 겪는다. 상대적으로 훨씬 가벼운데다 설면과 직접적으로 접촉하고 있는 하체를 이용해 턴을 만든다면 더욱 재빠르면서도 안정적으로 스키를 컨트롤 할 수 있다.

이러한 이유로 대부분의 스키 매뉴얼에서는 'Turn with your lower body and balance with your upper body'라는 표현을 많이 사용한다. '하체로 턴을 만들고, 상체로 균형을 유지하라'는 의미다. 불규칙한 환경 속에서 상체는 최대한 안정되게 유지하고, 가능하면 하체만을 사용해 회전을 만드는 것이 합리적이란 것을 누구나 알 수 있다.

고관절은 스키 운동의 핵심 관절이다

고관절은 상체와 하체가 만나는 동작의 중심

스키를 위한 바디 얼라인먼트에서 고관절이 가장 중요한 이유는 상하체가 나뉘는 분기점이기 때문이다. 체중의 2/3를 차지하는 상체를 안정되게 유지하면서도 자유롭게 하체를 이용해 턴을 만들기 위해서는 고관절에서 스키의 주요 운동이 이루어져야 한다는 것을 의미한다. 턴을 할 때마다 우리 몸에 작용하는 힘의 세기와 방향은 끊임없이 변화한다. 이렇게 다양한 변화 속에서도 인체 중심점COM을 안정되게 유지하려면 하체의 다양한 조작들이 고관절을 통해 종합되어져야 한다.

야구에서 투수의 생명은 싱싱한 어깨라는 것을 누구나 상식적으로 알고 있다. 하지만 스키어의 생명이 고관절이라 생각하는 사람들은 많지 않다. 오히려 무릎이나 발목을 꺾고 구부리는 것에 많은 신경을 기울인다. 하지만 이러한 조작은 고관절이라는 가장 큰 관절의 가동 범위와 통제 안에서 이루어질 때 의미를 가진다. 고관절을 어떻게 사용하는가를 잘 이해해야 엑스퍼트 스키어가 될 수 있다.

고관절은 가장 강한 근육으로 둘러싸여 있다

우리 인체에서 가장 크고 강한 근육들이 고관절을 둘러싸고 있다. 고관절이란 엉덩이뼈와 허벅다리뼈가 만나는 관절이다. 고관절 주위에는 대퇴 사두근(허벅지 앞쪽 근육), 대퇴 이두근(허벅지 뒤쪽 근육), 대퇴 내전근(허벅진 안쪽 근육), 대퇴 외전근(허벅지 바깥쪽 근육) 등의 다리 근육과 엉덩이 근육, 코어 근육 등이 있다. 그야말로 우리 인체의 가장 큰 근육의 집합소다.

이렇게 큰 근육이 둘러싸고 있다는 것은 그만큼 큰 힘을 낸다는 것이다. 가장 큰 힘을 내는 근육을 주변에 두른 고관절은 큰 힘을 다루는데 가장 크게 관여할 수밖에 없다.

고관절은 다양한 움직임이 가능한 관절

고관절을 살펴보면 골반Pelvis에 대퇴뼈Femur가 끼워져 있는 관절이다. 이와 유사한 관절이 어깨 관절인데, 이처럼 뼈의 음푹 들어간 부위에 둥근 뼈가 끼워진 형태의 관절을 볼 앤드 소켓 조인트Ball & Socket Joint라고 부른다. 이런 관절은 전후-좌우-회전 등이 자유롭게 움직일 수 있다. 우리가 모든 방향으로 자유롭게 팔을 휘두를 수 있듯이 고관절 또한 자유롭게 움직일 수 있다.

큰 근육이 자리한데다 관절의 움직임도 자유로워 하체를 사용하는 대부분의 운동은 고관절이 중심이 된다. 이러한 고관절의 기능과 움직임을 생각해 보면 스키 기술의 많은 부분은 고관절을 중심으로 이해하는 것이 합리적이다.

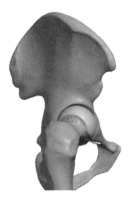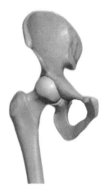

'볼 앤드 소켓 조인트'인 고관절의 옆 모습(왼쪽)과 앞 모습(오른쪽).

고관절의 얼라인먼트

우리는 신체 관절을 움직여 다양한 모양을 만들며 스킹한다. 턴의 시작-중반-후반 우리의 신체 자세는 다양하게 변화한다. 이때 우리의 인체를 지지하는 발BOS 위에 골반이 잘 위치하도록 신체 자세를 만드는 것이 중요하다. 물론 턴 후반에 다리를 구부리게 되면 골반이 살짝 발 뒤에 위치하게 되지만, 크로스오버와 함께 골반을 다시 발 위에 위치하게 하는 것이 중요하다.

대부분의 스키어는 눈에 보이는 발의 위치를 조정하는데 신경을 집중한다. 하지만 스키는 항상 발과 골반의 위치 관계를 통해 균형을 유지하는 밸런스 운동이다. 스키를 탈 때 대개 시선은 10m 앞을 바라본다. 따라서 스킹을 할 때 골반이 보이지는 않는다. 하지만 느낌으로 골반의 위치를 잘 파악하고 스킹하는 것이 중요하다.

골반의 위치와 움직임에 집중해 스키를 타자.

위 그림에서 골반의 라인은 빨간선으로 표시했다. 골반의 위치를 잘 잡아주는 것이 엑스퍼트 스키어의 좋은 스키 자세이다. 가장 강한 근육으로 몸에 가해지는 압력을 버텨내고, 효율적으로 하체 관절을 조율해 아름다운 턴을 만들 수 있기 때문이다.

다리는 상황에 따라 독립,
동시 조작 한다

바깥쪽 다리로 균형 잡고 안쪽 다리로 조종

바깥 스키 위로 체중을 싣고 가벼워진 안쪽 스키로 바깥 스키를 조정하는 느낌으로 두 발을 조정하면 상당히 효율적인 조정이 된다. 많은 스키어들이 바깥 스키 위에 체중을 실어주기 위해 노력하는데 가장 좋은 방법은 안쪽 스키를 가볍게 만들어주는 것이다. 예를 들어 안쪽 스키의 테일을 들어주면 자연스럽게 바깥 스키 위로 체중이 실리게 된다.

이렇게 바깥 스키 위로 체중을 싣고 서게 되면 자연스러운 앵귤레이션 자세가 만들어진다. 의도적인 관절의 꺾임이 아닌 균형 유지를 위해 자연스럽게 딛고 선 발BOS 위로 인체 중심점COM이 올라가는 현상이다. 이렇게 바깥발로 안정되게 선 자세를 기본 자세로 보아야 한다. 필자가 가장 좋아하는 첫 웜업 스킹이 '안쪽 스키 테일 들기'다. 안쪽 스키 테일 들기로 슬로프를 안정되게 내려가면서 뼈대로 선 자세를 만들어야 이후 다른 다양한 기술을 추가해 갈 수 있다.

안쪽 스키 테일 들기.

스키 기술 관련 서적 가운데 대표적인 베스트셀러를 꼽으라면 '리토 할아버지'로 알려진 Lito Tejada Flores가 지은 〈Breakthrough on Skis〉를 들 수 있다. 리토가 이 책을 통해 한결되게 강조하는 것은 안쪽 스키를 들면 자연스럽게 바깥 스키에 체중이 실리고 이를 이용해서 턴을 하라는 내용이다.

이를 좀 더 발전시킨 개념이 헤럴드 하브Harald Harb가 주장한 팬텀 무브Phantom Move다. 헤럴드의 개념은 안쪽 스키를 들어 주는 것에서 더 나아가 안쪽 스키의 아웃 에지를 걸어주는 동작이 이어지는 다른 조작을 연쇄적으로 이끌어낸다는 이론이다. 두 베스트셀러 저자는 모두 안쪽 스키를 이용해 턴을 이끌어가되 체중은 바깥 스키에 두라는 것을 핵심적으로 강조하고 있다.

이렇게 두 다리가 서로 독립적으로 조작되어야 한다는 것은 지극히 당연하다. 우리가 걷거나 달릴 때, 자전거를 탈 때 발을 번갈아가며 체중을 실어주는 것을 스키에 적용하면 너무나 명확하다. 이때 체중이 실리지 않은 발을 잘 컨트롤해야 한다는 것이 스키에서는 중요한 화두이다. 왜냐하면 다른 운동과 달리 회전 운동이 이루어지는 데다 길이가 긴 스키를 컨트롤 해야 하기 때문이다.

안쪽 스키 테일 들기에서 시작해 안쪽 스키 들기, 그리고 재블린턴을 할 때도 단순하게 들기보다는 팬텀 무브를 가미한다면 더욱 안쪽 스키 활용에 대한 이해가 높아질 것이다.

파우더에서는 한쌍으로 동시 조작

바깥 스키와 안쪽 스키가 독립적으로 움직여야 한다는 것은 정설 사면과 범프 등 거의 모든 스키 환경에 적용된다. 하지만 파우더라면 이야기가 달라진다. 그 이유는 딱딱한 설면에서는 에징이 턴을 만드는 가장 주요한 요인이지만 파우더에서는 에징이 큰 의미가 없기 때문이다. 오히려 부양력을 이용해야 하므로 철저하게 양발 하중을 추구하고 프레서 컨트롤 위주로 턴을 만들어 내야 한다.

안쪽 스키 테일 들기

안쪽 스키 들기

비기너 재블린턴

일반 스킹에서 양발의 조작이 좌우로 사이드 점핑을 하되 바깥발 위주로 점프하는 조작이라면, 파우더 스킹에서는 양발이 묶여 있다는 상상을 하면서 토끼뜀처럼 양발을 동시에 사용하여 좌우로 점프하는 조작이라고 생각하면 된다. 이 모든 것이 두 스키의 부양력을 이끌어내기 위해 양발에 동시 하중을 주기 위한 것이다.

한국 스키장의 딱딱한 설면에서 카빙을 위한 조작에만 익숙한 스키어들은 깊은 파우더에서 양발 하중의 조작 방법을 별도로 익히기가 어렵다. 가장 기본적인 양발 하중 훈련 방법은 합 턴Hop Turn이다. 양발에 하중을 실어 점프를 하고 양발로 착지하는 훈련인만큼 양발을 동시에 사용하는 것에 익숙해질 수 있다. 또한 점프를 위해 다리를 구부리고 펴는 동작을 익힐 수 있는데, 이는 프레셔 컨트롤 기술을 익숙하게 하기 위한 기본 동작이기도 하다. 좀 더 세련되게 양발 조작을 하려면 안쪽 발을 이용해 턴을 만드는 화이트 패스 턴White Pass Turn을 연습하면 안쪽 스키에 체중을 실은 상태에서 턴을 만드는 조작까지 세련되게 향상시킬 수 있다.

머리는 안정되게 유지한다

스키어들의 자세는 모두 각양각색 자신만의 개성이 있다. 무엇이 옳고 그른 것은 아니고 다들 나름의 개성이다. 하지만 본인이 잘못된 자세를 흉내내거나 오해하고 있다면 이에 대해 이해는 하고 있어야 한다. 이러한 이해를 전제로 자신만의 우아한 스킹 자세를 만들어내는 것이 필요하다.

스키어들이 자세에서 크게 신경 쓰지 않는 것이 머리의 안정화이다. 하지만 우리의 머리에는 스킹에 있어 절대적으로 중요한 두 가지 센서가 있다. 바로 신체의 균형 센서인 눈과 안쪽 귀(내이)다.

시선의 안정화

머리를 안정화시키는 가장 중요한 이유는 시선을 안정화하기 위함이다. 우리가 자동차를 운전할 때 고개를 좌우로 흔들면서 전방을 바라보면 어떻게 보일까? 꽤 복잡하게 보일 것이다. 왜냐면 시선이 고정되어 있지 않기 때문이다.

스키를 탈 때 머리를 고정시키면 시선이 안정되어 변화하는 지형을 파악하는데 유리하다. 스키 초보자는 자동차 운전 초보자처럼 바로 자기 발 앞을 보려고 한다. 물론 초보자에게 길이가 긴 스키는 언제든 서로 엇갈려서 균형을 잃게 하는 '위험스런 물건'이라 주의깊게 보려는 경향이 있다. 하지만 조금만 스키에 익숙해지면 시선을 발 앞에서 조금씩 멀리 보도록 훈련해야 한다. 이는 자기 차 앞만 보면서 운전하던 초보자가 운전에 익숙해지면 멀리 앞을 보면서 교통의 흐름을 파악하고, 전후좌우를 폭넓게 살필 수 있게 되는 것과 마찬가지다.

하지만 스키는 거의 매일 하다시피 하는 운전에 비해 익숙해지기까지 필요한 시간이 절대적으로 부족하다. 그래서 초보 때부터 가능하면 의도적으로 5~10m 앞을 바라보려고 노력해야 한다. 스키 실력이 늘수록 점점 더 빠른 속도로 급한 슬로프를 타게 되기 때문에 초보 때부터 멀리 보는 습관을 들여야 한다.

레이싱 선수들은 경기를 할 때 두개, 또는 세개 앞의 게이트를 보고 스킹을 한다. 모글 선수들은 몇 턴 앞의 모글을 보며 스킹을 한다. 자연 범프와 파우더에서도 내가 만들 바로 앞의 턴을 보기보다 그 다음 턴을 미리 예상하고 있어야 더욱 안정된 턴을 만들 수 있다. 이러한 시선의 훈련은 안정된 머리를 유지하는 것에서부터 시작한다.

내이의 안정화

내이Inner Ear는 달팽이관, 반고리관(3개로 이루어져 세반고리관이라고도 한다), 전정기관으로 이루어져 있다. 달팽이관은 소리를 받아들이는 기능을 하고, 반고리관과 전정기관은 몸의 균형을 유지하는 역할을 한다. 전정기관에는 평형반이 있는데, 여기에 연결된 감각세포 위에 있는 이석에 문제가 생기면 어지럼증을 느끼는 이석증이 발병한다. 구체적으로 내이의 기능을 살펴보자면 상당히 복잡한 의학적 지식이 필요하다. 여기서는 내이가 인체의 평형을 유지하는데 중요한 기능을 한다는 것만 인지하도록 하자.

스킹에서 머리를 안정되게 유지하는 이유는 시선만큼이나 내이의 안정이 중요하기 때문이다. 그럼 머리는 어떻게 안정되게 유지할 수 있을까? 바로 어깨와 목의 릴랙스다. 코어는 안정되게 유지하되 상체의 윗 부분인 어깨와 목은 긴장을 풀고 릴랙스한 상태를 유지하는 것이 중요하다. 카빙 자세에서 팔을 옆으로 높이 드는 자세는 불필요한 긴장을 유발한다.

폴들기

폴들기2

따라서 어깨와 목에 힘을 빼는 것만으로 상체 자세가 굉장히 여유로워지고 폴 플랜팅도 자연스럽게 변화한다. 특히, 어깨에 힘을 빼면 자연스럽게 팔꿈치가 툭 떨어지는 느낌이 된다. 이런 편안한 자세를 취해야 파우더와 자연 범프에서 자유로운 스킹을 즐길 수 있다.

머리를 안정되게 유지한다는 것은 상체를 안정화시킨다는 의미다. 상체 안정화는 폴 들기 훈련을 통해 향상시킬 수 있다.

스키를 탈 때는 멀리 바라보는 습관을 들여야 시선을 안정되게 유지할 수 있다.

전후 조작

스키에서 전후 조작Fore-aft Movement이란 전후 밸런스를 유지하고 조정하기 위한 조작을 말한다. 전후 조작은 크게 두 가지로 구분할 수 있다. 스키 입문에서 중급자까지는 중경을 유지하기 위한 조작, 상급자 이상의 단계에서는 중경을 기본으로 한 적극적인 전-후경의 조작이다.

중경을 유지하기 위한 조작

중경에 대한 올바른 이해

중경이란 무엇인가?

'중경'은 영어로는 Centered Balance라고 한다. 말 그대로 전경이나 후경이 아닌 스키판의 중앙에 수직으로 서는 것을 말하는데, 여기서 '수직'이라는 의미를 정확히 이해해야 한다. 초중급 스키어들은 모든 관절을 살짝 앞으로 구부린 자세를 취하기만 하면 자신이 올바르게 서 있다고 생각한다. 하지만 중경자세에서 수직의 의미는 스키어의 중심점COM과 스키어가 딛고 선 발의 중심부BOS가 수직선상에 있다는 것을 뜻한다. 이렇게 정렬시키면 일반적으로 엉덩이는 바인딩 힐 피스에, 무릎은 바인딩 토 피스에 정렬된다.

스키를 배우는 단계부터 패럴렐턴을 안정적으로 구사하는 중급자까지는 중경을 유지하는 것이 가장 큰 과제다. 처음 스키에 입문한 사람은 미끄러지며 앞으로 이동하는 스키 위에서 균형을 유지하는 것이 아주 낯설고 힘들다. 미끄러지며 이동하는 스키의 움직임에 보조를 맞춰 인체의 중심이 안정적으로 스키와 함께 이동하기까지는 많은 시간이 걸린다. 하지만 스노우플라우턴부터 패럴렐턴에 이르기까지 시행착오를 겪으며 안정된 중경을 유지하는 것에 익숙해지면 어느새 중급자 단계에 이르게 된다.

어깨 위에 무거운 바벨을 올리고 스쿼트를 한다고 가정해보자. 우리는 최선을 다해 그 무게가 발에 안정적으로 놓이도록 균형을 유지할 것이다. 조금이라도 균형이 어긋나면 허

중경은 COM과 BOS가 수직으로 놓이도록
정렬시키는 것이다.

리나 무릎에 무리가 갈 것이다. 스키를 탈 때도 마찬가지다. 무거운 바벨을 어깨 위에 올리고 있다고 상상하면서 스키를 타보자. 그러면 최대한 무게가 발의 중심에 놓이도록 자세를 유지하려 할 것이다. 골반이 발 위에 안정되게 놓여 있도록 만들겠다는 생각으로 스키를 탄다면 중경을 유지하는데 큰 도움이 된다.

중경을 유지해야 하는 이유

중경이란 몸의 중심이 발 위에 수직선 상에 위치하도록 전후 밸런스를 유지하는 것이라고 정의했다. 그렇다면 왜 중경을 유지해야 할까? 그 이유는 스키판에 수직 방향으로 에너지를 전달하는 것이 스키를 조작하기에 가장 유리하기 때문이다.

스키판을 비롯한 스키 장비는 스키어의 체중이 스키판 중앙에 실리는 것을 전제로 개발되고 진화했다. 스키는 중앙에 힘이 실릴 때 가장 효율적으로 턴을 만들 수 있도록 과학적으로 설계된 기구다. 스키 제조업체는 100년 넘게 에지의 사이드컷과 캠버가 턴을 만드는데 어떻게 작용하는지 수많은 실험을 통해 확인했고, 이 기능의 효율적인 작용을 위해 스키어 체중이 스키판 어디에 실리는지를 확인한 뒤에 바인딩 장착 위치를 세팅한 것이다. 스키판 제작과 바인딩 세팅, 이 모든 것이 중경을 전제로 만들어지는 것이다.

또한 스킹 시 중경을 유지해야 하는 이유는 수많은 스키 강사와 코치들에 의해 실전에서 검증된 것이다. 스키판의 앞쪽에 체중이 실리면 스키판 중간과 테일에 적절한 힘이 실리지 않아 스키가 과도한 회전을 하게 되어 조절이 힘들다. 스키판 뒤쪽에 체중이 실리면 턴이 제대로 만들어지지 않아 마찬가지로 스키의 조절이 힘들다. 따라서 스키를 잘 타려면 중경의 밸런스를 유지하는 것이 가장 선행되어야 하는 핵심적 조작이다.

후경에 대한 올바른 이해

중경에 대비되는 두 가지 자세가 있다. 바로 후경과 전경이다. 먼저, 스키어들에게 가장 일반적으로 나타나는 문제인 후경에 대해 알아보자.

후경이란 우리 신체의 무게중심COM이 발보다 뒤에 위치한 경우다. 후경 자세가 되는 이유는 전후 조작에 대한 몇 가지 잘못된 이해 때문이다. 이를 정확히 이해하고 오해를 풀어야 중경 자세를 유지하는데 도움을 얻을 수 있다.

첫째, 무릎 관절을 너무 구부린 경우

중경 자세를 한 마디로 정의하자면 '골반이 발 위에 있다'라고 할 수 있다. 그렇다면 후경이란? 바로 골반이 발 뒤쪽에 놓인 경우다. 초보 스키어를 보면 무릎을 너무 구부려 엉덩이가 뒤로 빠진(후경) 자세로 스키를 탄다. 이런 자세를 서양에서는 백 싯Back Seat이라 부른다. 마치 의자에 앉은 듯한 낮은 자세 때문에 지어진 표현이다.

후경의 가장 대표적인 자세는 엉덩이가 뒤로 빠진 백 싯 자세다.

물론 엉덩이가 발 뒤쪽에 위치한다고 무조건 후경이라고 볼 수는 없다. 엉덩이가 뒤로 빠진만큼 상체가 앞으로 숙여지면 우리 몸의 중심인 COM이 몸 안에서 배꼽 앞으로 이동하게 되어 결과적으로 중경이 유지된다. 하지만 이런 자세는 뼈대를 사용하지 않고 근육을 위주로 사용하게 되어 쉽게 지친다. 활강거리가 짧은 슬로프에서 단시간 취할 수는 있지만, 해외 스키장의 광활한 자연 앞에서는 너무나 불편하고 쉽게 피곤해지는 자세다. 스키를 편하고 안전하고 즐겁게 타기 위해서는 골반을 발 위로 놓고 뼈대로 타는 것이 월등히 좋은 중경의 자세가 된다.

엉덩이가 뒤로 빠진 만큼 상체를 앞으로 구부려 만든 중경 자세는 근육 피로가 심하다.

둘째, 발목 관절을 너무 편 경우

해외 스키장의 서양인들에게서 흔히 보이는 후경 자세다. 서양인들은 광활한 스키장에서 온 종일 스키를 타려면 가능한 편안한 자세를 취해야 한다는 것을 체험적으로 안다. 반면 빠르게 미끄러지는 것에 대한 두려움도 가지고 있다. 그래서 하체를 전체적으로 펴서 타는 자세를 선택한다. 이런 자세를 취하면 자연스레 발목 관절도 펴지고, 정강이가 아닌 종아리가 부츠에 닿게 된다. 이 자세는 전체적으로 체중이 뒤꿈치에 실리는 후경이다. 이런 후경 자세는 쉽게 고칠 수 있다. 서양인 스키어에게 '정강이가 부츠에 닿는지 확인하면서 타라'고만 해도 금방 후경 자세가 고쳐지는 경우가 있는데, 이런 이유 때문이다. 강사들은 대부분의 초중급자들에게 이런 주문을 하곤 한다.

"Try to touch the boot tongue with your shin and feel the shin pressure."
"정강이를 부츠 텅에 붙이고 누르는 느낌을 가져보세요."

부츠는 옆에서 보면 앞으로 살짝 기울어졌다. 그 이유는 발목을 앞으로 기울인 자세를 유지하는 것이 스키에 절대적으로 유리하기 때문이다. 부츠가 이렇게 생긴 이유만 알아도 우리가 왜 발목을 살짝 앞으로 구부려야 하는지 알 수 있다. 앞으로 기울어진 부츠는 입문자에게는 걷기에 엉거주춤하고 부자연스럽다. 하지만 스키를 위해서는 대단히 유리하다. 미끄러져 이동하는 스키 위에서 조금만 발목이 펴져도 바로 후경이 되기 때문이다. 스키어의 발목을 일정 정도 앞으로 기울어진 채 고정시켜 놓은 것이 스키 부츠의 원리인데, 그만큼 발목의 각도가 중요하다는 반증이다.

편하게 선 자세로 보이지만 발목을 펴기 때문에 결과적으로 후경의 밸런스가 된다.

셋째, 고관절을 너무 편 경우

쉽지 않은 자세지만 상체를 너무 곧게 세워도 곧잘 후경이 되곤 한다. 발목을 적당히 구부리고 골반을 발 위에 올려 스킹하는 스키어에게서 이런 자세가 나오는 경우는 드물지만, 몇몇 스키어에게 볼 수 있다. 스킹 중에 상체가 곧추 세워지면 코어 근육에 힘이 풀려 조금만 경사가 심해지고 속도가 붙으면 쉽게 후경이 된다. 결과적으로 스킹 동작이 후경의 방어적 자세를 취하게 된다.

　이런 자세는 어린 아이들이나 겁이 많은 여성들에게서 많이 볼 수 있다. 상체에 잔뜩 힘이 들어가 팔도 웅크린 자세를 취하는 경우가 일반적이다. 이렇게 웅크린 팔 자세를 서양에서는 치킨 윙Chicken Wing이라 부른다. 이런 자세의 스키어는 우선 몸의 긴장을 풀어주는 것이 필요하다. 완사면에서 편안한 팔 자세를 취하고 긴장을 푼 채 스키 타는 연습을 하는 게 좋다. 장보러 간 마트에서 카트 미는 자세를 상상하라고 하면 살짝 상체가 앞으로 숙여진다. 이런 자세가 되면 고관절 부위가 살짝 접히면서 전체적으로 중경 자세가 나온다.

상체를 너무 똑바로 펴도 후경이 되기 쉽다. 코어 근육을 긴장시키면 이런 자세가 나올 수 없다.

넷째, 골반 전경이 심한 경우

　앞에서 '어떻게 설 것인가?'에서도 다루었지만 요추에 아치가 살아 있는 자세를 스킹 시에도 유지하면 상체가 똑바로 선 자세가 만들어진다. 요가를 열심히 수련한 여성들에게서 쉽게 볼 수 있는 자세이기도 하다. 고관절이 살짝 앞으로 숙여진 상태일지라도 허리의 아치가 심하게 만들어지면 뒤쪽 허리 근육이 긴장되면서 어깨가 뒤로 이동해 하체의 관절 각도와 상관없이 후경이 되기도 한다. 특히, 경사가 심해지면 고관절을 너무 편 경우와 마찬가지로 쉽게 후경으로 빠진다.

　하지만 적절한 중경이 유지된다면 체형으로 인해 생기는 자세에 대해 너무 엄격하게 기준을 적용할 필요는 없다. 힙이 상대적으로 큰

골반 전경이 되면 허리 근육에 불필요한 긴장이 생기게 된다.

여성이나 남성의 경우(소위 '오리궁둥이' 체형) 골반 중립을 유지해도 골반 전경으로 보이기도 하기 때문이다. 스키어가 이런 체형에서 오는 문제를 갖고 있다면 스키어의 주관적인 느낌을 물어보고 개별적인 피드백을 주는 것이 경험 많은 강사의 역할이다.

전경에 대한 올바른 이해

앞으로 숙이는 자세 또한 전경이 되어 중경을 유지하는데 방해가 된다. 대부분의 스키 입문자들이 미끄러짐에 대한 두려움에 쉽게 후경이 되는데 이 때문에 경험자들은 과도하게 전경을 유지하라고 강조한다. 하지만 이럴 경우 엉덩이는 뒤로 뺀 채 상체만 앞으로 구부리는 자세를 취하는 것이 일반적이다.

첫째, 고관절을 너무 구부린 경우

엉덩이가 뒤로 빠지지 않은 상태에서 고관절만 너무 구부리면 상체가 앞으로 쏠려서 과도한 전경 자세가 된다. 이런 자세는 두려움이 적은 남성 스키어에게서 쉽게 찾아볼 수 있다. 그러나 과도하게 상체를 앞으로 숙이는 것은 허리에 많은 부담을 주어 부상의 위험이 높아진다. 또 스키 앞쪽에 체중이 실려 턴 후반에 스키 테일이 밀리면서 소위 찍찍이 턴을 하는 원인이 된다. 이런 자세의 스키어는 상체를 편안하게 편 상태로 만들어 주는 것이 필요하다.

상체를 앞으로 구부려 후경을 보완하려고 하면
반대로 지나친 전경이 된다.

둘째, 발목을 너무 많이 구부린 경우

전경의 또 다른 모습으로 발목을 너무 앞으로 구부린 모습을 많이 볼 수 있다. 정강이로 부츠를 눌러야 한다는 말을 잘못 이해한 경우다. 이러한 상태에서 스키를 조작하는 경우를 영어권에서는 앵클 락Ankle Lock이 걸렸다고 말한다. 자물쇠로 잠가 놓은 것처럼 발목의 각도가 항상 구부러진채 고정되어 있어 나온 표현이다. 이런 경우 마치 줄넘기를 하듯이 발목을 살짝 구부렸다 펴주는 조작을 해보면 잠겼던 발목이 풀어진다.

정강이로 발목을 눌러야 한다는 의식 때문에
발목을 지나치게 앞으로 기울이면 전경이 된다.

발목 관절로 전후 밸런스 유지하기

이제 중경을 만드는 자세에 대해 어느 정도 이해했으리라 본다. 하지만 스키를 타다 보면 다양한 설면의 변화와 이에 따른 속도의 변화가 찾아온다. 이런 상황에서 중경의 유지는 끊임없이 도전받는다. 그렇다면 어떤 방법으로 스킹 중에 중경을 유지하는 것이 좋을까?

일반적으로 스키어에게 중경 자세를 취해보라고 한 뒤, '그럼 이제 전경 자세를 취해보세요~' 라고 하면 대부분 상체를 앞으로 구부려 전경 자세를 만들려고 한다. 즉, 고관절을 구부리는 방법을 사용한다. 그러나 이 보다 더 좋은 방법이 있다. 바로 발목 관절을 구부리는 것이다. 발목이 딱딱한 부츠에 갇혀 있다고 여길지 모르지만, 부츠 안에서도 발목을 어느 정도는 구부리고 펼 수 있다. 발목을 구부리면 정강이가 부츠에 닿고, 발목을 펴면 종아리가 부츠에 닿는다. 스킹 중에 이러한 발목의 조작을 통해 전후 밸런스를 조정한다면 세 가지 면에서 큰 장점이 있다.

전-후경의 조작은 상체가 아닌 하체로 이루어져야 한다. 하체 조작(왼쪽)과 상체 조작(오른쪽).

첫째, 작은 움직임으로 전후 밸런스의 변화를 만들어 낸다. 발목은 가장 작은 움직임으로 가장 큰 결과를 만들어낼 수 있으니 가성비가 가장 좋은 관절이다. 물론 상체를 앞으로 구부리고 펴는 방법도 전후 밸런스에 영향을 미칠 수 있다. 하지만 이런 큰 움직임에 비해 발목 관절 조절은 작은 움직임만으로 큰 영향을 미칠 수 있다.

둘째, 몸의 중심점을 안정되게 유지한 상태에서 전후 밸런스 조작이 가능하다. 우리 몸 질량의 65% 이상이 상체에 있다. 따라서 무거운 상체를 움직이면 밸런스를 유지하기가 어려워진다. 반면 무거운 상체를 안정되게 유지한 상태에서 발목 각도만 조절하면 몸의 중심점COM이 안정된 상태에서 전후 밸런스를 조정할 수 있다.

셋째, 발목이 설면에 가장 가깝고 가벼운 관절이라 빠르게 조작이 가능하다. 상체를 조절해 전후 밸런스를 조정하려면 무겁고 많은 에너지가 필요한 큰 부위를 움직여야 하는데다, 움직임 정도를 조율하기도 쉽지 않다. 반면 발목은 하체에서 가장 가벼운 관절이라 재빠르게 조작할 수 있고, 에너지 소모도 적다. 또 과도하게 조정되어도 빠르게 재조정 할 수 있다.

상급자의 전후 조작

적극적인 전-후경 조작

지형과 설질에 따라 혹은 스키의 보다 정밀한 퍼포먼스 조작을 위해 의도적으로 전경 혹은 후경을 만든다. 하지만 이러한 조작은 모두 중경을 기본으로 하면서 필요에 의해 밸런스를 좀 더 스키의 앞쪽 또는 뒤쪽으로 조정하는 것이다. 전경-중경-후경 자세와 인체 밸런스 관계를 의도적으로 조작하는 것은 수동적으로 중경을 유지하는 것과는 많이 다르다. 하지만 그렇다고 해서 중경 자세를 만드는 의미가 퇴색되지는 않는다. 중경에 대한 이해 없이는 적절한 전-후경 조작을 이해하기란 불가능하기 때문이다. 그러므로 중급자 단계까지는 적절한 중경을 찾는 것에 전념하고, 중경에 대한 이해가 확고할 때 다음 단계인 '적극적인 전-후경 조작'에 도전하자.

영어권에서는 전-후경의 조작을 체중 배분Weight Distribution으로 표현한다. 그럼 체중을 중경 상태가 아닌 전경 혹은 후경으로 이동시킬 때 어떤 변화가 발생하는지 알아 보자.

전경 조작 - 회전성 증가

일반적으로 체중이 스키 앞쪽에 실리면 스키 팁이 설면을 파고들면서 턴이 만들어지기 시작한다. 체중이 뒤에 실린 후경 상태에서는 스키 팁에 힘이 실리지 않아 비록 스키 팁이 눈에 닿아 있더라도 즉각적인 턴을 만들어내지 못한다. 물론 지금껏 강조해온 중경 상태를 유지해도 턴이 만들어지지만, 체중이 앞쪽에 실렸을 때처럼 적극적으로 턴이 만들어지는 것은 아니다. 대부분의 엑스퍼트 스키어들은 상황에 따라 아주 재빠른 턴을 유도해내는데, 이런 조작은 턴의 초반 스키팁에 더욱 많은 체중을 실어줘서 가능하다.

전경이 되면 턴 초반 도입이 빨라져 유리하지만, 턴 후반까지 스키 앞쪽에 계속 체중이 실리면 스키가 과도하게 돌아간다. 이렇게 되면 다음 턴으로의 진입이 늦어지고 리듬이 끊어지게 된다. 전경이 심한 스키어들이 소위 '찍찍이턴' 혹은 '와이퍼턴'을 만드는 이유다.

후경 조작 – 직진성의 증가

스키는 테일쪽으로 체중이 실리면 회전성이 줄고 직진 성향을 갖게 된다. 따라서 전경이 심한 스키어들이 '찍찍이턴'을 만드는 반면 후경이 심한 스키어들은 턴을 완전하게 마무리하지 못하고 대충 흐르는 턴을 하고 만다. 이는 후경이 스키의 직진성을 강하게 해 둥글게 턴 하는 것을 방해하기 때문이다. 경사가 급한 슬로프에서 대부분의 스키어들이 속도를 조절하지 못하고 빨라지는 이유다.

전 – 후경의 조화

앞바퀴에 동력이 전달되는 전륜 구동 차량은 회전성이 좋고, 뒷바퀴에 동력이 전달되는 후륜 구동 차량은 직진성이 좋다. 스키도 이와 비슷한데, 엑스퍼트 스키어들은 짧은 순간 턴을 만들면서도 턴의 전반부는 전경, 턴의 후반부는 후경으로 변화를 준다. 이런 밸런스의 변환이 가능한 것은 스키를 완전히 컨트롤하는 능력 즉, 중경을 유지하는 능력을 갖추고 있기 때문이다. 따라서 중경을 잘 유지하는 능력을 먼저 발전시키고, 중상급자 단계에 오르면 본격적으로 발목을 조정해 전후 밸런스를 원하는대로 조작하는 능력을 키워야 한다.

적극적인 전–후경 조작을 발전시키는 방법

전-후경의 적극적이고 의도적인 조작이 턴을 만드는 데 좋다고 처음부터 무턱대고 과도한 전-후경을 연습해서는 안된다. 실력에 맞게 단계적인 방법으로 전-후경 조작을 발전시켜야 한다.

발바닥에 전해지는 느낌 알기

자신이 스킹 중에 발의 어떤 부위에 압력을 가하는지를 아는 것이 필요하다. 즉, 발바닥 전체에 가해지는 압력을 체크해보는 의식적인 노력이 필요하다. 자신이 발바닥 전체로 안정되게 딛고 있는지를 확인하는 것이다. 발바닥 느낌 알기는 엑스퍼트 스키어 단계에서 절대적인 위력을 발휘한다. 파우더의 가볍고 무거움을 순간적으로 파악하여야 하고, 설면이 제대로 보이지 않는 화이트 아웃 상황에서는 발바닥 느낌만이 감각적인 판단 기준이 되기 때문이다.

적극적인 전–후경 조작을 향상시키는 돌핀턴.

발바닥 앞꿈치에 압력 느끼기

까치발을 만들 때처럼 뒤꿈치를 들어보면 엄지발가락과 엄지발가락 뿌리쪽의 탁구공 같은 둥근 뼈(모지구)로 딛고 서게 된다. 스키를 타는 상황에서 이 부위로 딛고 선 압력을 확인할 수 있어야 한다. 이 부위에 압력이 실리면 체중이 스키의 앞쪽에 실리는 전경이 된다.

발바닥 뒤꿈치에 압력 느끼기

엄지발가락과 모지구를 들어보면 뒤꿈치로 딛고 선 느낌이 들 것이다. 이와 같은 느낌이 들면 스키의 뒤쪽으로 체중이 실리는 후경 밸런스다.

발바닥 내에서 압력 변화 컨트롤 하기

일반 스키어는 발바닥 내에서의 체중 이동만으로도 스킹에 큰 차이를 만들어낼 수 있다. 적극적인 전–후경 조작을 통해 턴의 시작은 날카롭게 하고, 턴의 후반은 부드러우면서도 모멘텀을 유지한 채 마무리 한다면 상급 스키어 단계에 이르렀다고 할 수 있다. 이러한 조작은 발바닥의 압력점을 자유롭게 조절하는 것은 물론, 발목 관절을 구부리고 펴는 조작을 전제로 한다.

부츠와 스키판 지렛대 활용하기

스키 부츠는 단순히 운동화 역할을 하는 게 아니다. 딱딱한 소재로 만들어져 정강이까지 올라오는 부츠는 그 자체로 강력한 지렛대 역할을 한다. 엑스퍼트 스키어들은 발바닥 내에서의 체중 이동 뿐만 아니라 부츠와 스키를 사용해 보다 넓은 범위로 체중을 이동시킨다. 예를 들면 '돌핀 점프'나 '돌핀턴'은 스키판 전체를 활용한 큰 범위의 체중 이동을 통해 만들어진다. 스키판 전체와 스키 부츠의 지렛대 기능까지 활용할 수 있게 되면 엑스퍼트 스키어라 할 수 있다.

돌핀 점프

돌핀턴을 만드는 3단계 방법

좌우 조작

좌우 조작이란?

좌우 조작Lateral Movement은 좌우 밸런스와 에징 기술, 두 가지 조작을 의미한다. 스키어는 중력에 의해 경사진 슬로프의 아래쪽으로 이끌려 내려온다. 이 때 작용하는 힘은 중력이다. 하지만 스키어가 턴을 만들면서 중력의 방향이 변화한다. 스키어가 회전을 함에 따라 옆에서 당기는 원심력을 느끼게 된다. 물론 스키어에게 작용하는 힘은 원심력과 중력이 합쳐진 합력Resultant Force이다. 즉, 아래로 당기는 중력과 옆으로 당기는 원심력이 합쳐져 힘의 방향과 세기가 턴을 하는 과정에서 끊임없이 변화하는 것이다.

스키어가 중급 단계를 넘어가면서 자유롭게 패럴렐턴을 만들기 시작하면 가장 관심을 갖게 되는 에너지는 중력보다는 원심력이다. 중급 이상의 스키 실력을 가진 스키어가 경사진 슬로프에서 스킹을 즐긴다면 누구나 다음과 같은 상황에 직면할 것이다. 급경사 슬로프에서 턴을 할 때마다 회전의 바깥쪽에서 당기는 강한 원심력을 느끼게 되고, 이에 대응해 좌우로 번갈아가며 왼쪽 발과 오른쪽 발로 체중을 이동시킨다. 지상에서 스키 자세를 흉내내는 강사들을 보면 대개 좌우로 사이드 점핑하는 자세로 스키에 관련한 기술을 설명하는데, 그만큼 좌우 조작의 중요성을 반증하고 있는 것이다.

스키어는 턴을 하면서 원심력의 크기에 맞게 신체를 회전의 안쪽으로 기울이고Inclination, 미끄러운 설면에서 원심력에 끌려가지 않기 위해 발의 안쪽에 힘을 주어 버티고 무릎과 힙을 꺾어 더욱 강한 에지 그립Angulation을 만들려고 노력한다. 여기서 두 가지 단어가 나온다. 바로 인클리네이션Inclination과 앵귤레이션Angulation이다. 인클리네이션과 앵귤레이션은 가장 대표적인 좌우 조작 기술이다.

인클리네이션Inclination

인클리네이션이란 턴의 안쪽으로 몸을 기울이는 것을 말한다. 한국에서는 '내경'이라 부르는데, 반대 의미로 사용하는 '외경'이란 단어가 앵귤레이션을 의미하기에 상당한 혼란을 야기한다. 인클리네이션과 앵귤레이션은 대부분의 경우 동시에 발생하며, 상호 보완적인 것이다. 서로 반대되는 개념이 아닌데 '내경-외경'이라고 쓰일 때는 서로 상충하는 의미로 오해할 소지가 있다. 이 책에서는 내경, 외경이란 표현 대신 인클리네이션, 앵귤레이션이라 쓴다.

인클리네이션 각도는 속도와 회전호에 따라 변화한다

스키어가 턴을 할 때 인클리네이션을 만드는 이유는 원심력에 대응하기 위해서다. 자전거를 타고 달리다 회전을 해야 할 때 회전 안쪽으로 몸을 기울여 원심력에 대응하는 자세를 만든다. 속도가 느리면 아주 작은 기울임만으로 가능하지만, 속도가 빠른 상태에서 급한 회전을 만들려면 몸을 더욱 안쪽으로 기울여야 커진 원심력에 대응할 수 있다.

더욱 빨라진 현대 스키의 속도에 대응하기 위해 월드컵 레이서들은 엉덩이나 안쪽 팔이 눈에 닿는 극단적인 인클리네이션을 사용하기도 한다. 하지만 월드컵 레이서와 일반 아마추어 스키어의 활강 속도는 엄청나게 큰 차이가 난다. 따라서 아마추어 스키어가 월드컵 레이서의 자세를 흉내낸다는 것 자체가 어불성설이다.

인클리네이션의 각도는 철저히 물리 법칙을 따른다. 즉, 속도와 회전호의 크기라는 두 가지 변수에 따라 기울기의 각도가 변하는 것이다. 월드컵 선수처럼 빠른 속도로 타거나 아주 급한 회전호를 만들지 못한다면, 그들의 신체 자세만을 모방한 기울기는 반드시 회전의 안쪽으로 체중이 무너지는 부작용이 따른다.

스키어 가운데 월드컵 레이서만큼 속도 내는 것은 두렵지만 급한 회전호를 만들면서 스키를 타고 싶어하는 이들이 있다. 그러나 이 또한 쉬운 기술이 아니다. 예를 들어 자동차를 운전할 때, 내리막의 아주 급한 코너에서 속도를 줄이지 않고 코너링을 하면 차가 엄청나게 쏠리면서 차선을 벗어날 것이다. 더군다나 미끄러운 눈길이라면? 차량이 전복되는 사고로 이어질 수 있다. 스키도 마찬가지다. 너무 급한 회전은 사고의 원인이 된다. 따라서 인클리네이션은 의도적으로 만드는 것이 아니라 속도와 회전호의 크기에 대응하여 자연적으로 만들어지는 것임을 먼저 이해해야 한다.

그렇다고 인클리네이션 조작이 수동적인 것을 의미하는 것은 않는다. 인클리네이션 각도를 크게 하면 그만큼 급한 회전호가 만들어지기 때문이다. 적절한 각도와 기울기로 '의도적인 낙하Controlled Falling'를 다음 턴의 안쪽으로 하는 것은 상급 이상의 스키어에게 반드시 필요한 조작이다. 이처럼 능동적인 인클리네이션을 생각한다면 수동적이라는 표현은 적절하지 않다. 하지만 이러한 능동적인 인클리네이션 조작 또한 감당하고 조절 가능한 만큼만 이루어져야 한다. 다르게 표현하면 감당가능한 만큼의 속도와 턴호에 의해 인클리네이션의 기울기는 제한받는다. 물론 이러한 제한은 훈련을 통해 범위가 점점 넓어질 수 있다.

인클리네이션을 향상시키는 방법

오뚜기 스킹

스킹 중에 인클리네이션을 느끼려면 몸을 통나무처럼 뻣뻣하게 한 뒤 오뚜기처럼 좌우로 기울여보면 쉽게 이해할 수 있다. 몸을 기울이는 만큼 턴호가 변화한다. 몸 기울기를 크게 하면 급한 회전호가 만들어지고, 살짝 기울이면 완만한 회전호가 만들어진다. 주변의 시선으로 보면 아무 것도 하지 않은 채 오뚜기처럼 좌우로 몸을 기울이는 것이 우습게 보이겠지만, 다른 기술은 배제한 채 순수한 인클리네이션에 의한 회전을 만들어봄으로써 인클리네이션에 대한 이해가 깊어질 수 있다. 항상 인클리네이션+앵귤레이션이 조합된 스킹만하던 강습생들에게 앵귤레이션이 없는 인클리네이션만 이용한 턴을 해보라고 하면 처음엔 상당히 어색하고 불편해 한다. 하지만 인클리네이션이 반드시 필요한 조작이므로 '순수 인클리네이션'을 경험하는 것은 큰 도움이 된다. 순수 인클리네이션이 어떤 느낌인지 익숙해진 뒤 조금씩 앵귤레이션을 더해 보면 앵귤레이션과 인클리네이션의 차이는 물론이고, 앵귤레이션이 턴에 어떤 영향을 미치는가에 대해서도 정확하게 이해할 수 있게 된다.

앵귤레이션 없이 인클리네이션만을 사용해 턴 만들기.

화이트 패스 턴

중상급자라면 안쪽발 아웃 에지로 턴을 만드는 화이트 패스 턴White Pass Turns 연습을 해보면 더욱 정확하게 인클리네이션을 이해할 수 있다. 화이트 패스White Pass는 미국 북서부 워싱턴주에 있는 스키장으로, 이 스키장의 스키 코치에 의해 최초로 만들어진 훈련 방법이기에 영어권에서는 모두 화이트 패스 턴이라고 부른다. 이 훈련을 하면 인클리네이션에 대한 보다 정확한 타이밍, 기울기의 각도와 기울기의 정도에 대한 이해를 심화시킬 수 있다. 물론 인클리네이션뿐만 아니라 크로스오버 훈련과 안쪽발 아웃에지 활용에도 아주 유용한 훈련이기도 하다.

화이트 패스 턴을 올바르게 익힌다면 스키 기술 향상에 큰 도움을 받을 수 있다. 하지만 구체적으로 어떤 도움이 되는지, 또한 어떻게 화이트 패스 턴을 훈련하는지에 대해서는 이해가 어려울 수도 있어 상급자 단계에서 자세히 다루도록 하겠다.

화이트 패스 턴은 인클리네이션을 이해하기에 아주 좋은 훈련이다.

화이트 패스 턴

앵귤레이션Angulation

인클리네이션이 원심력에 대응하여 그 원심력의 크기만큼 턴의 안쪽으로 기울기를 만드는 것이라면, 앵귤레이션은 하체의 주요 관절인 발목, 무릎, 고관절을 회전의 안쪽 방향으로 꺾어 주어 더욱 깊은 에지각을 만드는 것이다. 이렇게 깊은 에지각을 만들면 스키는 더욱 강하게 설면을 파고 들면서 원하는 턴을 만들게 된다. 같은 인클리네이션일 경우 앵귤레이션을 깊게 만들면 더욱 깊은 에지각을 만들 수 있기에 결과적으로 더욱 강력한 에징을 만들어 낼 수 있다.

앵귤레이션은 하체의 관절 모두에서 발생

앵클 앵귤레이션Ankle Angulation

딱딱한 부츠에 의해 고정된 발목 관절을 기울여 에지각을 세운다는 것은 직관적으로는 불가능할 것처럼 생각된다. 하지만 전후 조작의 가장 핵심적 관절이 발목이란 것을 잊지 않았다면 발목을 좌우로도 기울일 수 있다는 것을 알 수 있다. 실제로 딱딱한 부츠로 인해 발목 관절의 움직임은 제한적이라서 발목을 기울인다는 것은 부츠 안에서 아주 작은 조작에 불과하다. 두 발로 서서 무릎 움직임에는 신경 쓰지 말고 발 안쪽과 바깥쪽을 들어올리려는 조작을 해보자. 발가락과 정강이 부근의 여러 근육이 사용되고 있음을 알 수 있다. 이처럼 정강이 안쪽 혹은 바깥쪽 발로 부츠를 누르는 효과를 만들어냄으로써 에징에 영향을 준다.

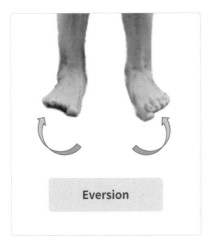 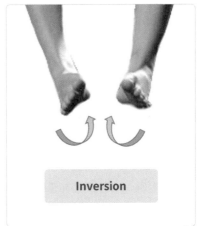

앵클 앵귤레이션을 이해하기 위해 발과 발목을 조작해 보자.

물론 이런 움직임은 무릎(니 앵귤레이션)을 조작해도 마찬가지 모양으로 보여진다. 하지만 하체의 근육 움직임을 볼 수 있는 상태에서 조작해보면 단순히 무릎을 안쪽으로 넣어줄 때와 발을 꺾어 넣어줄 때 근육의 쓰임과 긴장감이 다르다는 것을 알 수 있다. 이런 발목 관절의 미세 조정을 통해 에징을 조절할 수 있어야 엑스퍼트 스키어라 할 수 있다. 발목의 롤링을 향상시키는 좋은 훈련은 '폴라인 스케이팅'과 '롤러블레이드 턴'이다.

| 폴라인 스케이팅 | 롤러블레이드턴 | 롤러블레이드턴2 |

니 앵귤레이션Knee Angulation

무릎 관절을 안쪽으로 구부려 에지각을 세워주는 조작이다. 대부분의 스키어들에게 에지각을 세워보라고 하면 무릎 관절을 안으로 꺾어 에지를 세우는 자세를 취하려 한다. 그만큼 에지각을 만드는데 가장 직관적인 조작이다. 초보자부터 중급 단계의 스키어 대부분은 '니 앵귤레이션'을 통해 에징을 컨트롤 하려고 한다. 그만큼 조절하기 쉽기 때문이다.

니 앵귤레이션이 조작하기 쉬운 이유는 우리 몸의 중심점COM의 위치가 변하지 않은 상태에서 무릎만 살짝 안으로 꺾어주는 조작만으로 상대적으로 쉽게 균형을 유지하며 에지각을 깊게 만들 수 있기 때문이다. 하지만 무릎을 안쪽으로 심하게 꺾는 조작은 무릎 관절에 좋지 않은 충격을 줄 수 있다. 활주 속도가 빨라지는 중급 단계 이후부터는 힙 앵귤레이션을 익히는 것이 좋다. 이는 니 앵귤레이션이 좋지 않다는 의미가 아니다. 니 앵귤레이션만으로는 빠른 속도에서 발생하는 강한 원심력에 대응하기 부족해 더 강한 힘에 대응할 수 있도록 힙 앵귤레이션 기술을 보강해야 한다는 의미이다. 발목과 무릎, 힙 앵귤레이션은 상호 보완적이며, 모든 관절에서 앵귤레이션 조작이 함께 이루어질 때 가장 좋은 기술이 된다.

숏턴과 같이 재빠른 조작이 필요한 턴에서는 발목과 무릎 앵귤레이션의 중요성이 더욱 증가한다. 힙 앵귤레이션은 빠른 조작을 하기에 너무 무겁고 큰 관절이라 빠른 조작이 쉽지 않다. 고속 롤러블레이드 턴은 발목과 무릎 앵귤레이션을 동시에 향상시키는 좋은 훈련이다.

무릎을 꺾어주는 니 앵귤레이션.

힙 앵귤레이션Hip Angulation

초보 단계에서는 힙 앵귤레이션을 익히기가 쉽지 않다. 힙은 우리 몸의 중심점COM 바로 아래에 있어 질량이 굉장히 크다. 이 부분이 회전의 안쪽으로 움직이게 되면 초보자에게는 균형 유지에 상당히 부담이 간다. 하지만 중급 단계를 넘어가면서 속도가 빨라지게 되면 큰 원심력에 대응하기 위해 점점 힙 앵귤레이션 위주로 에징을 조절하는 것이 유리해진다.

힙 주변은 위-아래-앞-뒤로 인체에서 가장 큰 근육이 밀집되어 있고, 가장 힘이 센 고관절이 있다. 고관절은 전후, 좌우, 회전 등 움직임이 가장 자유로운 볼&소켓 조인트라서 엑스퍼트 스키어는 힙 앵귤레이션을 적극적으로 이용해 스킹한다.

가장 큰 근육과 관절이 있는 힙을 이용한 앵귤레이션.

힙 앵귤레이션은 턴의 안쪽에 의자가 있다는 이미지로 힙을 안쪽으로 기울여 가는 움직임이 필요하다. 너무 적게 움직이면 실제로 앵귤레이션의 각도가 작게 나타나 원하는 만큼 타이트한 턴을 만들 수 없다. 또 너무 크게 움직이면 COM이 안쪽으로 기울면서 균형을 잃게 된다. 이 두 가지 극단 사이에서 균형점을 찾아내는 것이 중상급 단계에서 상급 단계로 나아가는 과제가 된다. 힙 앵귤레이션을 익히기 위해서는 '트리플 에징'과 '수퍼맨' 이 좋은 훈련이다.

트리플 에징

수퍼맨

좌우 밸런스와 앵귤레이션 향상의 특효약
재블린턴

재블린Javelin은 '창'을 의미한다. 이 턴은 스위스 출신의 전설적인 프리스타일 스키어이자 '핫도깅 스키의 아버지'로 불리는 아트 퍼러Art Furrer가 만들었다. 그는 미국에서 활동하며 미국 스키 제조사인 하트 스키Hart Skis로부터 협찬을 받았는데, 1966년 하트 스키가 야심차게 출시한 스키 모델이 재블린이었다. 아트 퍼러는 자신이 만든 독창적인 훈련법에 이 스키 모델명을 붙여 '재블린턴'이라고 명명했다.

재블린턴은 턴의 시작과 함께 안쪽 스키를 들어서 바깥 스키 위에 교차시켜 올려 놓고 바깥 스키만으로 턴을 만든다. 이 턴은 스키 기술 향상에 아주 큰 도움을 주는 손꼽히는 훈련 방법이다.

재블린턴은 바깥 스키 만으로 밸런스를 유지하므로 좌우 밸런스 향상에 큰 도움을 준다. 우리가 스킹을 할 때 바깥발로 균형을 유지하는 것은 가장 중요한 과제 중 하나다. 원심력에 대응하기 위해서 바깥발은 안쪽발에 비해 월등히 큰 힘을 낼 수 있다. 그 이유는 턴을 할 때 바깥발이 뼈대를 사용하기 때문이다. 회전을 할 때 굽혀져 있는 안쪽 다리는 뻗고 있는 바깥 다리에 비해 힘을 쓰기에 절대적으로 불리하다.

바깥발이 원심력에 대응하기에 유리한 또 다른 이유는 설면에 닿는 발바닥의 자세 때문이다. 회전을 할 때 안쪽발은 새끼 발가락쪽으로 설면을 딛고 있는 반면 바깥발은 엄지발가락쪽으로 디딘다. 인간은 발의 안쪽을 활용하기 유리하도록 진화해 왔다. 따라서 구조적으로나 근육의 발달면에서 발의 안쪽면을 사용하는데 훨씬 익숙하다. 재블린턴을 연습하면 자연스럽게 바깥발로 균형을 유지할 수 있게 되며, 바깥발 안쪽 근육을 사용해 에징 감각을 익히게 된다.

제블린턴을 하면 힙 앵귤레이션을 자연스럽게 익히게 된다. 안쪽 스키를 바깥 스키 위에 45도 각도로 교차시켜줌으로써 스키어의 골반이 스키를 따라 돌지 못하도록 강제한다. 이렇게 되면 딛고 있는 바깥 스키와 골반 방향이 살짝 틀어져 자연스럽게 외향Counter이 잡히게 된다. 골반이 스키를 따라 돌지 않아 자연스러운 힙 앵귤레이션 자세가 만들어진다. 물론 힙 앵귤레이션과 더불어 발목과 무릎 앵귤레이션이 결합되어 자연스럽게 하체 3관절을 이용한 앵글레이션에 익숙해지는 훈련이다.

재블린턴은 좌우 밸런스와 힙 앵귤레이션을 향상시키는 특효약이다.

중급사면 재블린턴

상하 조작

상하 조작이란?

스키에서의 '상하 조작'은 인체 중심점COM과 지지기반BOS의 거리가 멀어지고 가까워지는 것으로 이해한다면 정확하다. 상체는 살짝 앞으로 숙여진 자세를 유지하고 다리만 펴고 구부려 보자. 정지한 자세에서는 중력만이 작용하므로 무릎을 펴고 구부리는 방향은 위아래로 움직이게 된다.

하지만 빠른 속도로 카빙턴 하는 스키어의 움직임을 생각해 보자. 턴 전환 구간에서는 다리를 최대한 구부리고, 폴라인에 이르렀을 때는 다리가 길어진다. COM과 BOS의 거리로 생각하면, 전환 구간에서는 COM과 BOS가 가까워지고, 폴라인에서는 멀어진다.

이런 카빙턴 조작은 한국에서 일반적으로 생각하는 스키에서의 업-다운과는 반대되는 움직임이다. 그러므로 기존의 업-다운 개념은 머릿속에서 지워버리고, COM과 BOS의 거리로만 생각해보자. 즉, 다리를 펴고 구부리는 하체의 움직임에만 집중하는 것이다.

상체는 신경 쓰지 말고 다리를 펴고 구부리는 것에만 집중해 보자.

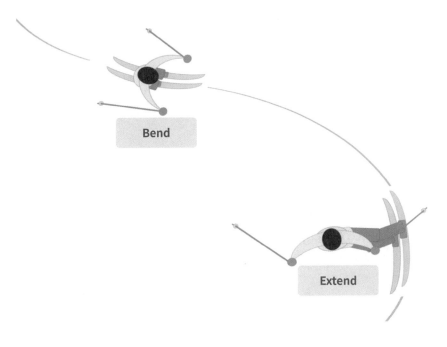

Bend

Extend

전환 구간에서는 COM과 BOS가 가까워지고, 폴라인에서는 멀어진다.

다리 펴고 구부리기

밴드＆익스텐드 엑서사이즈

상하 조작은 '업－다운'이 아니다

상하 조작은 버티컬 밸런스Vertical balance와 프레셔 컨트롤 기술을 조작하는 것이다. 상하 조작을 '업-다운'으로 생각하는 경우가 많은데, 업-다운은 '올라간다-내려간다'는 의미로 받아들일 수 있어 오해의 소지가 있다. 특히, 초보자들은 올라간다, 내려간다를 시선의 높이로 받아들여 상체만 펴고 구부리는, 인사하는 동작으로 업-다운을 하는 경우가 많다. 스키 경험이 어느 정도 되는 중급 스키어들조차 업-다운을 상체로 하는 경우가 많다. 이는 업-다운이라는 단어를 직관적으로 받아들였기 때문이다. 이처럼 상체를 기준으로 업-다운을 해석하고, 이를 상하 조작으로 이해하면 많은 오해가 쌓이게 된다.

업-다운은 상체를 펴고 구부리는 것으로 오해할 여지가 많은 표현이다.

버티컬 밸런스의 조절

정설 사면에서의 상하 조작

다리를 펴고 구부리는 동작에 따라 COM과 BOS가 멀어지고 가까워진다. 우리가 이런 조작을 하는 이유는 버티컬 밸런스를 조절하기 위함이다. 정설이 잘 된 슬로프를 빠른 속도로 내려올 때 업-다운 동작이 들어가면 COM이 흔들리게 된다. 스킹하는 동안 COM이 일정하면서 부드러운 궤적을 그리며 내려와야 스킹이 안정되기 때문에 불필요한 업-다운 동작을 할 이유가 없다.

고속으로 활강할 때는 COM이 위 아래로 오락내리락 하지 않도록 다리를 펴고 구부려보자. 턴의 전환 구간에서 COM과 BOS는 가장 가까워지고, 폴라인에서 가장 멀어진다. 다리를 구부려 턴의 전환 구간을 만들고, 이후부터는 다리를 펴면서 스키에 압력을 가해 턴을 만든다. 이러한 조작은 범프를 탈 때도 마찬가지다. 범프에 올라설 때는 충격 흡수를 위해 다리를 구부리고, 범프를 넘어가면 다리를 펴서 움푹 파인 지형에서 밸런스를 유지한다. 이

스킹 중에 COM이 불필요하게 오르락 내리락하는 범위를 줄이도록 노력한다.

것을 버추얼 범프Virtual Bump라 부른다. 정설된 사면을 탈 때도 실제로는 존재하지 않지만 범프가 있다 상상하고 그 범프를 넘어가는 것처럼 조작하면 아주 좋은 버티컬 밸런스를 만들 수 있다.

정설 사면에서 범프를 상상하며 스킹하면 버티컬 밸런스 유지에 도움이 된다.

오프 피스트에서의 상하 조작

인체 중심점COM은 정설 사면에 비해 울퉁불퉁한 범프나 파우더에서 훨씬 심하게 위아래로 움직이게 된다. COM을 안정되게 유지하려면 아래로 움푹 들어간 곳에서는 다리를 펴주고, 볼록 튀어나온 곳에서는 다리를 구부려주는 조작이 필요하다. 마치 자동차 서스펜

움푹 꺼진 사면에서는 다리를 뻗어 설면과의 접촉을 유지해야 한다.

범프에 부딪치는 순간에 다리를 구부려 충격이 COM에 전달되는 것을 최소화 한다.

션이 노면의 굴곡을 흡수해 운전자를 안정되게 보호하듯이, 스키어는 다리를 펴고 구부려 설면의 굴곡을 하체에서 모두 흡수해 버림으로써 COM이 위 아래로 흔들리지 않도록 유지하는 것이다.

이처럼 설면의 굴곡과 상관없이 최대한 COM이 안정되도록 다리를 펴고 구부려서 버티컬 밸런스를 유지하는 것을 상하 조작의 첫 번째 유형이라 볼 수 있다.

프레셔 컨트롤 기술

다리를 펴고 구부리는 상하 조작은 그 목적에 따라 버티컬 밸런스를 안정적으로 유지하려는 것과 프레셔 컨트롤을 위한 것으로 구분할 수 있다. 그럼 프레셔 컨트롤이란 무엇이며, 어떻게 하는 것인가 알아보자.

프레셔 컨트롤이란?

좌우 조작이 에징 기술을 만들어 낸다면, 상하 조작은 프레셔 컨트롤 기술을 만들어낸다. 완사면에서 편안한 활강을 즐길 때는 몸에 가해지는 커다란 힘을 느끼기 어렵다. 하지만 경사가 급해지고 속도가 빨라지면 커다란 중력과 원심력을 경험하게 된다. 특히, 폴라인과 폴라인 직후에 느끼는 아주 강한 힘은 거의 옆 방향으로 작용한다. 마치 누군가와 줄다리기를 하는 느낌이다. 이런 힘이 작게 느껴질 때는 어린아이와 줄다리기 할 때처럼 여유만만하다. 하지만 힘이 커지면 성인과 줄다리기 할 때처럼 온 힘을 다해 버텨야 한다.

프레셔 컨트롤 기술은 이렇게 우리 몸에 가해지는 강한 힘에 대응하여 그 힘을 조절하는 것이다. 문제는 우리 몸에 가해지는 힘이 일정하지 않다는 것이다. 힘의 크기와 방향이 일정하다면 복잡하지 않겠지만, 이 힘은 설질과 경사도, 회전호의 크기 등에 따라 아주 크게 크기와 방향이 변화한다. 정설 사면이라면 좌우로 크게 당기는 힘이 왔다 갔다 할 것이고, 범프나 파우더라면 좌우는 물론 아래쪽으로도 당기는 힘을 경험할 것이다.

이렇게 당기는 힘은 무작위적으로 작용하는 것이 아니다. 우리 몸의 중심점 COM을 향해 작용한다. COM은 대개 배꼽 주변에 위치하고 있다. 따라서 배꼽 위의 상체는 프레셔 컨트롤에 관여할 수가 없다. 배꼽 아래 부분인 하체를 펴고 구부림으로써 COM으로 가해지는 힘의 양을 조절해야 한다.

프레셔 컨트롤의 주 관절은 무릎

전후 조작의 주관절이 발목, 좌우 조작의 주관절이 고관절이라면, 상하 조작의 주관절은 무릎이다. 무릎과 팔꿈치와 같은 관절을 힌지 조인트Hinge Joints라 부른다. 여기서 '힌지'는 경첩을 뜻하며, 경첩처럼 한 방향으로 펴고 구부리도록 설계된 관절이란 뜻이다.

발목은 부츠에 의해 일정 각도 이상 구부릴 수 없다. 이 때문에 하체의 관절 중 고관절과 무릎 관절이 상하 조작을 하기에 유리한 관절이다. 하지만 고관절을 구부리면 상체가 지나치게 앞으로 숙여진다. 상체는 우리 몸의 65% 이상의 질량을 차지하고 COM이 위치하고 있어 상체를 크게 움직이는 조작은 밸런스 유지에 불리하다. 따라서 상하 조작의 주 관절은 결국 무릎이 된다. 스키를 타다 보면 상황에 따라 무릎 관절을 많이 구부려 힙이 뒤로 빠지면서 후경이 되는 경우가 있다. 이때는 어쩔 수 없이 고관절과 손의 자세를 통해 다시 중경 밸런스를 잡아야 한다. 고관절을 구부려 상체를 앞으로 숙이고 손을 앞으로 뻗어서 COM이 뒤로 빠지지 않도록 조절한다. 큰 범프를 만나 충격을 흡수하기 위해 이런 조작이 필요한 경우가 있다.

수동적 프레셔 컨트롤

앞에서 언급한 버티컬 밸런스를 유지하는 대부분의 동작은 수동적 프레셔 컨트롤에 속한다. 즉, 외부의 힘이 COM의 안정적이고 부드러운 궤적에 영향을 미치지 않도록 힘을 조절하는 것이다. 자동차의 서스펜션 같은 역할을 상상하면 이해가 쉽다. 특히, 오프 피스트에서 범프를 만나게 되면 이런 충격 흡수 조작이 절대적으로 필요해진다.

프레셔 컨트롤 기술을 익히려면 다리의 긴장을 풀고 부드럽게 펴고 구부리는 동작에 익숙해지도록 훈련할 필요가 있다. 수동적 프레셔 컨트롤 기술을 향상시키기 위한 두 가지 좋은 방법이 있다.

범프에서의 하키 스탑은 피버팅과 프레셔 컨트롤을 동시에 훈련할 수 있다.

첫째, 범프 지역에서 옆으로 트래버스 하며 하체를 이용해 충격을 흡수하는 연습을 해보자. 범프를 옆으로 횡단하는 것은 중급자라면 누구나 어렵지 않게 할 수 있다. 범프를 옆으로 트래버스 하면서 발목, 무릎, 고관절을 살짝 구부렸다 펴면서 충격을 흡수해 보자. 하체의 세 관절을 어느 정도로 구부려야 안정된 밸런스가 유지되는지, 또한 범프의 충격을 흡수할 수 있는지 이해할 수 있다. 작은 범프에서는 작은 흡수 동작을, 큰 범프에선 큰 흡수 동작을 연습해 보자. 큰 흡수 동작에서는 세 관절을 어떻게 구부려야 하는지, 무릎 관절을 많이 구부릴 때 발목과 고관절을 어느 정도 구부려야 밸런스가 유지되는지 확인해 보자.

둘째, 범프 지역에서 하키스탑을 연습해 보자. 범프를 횡단하며 하체의 관절을 구부리고 펴는 연습을 충분히 해보았으면 이제 트래버스를 하지 말고 크기가 큰 범프를 대상으로 하키스탑을 연습해 보자. 범프의 정상에 폴을 찍으며 하키스탑으로 멈춰보면 하체의 관절을 많이 구부리더라도 좋은 밸런스를 여전히 유지하는 능력이 향상된다. 이 때 상체와 힙이 어떤 방향을 보고 있는지 확인한다면 좋은 자세를 훈련할 수 있다.

능동적 프레셔 컨트롤

한국의 스키어들에게 수동적 프레셔 컨트롤에 비해 익숙하지 않은 것이 능동적 프레셔 컨트롤이다. 수동적인 프레셔 컨트롤이 충격을 흡수하는 것에 초점을 맞추고 있다면, 능동적 프레셔 컨트롤은 스키어가 공격적으로 설면에 힘을 가함으로써 리바운드를 이끌어내는 조작이다. 적극적이고 능동적인 조작을 통해 설면에 압력을 가하면 그에 대한 반발력이 발생한다. 엑스퍼트 스키어들은 이 반발력을 이용해 좀 더 능동적으로 프레셔를 조절함으로써 스키를 더욱 세련되게 조작한다. 이제부터 능동적인 프레셔 컨트롤 조작을 향상시키는 방법을 알아보자.

모래시계|Hourglass

완사면에서 스키를 좌우로 넓게 벌려보면 자동적으로 스키가 다시 몸 아래로 돌아오는 것을 경험하게 된다. 이런 조작을 하면 스키가 지나간 자욱이 모래시계 모양과 닮았다. 그래서 '모래시계 훈련'이라 부른다.

모래시계 훈련을 할 때 처음에는 다리를 좌우로 넓게 벌리는 것에만 집중하자. 이에 익숙해지면 강하게 힘을 실어 스키를 밀어내보자. 그러면 스키가 더욱 급하게 휘면서 빠르게 되돌아 오는 것을 느낄 수 있다. 이처럼 다리를 쭈욱 뻗으며 강하게 밀어내는 조작이 가장 기본적인 능동적 프레셔 컨트롤 조작이다.

능동적 프레셔 컨트롤을 하기 위한 모래시계 훈련.

크랩 워크Crab Walk

크랩 워크는 '게 걸음'이라는 의미다. 게가 옆 걸음을 치듯이 한쪽 방향으로 다리를 쭉 뻗어 낸다고 해서 붙은 명칭이다. 모래시계와 같은 훈련이지만 안쪽 다리를 엉덩이 밑에 두고 밸런스를 유지할 수 있어 뻗어내는 다리를 아주 멀리 보낼 수 있다. 그만큼 다리를 뻗어 내는 동작을 크고 명확하게 할 수 있어 능동적 프레셔 컨트롤을 보다 정확하게 익힐 수 있다. 고속의 카빙턴에서 바깥 다리가 어떤 자세와 기능을 수행해야 하는지 알 수 있는 좋은 훈련 방법이다. 크랩 워크를 훈련을 할 때 안쪽 다리에 체중이 거의 실리지 않을 정도로 바깥 다리에만 체중이 집중되도록 훈련해 보자. 이런 느낌을 유지하면서 점차 안쪽 다리를 바깥 다리 옆으로 가져가면 좋은 카빙의 자세가 만들어진다.

바깥 다리를 최대한 벌려 체중을 싣는 크랩 워크 훈련.

모래시계

크랩 워크

범프에서의 브라카쥐Braquage

수동적 프레셔 컨트롤에서는 다리를 구부려 범프에서의 충격을 흡수하는 것에 초점을 맞추었다면, 능동적 프레셔 컨트롤에서는 범프의 정점을 넘어가면서 다리를 펴서 범프를 강하게 에지로 긁어가는 동작에 초점을 맞춰 보자. 범프 정점을 넘어서면서부터 체중을 실어 강하게 설면을 긁어주는 조작을 통해 속도가 감속된다. 만약 감속이 이루어지지 않는다면 후경이 되었거나, 범프에서 튕겨지면서 체중이 제대로 실리지 않아서다. 범프에서 브라카쥐를 할 때는 모래시계나 크랩 워크 훈련처럼 다리를 뻗으며 스키판에 체중을 실어 설면을 긁어주어야 한다. 이후 범프에 부딪칠 때는 다리에 가했던 힘을 풀면서 살짝 구부려주면 자동적으로 충격흡수가 이뤄져 부드럽게 범프를 넘어간다.

이에 대한 보다 자세한 설명은 '범프편'에서 다루겠다. 능동적 프레셔 컨트롤에서는 정설 사면에서와 마찬가지로 턴의 초반(범프의 정점을 지난 직후) 다리를 펴서 압력을 가하는 동작과 타이밍에 대해서만 이해하도록 하자.

범프 정점을 넘어서면서부터 다리를 펴 설면을 스키로 강하게 긁으면 속도가 줄어든다.

회전 조작

회전 조작이란?

회전 조작은 회전 밸런스Rotational Balance와 피버팅을 통해 스키를 조작하는 것이다. 회전 조작을 제대로 이해하려면 회전 밸런스와 피버팅을 먼저 알아야 한다.

회전 밸런스

회전 밸런스는 끊임없이 좌우로 회전하는 스키 위에서 균형을 유지하는 것을 말한다. 지금까지 전후-좌우-상하 밸런스에 이은 마지막 밸런스다. 회전 밸런스를 유지하기 위해 스키어가 반드시 알아야 할 것은 상하체 분리 조작, 즉 세퍼레이션Separation이다. 회전 밸런스를 잘 조절하기 위해서는 상체는 안정되게 유지하고 하체만을 이용해 턴을 만드는 것이 가장 유리하다. 인체 중심점COM이 있고, 우리 몸무게의 65% 이상을 차지하는 상체를 움직이는 것은 밸런스를 유지하는데 불리하기 때문이다.

대회전 같이 큰 턴 호를 그릴 때는 고속에서 전체적으로 상당히 안정된 자세를 유지하는 것이 필요하다. 반면에 숏턴을 할 때는 작은 회전호를 재빠르게 만들어야 해서 상당히 빠른 조작이 필요하다. 하체는 상체에 비해 가벼워 재빠른 조작이 가능하다. 결국 회전 밸런스 유지는 상하체를 분리해 하체만으로 턴을 만들 수 있느냐가 핵심이다.

피버팅

피버팅은 스키를 돌리는 기술이다. 스키 입문자나 초중급자, 독학으로 스키를 배운 상급자들은 대개 직관적인 방식으로 스키를 돌린다. 즉, 상하체 분리 없이 상체나 엉덩이를 이용해 스키를 회전시키는 것이다. 우리가 컴퓨터 자판을 이용해 글자를 입력할 때 가장 직관적이고 쉬운 방식은 자판을 눈으로 보면서 익숙한 손가락 한 두 개만을 이용해 타자를 치는 것이다. 물론 이런 '독수리 타법'만으로도 꽤 빠르게 타자를 치는 사람들이 있다. 하지만 분명히 한계가 있다. 절대 다섯 손가락을 자유자재로 다루는 사람을 이길 수는 없다.

상체를 안정되게 유지하고 하체만을 이용해 턴을 만들면 회전 밸런스 유지에 절대적으로 유리하다. 특히, 정설 사면과 달리 지형과 설질의 변화가 심한 오프 피스트에서는 이를 조절하기 위해 반드시 재빠르게 턴을 할 수 있는 능력이 필요하다. 그만큼 다른 어떤 기술보다 피버팅 기술이 중요하다.

상하체 분리 하기

상하체 분리가 어려운 두 가지 이유

회전 밸런스를 유지하기 위해 상하체를 분리하는 것은 절대적으로 필요하다. 앞에서도 여러 차례 설명했듯이 상체와 하체의 구분은 고관절이 기준이 된다. 즉, 골반부터 상체에 속하는 것이다. 이러한 원리에 대해서는 '상체와 하체는 독립적으로 움직여야 한다'와 '고관절은 스키 운동의 핵심 관절이다'에서 자세히 설명하였으므로 다시 한번 읽어보기를 권한다.

스키어를 정면에서 보면 골반이 회전하는 것은 쉽게 눈에 띄지 않는다. 하지만 뒷모습을 보면 아주 명확하게 구분할 수 있다. 여전히 많은 스키어들이 허리를 기준으로 상하체를 분리해 턴을 하고 있다. 상하체 분리를 고관절이 아닌 허리로 이해하는 이유는 두 가지다.

첫째, '몸 턴의 추억'이 몸에 배어 있기 때문이다. 스키를 처음 배울 때는 누구나 온몸으로 턴을 만든다. 그러다 강사나 상급자로부터 상체는 안정되게 유지하고, 하체를 이용해 턴을 만들라는 조언을 들으면서 상체를 산 아래 방향으로 안정되게 유지하려고 애쓴다. 노력의 결과 상체를 다운힐로 고정할 수 있게 되지만, 대부분 상체의 안정이 시선과 가슴의 방향 정도에 머무는 경우가 많다. 즉, 시선과 가슴이 다운힐을 향하고 있으면 자신의 상체가 안정되어 있다고 착각하는 것이다.

둘째, 정확히 어떻게 피버팅을 해야 하는지 모르기 때문이다. 스키를 돌리는 기술에 대한 설명은 유튜브 영상에서 쉽게 찾아볼 수 있다. 하지만 스키를 돌리는 것에만 초점이 맞춰져 있을 뿐, 골반 안에서 대퇴뼈가 회전하여 피버팅이 이루어지는 원리를 설명하는 것은 찾아보기 어렵다. 이런 영상들을 보고 스키 기술을 연습하면 '스키 돌리기'에는 익숙해지겠지만, 골반이 따라 도는 것을 방지하는 것은 어렵다.

로테이션Rotation

로테이션은 신체를 돌려주는 조작을 말한다. 그 자체로는 부정적이지도 긍정적이지도 않지만 상황에 따라 긍정과 부정의 의미로 쓰이기도 한다. 로테이션이란 용어는 스키에 관련한 기술을 명시할 때 많이 사용되는 데다 구분하기도 용이해서 정확히 이해하는 것이 필요하다.

상체 로테이션Upper Body Rotation

상체를 회전의 안쪽으로 돌림으로써 스키의 회전을 이끌어내는 조작이다. 이 표현은 회전 밸런스를 위한 '상하체 세퍼레이션'이란 개념에 반대되는, 세퍼레이션이 없는 신체 동작을 의미할 때는 부정적인 의미로 많이 사용된다. 소위 '몸턴'을 의미한다. 하지만 오프 피스트의 어려운 조건에서는 부득이하게 상체 로테이션이 필요한 경우가 있다. 후경이 되거나 다음 턴으로의 전환이 어려울 때는 급격한 상체 로테이션을 통해 리커버리할 수 있다. 이런 상황에서는 부정적인 의미가 아니다.

힙 로테이션Hip Rotation

상하체의 분리가 고관절에서 이루어져야 하는 정석적 관점에서 힙 로테이션은 부정적 의미로 사용된다. 앞에서 언급했듯이 세퍼레이션을 시선과 가슴의 방향을 다운힐로 고정하는 것으로 이해한 스키어들의 경우 힙이 회전하는 것을 신경 쓰지 않음으로써 엉덩이가 좌우로 씰룩거리는 힙 로테이션의 부작용을 보이는 경우가 많다. 하지만 무거운 파우더나 어려운 범프에서 스키를 돌려야 하는 경우 더욱 강한 파워를 내기 위해 힙 로테이션이 쓰이기도 한다. 의도적으로 힙을 돌리기 위한 조작이라기 보다는 상체 로테이션과 마찬가지로 상황에 대응하는 임기응변의 조작으로 이해할 수 있다.

레그 로테이션Leg Rotation

스키 기술에서 가장 정석적 의미의 상하체 분리는 레그 로테이션의 결과이다. 골반 안에서 대퇴뼈가 회전함으로써 상체와 분리되어 다리만으로 스키를 돌리는 조작이기 때문이다. 다음 사진처럼 골반을 고정한 채 다리만 돌려 설면에 C를 그려보자. 우리가 스킹 중에 턴을 하는 과정에서 가장 일반적으로 발생하는 피버팅 조작이므로 이런 느낌으로 상하체 분리가 발생하도록 잘 기억해 둘 필요가 있다. 재블린턴은 레그 로테이션의 향상에 많이 쓰이는 훈련 방법이다.

하체를 이용해 턴을 만드는 레그 로테이션.

풋 로테이션Foot Rotation

풋 로테이션은 발을 돌려주는 조작이다. 피벗 축을 뒤꿈치에 두고 부츠를 좌우로 돌려보면 부채 모양, 혹은 자동차 와이퍼 자국 모양이 만들어진다. 이런 풋 로테이션은 실제 스킹에서 레그 로테이션과 더불어 함께 발생한다. 회전호가 비교적 큰 조작에서는 풋 로테이션의 비중이 크지 않지만, 범프와 숏턴에서 스키딩성 숏턴을 할 때 풋 로테이션이 많이 쓰인다. 브라카쥐가 풋 로테이션을 향상시키는 좋은 훈련 방법이다.

뒷꿈치를 축으로 한 풋 로테이션.

카운터 로테이션Counter Rotation

일반적으로 스키 기술에서는 상체는 안정되게 유지하고 하체를 이용해 회전하기를 권장한다. 하지만 상체를 의도적으로 하체와 반대 방향으로 틀어주는 조작이 스킹에 도움이 되기도 하는데, 이러한 상체의 의도적인 조작을 카운터 로테이션이라고 한다. 축구공을 발로 강하게 차는 순간 회전 밸런스를 유지하기 위해 상체와 팔을 반대 방향으로 틀어주는 동작이나 태권도의 돌려차기 등에서도 볼 수 있는 동작이다.

카운터 로테이션의 활용

카운터링Countering이라 부르는 이 조작은 레이서들이 기문을 바짝 붙어서 통과할 때 극단적인 모습으로 볼 수 있다. 레이서들은 경기가 아닌 자유 스킹 시에도 적절한 정도의 카운터링을 통해 훨씬 더 자연스러운 자세를 만든다.

급사면에서 숏턴을 하거나 범프를 탈 때 작은 턴을 만들면 강하게 발생하는 하체의 회전 모멘텀에 의해 상체가 따라 돌게 된다. 이에 대응해 의도적으로 상체를 반대 방향으로 틀어주는 카운터 로테이션 조작이 필요하다. 하지만 카운터 로테이션은 하체의 회전 모멘텀을 상쇄하기 위한 조작이라 실제로는 상체의 카운터 로테이션 조작이 크게 눈에 띄지 않는 경우가 많다. 숏턴이나 범프에서의 카운터링 조작은 턴 후반에 상하체의 꼬임을 만들게 되는데, 전환 구간에서 이 꼬임이 풀리면서 스키가 자연스럽게 반대 방향으로 돌아가게 된다.

불필요한 카운터 로테이션이 발생하는 이유

상하체를 분리시켜야 한다는 것을 잘못 이해한 스키어 가운데 과도하게 상하체 분리를 만들려다가 불필요한 카운터 로테이션이 발생하는 경우를 볼 수 있다. 세퍼레이션은 의도적으로 '만드는 것'이 아니다. 피버팅 조작의 결과로 자연스럽게 '만들어지는 것'이다. 상체를 안정되게 유지하고 하체만으로 턴을 만들면 자연스럽게 턴의 후반에 세퍼레이션이 만들어진다. 즉, 카운터 로테이션은 의도적으로 상체를 반대로 트는 조작이 아니라 강한 회전 모멘텀에 의해 상체가 따라 도는 것을 상쇄시키기 위한 조작으로 이해해야 한다.

세퍼레이션 정도는 스키어마다 다르다

세퍼레이션 조작에서 상체와 하체가 틀어지는 정도는 스키어마다 다르다. 그것은 스키어의 유연성 때문이다. 유연성이 좋은 사람은 당연히 상체와 하체가 분리되는 양이 클 것이다. 반대로 유연성이 부족한 사람은 적당히 틀어진 뒤에는 상체가 하체를 따라갈 수밖에 없다. 만약 유연성이 부족한 사람이 자신이 감당할 수 없는 범위로 상체를 고정하게 되면 어쩔 수 없이 엉덩이가 하체를 따라 돌게 되어 허리에서 분리가 발생한다. 이는 척추를 비틀리게 해 척추 자세를 유지하기 어렵게 만든다. 허리가 비틀리도록 과도한 세퍼레이션 자세를 유지하기 보다는 피버팅 훈련을 통해 골반의 유연성을 증가시키는 것이 필요하다.

피버팅 익히기

피버팅은 쉽게 어떤 축을 기준으로 회전하는 것을 말한다. 피벗Pivot은 경제학과 공학 등 많은 분야에서 쓰이는데, 스키 기술에서 사용하는 의미를 정확히 이해하는 것이 필요하다. 앞에서 '풋 로테이션'과 '레그 로테이션'을 알아 보았다. 이것들 모두 골반 안에서 대퇴뼈가 회전하는 조작이다. 이처럼 골반 안에서 대퇴뼈가 회전하여 턴을 만드는 기술이 피버팅이다.

피버팅은 머리로만 이해하기보다 실제 연습을 통해 몸으로 기억하도록 하는 것이 필요하다. 머리로 이해하는 것과 달리 스킹을 하다보면 기존의 습관대로 턴을 만들려고 하기 때문이다. 가장 쉬운 단계인 사이드슬리핑부터 브라카쥐, 재블린턴 순서로 단계적으로 발전시키는 것이 좋다.

사이드슬리핑

스키를 폴라인에 직각으로 놓고 대각선 방향으로 사이드슬리핑을 해보자. 이 때 사이드슬립 자체는 어려운 동작이 아니므로 골반 안에서 대퇴뼈가 틀어진 자세를 만드는데 초점을 맞춰야 한다. 별거 아닌 것 같지만, 이 때 만들어진 기본 자세가 이후 피버팅을 제대로 익히는데 기초가 된다.

대부분의 스키어는 자신의 골반의 틀어져 있다는 것을 인식하지 못한다. 따라서 처음 자세를 잡을 때 스키를 크로스시켜 골반의 자세를 잡아야 한다. 이렇게 자세를 잡은 뒤 사이드슬립을 해야 효과적인 훈련이 된다.

피버팅의 기초가 되는 사이드슬리핑.

스키를 크로스시킨 재블린 자세를 취하면 쉽게 골반의 위치를 잡아줄 수 있다.

사이드슬리핑에서 볼 수 있는 잘못된 자세들. 왼쪽은 상하체가 모두 돌아간 경우이고,
오른쪽은 골반이 스키를 따라 돌아간 경우다.

피버팅의 오해와 진실

피버팅이란?

사이드슬리핑

브라카쥐

사이드슬리핑이 충분히 익숙해지면 브라카쥐로 발전시킨다. 브라카쥐Braquage는 프랑스어로 '회전하다'라는 뜻이다. 스키 기술에서는 풋 로테이션으로 스키를 회전시키는 피버팅 연습으로 많이 쓰인다. 브라카쥐를 연습하면 스키를 쉽게 돌리기 위한 중경 밸런스도 향상된다. 특히, 골반 안에서 대퇴뼈가 돌아가는 느낌과 풋 로테이션 기술이 획기적으로 향상되는 마법의 기술다.

브라카쥐를 하는 요령은 사이드슬리핑으로 3~4m 정도 내려간 뒤 풋 로테이션을 통해 스키만 돌려 주고 사이드슬리핑을 연속하는 것이다. 여기서 풋 로테이션을 하는 느낌은 에징을 이용해 회전호를 만드는 레그 로테이션이 아니라, 에지를 풀어서 스키만 획~ 하고 비틀어주는 느낌이다. 회전보다는 비틀기에 가깝다.

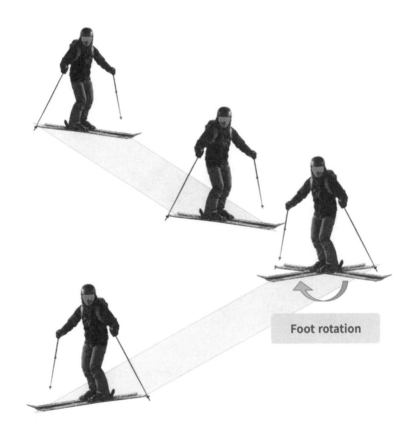

Foot rotation

브라카쥐는 사이드슬리핑과 풋 로테이션을 통한 회전의 연결이다.

재블린턴

재블린턴은 앞의 좌우 조작에서 힙 앵귤레이션을 만드는데 아주 좋은 훈련 방법이라고 설명했다. 하지만 회전 조작에서도 재블린턴은 탁월한 효과를 발휘한다. 바로 크로스시킨 안쪽 스키로 인해 골반이 스키를 따라 도는 상체와 힙의 로테이션을 방지하는 것이다. 결국 바깥 다리를 이용해 골반 안에서 대퇴뼈를 회전시키는 것 외에는 턴을 만들 수 있는 방법이 없어 피버팅 기술을 익히는데 아주 좋은 훈련이다.

재블린턴은 중급자들에게 쉽지 않은 도전이다. 재블린턴을 하려면 우선 두 가지 기술이 선행되어야 한다. 첫째, 안쪽 스키를 들고 바깥 스키만으로 스킹할 수 있어야 한다. 둘째, 브라카쥐를 통해 골반 안에서 대퇴뼈가 회전하는 느낌에 익숙해져야 한다.

브라카쥐에서의 조작이 풋 로테이션이었다면 재블린턴에서는 레그 로테이션이 된다. 우리가 앉은 상태에서 힙을 의자에 고정한 채 무릎을 좌우로 움직이거나 또는 발을 좌우로 이동하며 스키 타는 움직임을 흉내내보면 골반 안에서 대퇴뼈가 이동하거나 회전하는 것이 어떤 움직임인지 이해할 수 있다.

재블린 턴의 연속 동작.

비기너 브라카쥐   인터미디어 브라카쥐   어드밴스드 브라카쥐

파우더에서 살아남기

파우더에서 살아 남기1_
지형의 선택

파우더 스키 지형 선택의 기본은 안전이다. 파우더 스키를 시작하는 스키어들은 처음에 적절한 지형을 선택하는 것이 가장 중요하다. PART3 '파우더 스키 기본 기술'에서 다룬 내용은 수영을 배우는 사람에 비유하자면 물의 속성과 어떻게 물에 뜨는지를 배운 것에 불과하다. 그런 상태에서 발이 닿지 않는 깊은 물에 뛰어든다면 정말 위험하지 않겠는가? 따라서 수영 초보자는 발이 닿는 정도의 깊이에서 영법을 익히는 것부터 시작하는 것이 안전하다. 파우더 스키도 마찬가지다. 파우더 스키 입문자에게는 안전하고 적응 가능한 지형을 찾는 것이 영순위가 된다. 너무 완경사 지형은 스키가 나아가지 않고 저절로 멈출 수 있다. 따라서 처음에는 스키가 저절로 멈추지 않을 정도의 만만한 경사가 가장 좋은 선택이 된다.

설질도 중요하다. 설질이란 눈의 깊이와 무게의 조합이다. 즉, 눈이 얼마나 많이 쌓였는가?, 그리고 눈이 얼마나 무거운가?, 두 가지 경우의 수를 조합하여야 설질을 판단할 수 있다. 눈이 가볍다면 눈이 많아도 난이도는 크게 증가하지 않는다. 반면 습기가 많아 무거운 눈은 조금만 쌓여도 난이도가 급격히 증가한다. 간혹 눈의 성질이 스키를 접착제 마냥 붙드는 경우가 있다. 이를 글루 스노우Glue Snow라 부르는데, 이런 눈을 만나면 눈이 무릎 정도만 쌓여도 스킹이 거의 불가능할 정도로 난이도가 증가한다. 따라서 같은 경사의 슬로프라도 설질에 따라 난이도가 천차만별인 것이 파우더다.

스키 입문자와 중급자에게 스키의 난이도는 슬로프의 경사도와 비례한다. 하지만 파우더에서는 설질 또한 그에 못지 않은 큰 영향력을 가지고 있다. 따라서 처음부터 무작정 파우더 지역에 뛰어들기보다는 슬로프 가장 자리에 쌓인 눈이나, 깊이가 무릎 이하인 곳에서 설질을 테스트 하는 것이 필요하다.

파우더와 정설 사면

정설 사면 파우더부터 시작하자

일본의 경우 정설 사면이라도 간밤에 많은 눈이 내리거나 하루종일 눈이 내리면 정설 사면에서도 발목 이상 빠지는 파우더를 경험하는 경우가 흔하다. 이런 정설 사면에 쌓인 눈이 파우더를 경험하기에 가장 좋은 조건이다. 수영장으로 치면 바닥이 훤하게 비치는 맑은 물이 가슴 높이까지 차 있는 따스한 풀장 느낌이다.

슬로프 가장자리가 파우더 입문 장소다

정설 사면에 파우더가 쌓이는 것은 예외적인 상황이다. 그래서 파우더 입문 장소로 가장 좋은 곳이 슬로프 가장 자리에 쌓인 눈이다. 이 또한 눈이 얼마나 많이 내리냐에 따라 다르지만, 눈이 많이 내리는 일본 스키장 슬로프 가장자리에는 대부분 파우더가 있다. 물론 범프와 뒤섞여 있어 순수 파우더는 아닐지라도 폭신한 눈에서의 스킹 경험은 파우더 스킹의 향상에 큰 도움이 된다. 만약 파우더에서 제대로 스킹하기 어렵다면 언제든 정설 사면으로 탈출할 수 있다.

정설 사면과 파우더를 반반씩 섞어 타보자

정설 사면 가장자리가 파우더를 경험하기 좋지만 경우에 따라 면적이 너무 협소할 수 있다. 이런 좁은 곳에서 제대로 턴을 만들기 어렵다면 한쪽 턴만 파우더를 경험하는 것도 방법이다. 예를 들어 슬로프 오른쪽 가장자리에 적당한 눈이 있다면 오른쪽 턴은 파우더에서, 왼쪽 턴은 정설 사면에서 턴을 만들어 보는 것이다. 물론 슬로프 상황에 따라 왼쪽 턴도 마찬가지로 훈련할 수 있다. 이처럼 번갈아 턴을 하면 정설 사면과 파우더 설질의 차이를 극명하게 대비시켜 경험할 수 있다. 또 한쪽 턴은 안전한 정설 사면이라 밸런스를 재조정하기 쉽고 멈추기에도 안전하다.

파우더와 트리런

트리런은 파우더 입문자에게 충격적인 경험을 준다. 한국의 스키장에서는 만날 수 없는 환경이라서다. 푹푹 빠지는 파우더가 있고, 나무들이 지옥사자처럼 기다리고 있다. 파우더 입문자 대부분은 나무가 없는 환경에서는 과감하게 파우더를 타보지만, 숲으로 들어가 트리런을 하자고 하면 고개를 설레설레 젓는다. 그러나 숲은 마지막까지 파우더가 남아 있는, 파우더의 보고다. 트리런을 해야 그 맛있는 파우더를 먹을 수 있다.

트리런을 하려면 우선 나무에 대한 위축감을 버려야 한다. 정설 사면이 아닌 본격적인 오프 피스트에 들어서면 넓은 파우더 사면을 만나게 된다. 일본의 경우 이런 오프 피스트에는 대부분 나무가 있다. 따라서 원하던 원하지 않던 트리런을 해야 한다.

나무가 듬성듬성 있는 곳부터 시작하자

처음 트리런에 도전할 때는 반드시 나무가 듬성듬성 있는 곳을 위주로 해야 한다. 나무가 너무 촘촘한 곳은 트리런에 익숙하지 않은 스키어에게 심리적 위축감을 주어 난이도가 상당히 높아진다. 우선 나무가 듬성듬성 있는 지역을 위주로 스킹하면서 나무에 대한 두려움과 위축감을 떨치는 것이 선행되어야 한다. 만만한 트리런을 통해 자신감이 생기면 나무에 대한 위축감이 많이 사라진다. 이때부터 숲은 트리런을 즐기는 놀이터로 다가온다.

위험 구간은 스노우플라우턴으로 탈출!

어쩔 수 없이 난이도 높은 트리런을 만나게 되면 스노우플라우턴 자세를 취해 속도를 조절하며 위험구간을 통과하는 것이 좋다. 속도를 조절하지 못해 나무와 충돌하면 부상을 당할 수 있어 굳이 패럴렐 스킹을 고집할 필요가 없다. 트리런에 대한 자신감이 생기면 자동적으로 패럴렐 스킹을 하게 되므로 처음에는 안전 확보에 최우선을 두어야 한다. 난이도가 높은 트리런은 상급 스키 기술에서 좀 더 전문적으로 다루겠다.

눈꽃이 아름다운 일본 스키장에서의 트리런.

파우더에서 살아 남기2_
눈의 저항을 느끼기

처음 파우더에 들어서면 정강이까지, 혹은 무릎까지 빠지는 파우더 때문에 상당히 긴장하게 된다. 이때는 무리하게 패럴렐 스킹을 고집하기보다 초심으로 돌아가 스노우플라우턴을 해보면서 눈의 저항에 익숙해지도록 하자. 눈의 저항에 익숙해진다는 의미는 턴을 만들때 체중을 스키에 실어 눈을 밀어내는 조작을 한다는 의미다.

스노우플라우턴

테일로 밀어내기

처음에는 체중을 뒤꿈치에 실어서 눈을 밀어내는 연습을 해보자. 파우더에서는 정설 사면에서와 달리 눈과의 마찰이 발생한다. 이 저항에 대응해 밸런스가 기존에 비해 뒤꿈치쪽으로 이동한다. 이렇게 뒤꿈치에 체중을 실은 상태에서 스키의 테일을 위주로 스노우플라우턴을 만들어보면 파우더에서도 어느 정도 안정적인 밸런스 유지가 가능하다. 하지만 스노우플라우를 너무 넓게 만들면 속도가 줄어 오히려 더 깊게 가라앉을 수 있다. 따라서 너무 넓은 스노우플라우 자세 보다는 살짝 넓은 패럴렐턴이라고 생각하는 것이 적당하다.

스키 전체로 밀어내기

테일로 밀어내기가 익숙해지면 뒤꿈치에 실었던 체중을 약간 더 앞으로 이동스켜서 스키판 전체를 이용해 밀어내는 조작을 해보자. 파우더에서는 설질에 따라 체중이 실리는 부위를 조절하는 능력이 요구된다. 테일만 밀어낼 때와 전체로 밀어낼 때의 차이를 구분하여 조작할 수 있으면 설질과 턴호에 따라 필요한 조작을 자유롭게 사용할 수 있게 된다.

슬로우 하키스탑

스노우플라우턴을 통해 눈에 대한 저항에 익숙해지면 이번에는 패럴렐 스탠스로 하키스탑을 해보자. 단, 정설 사면에서 하던 일반적인 하키스탑을 하면 눈의 저항에 걸려 앞으로 넘어지게 된다. 눈의 저항을 예상하면서 체중을 실어 천천히 눈을 밀어내는 슬로우 하키스탑을 해보자.

적절한 양발 하중으로 균형 잡기

슬로우 하키스탑을 할 때 주의할 것은 양발에 하중을 적당히 배분하는 것이다. 바깥쪽 스키에만 체중을 실게 되면 체중이 실린 스키만 깊게 가라앉아 균형을 잃는다. 안쪽 발에도 적당히 체중을 실어 두 스키에 체중을 분산시켜야 균형 유지도 되고 부양력이 증가해 눈 속으로 깊이 빠져드는 것을 방지할 수 있다.

하키스탑의 목표는 속도 컨트롤

슬로우 하키스탑을 한다고 할 때 완전히 멈추기보다는 속도를 줄이는 것을 목표로 하는 것이 좋다. 파우더에서는 완전히 멈추게 되면 오히려 눈 속으로 깊이 가라앉게 되어 다음 턴으로 연결하기가 어렵다. 따라서 슬로우 하키스탑을 할 때 후반부에 속도가 줄면 다음 턴으로 부드럽게 연결하는 것이 유리하다. 스노우플라우턴에서와 마찬가지로 눈을 부드럽게 밀어내면서 스킹하는 느낌에 익숙해져야 한다. 눈의 저항이 없는 정설 사면에서의 스킹과 분명한 차이를 인식하는 것이 중요하다.

파우더에서의 하키스탑.

부드러운 턴으로 연결 하기

슬로우 하키스탑을 하면서 패럴렐 스탠스에서 양발 하중과 부드러운 밀어내기를 통해 눈의 저항을 조절할 수 있게 되면 이제 부드러운 턴호를 만들어 보자. 눈의 저항을 느끼면서 부드럽게 눈을 밀어내며 턴을 만들어보자. 만약 스키가 눈을 밀어내는 저항을 느끼지 못하면 파우더에서의 스킹은 언제 눈에 걸려 넘어질 지 알 수 없어 항상 불안하다.

이지 하키스탑

파우더에서 살아 남기3_
리바운드 이용하기

눈의 저항을 예측하고 체중을 실어 눈을 밀어내는 조작에 익숙해지면 이제 본격적으로 리바운드를 이용하는 스키의 기술을 익혀보자.

바운싱 트래버스-바운싱 턴

'부양력 향상을 위한 4단계 훈련 방법'에서 강조한 부분이다. 파우더 스키는 부양력을 이용하여 스킹하는 것이고, 부양력을 가장 잘 활용하는 방법은 눈으로부터의 리바운드를 이용하는 것이다. '바운싱 트래버스-바운싱 폴라인-바운싱 설펜타인-바운싱 턴'의 4단계를 거치며 훈련하였다면 어느 정도는 파우더의 특성을 이해했을 것이다. 정설 사면과 달리 푹신한 눈에서 체중을 실어 스키를 누르면 눈은 그에 대한 반발력으로 스키를 튕겨 올린다. 이러한 파우더의 특성을 이용하는 것이 파우더 스킹의 핵심적 기술이다.

눈에서의 '저항'에 익숙해지고 이어서 '리바운드'를 이용할 수 있게 되면, 파우더 스킹에 필요한 기본기를 갖추었다고 할 수 있다. 이제 이런 기본기를 바탕으로 본격적인 파우더 스키 중급 기술에 도전해 보자.

합턴 응용하기

본격적으로 리바운드를 이용한 턴을 만들어 보자. 리바운드를 가장 극단적으로 끌어내는 연습 방법은 합턴Hop Turns이다. 합턴은 의도적인 작은 점프를 하는 것인데 적극적으로 리바운드를 이용할 때 가장 효율적으로 합턴을 할 수 있다. 합턴은 정설 사면에서 충분히 훈련할 수 있다. 한국 스키장에서 익숙하게 만들면 피우더에서 별도의 훈련없이 바로 적용할 수 있다.

제자리에서 뛰어 보기

상체는 펴지 않도록 노력하고 가능하면 발목을 구부렸다 펴는 조작에 주의를 집중해보자. 발목을 구부렸다 펴면 그에 따라 무릎이 자동적으로 구부렸다 펴지게 된다. 이는 마치 줄넘기를 하는 것과 같은 조작이다. 줄넘기를 할 때 발목을 이용해 통통 튕겨주면 무릎은 신경 쓰지 않아도 자동으로 반응한다. 마찬가지로 발목을 구부리고 펴는 조작을 통해 작은 점프를 하게 되면 상체는 안정적인 자세를 유지할 수 있게 된다.

앞으로 전진하며 합턴 하기

완만한 사면에서 앞으로 나아가면서 작은 점프를 해본다. 제자리에서 할 때와 마찬가지로 안정되게 할 수 있도록 훈련해 보자. 앞으로 이동하는 상황이므로 밸런스를 안정되게 유지하는 능력이 필요하다.

합턴은 턴의 전환 구간에서 10~15cm 정도 높이로 점프를 하는 훈련이다.

경사면에서 합턴하며 트래버스 하기

경사면을 옆으로 트래버스하게 되면 평지나 완사면과 달리 에지로 점프와 착지를 해야 한다. 스키 바닥면으로 할 때에 비해 보다 정확한 에지 활용 능력과 밸런스가 요구된다.

턴 전환 구간에서 점프 하기

턴 전환 구간에서 합턴을 하게 되면 에지의 전환이 발생한다. 합턴 트래버스에서는 같은쪽 에지를 이용해 점프하고 착지한다. 반면, 턴 전환 구간에서는 점프와 착지를 할 때 서로 다른쪽 에지를 사용하게 되어 더욱 정밀한 밸런스를 요구한다. 많은 스키어들이 점프와 함께 스키를 크게 돌리려고 한다. 그러나 살짝 틀어주는 것만으로 에지 전환이 이뤄지기 때문에 큰 점프를 할 필요는 없다. 오히려 점프를 크게 하려고 하거나 스키를 많이 돌리려 하면 착지할 때 밸런스가 불안해져 스킹에 역효과가 발생한다.

파우더에서 합턴 하기

눈이 깊지 않은 파우더에서 합턴을 만들어 보자. 설면에 폴을 찍는 타이밍과 설면에서 발생하는 리바운스를 이용해 합턴을 만들어 보자. 너무 높이 뛰거나 스키를 많이 돌리려는 의도적인 조작을 할 필요는 없다. 살짝 뛰어서 에지만 전환한다는 느낌이 밸런스 유지에 좋다.

정설 사면에서의 합턴.

파우더에서의 합턴.

완사면의 깊지 않은 파우더에서 합턴이 능숙해지면 조금씩 깊은 눈을 찾아 시도해 보자.

파우더에서 점프하기 위해서는 눈으로부터의 반발력을 활용하여야 한다. 반발력을 만드는 가장 좋은 스키어의 자세는 에너지를 수직으로 작용시키는 것이다. 만약 후경 상태에서 눈을 누르면 앞으로 튕겨져 나가게 된다. 스키판에 수직 방향으로 체중을 실어줘야 그에 대한 반발력이 수직으로 올라와 스키판 전체가 안정적으로 떠오른다.

또한 깊고 가벼운 파우더에서는 눈이 다져지기까지 시간이 필요하다. 이 때문에 무릎까지 빠지는 깊고 가벼운 파우더에서는 반발력이 발생하는 시간이 늦춰진다. 이 시간을 고려해 여유 있고 부드러운 동작으로 턴을 만들어야 한다.

파우더에서 합턴이 핵심인 5가지 이유

합턴

파우더에서 살아 남기4_
속도 조절

적당한 완사면의 파우더에서 합턴까지 가능해지면 이제 파우더에서의 스킹이 두렵지 않을 것이다. 마음이 편안한 정도의 슬로프에서 턴을 풀어서 완만하게 만들면 턴을 할 때마다 조금씩 가속되는 것을 느끼게 된다. 물론 급사면이 아니라서 어느 정도 속도가 붙어도 크게 어렵지 않게 느껴질 것이다. 이제 같은 사면에서 턴호를 통해 속도를 조절해보자.

적당히 타이트한 턴을 만들면 일정한 속도가 나온다. 이때 턴호를 풀어주면 점차 속도가 빨라진다. 3~4턴 정도 턴호를 풀었다가 다시 슬로우 하키스탑을 통해 턴을 타이트하게 3~4턴 정도하면 속도가 줄어든다. 이를 반복해 보는 것이다.

속도를 빨리하는 것은 어렵지 않다. 하지만 슬로우 하키스탑을 통해 속도를 줄이는 것은 만만찮은 도전이 된다. 너무 빨라진 상태에서 하키스탑을 하면 넘어질 확률이 크다. 처음에는 속도가 살짝 빨라지는 느낌만 확인하고 바로 속도를 줄이는 것이 좋다. 익숙해지면 조금씩 속도를 높여가며 속도를 줄이는 방법에 숙달되도록 훈련한다.

경사도는 높이고 속도는 줄이기

속도 조절에 자신감이 생기면 이제 경사도가 있는 사면을 찾아 안정된 속도로 턴을 만들어 보자. 경사가 있는 슬로프는 굳이 턴호를 풀어 속도를 내지 않아도 저절로 빨라지게 된다. 긴장을 풀어주는 것만으로 속도가 빨라지므로 적극적으로 속도를 조절하겠다는 의지를 가지고 스킹하는 것이 좋다. 긴장하면 턴의 리듬이 없어서 너무 빨라지거나 너무 느려지는 극단적인 편향이 나온다. 합턴의 리듬을 잘 기억하고 긴장이 풀린 상태에서 스킹하도록 하자. 긴장이 풀리지 않는다면 다시 완만한 경사를 찾아 리듬을 찾아내는데 집중하는 것이 좋다.

속도 조절에 자신감이 생기면
조금 더 경사진 곳에서 긴장을 풀고
스킹을 해본다.

파우더에서 살아 남기5_
폴 플랜팅

파우더에서 리바운드를 이용해 턴을 만들 수 있고, 속도 조절까지 능숙해지면 이제 본격적으로 파우더 스킹의 리듬을 만들어 보자.

폴 플랜팅으로 턴 리드하기

파우더에서 리듬을 만들어 내지 못하면 음악 없이 춤추는 것처럼 무미건조하고 흥이 나질 않는다. 리듬을 만드는 것은 폴 플랜팅이다. 리바운드를 이용하는 것은 결국 리듬을 타는 것이고 그 중심에 폴 플랜팅이 있다. 파우더에서는 폴 플랜팅의 역할이 절대적으로 증가한다.

먼저 정설 사면에서 훈련하자

정설 사면에서 폴의 리듬에 집중해 보자. 어깨나 팔꿈치의 큰 스윙 동작 없이 손목의 움직임과 동조하여 손가락의 중지, 약지, 소지를 살짝 폈다 쥐었다 동작을 통해 폴 플랜팅을 만들어 보자. 엄지와 검지는 OK를 나타낼 때처럼 적당히 긴장을 유지하며 폴을 쥐어주고, 중지, 약지, 소지를 살짝 풀어주면서 동시에 손목을 꺾어주면 팔꿈치를 높이 들지 않아도 폴 끝이 부드럽게 앞으로 나가게 된다.

정설 사면에서의 심플한 폴 플랜팅.

폴 바스켓으로 리듬을 확인하자

모든 신경을 폴의 리듬에만 집중해보자. 리듬을 유지하는 가장 직관적인 방법은 폴 바스켓이 앞 뒤로 끊임없이 움직이는 것이다. 이는 걸음을 걷거나 조깅을 할 때 양손을 리듬에 맞춰 끊임없이 앞뒤로 흔드는 것과 같다. 손을 흔드는 것처럼 폴 바스켓이 움직이고 있는지 체크하자.

일정한 라인 상에 폴 플랜팅 하기.

일정하게 폴이 찍히는지 확인하자

스키를 탈 때 가상의 라인을 정해도 좋고 누군가 앞서 가면서 폴을 이용해 자욱을 남겨도 좋다. 같은 라인 상에 폴을 찍게 되면 리듬은 저절로 만들어진다. 폴을 찍는 것에 집중하는 가장 좋은 훈련법이다. 이와 같은 방법으로 폴의 리듬에 주의를 집중하면 점차 폴이 멈춤없이 자연스럽게 리듬을 주도하게 된다.

폴 플랜팅과 합턴의 시너지 효과

폴 플랜팅을 적극적으로 이용하는 것은 합턴에서도 절대적이다. 하체의 근력만으로 점프를 하는 것보다는 폴을 찍으면서 거기서 발생하는 토크를 이용해 점프를 하는 것이 월등히 쉽다. 이것은 단지 점프를 위한 에너지를 만들어 줄 뿐만 아니라 점프와 착지 시의 안정적인 밸런스 유지에도 큰 도움이 된다. 장대높이뛰기 선수가 장대를 이용해 점프하는 것과 마찬가지다.

파우더 사면에서는 폴 플랜팅이 주도하는 턴을 만드는 것은 아주 중요하다.

폴 플랜팅과 합턴의 결합은 단계적으로 훈련하는 것이 좋다. 먼저 정설 사면에서 리듬 있는 폴 플랜팅 연습이 끝난 뒤 정설 사면에서 합턴을 하며 폴이 주도하는 합턴이 익숙하도록 훈련한다. 이런 과정을 통해 합턴이 익숙해지면 이제 파우더 사면에서 연습해 보자. 파우더에서 폴 플랜팅이 주도하는 턴 만들기는 범프에서도 대단히 중요한 기술이니 반드시 마스터하자.

점프턴

숏 레디어스 턴

범프에서 살아남기

범프와 파우더는 동전의 양면

파우더 스킹과 범프 스킹은 대개 같은 지역에서 이루어진다. 오프 피스트란 정설이 되지 않은 사면을 말하며 이런 오프 피스트의 가장 대표적인 지형이 범프와 파우더다. 범프와 파우더를 서로 다른 것으로 생각하기도 하지만 실제로 같은 지역에서 이루어지며 설질만 다른 상황이라 생각하면 된다. 자연설이 내리는 날에 정설하지 않은 사면에는 많은 자연설이 쌓이게 되고 이는 곧 파우더를 의미한다. 이 파우더에서 스키어들이 신나게 스킹을 하면 모든 사면이 울퉁불퉁한 범프로 변한다. 따라서 같은 지형에서 파우더 스킹도 하고 범프 스킹도 하는 것이다.

눈이 자주 많이 내리는 일본 홋카이도는 범프가 커지기 전에 다시 또 신설이 내리는 경우가 많다. 범프가 크지 않고, 눈이 건조해서 잘 뭉쳐지지도 않아 파우더 위주로 스킹하게 된다. 하지만 캐나다 휘슬러처럼 눈이 무거워 잘 뭉쳐지고, 홋카이도처럼 폭설이 내리는 경우가 적은 스키장은 슬로프는 물론 오프 피스트에도 크고 작은 범프가 생겨 범프 스킹 천국이 된다. 엑스퍼트 스키어라면 이런 범프 속에서도 신나고 자유롭게 스키를 탈 수 있어야 한다.

그럼 이런 궁금증이 생길 것이다. '같은 지형에서 눈이 얼마나 자주 오는가에 따라 파우더를 즐기기도 하고 범프를 즐기기도 한다는 것을 이해했는데, 기술적인 면에서는 어떤 차이가 있을까?'라는. 파우더 스킹과 범프 스킹의 공통점과 차이점을 알아 보자.

파우더와 범프 스킹 기술의 공통점

상하 조작의 비율이 높아진다

딱딱한 정설 사면에서는 좌우 조작을 통해 에징 기술로 턴을 만들어 내는 것이 중점이다. 반면 파우더와 범프에서는 상대적으로 상하 조작 비율이 크게 증가한다. 물론 설질 자체가 푹신푹신한 파우더에서는 스키어의 체중이 실린 상태에서 파우더를 누르면 푹 잠겨 들어갔다가 눈이 다져져 다시 튕겨 올라오게 되는데, 이는 마치 트램폴린 위에서 좌우로 통통

캐나다 휘슬러 스키장에서의 범프 스킹.

튕겨지는 것과 같은 움직임이다. 그 어떤 스킹보다 상하 움직임이 커진다. 이러한 상하 조작은 범프에서도 역시 증가한다. 볼록 튀어나오고 움푹 꺼진 범프들을 통과하다보면 다리를 펴고 구부리는 조작이 당연히 많아진다.

프레셔 컨트롤 기술의 중요성이 증가한다

파우더와 범프에서는 프레셔 컨트롤 기술이 대단히 중요하다. 물론 다리를 펴고 구부리는 상하 조작이 많아지니 당연히 프레셔 컨트롤 기술이 많이 쓰이는 것이지만, 프레셔 컨트롤 기술이 단지 다리를 펴고 구부리는 조작이 아니라 설면으로부터 발생하는 힘을 적절하게 조절하는 것이라 프레셔 컨트롤 기술에 익숙하지 못한 스키어들은 대개 파우더와 범프에서 애를 먹는다.

파우더에서는 눈으로부터 발생하는 반발력을 이용해 부양력을 만들어 내야 해서 능동적 프레셔 컨트롤 기술이 굉장히 중요하다. 범프에서는 범프에서의 충격을 흡수하기 위한 수동적 프레셔 컨트롤 기술과 더불어 적극적인 피버팅 기술이 사용된다.

피버팅 기술의 중요성이 증가한다

파우더나 범프에서 피버팅 기술은 프레셔 컨트롤 못지 않게 중요하다. 파우더의 경우 무겁고 습한 눈에서는 스키가 눈에 턱턱 걸리고 리바운드도 가벼운 눈에 비해 많이 약하다. 이런 상황에서는 스키를 돌려주는 강한 피버팅 조작이 요구된다. 범프에서도 범프와 만나는 충격으로 튕겨져 올라오는 스키를 재빠르게 돌려놓을 수 있어야 범프의 정점을 넘어서면서부터 바로 스키를 조작할 수 있다. 스키가 재빠르게 돌지 못하고 잠시라도 조작이 늦어지면 속도나 턴의 방향을 컨트롤할 수 없다. 정설 사면에서의 스킹이 주로 에징 기술에 초점을 맞춘다면, 파우더와 범프에서는 프레셔 컨트롤과 피버팅 기술에 초점을 맞추는 이유다.

범프 잘 타면 파우더도
잘 탈 수 있을까?

앞에서 파우더와 범프는 같은 지형에서 이루어지는 스킹이며, 기술적으로 프레셔 컨트롤과 피버팅 기술이 적극 활용된다고 설명했다. 이는 결론적으로 범프 스킹에 익숙해지면 파우더 스킹에도 익숙해진다는 의미다. 물론 두 가지 스킹 기술이 완전 같다는 의미는 아니다. 범프에 익숙한 스키어라도 경험이 부족하면 파우더에서 처음에는 고전한다.

그 이유는 파우더의 푹신한 성질이 타이밍의 차이를 만들기 때문이다. 딱딱한 땅 위에서 좌우로 점핑할 때와 트램폴린 위에서 좌우로 점핑을 할 때 타이밍 차이가 있다. 트램폴린 위에서는 체중이 실리고 탄성이 있는 바닥면이 눌렸다가 다시 복원되면서 사람을 튕겨 올린다. 튕겨 올라오는 타이밍에 맞춰 반발력을 이용해 점핑한다. 타이밍과 반발력을 이용하는 것을 제외하면 지면에서의 동작과 거의 유사하다. 따라서 범프에 적응한 스키어라면 파우더의 성질을 파악하는 요령과 연습할 시간만 주어진다면 쉽게 파우더 스킹에 적응할 수 있다.

범프에서 살아남기1-
지형 적응

범프에 익숙하지 않은 한국의 스키어들에게 처음부터 범프에서 완성된 숏턴을 요구하는 것은 거의 불가능에 가깝다. 중급 이상의 실력을 갖췄더라도 처음에는 울퉁불퉁한 지형에 먼저 적응하는 단계가 필요하다. 처음 범프에 입문하는 스키어들이 지형에 적응하는 가장 좋은 방법은 트래버스Traverse를 해보는 것이다.

충격 흡수하기

범프 지형을 끝에서 끝까지 트래버스하며 하체를 이용해 충격을 흡수해 본다. 범프를 넘을 때마다 하체의 세 관절인 발목, 무릎, 고관절을 얼마나 구부려야 안정된 밸런스가 유지되는지 확인하는 것이 중요하다. 무작정 많이 구부린다고 좋은 것이 아니다. 너무 많이 구부리다 보면 대개 엉덩이가 너무 뒤로 빠지면서 후경이 되는 경우가 많다. 하체를 구부리되 후경이 되지 않으려면 무릎을 구부리는 만큼 적극적으로 고관절과 발목을 구부려 준다.

특히, 적극적으로 발목을 활용하기를 권한다. 발목이 많이 구부러진다면 그만큼 고관절을 구부리는 정도가 줄어들기 때문이다. 너무 딱딱한 부츠를 사용하는 스키어나, 부츠의 발목쪽을 타이트하게 조이는 스키어는 발목 관절 사용이 불리하다. 부츠 발목을 타이트하게 조이면 발목 관절 가동 범위가 작다보니 어쩔 수 없이 고관절을 많이 구부려 충격을 흡수해야 하는데, 이런 조작은 허리에 충격을 많이 주어 허리 통증의 원인이 된다.

접설 유지하기

범프의 정점을 넘어가면 바로 발목과 다리를 펴서 설면과의 접촉을 유지해야 한다. 충격 흡수 조작만큼 중요한 것이 범프를 넘어가면서 바로 설면과 접촉을 유지하는 것이다. 프

범프 지형에서 트래버스 하는 모습.

레셔 컨트롤은 다리를 구부려 충격을 흡수하는 조작 뿐만 아니라 다리를 펴서 프레셔를 조절하는 것도 중요하다. 무릎 관절만 펴고 구부리는 것보다 적극적으로 발목을 펴서 접설을 유지하는 것이 유리하다. 발목 관절을 사용하면 그만큼 더 빠르게 충격 흡수와 접설 유지를 할 수 있다.

완경사 범프에서 적응 후 급경사 도전

완경사의 작은 범프에서 시작하고, 범프가 익숙해지면 점점 더 급한 경사의 깊은 범프에 도전해 본다. 급경사의 깊은 범프에서는 하체의 세 관절을 구부리고 펴는 동작이 더욱 커져야 하며, 그만큼 프레셔 컨트롤 기술에 숙달되는 효과가 있다.

범프에서 살아남기2_ 속도 조절

범프 지형에 적응했다면 다음에는 속도 조절을 익혀야 한다. 옆으로 트래버스 하던 동작에서 이제 대각선 방향으로 사이드슬리핑을 해보자. 사이드슬리핑은 에지를 이용해 설면을 긁어주며 대각선 방향으로 내려가 속도를 줄이는데 최고의 효과가 있다.

대각선 사이드슬리핑

범프를 넘어가면서 정점에서부터 사이드슬리핑을 해보자. 사이드슬리핑을 할 때는 스키의 방향과 힙의 방향을 살짝 틀어서 안정된 기본 자세를 만들면서 사이드슬리핑을 해야 한다. 피버팅에서 언급한 사이드슬리핑 자세를 잘 유지하는 것이 중요하다. 턴을 만든다고 생각하지 말고 대각선 방향으로 눈을 밀고 내려가야 감속이 정확히 된다. 트래버스할 때와 비교하면 대각선 방향으로 설면을 긁어낸 자국이 남겨지는데, 이를 통해 감속이 이뤄지는 것이다.

폴 라인 사이드슬리핑

완사면의 범프에서는 트래버스할 때와 비슷하게 약한 대각선을 유지하며 속도를 적절히 조절할 수 있다. 하지만 급사면의 범프는 다르다. 폴라인 방향에 가깝게 사이드슬리핑을 해야 더욱 큰 감속이 걸린다. 사이드슬리핑 방향에 따라 감속 정도가 달라져 이에 익숙해지는 것이 필요하다. 폴라인 방향의 사이드슬리핑이 난이도가 훨씬 높아 대각선 사이드슬리핑을 자유자재로 조정할 수 있도록 충분히 훈련한 뒤에 도전하기를 추천한다.

트래버스-대각선 사이드슬리핑-폴 라인 사이드슬리핑은 방향과 설면을 긁는 넓이가 달라진다.

산쪽 폴로 설면 긁기

사이드슬리핑을 하면 스키를 대각선 혹은 폴라인 방향으로 밀고 내려가게 된다. 이때 산쪽 폴 또한 스키와 같은 방향으로 밀고 내려가면 상체와 힙이 회전하려는 움직임을 차단할 수 있다. 바로 카운터링Countering의 효과가 발휘되는 것이다. 산쪽 폴의 도움없이 어려운 범프 사면에서 상하체 분리를 유지하기는 정말 힘들다. 특히, 입문 단계의 스키어가 좋은 사이드슬리핑 자세를 유지하는 것은 더욱 어렵다. 입문자는 산쪽 폴을 이용해 스키를 따라가려는 상체의 움직임을 사전에 블로킹해 주는 것이 유리하다.

범프에서 살아남기3_
턴 만들기

정설 사면에서와 달리 울퉁불퉁한 범프 사면에서 턴을 만드는 것은 대단한 도전이다. 턴을 만들기 위한 최적의 지형과 타이밍을 파악해야 하기 때문이다. 처음에는 아무 범프에서나 턴하지 말고 가장 만만한 범프를 찾아 턴을 만들어 보자.

범프에서의 사이드슬리핑. 회전하는 것이 아니라 설면을 쭉 밀고 내려가야 한다.

만만한 범프 찾기

자연 범프는 인공적으로 만들어진 프리스타일 모글과 달리 범프의 크기와 길이가 각각 다르다. 경사가 조금만 급해져도 곳곳에 함정 같은 어려운 범프가 존재한다. 이런 불규칙성 때문에 처음 범프에서 규칙적인 턴을 하려면 굉장히 부담된다. 따라서 아무 생각없이 턴을 하기보다는 만만한 범프를 찾고, 그 범프에서 턴을 만들어 보는 것이 중요하다. 범프를 지나면 사이드슬리핑을 하면서 다시 만만한 범프를 찾는다. 영어권에서는 이를 쇼핑Shopping한다고 표현한다. 말 그대로 턴하기 쉬운 '만만한 범프'를 찾아 그 범프에서 턴을 만드는 것이다.

약간 멀리보고 쇼핑하기

원하는 범프를 찾으려면 시선을 조금 멀리 봐야 한다. 바로 눈 앞의 범프만 봐서는 '만만한 범프'를 쇼핑하기가 쉽지 않다. 범프를 넘어선 뒤에야 만만한 범프를 놓쳤다는 것을 깨닫기도 한다. 그러므로 바로 눈 앞의 범프만 보기 보다는 약간 멀리 보면서 맘에 드는 범프를 찾는 것을 시도해야 한다. 사이드슬리핑 자세가 올바르게 유지된다면 상체와 시선이 좀 더 멀리 보기에 적당한 자세일 것이고, 적절히 속도 조절도 할 수 있을 것이다.

범프의 정점에서 폴 찍기

원하는 범프를 찾았으면 미리 폴 플랜팅 준비를 한다. 범프를 넘어가며 하체를 구부려 충격 흡수를 해주고 범프의 정점에 폴을 찍어 준다. 폴을 정점에 찍었기 때문에 스키어는 범프의 칠부 능선 정도를 타고 넘어갈 수밖에 없다. 칠부 능선을 넘어갈 때 쯤 스키 팁이 볼록한 범프를 벗어나 허공에 노출된다. 바로 이 타이밍에 피버팅 기술을 이용해 스키를 돌려 준다. 이 때가 스키의 접설면이 가장 적기 때문이다.

"찍고~ 돌고~ 찍고~ 돌고~"

이렇게 외치며 범프를 타면 타이밍 잡기가 아주 유리해진다.

범프의 정점에 폴을 찍고 그 옆으로 넘어갈 때 스키의 팁과 테일은 허공에 뜬 상태가 된다.

스키를 돌리자마자 사이드슬리핑으로 설면을 긁어 속도를 감속시킨다.

범프에서는 풋 로테이션으로 턴하기

범프에서 스키를 돌릴 때는 숏턴을 할 때처럼 스키를 회전시키기는 레그 로테이션이 아니라, 브라카쥐를 할 때처럼 풋 로테이션을 해주는 것이 좋다. 예를 들어 170cm 길이의 스키를 신은 경우, 발이 범프의 칠부 능선 정상에 오를 즈음이면 스키 팁과 테일이 허공에 뜨게 된다. 이 때는 발 밑 부분 50~100cm 정도만 설면과 닿아 있는 상태가 된다. 이 때 풋 로테이션을 통해 스키를 돌린다. 실제로 접설하는 면적이 스키 부츠 길이와 큰 차이가 없어 재빠르게 발을 돌려주는 풋 로테이션 조작만으로도 스키는 쉽게 회전한다.

사이드슬리핑 하기

풋 로테이션으로 스키를 회전시킨 뒤에는 사이드슬리핑을 한다. 숏턴을 하듯이 지속해서 회전을 만들면 스키가 회전 모멘텀에 의해 가속이 되기 때문이다. 사이드슬리핑으로 설면을 긁어주면 바로 감속이 걸린다. 처음 범프에 적응하기 위해서 가장 필요한 것은 속도 조절이다. 따라서 턴을 한다는 생각을 버리고, 사이드슬리핑을 통해 속도를 줄여야 한다.

범프에서의 턴 만들기는 결국 브라카쥐

범프에서는 풋 로테이션으로 스키를 짧게 회전시키고, 사이드슬리핑을 하며 속도를 조절한다. 이 동작을 생각하면 바로 머릿속에 떠오르는 단어가 있을 것이다. '브라카쥐 Braquage~!' 그렇다. 이 동작은 바로 회전 조작에서 연습하였던 브라카쥐와 똑같다. 단지 정설 사면이 아닌 범프에서 브라카쥐를 하는 것이고, 범프의 볼록한 지형을 이용할 뿐이다.

정설 사면에서 브라카쥐가 충분히 익숙해졌다면 쉬운 범프에서 브라카쥐를 연습해보자. 범프에서는 정설 사면에서의 일반적인 턴을 한다는 생각은 버리고 브라카쥐를 한다는 생각으로 턴을 하면 속도 조절에 월등히 유리하다.

263페이지 유튜브 영상 속 상급자들의 브라카쥐를 보면 상체는 안정되게 유지한 채 하체만 사용해 턴을 만드는 것을 볼 수 있다. 특히, 완성도 높은 턴을 선보이는 스키어들의 스킹을 유심히 보면 스키를 회전시킬 때 힙의 회전이 최소화되어 있다. 이런 완성도 높은 브라카쥐를 만들겠다는 목표를 가지고 범프에서 훈련하면 점점 더 세련된 범프 스킹을 할 수 있다.

범프에서 살아남기4_ 라인 잡기

턴 만들기가 익숙해지면 이제 만만한 범프를 찾아다니는 '쇼핑'을 점점 줄여 간다. 적당한 크기의 턴호를 그리면서 브라카쥐를 훈련해보자. 처음에는 10m 정도 사이드슬리핑을 하다가 턴을 했다면, 사이드슬리핑 거리를 점점 줄여가며 연습해보자.

범프 하나 지나고 턴하기

쇼핑 거리를 줄여가면 사이드슬리핑 거리가 점점 짧아진다. 나중에는 범프 하나 정도만 사이드슬리핑으로 넘고 바로 그 다음 범프에서 턴을 하게 된다. 턴을 하고 사이드슬리핑으로 범프를 지나가는 동안 속도를 감속한 뒤 그 다음 만나는 범프의 가장 턴하기 좋은 지점을 찾아 턴을 만드는 것이다. 이 때 범프를 넘어가는 동안 다음 범프의 모양을 확인하고 가장 좋은 라인을 파악하는 훈련을 하자.

라인 잡기

가장 턴하기 좋은 라인을 찾아서 턴하다 보면 점점 범프를 어떻게 넘어갈 때 유리한지 파악할 수 있다. 무작정 연속된 범프에 달려들어 턴을 하다 보면 자신이 원하는 라인을 선택하기 어렵다. 단계적으로 접근하며 라인 잡는 기술을 익히여 한다.

폴 플랜팅으로 리듬 만들기

좋은 라인은 부드러운 리듬에서 나온다. 시선과 상체를 다운힐 방향으로 향하게 하고 적극적인 폴 플랜팅을 통해 연속된 범프턴을 이끌어 가야 한다. 브라카쥐 연습할 때도 항상 폴이 앞으로 나와 다음 턴을 준비하듯이, 범프에서도 폴이 턴의 시작과 함께 바로 앞으로 나와서 다음 턴을 이끌어가야 한다. 폴을 적극적으로 앞으로 내밀어서 연속된 범프의 정점에 폴을 찍어줌으로써 턴의 리듬을 살릴 수 있다.

범프에서의 브라카쥐를 마스터하자

블랙 다이아몬드 사면이 아닌 일반적인 슬로프의 범프에서 브라카쥐를 연습해보면 저절로 어떤 리듬으로, 어떤 라인을 타야 적절한가를 이해할 수 있다. 범프에 관련한 강습 비디오를 보면 여러가지 라인에 대한 설명이 나오는데, 중급자 단계까지는 이런 라인이 큰 의미가 없다. '브라카쥐를 한다'라는 하나의 목표로만 접근하면 된다. 브라카쥐를 하려면 당연히 그에 적당한 설면을 찾을 수밖에 없기 때문이다. 심플하지만 가장 확실한 방법이다. 만약 적당한 사면에서 브라카쥐를 통해 속도조절과 적당한 리듬의 턴이 만들어지면 범프 스킹에서는 중급자 단계를 넘어서기 시작한 것이다.

연속된 범프턴의
연결 동작.

사이드슬리핑의 시작과 동시에
미리 폴이 나와서 리듬을 주도하여야 한다.

상급자의 브라카쥐

어드밴스드 브라카쥐

범프 합턴

피벗 슬립

PART 5

파우더 스키
상급 기술

이 장에서 다루는 내용은 아직까지 한국의 일반적인 스키어들을 대상으로 가르쳐 본 적은 없는 주제이다. 캐나다 휘슬러에서 레벨2나 레벨3 강사들을 훈련시킬 때 주로 다루었던 내용들로서 일반 레크리에이셔널 스키어와 구분되는 엑스퍼트 스키어가 되기 위해 필요한 내용들을 다룬다. 파우더 스키의 고수들과 한국의 최상급 스키어들이 궁금해 할 만한 내용들이다. 또한 가장 어려운 스키 환경인 트리런과 급사면, 블랙 다이아몬드 범프, 깊고 무거운 파우더 등에서의 스킹 전략을 다루고 있다.

상급자가 알아야할 세 가지 스키 원리

1. 합력과 균형축

스키의 물리학은 스키어라면 반드시 알아야 할 기본 지식이지만, 입문자나 중급자에게는 많이 어려울 수도 있다. 소위 문과와 이과로 나뉘어지는 사람들의 특성이 있다. 문과는 사물을 감성적으로 인식하는 반면 이과는 논리적으로 이해하려고 한다. 스키를 접하고 향상시키는 과정에서도 문과와 이과는 서로 다르다. 이는 산을 오르는데 서로 다른 등산로를 택한 것과 같다. 하지만 정상 부근에 오르게 되면 여러 갈래의 등산로가 하나로 모이듯, 문과적 특성이 많던, 이과적 특성이 많던 상관없이 엑스퍼트 스키어가 되려면 스키의 물리학은 꼭 이해해야 한다..

중력Gravity

스키를 움직이는 힘은 중력이다. 높은 곳에서 낮은 곳으로 떨어지는 중력이야말로 스키라는 운동을 만든 근원적인 힘이다. 중력에 의해 발생하는 낙하 에너지가 회전을 통해 원심력으로 변화될 뿐이다.

원심력Centrifugal Force

스키를 타며 턴을 만들면 턴의 바깥쪽에서 당기는 강한 힘을 느끼게 된다. 이는 자동차를 운전할 때 급한 코너링에서도 경험하는 현상이다. 쉽게 미끄러지는 물체들이 자동차 안에서 이리저리 밀려 다니는 것을 보면서 직관적으로 원심력을 경험하게 된다.

물리학적 관점에서 원심력은 실재하는 힘은 아니다. 실재하는 힘은 구심력Centripetal Force이다. 이것은 마치 지동설과 천동설과 같다. 실제로는 지구가 자전하는 것이지만, 사람들은 태양이 지구 주위를 도는 것으로 느끼는 것과 같다. 이 두 힘의 크기는 완전히 같은 것이므로 원심력으로 쓰던 구심력으로 쓰던 같은 의미로 해석하면 된다. 하지만 일상생활에서 쉽게 경험할 수 있는 원심력으로 표현하는 것이 이해하기 쉬워 원심력으로 표기한다. 원심력과 스키의 관계는 두 가지로 정리할 수 있다.

첫째, 원심력의 크기는 스키의 회전 반경과 반비례한다. 스키어가 회전 반경을 반으로 줄이면 원심력은 두 배가 된다. 그러므로 우리가 같은 속도라면 작은 턴을 할수록 원심력을 크게 느끼게 된다.

둘째, 원심력의 크기는 속도의 제곱에 비례한다. 속도가 빠를수록 원심력이 커진다. 속도가 2배면 원심력은 4배가 되고, 속도가 3배이면 원심력은 9배가 된다. 우리가 고속의 카빙턴을 할 때 가장 큰 원심력을 느끼는 이유이다. 월드컵 레이서들은 일반인에 비해 2배 정도 빠르게 타므로 강한 원심력에 대응하기 위해 특별한 자세를 만든다. 예를 들어 70kg의 스키어가 빠른 속도로 스키를 탈 때 일반적으로 느끼는 힘이 자신의 몸무게+가속도로 인해 150kg 가량이라면, 속도가 2배 빠른 월드컵 레이서는 300kg의 힘을 버티면서 스키를 탄다는 의미다. 따라서 일반 아마추어가 월드컵 레이서들과 같은 속도로 달리지 않는한 비슷한 자세를 만든다는 것은 넌센스가 된다.

합력Resultant Force

우리가 스키를 타면서 느끼는 힘은 합력이다. 중력과 원심력은 크기와 방향이 다르지만, 실제로 스키어에게 가해지는 힘은 이 둘이 합쳐진 결과로 만들어진 합력Resultant Force 이다. 따라서 스키어가 밸런스를 유지하는 것은 중력이나 원심력이 아닌 이 둘이 합쳐진 합

중력과 원심력의 결합으로 만들어진 합력.

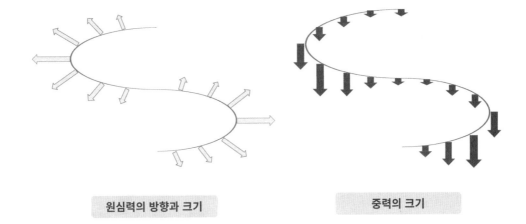

원심력의 방향과 크기

중력을 배제한
원심력의 방향과 크기.

중력의 크기

중력은 스키어가 폴라인에 들어서면서
급속도로 커지다가 폴라인 직후 최대가 된다.

력에 대응하는 것이다. 이 합력에 대해 깊이 이해하면 할수록 더욱 스키에 대한 이해도가 높아진다.

합력의 방향과 크기는 턴의 구간에 따라 변화한다. 그 이유는 합력이 원심력과 중력이 결합된 힘이기 때문이다. 중력은 다운힐 방향으로만 작용하지만 원심력은 폴라인에서 가장 커지고 턴의 전환 구간에서는 작아지며, 방향 또한 옆으로 작용한다. 이러한 원심력의 방향과 크기 변화를 잘 이해해야 합력을 이해할 수 있다.

중력은 원심력에 비해 방향이 일정하고 크기만 변화하므로 좀 더 간단한 그림으로 표현된다. 스키어가 폴라인으로 향하면 중력이 작용하기 시작해 폴라인에서부터 급격하게 증가한다. 중력 가속도가 더해지면서 점점 커지다가 폴라인 이후에 최대가 된다. 그 후 스키가 회전하면서 다시 중력의 크기는 줄어든다. 우리가 J턴을 연습할 때 스키가 산쪽으로 거슬러 올라가다가 어느 순간 멈추게 되는 것을 느낀다. 이 때는 중력이 0이 된 순간이다. 턴호를 완만하게 하여 늘어진 턴을 만들면 중력은 턴의 전환 구간에서도 꽤 크게 작용한다. 따라서 턴호에 따라 변화하는 중력의 크기를 고려해 스킹을 해야 한다.

원심력과 중력의 변화를 턴의 구간에 맞추어 합하면 합력의 방향과 크기를 유추할 수 있다. 스키를 탈 때 합력이 어떤 방향으로, 어느 정도의 크기로 작용하는지 느낄 수 있다면 이미 중급자 단계를 벗어나 상급자의 단계에 올랐다고 볼 수 있다. 바로 그 보이지 않는 힘에 대응하는 것이 스키이기 때문이다.

턴의 구간에 따른 합력의 크기 변화. A는 전환 구간, B는 폴라인 직후다.

스키어가 가장 크게 경험하는 합력의 변화는 턴의 전환 구간(A)과 폴라인 직후(B)이다. 턴의 전환 구간(A)에 스키는 가장 가벼워진다. 원심력의 방향이 좌에서 우로, 혹은 우에서 좌로 이동하면서 전환 구간에 0이 되기 때문이다. 중력 또한 턴의 후반에 스키어의 모멘텀 방향이 중력의 방향과 다른 방향으로 틀어지면서 전환 구간에서는 굉장히 약해진다. 정상급 스키어의 스키 자국을 보면 전환 구간에 스키 자국이 거의 보이지 않는 경우가 많다. 스키가 거의 체중이 실리지 않은 상태에서 이동하기 때문이다.

반면 폴라인 직후(B)에는 원심력과 중력이 결합하면서 합력이 가장 세진다. 폴라인 이전에는 중력의 영향이 적은 반면 스키어가 폴라인에 들어서면서부터 급격하게 증가하기 시작한다. 중력 가속도에 의해 시간이 갈수록 중력은 더욱 커진다. 또한 중력에 비해서는 약하지만 원심력 또한 폴라인 직후에 여전히 큰 힘을 가지고 있다. 그러므로 폴라인 직후에 중력과 원심력이 결합된 합력이 가장 강한 구간이 된다.

합력이 가장 강할 때 그에 대응하는 반발력도 가장 세진다. 정상급 레이서들은 이 반발력을 이용하여 원하는 방향으로 가장 빠르게 달려가며, 반발력이 가장 센 시점에 기문을 통과하도록 스키의 턴호를 만든다. 반면에 기문에 익숙하지 않은 스키어들은 기문을 도는 것에 초점을 맞추기 때문에 기문을 돌아 나간 뒤에 방향을 세팅하려고 한다.

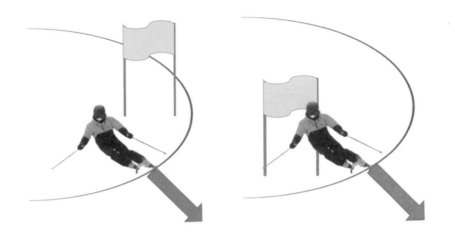

초보자가 기문을 타는 방법(좌)과 상급자가 기문을 타는 방법(우).

균형축Balance Axis

균형축은 바로 인체 중심점COM과 BOS를 잇는 라인이다. BOSBase Of Support는 COM 을 지지하는 기반이라는 의미이다. 그럼 무엇에 대응해 COM을 지지하는 것일까?

일상에서는 아주 간단하게 알 수 있다. 중력에 대응해 그 반대되는 방향으로 COM을 지 지하면 된다. 하지만 스키를 타면서 회전을 시작하면 이야기가 달라진다. 중력 외에 원심력 이 작용하기 때문이다. 회전을 시작하면 중력에 대응해 균형을 유지하는 것이 아니라, 합력 에 대응해 균형을 유지해야 한다. 따라서 균형축을 이해하려면 반드시 합력을 먼저 이해해 야 한다.

위에서 합력을 충분히 이해했다면 균형축과 합력이 같은 방향의, 같은 기울기로 일직선 을 이루어야 한다는 것을 충분히 이해할 수 있다. 하지만 실제 스킹에서 눈에 보이지 않는 합력의 방향과 크기를 계산하는 것은 많은 경험이 필요하다. 타인의 스킹을 관찰하거나 본 인의 스킹 동영상을 분석할 때 우리는 스키어의 균형축이 합력과 일직선상에 놓여 있는지 를 유추할 수 있어야 한다. 특히, 전환 구간과 턴의 초반에는 중력보다 원심력이 더 커 합력 의 방향이 중력의 방향과 달라지기 때문에 깊은 이해가 필요하다.

합력의 방향

스키어의 진행 방향

COM과 BOS는 합력의 방향과 일치하도록 정렬되어야 한다.

2. 크로스오버

위에서 합력의 방향과 크기를 알아보았다. 턴의 전환 구간에 원심력의 방향이 틀어지면 합력의 방향과 크기 또한 급격하게 변화한다. 스키어 관점에서 볼 때 전환 구간에서 느끼는 힘의 방향은 왼쪽에서 오른쪽으로, 그리고 오른쪽에서 왼쪽으로 변화한다. 이는 합력의 방향이 변화하는 것이므로 당연히 합력에 대응해 균형축도 좌우로 이동하며 기울어진다.

균형축이 좌우로 기울어진다는 의미는 COM과 BOS가 교차한다는 것을 의미한다. 이것이 바로 크로스오버Crossover다. COM과 BOS는 크로스오버를 이해하기 위한 서론이고, 실제로 본론은 크로스오버라 봐도 된다. COM을 몸의 중심점이라 생각하고, BOS를 우리의 발이라 생각한다면 오른쪽 그림은 실제 상황에서 크로스오버가 발생하는 모습을 보여준다. 노란선이 COM의 궤적이고, 파란선이 BOS의 궤적이 된다.

패러렐턴을 할 때 턴의 전환 구간에서 COM과 BOS는 서로 교차하게 된다. 그림에서 보듯이 파란선이 노란선보다 훨씬 더 옆으로 곡선을 그리고 있다. 이 그림이 의미하는 것은 우리의 발은 우리의 배꼽보다 더욱 바깥쪽에 위치하며 이동한다는 것이다. 스키를 조금만 타본 사람이라면 누구나 '그렇지, 당연히 그렇게 스키가 몸의 중심보다 바깥에 있어야 원심력에 대항하여 몸의 균형을 유지할 수 있지.'라고 생각할 것이다. 이건 굳이 대단한 물리학

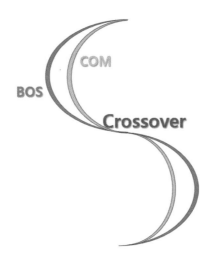

스키 회전 시 COM과 BOS가 교차하면서 만들어지는 크로스 오버.

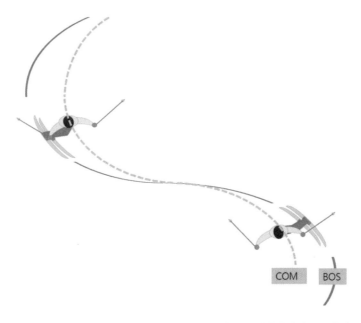

COM   BOS

스키어 위에서 바라본 크로스오버. 노란색 선이 COM의 궤도, 파란색 선이 BOS의 궤도다.

적 원리를 동원하지 않아도 누구나 알 수 있다. 하지만 스키어라면 누구나 알고 있는 것이면서도 제대로 크로스오버를 만들어 내는 스키어들은 많지 않다. 부드러운 크로스오버야말로 엑스퍼트 스키어들만의 전유물이다.

  '뭐라고? 크로스오버가 스키 고수들의 전유물이라고? 왼쪽 턴 끝나면 오른쪽 턴하고,

오른쪽 턴 끝나면 왼쪽 턴하는 것이지. 그게 뭐 대단한 거라고 고수들만이 하는 것이라고 하나?'라고 반문하는 스키어도 있을 것이다. 그러나 크로스오버가 생각처럼 쉽다면 누구나 스키의 고수가 되어 있을 것이다.

중급 스키어의 크로스오버

대부분의 중급 스키어들은 턴의 후반부에 턴을 필요 이상 길게 끌고 들어간다. 중력에 대항해 버티고 서 있는 것에 안정감을 느끼며 무의식적으로 그 안정감에 머물고 싶어한다. 턴 후반부를 벗어나면 엄청나게 공포스러운 자유낙하 구간이 시커먼 입을 벌리고 스키어를 기다리고 있기 때문이다. 인간이 느끼는 자유낙하에 대한 두려움은 본능적이라 안정된 구간에 더 오래 머무르도록 스키어를 붙들어 둔다. 이는 번지점프를 할 때 뛰어내려도 안전하다는 것을 머리로는 이해하지만 몸은 자꾸만 뒷걸음치는 것과 같은 현상이다. 이처럼 주저하는 사이에 늘어진 턴의 후반부로 인해 COM은 부드럽게 다음턴의 안쪽으로 넘어가야 할 타이밍을 놓치게 된다. 결국 다음 턴의 시작이 늦어진다.

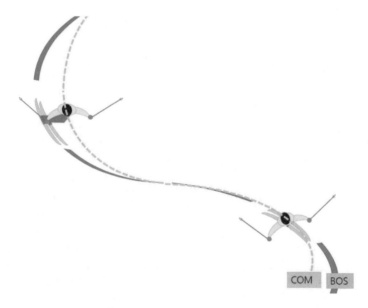

턴 후반부가 늘어지는 중급자의 크로스오버.

여기서 수많은 문제점이 시작된다. 턴의 전반에 체중이 실려서 스키의 에지가 강력하게 설면을 붙들어야 하는데, 에징이 약하다보니 턴의 시작이 늦어지고 결국 스킹의 모든 조작이 폴라인 혹은 폴라인 이후에야 이루어진다. 이 구간에 에징과 피버팅, 프레셔 컨트롤을 통해 스키를 조작해야 하는데 시간적으로 여유가 없다. 그러므로 적당한 사면에서 일정 크기 이상의 턴호를 그릴 때는 큰 문제가 없지만, 경사가 급해지고 턴을 더 작게 만들어야 하는 상황이 되면 후경, 로테이션, 몸턴, 등 수많은 문제점이 튀어 나온다.

크로스오버는 엑스퍼트 스킹의 전매특허

아래 사진을 보면 크로스오버란 뭐 대단한 것 같지는 않다. 하지만 실제로 본인의 스킹 비디오를 분석하여 턴과 턴 사이의 전환 구간을 유심히 살펴보면 고수들의 크로스오버와는 차이점이 크다는 것을 알 수 있을 것이다. 한 턴을 마무리하고 빠져나오는 상황에서 COM 은 어떠한 망설임이나 부자연스런 동작없이 다음 턴의 안쪽으로 날아가야 한다. 여기서 '날아간다'는 표현을 쓰는 이유는 스키가 휘어졌다 튕겨져 나오는 힘이 COM을 밀어내 다음 턴을 향해 날아가는 느낌인데다가, 크로스오버 시점에서 COM이 다음턴의 안쪽으로 쓰러져 순간적이나마 자유낙하의 느낌이 발생하기 때문이다. 이런 자유낙하의 느낌은 놀이동산의 롤러코스터나 워터파크의 워터 슬라이드에서의 경험을 돌이켜보면 이해할 수 있다. 본인의 스킹에서 이러한 느낌이 있는가? '예스'라면 제대로 크로스오버를 하는 것이며, 그렇지 않다면 진지하게 고민해볼 필요가 있다.

의도적인 자유낙하Controlled Falling를 통해 COM이 다음턴의 안쪽으로 이동한다. 이 때

엑스퍼트 스키어의 크로스오버.   Ⓢ 하늘찬

원심력이 작용하지 않는다면 스키어는 크로스오버를 하자마자 다운힐 방향으로 균형을 잃고 넘어질 것이다. 그러나 이 구간에서는 중력이 약하고 원심력이 크게 작용한다. 그러므로 크로스오버 자세에서도 밸런스를 유지할 수 있다.

의도적인 자유낙하 느낌이 있는 크로스오버를 만들지 못하는 한 중급 스키어의 덫에서 벗어날 수 없다. 크로스오버의 비밀을 풀지 못하는 한, 턴 전반에 체중을 실어 스키를 휘게 만든다는 것은 꿈같은 소리에 불과하다. 많은 스키 강사들이 턴의 전반에 딛고 기다리라는 표현을 하는데, 크로스오버가 제대로 되지 않는 한 딛고 기다리는 것은 큰 의미가 없다.

크로스오버와 전후 조작

중급 단계의 스키어들은 변화하는 외부 환경에 적응하여 중경의 밸런스를 유지하는데 초점을 맞추는 반면, 엑스퍼트 스키어들은 턴을 만드는 동안에 전후 밸런스를 끊임없이 조작한다. 크로스오버가 마무리되고 다음 턴이 시작되는 구간에서 엑스퍼트 스키어들은 스키의 앞쪽에 체중을 실어줌으로써 턴의 초반부터 스키 팁이 설면을 물어뜯는 강력한 에징을 시작한다. 또한 턴의 후반부에는 부드럽게 다음 턴으로 전환하기 위해서 체중이 살짝 뒤꿈치쪽으로 이동한다. 이러한 조작은 우리가 그네를 탈 때 그네 위에서 체중을 적극적으로 전후로 움직여 그네가 움직이는 모멘텀을 좀 더 강하게 만드는 조작과 유사하다.

엑스퍼트 스키어는 스킹을 하는 동안 항상 전후경을 자유자재로 왔다갔다하며 필요에 의해 조정한다. 이것을 엑스퍼트 스키어의 전후 조작이라 이해할 수 있다.

제대로 된 크로스오버를 하게 되면 전경이 단순히 몸의 중심을 스키 앞쪽으로 가져가는

크로스오버를 통해 폴라인 이전에 이미 스키의 에지에 체중이 실려야 한다.　　ⓢ 민경태

것이 아니라 적극적인 크로스오버를 의미함을 알게 된다. 단순히 몸을 앞으로 수그리라면 못할 사람이 거의 없을 것이다. 하지만 턴의 마무리와 동시에 몸의 중심을 다운힐로 던지는 크로스오버 움직임은 본능적 두려움을 떨쳐내야만 가능하다. 이는 번지점프대에 올라 선 사람의 뛰어내리기 전 심리 상태와 같다. 안전장치가 나를 붙잡아 주리라는 이성의 자각과는 반대로 몸은 떨리고 주춤주춤 뒷걸음치게 된다. 이러한 두려움은 생명을 보존하고자하는 본능적 방어기제이다. 강력한 생명보존의 본능이 크로스오버를 끊임없이 방해하는 것이다. 이런 두려움을 극복하고 과감히 번지점프대에서 몸을 날리듯이 다운힐 방향으로 COM을 이동시키는 것, 그럼으로써 몸의 중심과 발이 교차하도록 만드는 것, 그것이 제대로 된 크로스오버다.

크로스오버와 외향

제대로 된 크로스오버를 하게 되면 외향이란 의도적으로 만드는 것이 아니라 크로스오버에 의해 자연적으로 만들어진다는 것을 깨닫게 된다. 적극적으로 크로스오버를 만들어가기 위해서 스키어는 스키의 움직임에만 집중되었던 신경을 나누어서 COM의 움직임에도 주의를 집중하게 된다. COM의 궤적을 위에서 살펴보았지만 COM은 스키보다 짧은 궤적을 그리며 움직인다. 우리의 상체가 향하는 방향은 스키의 방향과 일치하는 것이 아니라 COM

상체의 방향은 파란색 선BOS이 아닌 노란색 선COM을 따라 간다.

이 향하는 방향과 일치해야 한다. 그러다보니 스키가 향하는 방향과 상체의 방향에 차이가 생겨나게 되고 이는 자연스런 외향으로 나타난다. 따라서 외향은 의도적으로 만드는 것이 아니라 COM의 움직임에 집중하고 그 움직임에 맞게 상체의 방향을 잡아주면 자연스럽게 만들어진다.

277페이지 그림에서 스키어의 자세만을 더욱 확대해서 살펴보면 다음과 같다. 스키어 상체의 방향이 COM의 궤도를 따라가는 반면 스키는 더욱 넓은 회전호를 그리며 돌아 서로 다른 방향을 바라본다. 특히, 턴의 전반과 후반에 방향 차이가 가장 심하다. 크로스오버를 정확히 이해했다면 이 그림을 보고 고개를 끄덕이게 될 것이다.

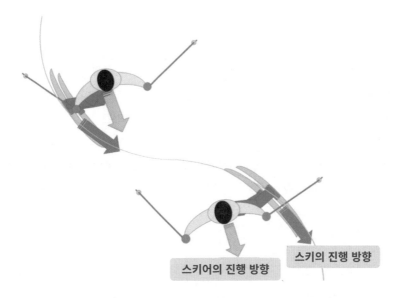

스키어의 상체 방향은 COM의 진행 방향을 바라보는 것이 자연스럽다.

내향과 외향의 표기

'내경'과 '외경'은 상호보완적인 개념이지만, 서로 상충하는 개념으로 쓰이고 있어 '인클리네이션'과 '앵귤레이션'으로 표현하는 것이 바람직하다. 반면에 '내향Rotation'과 '외향Counter'은 서로 반대되는 개념으로 쓰여 오해의 여지가 적은 표현이다. 하지만 엄밀히 따지면 이 또한 적절한 표현은 아니다. 스키어가 폴라인 이후에 자각하는 스키와 상체의 방향만 고려한다면 '외향'과 '내향'이 맞는 표현이지만,

폴라인 이전의 구간에서는 적절하지 않다. 상체의 방향은 COM의 궤도와 같은 방향을 바라보기 때문에 오히려 폴라인 이전에는 '내향'한다고 볼 수 있다. 하지만 대부분의 스키어들이 가장 크게 자각하는 구간이 합력이 가장 강한 폴라인 이후이므로 '내향'과 '외향'이란 표현을 쓰도록 하겠다. 이를 대체할 만한 영어 표현인 로테이션rotation과 카운터counter로는 설명이 복잡한 이유이기도 하다.

3. 폴라인 투 폴라인

중급자가 턴을 이해하는 방식

일상 생활에서 주로 경험하고 대응하는 힘은 중력이다. 그래서 입문자부터 중급자까지는 중력에 대응해 '불안정 vs 안정'의 느낌으로 해석하는 것이 가장 이해하기에 쉬운 턴의 개념이다.

강사나 코치들이 스키의 턴호를 이해시키려할 때, 'C'를 그리고 턴호의 전반-중반-후반으로 설명한다. 입문자와 중급자 단계에서는 이런 설명이 효과적이기 때문이다. 입문자가 처음 스키를 배우는 과정을 생각해보자. 옆으로 사활강하다가 어렵사리 턴을 시작하고 겨우겨우 무너지는 밸런스를 다잡으며 턴을 마무리한다. 턴을 마무리한 뒤 휴~우~ 한숨을 내쉬며 다시 사활강 하는 것이 일반적으로 처음 턴을 배우는 방식이다. 입문자와 중급자 단계에서는 사활강하는 구간이 휴식 내지는 재정비 시간이라는 느낌이 강하다. 왜냐하면 옆으로 사활강 할 때는 일상 생활처럼 중력에 대응해 수직으로 서 있는 '안정된 구간'이기 때문이다.

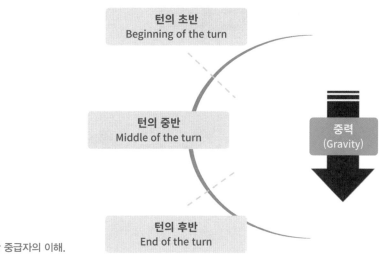

턴에 대한 중급자의 이해.

상급자가 턴을 이해하는 방식

중급자 단계를 벗어나면서 상급 사면과 빠른 속도에 적응하기 시작한 스키어들은 점차 강력한 원심력의 힘을 경험하게 된다. 또 중력과 원심력이 결합한 합력Resultant Force에 대해 이해하게 된다. 기문을 타야 하는 선수들은 '정점Apex'에 대한 깊은 이해를 가지고 있다. 기문을 통과하자마자 강력한 에너지를 이용해 다음 기문으로 최대한 빨리 날아가야 하기 때문이다. 이 때 정점이란 턴을 하는 모든 구간 중에서 가장 강력한 힘이 모이는 순간이다. 그리고 이 순간은 중력과 원심력이 결합한 합력이 가장 강한 순간이다.

상급자들은 합력이 최고점에 이른 정점을 직관적으로 이해하고 모든 신경을 이 정점에 집중한다. 즉, 정점과 정점을 잇는 것이야말로 상급 스키어의 핵심적인 관심사다. 정점에서 만들어진 힘이 스키어를 강하게 반대 방향으로 튕겨내면 스키어는 큰 모멘텀을 가지고 날아간다. 이렇게 튕기듯 다음 턴으로 이동하는 것을 영어권에서는 디플렉션Deflection이라고 부르며, 엑스퍼트 스킹의 주요 특성으로 구분한다. 따라서 상급 스키어들은 더이상 턴호를 'C'가 아닌 '~'로 이해한다. 하지만 정점이라는 개념이 일반 스키어들에게는 익숙하지 않다. 더욱 친숙한 폴라인으로 이해해도 무난하다. 영어권에서는 '~' 형태의 스키 턴호를 폴라인 투 폴라인Fall-line to Fall-line으로 부른다.

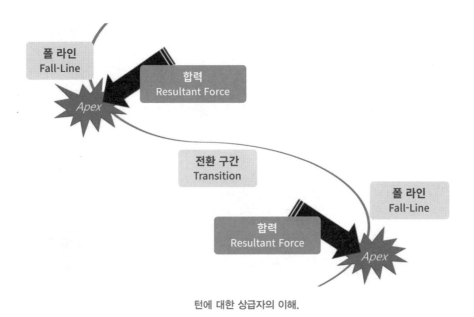

턴에 대한 상급자의 이해.

폴라인 투 폴라인의 3가지 장점

합력과 정점을 이해하는 단계의 스키어라면 이제 턴호의 개념을 'C'에서 '~'로 진화시켜야 한다. 턴호에 대한 이해가 변화하면 즉각적으로 턴의 완성도가 달라진다. 3가지 차원에서 어떻게 턴호가 달라지는지 알아보자.

첫째, 전환 구간이 더욱 부드럽게 연결된다

턴호를 C로 이해할 때는 턴의 후반과 턴의 시작이 서로 구분되고 새로운 시작이라는 개념이 강하다. 이러한 개념은 한 턴과 다음 턴을 독립적으로 사고하게 만들고, 그 턴의 연결은 부자연스럽다. 반면에 ~로 턴호를 이해하면 폴라인과 폴라인을 얼마나 부드럽고 효율적으로 연결하는가가 주요한 관심사가 된다. 앞에서 언급한 크로스오버를 충분히 이해했다면 전환 구간이 얼마나 중요한지를 깨달았을 것이다. 상급자들은 정점에서 생성된 모멘텀을 손실없이 그대로 다음 폴라인으로 가져가는 것에 집중한다. 즉, 강력한 디플렉션을 만들어 내고 그 힘의 방향을 조정하는 것이다.

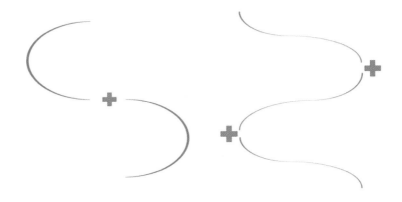

턴을 C의 연속으로 이해하는 것(왼쪽)과 ~의 연속으로 이해하는 것(오른쪽)의 차이.

턴호를 C로 이해하는 스키어는 턴의 후반에 생성된 모멘텀을 상쇄하는 것에 집중한다. 만약 턴의 후반에 100이라는 모멘텀이 생성되었다면 이것을 상쇄시켜 적은 모멘텀만을 가지고 다음 턴을 시작하게 된다. 하지만 턴호를 ~로 이해하는 스키어는 생성된 100의 모멘텀을 최대한 다음 폴라인으로 그대로 가지고 이동하는 것에 초점을 맞춘다. 이렇게 모멘텀을 생성하고 그 생성된 모멘텀을 그대로 다음 턴으로 가지고 가는 노력을 계속하다 보면 점점 더 폴라인 투 폴라인의 턴호를 그리게 된다.

둘째, '정점'에 대한 타이밍을 찾는다

위에서는 '생성된 모멘텀'을 손실없이 다음 턴으로 가져가려는 것에 집중했다. 이를 지속하다보면 생성되는 모멘텀의 크기를 더 키움으로써 더 큰 모멘텀을 다음 턴으로 가져갈 수 있다. 즉, 모멘텀 100을 이동시켜 다음 턴에 50의 모멘텀으로 시작할 수도 있지만, 모멘텀 200을 만들어 낸다면 다음 턴의 시작을 모멘텀 100으로 시작할 수도 있다.

정점에서 만들어진 모멘텀은 전환 구간을 거치면서 점차 줄어든다. 투수가 손에서 공을 놓는 순간이 가장 빠르고 이후 점차 속도를 잃는 것과 같다. 이처럼 모멘텀은 정점을 지나면 점점 줄어들기 때문에 상급 스키어들은 더욱 강한 모멘텀을 만들기 위해 정점에 집중한다. 생성된 모멘텀이 클수록 더욱 큰 모멘텀을 가지고 강하게 다음 턴으로 진입할 수 있기 때문이다. 모멘텀의 크기를 유지하려고 노력하다 보면 점점 정점에서 생성되는 모멘텀의 크기를 자각하게 된다.

셋째, 좌우로의 진폭이 커진다

위 두 가지 장점이 겹쳐져 스키어는 C 턴호의 스키어에 비해 더욱 큰 모멘텀을 생성하고, 보다 손실없이 다음 턴으로 이동시킴으로써 결과적으로 좌우 진폭이 더 커지게 된다. 숏턴에서도 진폭이 더 큰 숏턴을 만들어 중급 스키어와 확연히 구분된다. 물론 더욱 세련된 에징, 피버팅, 프레셔 컨트롤 기술을 갖춤으로써 턴의 질이 전체적으로 높아진다. 이처럼 턴을 계속 진화시키려면 턴의 개념을 변화시키는 발상의 전환이 우선시 되어야 한다.

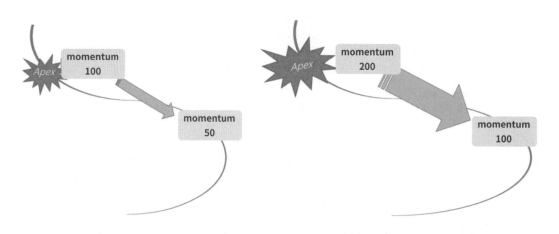

폴라인 투 폴라인 턴을 하면 더 큰 모멘텀을 생성시켜 좌우 진폭이 큰 회전호를 그릴 수 있다.

엑스퍼트 롤러블레이드 턴

엑스퍼트 화이트 패스 턴

카빙 vs 스키딩

스키딩이란?

스키딩Skidding은 스키가 옆으로 미끄러지는 것을 말한다. 중급 이상의 많은 스키어들은 카빙을 익히기 시작하면서 스키딩을 죄악시 한다. 카빙Carving이란 스키딩 없이 스키가 활주하여 슬로프 위에 펜으로 그려낸 듯한 두 개의 라인을 만드는 것을 말하기 때문이다. 그러므로 카빙을 잘 한다는 것은 스키딩 없이 스킹한다는 의미가 되고, 스키딩이란 초중급자들의 기술로 생각하는 것이다.

하지만 스키딩과 카빙은 서로 반대되는 개념이 아니다. 어느 것이 더 우월한 것도 아니다. 둘 다 아주 필요한 기술이다. 스키의 고수들은 스키딩과 카빙을 아주 정교하게 구사한다. 이것이 고수들이 숨기고 있는 비장의 무기다. 두 기술을 아주 정교하게 필요한 만큼 사용함으로써 일반인은 이해하기 힘든 스킹을 구사하는 것이다.

예를 들어 선수와 아마추어가 자전거 대회에 참가해 경사진 언덕을 내려간다고 생각해 보자. 선수들은 필요한 상황에서만 브레이크를 사용하고 필요 없는 경우에는 브레이크를 잡지 않고 계속 속도를 유지하며 내려갈 것이다. 반면 아마추어는 대부분의 구간에서 브레이크를 사용할 것이다. 스키에서는 브레이크를 사용하지 않고 다운힐 하는 것이 카빙, 브레이크를 사용하는 것이 스키딩에 해당한다.

자전거 다운힐에서 브레이크를 사용하지 않는 것은 대단히 위험하고 때론 부상으로 이어질 확률이 높다. 반면 적절하게 브레이크를 사용한다면 안정된 다운힐을 할 수 있을 것이다. 자전거의 브레이크와 같은 기능을 하는 것이 스키딩 기술이다. 특히, 올마운틴 스킹은 정설 사면 뿐만 아니라 파우더와 범프 등 오프 피스트에서의 멋진 스킹을 추구한다. 이런 오프 피스트에서는 카빙 기술이 거의 의미가 없다. 대부분 스키딩 기술을 위주로 스킹하기 때문이다. 그러므로 스키딩 기술을 중급 단계에서 멈췄다면 이제부터라도 상급 단계까지 발전시켜 보자.

스킹에서 속도를 조절하는
두 가지 방법

스키어가 경사면에서 스킹을 할 때 가속되지 않고 원하는 속도로 스킹을 즐기기 위해서는 적절하게 속도를 줄이는 기술이 필요하다. 이렇게 속도를 줄이는 방법은 크게 두 가지로 나뉜다. 바로 턴쉐입을 통한 방법과 스키딩을 통한 방법이다.

턴쉐입으로 속도 조절하기

턴의 마무리에서 산쪽으로 스키를 돌려주면 중력에 의해 속도가 줄게 된다. 아래쪽으로 작용하는 중력에 반대되는 방향인 산쪽으로 방향을 틀었으니 당연히 속도는 줄어들게 되는 것이다. 회전호를 그릴 때 아래쪽으로 늘어진 S자를 그리면서 스킹을 한다면 점점 더 속도가 붙을 것이다. 특히, 급사면의 카빙턴에서는 점점 가속되는 것을 경험하게 된다. 하지만 턴호를 마치 태극 문양을 그리듯 후반을 말아 올리면 속도가 줄어든다. 카빙턴에서 속도를 줄이는 유일한 방법이다.

J턴 연습을 통해 턴 후반이 말려올라가는 훈련을 한 뒤 부드럽게 다음 턴으로 연결하면 태극문양 턴 쉐입이 만들어진다. 다만 연습을 할 때 너무 과도한 J턴은 타 스키어와 충돌 위험이 있다. 한적하고 적당한 경사에서 훈련하는 것을 추천한다.

급경사에서 S자 턴쉐입(왼쪽)의 카빙턴은 점점 가속된다. 반면 태극문양 턴쉐입(오른쪽)을 그리면 속도 유지와 감속이 가능하다.

스키딩으로 속도 조절하기

스키딩은 카빙과 마찬가지로 스키의 에지를 사용하는 에징 기술이다. 카빙이 에지를 사용해 설면을 칼로 자른 듯한 에징 기술이라면, 스키딩은 에지를 사용해 설면을 옆 방향으로 긁어주는 에징 기술이다. 일반적으로 가속을 원할 때는 에지각을 크게 해 카빙 기술을 사용하고, 감속을 원할 때는 에지각을 적게 해 스키딩 기술을 사용한다.

카빙턴(왼쪽)과 스키딩턴(오른쪽).

스키딩 기술이 필요한 이유

카빙과 스키딩이 서로 반대되는 것처럼 인식하는 경우가 많다. 하지만 실제로 카빙과 스키딩은 스킹의 모든 주요한 요소들인 중경 스탠스, 양발 동시 조작, 프레셔링, 에지 릴리즈 조작 등이 똑같다. 단지 차이라면 에지를 세운 상태에서 에지각을 조절하여 스키딩을 발생시키느냐, 스키딩을 없애 카빙을 만드느냐의 차이가 있을 뿐이다. 그러므로 카빙과 스키딩은 둘 다 에징 기술로 보는 것이 적절하다. 훌륭한 스키어라면 누구나 카빙과 스키딩 두 가지 기술에 익숙해져야 한다.

스키딩이 안 좋다는 인식은 스키딩이 원하지 않는 상황에서 발생하거나, 지나치게 많이 사용해 스키 컨트롤이 힘들어져 생겨난 오해다. 이를 스키딩이라 뭉뚱그려 표현하기보다는 슬립Slip으로 구분해서 부르는 것이 좋겠다. 슬립이 내가 원하지 않는데 발생하는 것이라면, 스키딩은 좀 더 의도적인 에징 기술로 구분해 생각하자. 스키딩을 원하는 때 원하는 정도로 발생시키는 것은 대단히 정교한 기술이며, 안전하고 우아한 스킹을 만들어내는 데 필수적이다.

스키딩은 아마추어 스키어에게
실용적인 기술

대부분의 아마추어 스키어에게 필요한 기술은 카빙보다는 스키딩이다. 카빙이 정설이 잘 되고 비교적 스키어가 적은 슬로프에서 가능한 제한적인 기술인 반면, 스키딩은 어떤 상황에서도 사용이 가능한 일반적인 기술이기 때문이다. 한국은 인공설로 다져진 딱딱한 눈이라 카빙 기술이 더 적절하다는 주장도 있다. 하지만 이는 잘못된 생각이다. 스키딩 기술을 적절히 활용하면 어떠한 아이스반이라도 여유 있고 우아하게 스킹할 수 있다. 딱딱한 설면에서 바짝 날을 세웠다가는 오히려 미끄러지거나 주체할 수 없는 스피드가 발생해 더 위험해질 수 있다.

스키딩은 안전한 스킹에
최적화된 기술

한국의 고도 성장기를 주도했던 베이비붐 세대가 고령화되면서 스키어 평균 연령도 높아지고 있다. 노년층이 빠르게 증가하면서 스키에 대한 개념 재정립도 요구된다. 신체적 능력은 점차 쇠퇴하는데 속도가 빠르고 부상 위험이 높은 카빙턴만을 고집하는 것은 노년층과 여성층 등 보수적인 스키어에게는 스키가 위험한 운동이라는 생각을 갖게 한다. 결국 이들이 스키라는 멋진 취미를 포기하는 이유가 된다.

유럽이나 미국, 캐나다는 물론이고 가까운 일본만해도 70대나 80대 시니어 스키어들을 많이 볼 수 있다. 그들이 스키를 타며 인생을 즐기는 모습을 보면 정말 멋진 실버 라이프라는 생각을 갖게 된다. 그들이 나이를 먹고서도 다양한 사면을 안전하고 우아하게 스킹하는 것을 보면 자연스럽게 그들이 사용하는 스키 기술에 눈을 돌리게 된다. 몇몇 스키어들은 여전히 어떤 젊은이 못지 않은 카빙 기술을 보여주기도 한다. 하지만 그런 것은 예외적인 경우이고, 대부분 스키딩을 적절하게 사용하는 테크닉을 구사한다. 그만큼 스키딩은 안전하게 스키를 탈 수 있는 기술이다.

상급자의 스키딩 기술에 대한 이해

스키딩의 방향

다운힐 스키디드 턴

스키딩 방향이 다운힐 방향으로 향하는 다운힐 스키디드 턴Downhill Skidded Turn은 감속 효과가 크다. 스키딩 방향이 아래로 향하는 것은 초중급자들에게서 많이 나오는데, 그 이유는 크로스오버 양이 부족하기 때문이다. 턴 초반에 COM이 다음 턴 안쪽에 위치해야 스키를 옆으로 밀어내는 스키딩이 가능한데, 이 크로스오버가 부족하면 폴라인 이후에야 스키딩이 시작되어 다운힐 방향으로 스키딩이 발생한다. 이때 에징 기술이 약하거나 밸런스가 불안하면 의도치 않은 슬립이 발생하기도 한다.

다운힐 스키디드 턴은 급사면이나 속도조절이 필요한 범프에서는 상급자들도 많이 사용한다.

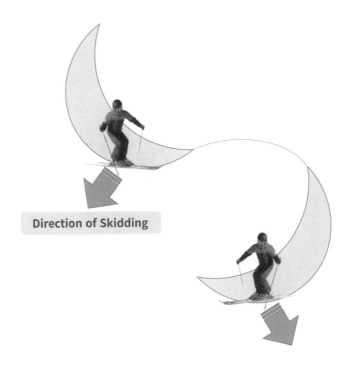

Direction of Skidding

다운힐 스키디드 턴은 스키딩 방향이 아래쪽일수록 감속 효과가 크다.

사이드웨이 스키디드 턴

스키딩의 방향을 옆으로 하는 사이드웨이 스키디드 턴Sideway Skidded Turn은 적절한 속도 조절을 하면서 상급 코스를 내려올 수 있는 고급 기술이다. 스키딩 방향을 옆으로 하려면 스키어의 중심점인 COM이 턴의 시작과 함께 적극적인 크로스오버를 통해 넘어와야 해서 상급자만 사용할 수 있는 기술이다. 이 스키딩은 카빙 자세와 상당히 비슷하지만 안정적인 속도 조절을 하면서 스키를 탈 수 있다. 스키딩의 양을 세밀히 조절하면 카빙턴과 같은 자세를 유지하면서도 아주 정밀하게 속도를 조절할 수 있다. 또한, 사이드웨이 스키디드 턴을 하면서 턴 후반부를 부드럽게 빠져나오면 슬립의 위험이 줄어든다. 턴이 지나간 자국이 초승달과 같아 필자는 쉽게 '초승달 그리기'라고 표현한다.

Direction of Skidding

사이드웨이 스키디드 턴.
스키딩 방향이 옆으로 향할수록
감속 효과가 적다.

스키딩의 양

스키딩을 하는 양은 정해져 있지 않다. 슬로프와 사면의 기울기와 상태에 따라 적절하게 조절한다. 스키딩 양은 스키어의 실력에 따라 적절한 방식을 선택해 사용한다.

와이드 트랙 스키디드 턴

스키딩의 양을 많이 넣어주면 감속 효과가 커 초중급 스키어들이 많이 사용하는 기술이다. 위에서 언급했듯이 초중급 스키어들은 크로스오버를 정확히 하기가 어려워 턴 후반부는 스키딩을 많이 한다. 이런 턴은 자동적으로 스키딩의 양이 많다. 대개 와이드 트랙 스키디드 턴Wide Track Skidded Turns은 '다운힐 스키디드 턴'과 함께 발생한다. 여기서는 스키딩의 양만으로 구분하기 위해 그림에서는 사이드웨이 스키디드 턴으로 묘사하였다.

와이드 트랙 스키디드 턴. 스키딩의 양이 많을수록 감속 효과가 크다.

와이드 트랙 스키디드 턴은 감속 효과가 커 속도에 두려움을 느끼는 초중급자에게 유용한 방식이다. 또한, 상급자도 블랙 다이아몬드 같은 급사면에서 속도를 조절할 수 있는 방법이 된다. 크로스오버를 제대로 익히지 못하면 대부분 다운힐 스키디드 턴이 된다. 제대로 크로스오버를 훈련하며 동시에 스키디드 턴을 익히도록 하자.

내로우 트랙 스키디드 턴

내로우 트랙 스키디드 턴Narrow Track Skidded Turns은 초중급자가 완사면에서 사용하면 적당한 스피드를 유지하며 스킹할 수 있다. 상급자의 경우 급사면에서도 안정적으로 속도를 조절할 수 있다. 상급자들은 이 기술을 활용해 급사면, 범프, 파우더에서 안정적이고 우아한 스킹을 한다. 내로우 트랙 스키디드 턴을 만들 때 그 양을 아주 작게 하면 카빙턴과 차이가 나지 않는 턴을 만들 수 있다.

내로우 트랙 스키디드 턴.
스키딩의 양이 적어 감속 효과가 적다.

스키딩과 카빙의 혼용

카빙과 스키딩을 혼용하여 사용할 수 있다면 엑스퍼트 스키어라 할 수 있다. 어떤 사면에서도 다이나믹한 턴을 구사할 수 있기 때문이다. 레이싱 선수가 꺾여진 기문을 통과할 때 턴 초반 스키딩을 통해 속도와 방향을 세팅하고 기문을 통과하면서 다시 카빙으로 빠져 나가는 것을 볼 수 있다. 이를 일반적 스킹에 적용하면 턴 초반 스키딩을 넣어 부드럽게 감속하고 폴라인을 돌아가면서 카빙으로 다시 가속하는 기술로 응용할 수 있다.

이런 방법의 스킹은 일상 생활에서도 흔하게 경험할 수 있다. 자동차 운전에 익숙한 운전자들은 코너에 진입하면서 감속하고, 어느 정도 턴을 했다 싶으면 다시 엑셀러레이터를 밟아 가속함으로써 부드럽게 코너를 빠져 나온다. 차의 브레이크와 엑셀러레이터의 기능을 하는 것이 스키딩과 카빙이다. 자동차가 첨단 기능을 동원하여 가속과 감속을 자유자재로 하듯이 상급 스키어들은 스키딩과 카빙을 자유자재로 구사함으로써 일반 스키어들과는 뚜렷이 대비되는 멋진 스킹을 구사할 수 있는 것이다.

특히, 자연설에 의존하는 해외 스키장은 슬로프가 울퉁불퉁 범프로 뒤덮이는 경우가 많다. 이런 경우 스키딩과 카빙을 적당히 섞어줌으로써 안전하고 우아하게 스킹할 수 있다.

폴라인까지는 스키딩, 폴라인 이후부터는 카빙을 조화하면
어려운 사면에서도 카빙턴을 만들 수 있다.

스키딩으로 모글 정복하기

모글 기술은 프리스타일 방식을 사용한다. 거의 일직선으로 내려오면서 무릎의 굴신동작을 크게 해서 탄다. 하지만 이 방식은 익숙해지기 전까지 무릎과 허리에 오는 충격이 크다. 북미에서는 피버팅과 스키딩을 통해 속도를 조절하고, 가장 부드러운 라인으로 스키를 탄다. 이렇게 하면 모글에서도 무릎의 굴신동작이 거의 없이도 부드러운 스킹을 할 수 있다.

스키딩을 잘 활용하면 하체의 흡수 동작을 크게 하지 않아도 모글에서 적절하게 속도를 조절하며 탈 수 있다. 스키의 에지를 잘 활용하여 설면을 긁어주면 필요 이상으로 속도가 나지 않기 때문이다. 단, 스키딩으로 이렇게 타려면 상체와 골반을 고정한 채 다리만 돌려주는 간결한 피버팅 기술과 리드미컬한 폴 플랜팅이 전제되어야 한다.

스키딩   스키딩으로 모글 정복하기

엑스퍼트 스킹의
입체 조작

평면 조작 vs 입체 조작

평면 조작

한국의 스키 기술은 주로 평면에서 이루어진다. 평면이란 정설이 잘 되어 있고, 슬로프 베이스가 딱딱하다는 의미다. 이런 2차원 평면에서의 스키 기술은 대개 에징을 위주로 턴을 만들고, 스키어의 움직임은 좌우로 크게 움직이는 조작이 된다. 평면 조작은 양손을 스키라 생각하고 책상 위에 양손을 붙인 상태에서 좌우로 움직이며 스키의 움직임을 생각해 본다면 쉽게 이해가 갈 것이다. 평면 조작은 에징이 중심이지만 피버팅과 프레셔 컨트롤 등 모든 기술이 복합적으로 적용된다. 그렇다해도 모든 조작의 핵심은 좌우 조작+회전 조작이 된다.

정설 사면에서 좌우 움직임이 강조된 평면 조작.

돌핀턴은 가장 전형적인 입체 조작 형태의 스킹이다.

입체 조작

자연 범프와 파우더가 있는 해외 스키장은 사면에 울퉁불퉁한 입체적인 굴곡이 있다. 따라서 스키도 3차원의 입체적 움직임으로 타야 한다. 좌우 움직임에 상하 움직임이 더해진다고 이해하면 되는데, 이를 실제로 표현해보면 대단히 복잡해진다. 양손을 스키라 생각하고 책상 위 공중에서 입체 조작할 때 손의 움직임을 상상해보자. 손은 마치 돌고래가 바다의 표면을 떠올랐다 가라앉았다 하는 움직임과 좌우 회전 움직임이 결합된 복합적인 형태가 될 것이다.

이처럼 돌고래와 같은 움직임을 스키로 만들어 내는 것이 '돌핀턴'으로 3차원 입체 조작의 가장 전형적인 움직임이다. 3차원 입체 조작을 하려면 전후 조작+좌우 조작+상하 조작+회전 조작이 타이밍에 맞게 이뤄져야 한다. 범프와 파우더에서 이런 입체적인 움직임을 만들어낸다면 아주 어려운 난이도의 상급 슬로프도 놀이터로 바뀌게 된다. 돌핀턴에 대해서는 이 장의 후반부에서 자세히 설명하겠다.

입체 조작을 위한 중급 기술

발목 펴고 구부리기

입체 조작을 위한 첫 번째 훈련은 발목을 활용하는 조작이다. 발목은 딱딱한 부츠에 의해 움직임이 제한적이다. 하지만 작은 움직임만으로 큰 영향을 미칠 수 있는 신체 관절로 효율적 사용을 위해서는 훈련을 해야 한다.

바운싱Bouncing

바운싱은 제자리에서 할 수도 있고, 스키를 타면서 전환 구간에서도 할 수 있다. 바운싱은 발목을 구부리고 펴는 간단한 조작이다. 정강이로 부츠를 누르고 풀어주되, 스쿼트를 할 때처럼 힙이 위 아래로만 움직이도록 하면서 발목을 구부리고 펴보자. 의도적으로 체중을 실어서 눌러주면 그에 대한 반발력으로 리바운드가 발생한다. 이러한 리바운드는 부드러운 파우더에서 가장 크게 느껴지고, 딱딱한 눈 위에서도 아주 약하지만 느낄 수 있다.

줄넘기Jumping Rope

발목 펴고 구부리는 또 한가지 방법은 줄넘기를 한다는 생각으로 스키를 착용한 채 가볍게 발을 굴러 뛰어보는 것이다. 줄넘기와 같은 이미지로 움직여야 한다. 줄넘기는 큰 관절을 쓰지 않고 발끝으로 서서 통통 튕겨주는 느낌이다. 스키를 착용한 상태에서도 이러한 느낌으로 발과 발목만 튕겨주면 작은 리바운드를 느낄 수 있다. 만약 적당히 부드러운 눈이 덮인 곳이라면 훨씬 큰 리바운드를 경험할 수도 있다.

무릎을 펴고 구부리기

발목 관절을 사용하는 법을 익혔으면 이제 무릎 관절을 사용해보자. 무릎 관절을 구부리고 펴면 연동해서 고관절이 따라 움직인다.

합턴Hop Turns

바운싱과 줄넘기가 주로 발목 관절을 활용한 움직임이라면 합턴은 조금 더 높게 점프하면서 무릎 관절까지 이용한다. 여전히 발목 관절을 이용한다는 생각이지만, 조금 더 높게 점프하려면 무릎 관절을 써야 한다는 것을 느낄 수 있다. 신체의 관절은 모두 연동되어 있어 조금만 움직임이 커져도 연결된 다른 관절이 적극적으로 움직이게 되어 있다.

점프턴Jump Turns

점프턴은 중급자에게는 어려울 수 있는 훈련이지만, 하체의 관절을 가장 적극적으로 활용해야 하는 훌륭한 연습이다. 영어권에서는 스피이스Speiss라 부르기도 한다. 합턴이 턴의 전환 구간에서 작은 점핑을 해주고 일반적인 턴을 해주는 것이라면, 점프턴은 스키가 턴을 만드는 구간 없이 공중에서만 회전하는 것을 말한다. 스키가 내려온 자국을 보면 턴을 한 자국 없이 그저 스키의 착지 자국만 남는다.

점프턴은 회전을 공중에서 하고 착지는 설면에서 한다.

바운스 하기

합턴

점프턴

입체 조작을 위한 상급 기술

돌핀 점프

범프를 이용한 돌핀 점프

슬로프에 생긴 작은 범프를 이용해 점프를 해보자. 발목을 적극적으로 구부리고 펴는 동작을 넣어주면 스키가 돌고래와 같은 궤적을 그리며 착지한다. 특히, 점프가 된 뒤에 발목을 펴서 스키 팁을 먼저 떨구는 조작을 익혀야 한다. 사람에 따라서는 스키 테일을 엉덩이에 붙인다는 조작이 더 쉽게 이해되기도 한다.

범프를 이용한 돌핀 점프.

돌핀턴처럼 연속적인 턴을 하는 것이 아니라 진행 방향 그대로 점프했다 착지하는 일회적 동작이므로 난이도는 그리 어렵지 않다. 하지만 점프한 상태에서 발목을 조작하는 것이 처음에는 어렵게 느껴질 수 있다. 높이 떠야 한다는 부담감을 버리고 살짝 살짝 범프를 이용해 점프를 해보고, 점프에 익숙해진 뒤에 발목 조작을 시도하는 것이 좋다.

정설 사면에서의 돌핀 점프

범프에서의 점프보다 정설 사면에서의 점프가 더욱 어렵다. 범프에서는 범프를 도약대로 이용하는 것이라 쉽게 점프가 된다. 또 자연스럽게 스키 팁 부분이 먼저 뜨기 때문에 스

정설 사면에서의 돌핀 점프.

키 팁을 떨어뜨리는 동작만 해주면 쉽게 돌핀 점프가 완성된다. 하지만 정설 사면에서는 스키 팁부터 떠올리기가 상당히 어렵다. 따라서 먼저 스키 팁을 띄우는 훈련부터 시작하는 것이 좋다.

발목 사용에 익숙해지면 큰 점프를 만들기는 어려워도 살짝 띄워서 작은 돌핀 점프를 만드는 것은 생각보다 쉽게 느껴질 것이다. 턴을 하는 과정에서는 에징과 회전 밸런스 등 복잡한 조건들이 갖춰져야 하지만, 한쪽 방향으로 트래버스 하거나 완경사에서 직진하며 점프하는 것은 중급자라면 도전해볼 만한 목표다.

파우더에서의 돌핀 점프

작은 범프나 정설 사면에서의 훈련은 한국 스키장에서도 가능하다. 하지만 파우더에서의 돌핀 점프는 환경적으로 쉽지 않다. 물론 한국에서도 눈이 내린 날, 혹은 부드러운 눈이 쌓인 가장 자리에서 경험을 해볼 수는 있다. 파우더에서는 앞으로 전진하며 돌핀 점프를 시도해 보자. 파우더에서 돌핀 점프를 할 때는 카빙 스키보다 파우더 스키가 월등히 유리하다. 스키 팁이 많이 들려 있어 조금만 리바운드를 이용해 점프해도 스키 팁이 먼저 떠오른다. PART3 '부양력 향상을 위한 4단계 훈련 방법'에서 언급했던 '바운싱 트래버스'나 '바운싱 폴라인'과 같은 조작이지만, 더욱 적극적으로 발목을 이용해 돌핀 동작을 만드는 것이다.

돌핀턴

범프를 이용한 돌핀턴

돌핀 점프에 익숙해지면 이제 돌핀턴에 도전해보자. 돌핀 점프에서와 마찬가지로 범프가 크지 않다면 범프를 이용해 돌핀턴을 하는 것이 더 쉽다. 하지만 어려운 범프 지형에서는 범프 위로 착지할 경우 밸런스 유지가 어려울 수 있다. 연속된 턴에 집착하지 말고 만만한 곳에서만 시도해보자. 돌핀 점프와 차이점은 착지하면서 바로 다음 턴을 만드는 것이다. 턴 이후에 트래버스를 하는 것은 상관없지만, 착지와 동시에 턴을 만드는 것을 목표로 삼는다.

정설 사면에서 돌핀턴

정설 사면에서의 돌핀턴은 적극적인 발목 조작 없이는 불가능하다. 발목을 구부렸다 튕겨주는 조작이 아니라면 스키 팁이 떠오르지 않기 때문이다. 발목을 얼마나 사용할 수 있는가를 판단하는 기준이 정설 사면에서의 돌핀턴이다. 또한 정설 사면에는 점프에 이용할 만한 범프가 없어 스키의 에지가 정확히 설면을 물고 있어야 에너지를 전달해서 점프를 할 수 있다. 따라서 에징을 컨트롤할 수 없는 스키어는 정설 사면에서 돌핀턴을 만들 수 없다.

정설 사면에서의 돌핀턴.

파우더에서의 돌핀턴

파우더에서는 리바운드를 잘 이용하면 정설 사면보다 쉬운 조작이 된다. 하지만 스키 팁을 너무 숙이고 들어가면 눈에 꽂힐 수 있어 돌핀턴 조작에 주의를 기울여야 한다. 발목만 기울여 스키 팁을 조절할 수 있다면 상관 없지만, 실제로 스키 팁에 체중이 실리면 스키 팁이 눈 속으로 파고 들어가 앞구르기를 할 수 있다.

파우더에서는 파우더 스키를 착용하고 있다면 자동적으로 돌핀 무브먼트가 나온다. 따라서 의식적으로 돌핀턴을 만들려고 하지 않아도 자연스럽게 돌핀턴이 만들어진다. 파우더에서의 돌핀턴은 그야말로 돌고래가 물 위에서 뛰노는 것과 같은 움직임이다. 그것은 우아하고 자유로운 움직임으로 마치 스키가 살아있는 것과 같은 느낌을 준다. 이런 움직임을 만들 수 있다면 피노키오에게 생명을 준 제페토 할아버지처럼 당신도 스키에 생명을 부여한 사람이 되는 것이다.

돌핀 점프

돌핀턴

트리런

트리런을 하는 세 가지 이유

올 마운틴 스킹의 가장 대표적인 형태를 추린다면 네 종류로 꼽을 수 있을 것이다. 파우더, 범프, 급사면 스킹, 그리고 트리런이다. 트리런은 정식적으로는 글레이드 스킹Glade Skiing으로 부른다. 하지만 대개 '트리스킹' 혹은 '트리런' 으로 쉽게 부른다.

스키어들이 안전하고 넓은 슬로프를 두고 위험하기 짝이 없는 좁은 나무 사이로 스킹을 즐기는 이유는 무엇일까? 그 이유는 세 가지다.

더 즐겁다!

유럽의 스키어들이 캐나다 휘슬러에 오면 환호성을 지르는 것이 트리런이다. 알프스의 스키장은 2,000~3,000m 이상 높은 산에 있는 경우가 많다. 대부분의 스키장이 수목 한계선 위에 있어 트리런을 즐기기가 쉽지 않다. 반면 휘슬러는 베이스가 600m, 정상이 2,200m다. 정상부는 나무가 없지만, 1,800m 부근부터 크리스마스 트리라 부르는 침엽수들이 스키장을 가득 메우고 있다. 정상부와 정설 사면을 제외하면 대부분의 오프 피스트가 이런 나무 사이로 펼쳐진다고 보면 된다. 따라서 정설 사면만 벗어나면 누구나 쉽게 트리런을 즐길 수 있다.

그럼 왜 유럽의 스키어들이 휘슬러에서 트리런에 열광하는가? 첫번째 이유는 '정말 재 있다'이다. 나무 사이로 스키를 즐기는 것은 아이들이 놀이터에서 뛰노는 것과 같다. 단 한 순간도 예측할 수 없는 변화가 있고, 시야가 멀리까지 보이지 않아 모든 순간이 새롭다. 매번 같은 트리런 코스를 가더라도 턴을 한 번만 다르게 하면 전혀 다른 코스를 선택하게 된다. 한 마디로 예측 불가능의 변화무쌍함이 가득한 곳이 트리런이다.

트리런은 가장 즐거운 스키 환경의 하나다.

후레쉬 파우더를 발견하기 가장 좋은 곳이 트리런이다.

더 좋은 파우더가 숨어 있다

트리런은 지형적 특성상 스키장을 잘 아는 사람들이 아니라면 좀처럼 도전하기가 쉽지 않다. 또한 난이도가 있어 상급자들만 들어가기 때문에 다른 어느 곳보다 좋은 눈이 숨겨져 있다. 트리런 코스에 대해 기본적인 지식이 있고, 경험이 충분하다면 트리런은 보물찾기 놀이터가 된다. 파우더 데이에 온 스키장이 헤집어져도 트리런에 들어오면 어딘가에는 아무도 밟지 않은 파우더가 있다. 그래서 상급 스키어들은 파우더를 즐기는 최고의 장소로 트리런을 선택한다. 그야말로 엑스퍼트 스키어들만의 놀이터이기 때문이다.

아무리 흐린 날에도 트리런에 들어오면 시야가 좋아진다.

더 좋은 시야가 보장된다

눈이 내리는 날은 시야가 흐리다. 어떤 경우에는 앞이 전혀 보이지 않는 화이트 아웃 White Out 현상이 생기기도 한다. 그래서 설질은 너무나 좋은데 시야가 안 좋아 스킹을 멈춰 야 하는 경우도 많다. 이런 경우 트리런 지역으로 들어오면 전혀 문제가 되지 않는다. 나무 가 만들어주는 음영으로 인해 설면의 굴곡이 여전히 잘 보이기 때문이다.

트리런과 범프

그럼 트리런에서 안전하게 스키를 즐기려면 어떤 기술을 갖추어야 할까? 파우더가 온 세상을 덮는 상황이 아니라면 대개 트리런은 범프로 이루어져 있다. 정설차가 들어올 수 없으니 당연하다. 사람들이 타면서 만들어진 자연 범프들이 나무를 중심으로 이리저리 돌아 나가며 트리런 지역을 덮고 있는 셈이다. 나무라는 장애물만 있을 뿐 근본적으로 범프 스킹 기술이 가장 주요한 기술이 된다.

트리런과 범프 기술의 공통점

속도 조절 능력은 필수

범프에서 가장 중요한 기술은 속도를 조절하는 것이다. 빠른 속도로 범프에 부딪치면 당연히 큰 충격이 온다. 이 충격에서 안정된 밸런스를 유지하려면 상당한 스키 실력이 요구 된다. 따라서 애초에 속도를 잘 컨트롤해서 범프를 즐기는 능력이 필요하다. 트리런에서 속 도 조절이 안되면 나무와 충돌할 위험이 높다.

범프에서 속도를 조절하는 방법은 피버팅과 스키딩을 이용해 범프를 에지로 긁어주면 서 속도 조절을 하는 것이 가장 효과적이다. 이는 PART4 '범프에서 살아 남기'에서 다루었 으므로 참고하기 바란다. 다시 한번 언급하면, 범프에서 브라카쥐를 할 수 있으면 누구나 안 전하게 속도 조절을 할 수 있다.

스키가 가야할 길 주시하기

범프 스킹과 트리런 스킹에서 주의할 것이 있다. 바로 시선이다. 범프에 익숙하지 않은 스키어들은 범프를 넘어가면서 움푹 패인 낭떠러지 같은 곳을 바라보게 된다. 그리고 어느 새 몸은 긴장으로 굳어지게 되고, 스키는 점점 그쪽으로 빨려 들어간다. 가장 깊은 곳으로 떨어져 내리니 속도는 더 빨라진다. 다음 범프에서 프리스타일 스키어 같은 아주 큰 동작으 로 충격 흡수를 하지 않으면 범프에 부딪친 충격으로 내동댕이쳐진다.

트리런도 마찬가지다. 처음 트리런을 경험한 스키어들은 대개 나무를 보게 된다. 자신 이 피해야 할 대상으로 여기기 때문이다. 하지만 나무를 보면 스키는 나무를 향해 달려간다. 희한하게도 스키는 스키어의 시선이 향하는 곳으로 자동적으로 따라간다. 마치 자율주행 자동차처럼.

트리런에서는 절대 나무를 뚫어져라 쳐다보면 안 된다. 수퍼맨처럼 눈에서 레이저가 나 가지 않는 이상 자신이 쏘아본다고 해서 나무가 길을 비키는 일은 발생하지 않는다. 나무가 아닌 자신이 갈 길을 봐야 한다. 우리가 사람들로 북적이는 강남의 거리를 걸을 때, 앞에서 다가오는 사람을 뚫어져라 쳐다보지는 않는다. 자신이 가야할 길을 바라보며 걸을 뿐이다. 트리런도 마찬가지다. 나무 사이 흰 눈으로 덮인 가야할 길만 바라보자. 그러면 어느새 자신 이 그리로 향하고, 스키가 그리로 향하는 것을 발견하게 될 것이다.

짧은 숏턴을 잘 할수록 유리

스키를 재빨리 돌리는 능력이 없다면 범프와 트리런은 난감한 경우가 많다. 범프 지역에서도 쉬운 라인이 있듯이 트리런에서도 쉬운 라인이 존재한다. 하지만 나무가 듬성듬성 있다가 촘촘하게 있다가 이리저리 뒤섞인 경우, 원하는 라인을 잡아서 편하게 내려오기가 쉽지 않다. 제대로 라인을 잡지 못하면 나무가 촘촘한 지역으로 들어가 곤란을 겪게 된다. 하지만 짧은 숏턴을 할 수 있다면, 나무 사이의 작은 틈새만 있어도 원하는 방향으로 빠져 나올 수 있어 상당히 유용하다. 만약 짧은 숏턴을 할 수 있는 능력이 없다면 쉬운 트리런에 머무는 게 좋다.

트리런은 짧은 숏턴을 잘 해야 유리하다.

트리런과 범프의 차이점

범프보다 지형 숙지가 중요

일반적으로 트리런은 슬로프나 오프 피스트보다 훨씬 적은 수의 스키어들이 스킹을 한다. 따라서 범프의 크기가 작은 편이다. 범프가 제대로 형성되지 않아 파우더와 뒤섞인 애매한 컨디션일 경우가 많다. 또한 나무가 촘촘한 지역과 듬성듬성 있는 지역이 뒤섞여 있다. 따라서 제대로 지형을 알지 못하면 스키 타기가 힘들 수 있다. 나무들이 촘촘하게 들어찬 숲에서는 어떤 지형이 펼쳐지는지 보이지도 않는다. 따라서 트리런은 범프에 비해 상당히 보수적으로 접근하는 것이 좋다. 알지 못하는 트리런 코스는 가급적 가지 않는 게 좋다.

가더라도 미리 지도를 통해 지형을 유심히 보고 방향을 잘 정해서 들어가야 한다. 익숙하지 않은 지역이라면 슬로프에서 너무 멀리 떨어지지 않도록 한다. 시야에 슬로프가 보이는 곳에서 트리런을 즐기는 것이 좋다.

라인 선택의 융통성이 적다

범프에서는 범프의 정점을 타기도 하고 범프 사이 낮은 곳을 타기도 한다. 스키어 실력에 따라 다양한 선택이 가능하다. 하지만 촘촘한 트리런에서는 라인 선택의 여지가 없는 경우가 종종 있다. 나무라는 구조적 장애물 때문에 어쩔 수 없이 나무를 피해 타다 보면 스키어들은 대개 비슷한 라인을 그리게 된다. 따라서 트리런에서는 범프에서보다 선택의 폭이 좁은 편이다. 트리런에서는 어떤 라인을 타더라도 적절하게 속도를 조절하면서 타야 한다. 특히, 나무 때문에 범프 너머의 경사나 지형이 보이지 않는다면 스노우플라우 자세를 만들어 안전하게 속도를 조절할 필요가 있다. 물론 지형에 익숙해진 뒤에는 좀 더 편하게 스킹할 수 있을 것이다.

경험자나 가이드와 함께 하는 게 절대적으로 유리

범프와 달리 트리런은 지형을 파악하기가 어렵다. 따라서 지형에 익숙한 경험자나 가이드가 필요하다. 작은 범위의 트리런은 어려운 지형을 만나더라도 조금만 고생하면 다시 슬로프나 안전한 지형으로 벗어날 수 있다. 하지만 광범위한 트리런 지역이나 혹은 백컨트리

광범위한 지역의 트리런은 반드시 경험자나 가이드와 함께 해야 안전하다.

에서는 길을 잃거나 위험 지역으로 들어설 가능성이 있다. 이런 곳에서 스킹을 하려면 반드시 경험자나 가이드와 동행해야 한다. 광범위한 스키장의 트리런은 미지의 영역이다. 스키 실력과는 별개로 경험을 필요로 한다. 자신이 차근차근 경험을 쌓던지, 아니면 비용을 지불하고 경험자의 도움을 얻는 것이 바람직하다.

트리런과 파우더

트리런에서 즐기는 파우더 스킹의 장점

트리런은 파우더 스킹을 하기에 이로운 것이 많다. 첫째, 심설을 즐길 수 있다. 신설이 내리면 스키장의 모든 지역이 파우더 존으로 변모한다. 특히, 트리런 지역은 스키장을 찾는 스키어 가운데 일부만 찾기에 더욱 깊은 파우더로 덮인다. 백컨트리나 사이드컨트리가 아닌 다음에 스키장에서 가장 깊은 파우더를 경험할 수 있는 곳이 트리런 지역이다. 정확히 통계로 정의된 것은 아니지만, 경험적으로 판단할 때 트리런 지역은 일반 슬로프에 비해 십분의

파우더 데이에 트리런은 후레쉬 파우더를 만날 확률이 높다.

일 정도의 스키어들이 스킹을 한다. 그만큼 후레쉬 파우더를 만날 확률이 높아진다.

둘째, 시야 확보에 유리하다. 흐린 날에는 설면의 높낮이가 보이지 않아 스킹에 어려움이 따른다. 트리런 지역은 이런 시야 확보의 어려움을 해결해 준다. 스킹 자체가 어려운 화이트 아웃 상황에서도 트리런 지역에 들면 시야가 트이는 경우가 많다. 또 맑은 날과 달리 눈이 내리는 날에는 흐린 날만의 낭만이 있다. 숲 속에 들어와 고요함 속에 잠긴 자신을 발견하면 이런 곳에서 스키를 탈 수 있는 것이 얼마나 큰 축복인지를 가슴 깊이 느끼게 된다. 이런 경험은 맑은 날에는 느끼지 못하는 특별한 감성이다. 이런 행복을 느끼기 위해, 남들과는 특별히 다른 경험을 하기 위해 파우더 데이에 트리런을 찾는다.

트리런에서 만나는 파우더 스킹의 위험성

트리런이 파우더 스키를 타기 좋다고 무턱대고 숲으로 무턱대고 들어가서는 안된다. 트리런 지역은 후레쉬 파우더를 만날 수 있지만, 또 그만큼 위험이 도사리고 있다.

트리런에서는 첫째, 트리 웰Tree Well을 조심하자. 트리 웰은 '나무 우물'이라는 뜻이다. 겨울에도 잎이 지지 않는 침엽 상록수가 울창한 지역에서는 나무 주변에 눈이 많이 쌓여도 나뭇가지와 잎사귀 때문에 나무 바로 아래에는 눈이 쌓이지 않아 깊은 우물처럼 푹 들어간 공간이 생긴다. 이런 곳을 트리 웰이라 한다. 스키를 타다가 잘못해 나무와 충돌해 넘어지거나 하면 이 움푹 파인 트리 웰에 빠지게 되는데, 움직일수록 주변의 눈이 쓸려 내려와 점점 더 헤어나올 수 없게 된다. 주변에 동료가 없으면 자칫 질식사고로 이어질 수 있다. 따라서 파우더로 덮인 트리런을 즐길 때는 항상 나무에 너무 가까이 가지 않는 것이 좋다. 또한, 위험에 처했을 때 도움을 구할 수 있는 스키 버디Ski Buddy와 동행하는 것이 좋다. 트리 웰에 빠졌을 때 구조신호를 보내기 위한 무전기나 호루라기 휴대도 필요하다.

둘째, 트리런에서는 무턱대고 라인을 따라가면 안된다. 트리런에서 가장 많이 발생하는 사고가 길을 잃는 것이다. 길을 잃는 사고는 대부분 로컬 스키어들이 만든 스키 자국을 따라 갔다가 발생한다. 지역의 로컬 스키어들은 트리런 지역을 자기 집 안마당처럼 여긴다. 어디로 가서, 어디로 나올지 손바닥처럼 꿰뚫고 움직인다. 이들 로컬 스키어가 간 자국을 무턱대고 따라 갔다가는 원치 않는 곳으로 내려가거나 길을 잃게 된다.

캐나다 휘슬러에 거주할 때 한국인 스키어나 스노보더의 실종 신고로 몇 차례 도움을 준 적이 있는데, 대부분 이렇게 트리런에 들어섰다가 길을 잃어 발생한 사고다. 그 중에 한 사람은 저체온증으로 사망했다. 로컬 스키어들이 만든 자국은 대단히 유혹적이지만 지형을 모르면 절대 따라가면 안된다. 트리런 지역에서 아무도 가지 않은 곳이지만 정말 좋은 파우

트리런에서는 알지 못하는 곳은 가지 않는 게 위험을 피하는 길이다.

더가 남아 있는 경우가 있다. 이런 곳은 무턱대고 들어가면 안된다. 스키어들이 가지 않은 데는 이유가 있다. 좋아 보이는 지역을 지난 뒤에는 상당히 어려운 지형을 통과해야 하거나, 길고 긴 트래버스 혹은 업힐을 해야 하는 경우가 기다릴 확률이 높다. 다만, 로컬 스키어들은 이런 위험을 기꺼이 감수하고 남들이 가지 않은 지역으로 들어가기도 한다. 이런 라인을 잘못 따라 갔다가는 큰 위험에 처할 수 있다. 길을 아는 전문가가 가이딩 하지 않는다면 이런 곳은 절대 따라 들어가면 안 된다.

셋째, 눈에 보이지 않는 장애물에 대비하자. 새로운 눈에 덮여 시야에 보이지 않지만 나무 뿌리나 나뭇가지 등 트리런 지역에는 보이지 않는 곳에 장애물이 있을 위험이 항상 존재한다. 그래서 눈이 좋다고 너무 속도를 내 달리는 것은 상당히 위험한 행위이다. 항상 컨트롤이 가능한 턴을 하면서 스킹을 즐겨야 한다. 유튜브 영상에서 보았던 프로 스키어들처럼 빅 라인Big Line을 그리거나 직활강을 하는 것은 대놓고 위험에 노출시키는 행위다. 적절하게 속도를 조절하면서 탄다면 눈에 보이지 않는 장애물을 만나 넘어지더라도 큰 부상없이 스킹을 즐길 수 있다. 항상 자신의 컨트롤 범위 안에서 스킹하는 습관을 들이자.

급사면 스킹

급사면의 정의

한국에서는 '최상급 코스'로 부르는 곳을 해외 스키장에서는 블랙 다이아몬드Black Diamond로 부른다. 해외 스키장을 자주 다녀본 스키어일지라도 오프 피스트에 적극적으로 도전하지 않는 스키어는 그 난이도를 좀처럼 이해하기 어렵다. 아무리 경사가 심해도 정설 사면은 웬만한 스키어라면 내려오는 데 문제가 없기 때문이다. 하지만 오프 피스트는 전혀 다르다. 실력과 경험이 없으면 정말 도전할 엄두가 나지 않는 어렵고 위험한 곳이 많다. 일단 해외 스키장의 오프 피스트 블랙 다이아몬드 코스를 경험해보지 못한 스키어라면 한국의 최상급 코스와 난이도가 비슷할 것이라는 생각은 버리라고 충고하고 싶다. 서 있기조차 버거운 급한 경사와 엄청난 크기의 범프, 깊은 파우더가 기다리고 있기 때문이다.

블랙콤의 더블 블랙다이아몬드 진입로의 표지판. 'Expert Only'라 적혀 있다.

위에서 바라본 블랙 다이아몬드. 거대한 범프와 중간 중간의 바위들이 위협적이다.

여기서 한 단계 더 올라가 더블 블랙 다이아몬드Double Black Diamond는 또 다른 차원이다. 처음 휘슬러를 방문한 스키어 가운데는 "더블 블랙 다이아몬드는 어려운가요?"라고 묻곤한다. 그러면 이렇게 답변한다.

"여기서 살아서 내려가면 부모님께 효도해야지라는 생각이 드는 곳이 더블 블랙 다이아몬드입니다."

한국의 스키어 가운데 더블 블랙 다이아몬드에서 자신 있게 스킹할 수 있는 스키어는 천 명 중 한 명에 불과할 것이다. 그만큼 난이도가 높다. 물론 한 턴 한 턴 겨우 내려오는 것이야 담력만 있으면 할 수 있겠지만, 이런 스킹은 무시하고 자신 있게 스킹하는 경우를 말한다.

급사면 진입 방법

난이도에 따라 다르지만, 대부분의 더블 블랙 다이아몬드는 슬로프 진입 자체가 커다란 장벽을 만든다. 가파른 절벽을 가로질러야 한다거나, 몇 미터씩 점프해서 진입해야 하는 경우가 많다. 이렇게 점프를 해야 진입이 가능한 지역은 대개 커니스Cornice라 부르는 눈처마를 넘어서야 하는 경우다. 어쨌든 진입 자체가 어렵기 때문에 요령을 숙지해서 접근할 필요가 있다.

더블 블랙 다이아몬드는 진입로를 넘어서는 것이 가장 어려운 경우가 많다.

좁은 급사면 내려가기

좁은 급사면을 내려갈 때는 첫째, 다운힐 스키에 체중을 잘 실어준다. 턴을 할 수 없는 좁은 급사면은 사이드슬리핑, 혹은 사이드스테핑으로 한 발 한 발 옆걸음으로 내려간다. 공포감에 너무 산쪽으로 붙으면 다운힐 스키에 실려야할 체중이 업힐 스키에 실려 오히려 원치 않는 슬립이 발생할 수 있다. 상체의 가슴을 다운힐 무릎 위에 올려둔다는 생각으로 다운힐 스키에 체중을 잘 실어주고 부드럽게 사이드슬리핑해야 한다.

둘째, 폴을 이용해 지지대를 확보한다. 사이드슬리핑을 할 때 산쪽 손이 설면에 닿는다고 해서 손으로 설면을 짚으면 안된다. 언제든 폴을 사용할 수 있도록 폴을 쥔 상태로 손가락을 펴지 말고 설면을 주먹으로 지지하는 것이 좋다. 다운힐 폴은 중심을 잡아주는 중요한 역할을 하지만 조금만 실수하면 스키에 걸려 오히려 넘어지는 원인이 되기도 한다. 스키에 너무 가까이 찍지 말고 적당히 거리를 두고 찍는 것이 좋다. 길이 조절이 가능한 폴이라면 어려운 진입 구간에서는 길이를 최대한 늘려서 지지대로 사용하는 것이 좋다.

점프해서 진입하기

처음부터 점프를 해야만 진입할 수 있는 곳도 있다. 이런 곳은 몇 가지 정해진 순서에 맞춰 진입하는 것이 좋다.

비좁은 더블 블랙 다이아몬드 진입 구간을 들어서는 모습.

❶ 안전한 착지 장소 확인

눈처마로 인해 점프를 해야만 진입이 가능한 곳에서는 가장 안전한 착지 장소를 확인한다. 그 다음 그 곳에 착지하기 위해 어느 곳에서 점프해야 하는 지를 체크한다. 가능하면 대각선 방향으로 점프해야 착지 시 급가속을 방지할 수 있다. 폴라인 방향으로 착지하면 바로 속도가 붙어서 위험하다.

❷ 점프 지점과 진입 구간 표기

점프를 할 때는 점프할 지점과 진입 구간을 표시한다. 아무런 표시를 하지 않고 눈대중으로만 점프하면 예상 착지 지점과 다른 곳으로 떨어질 수 있다. 폴을 이용해 진입 구간을 대략적으로 표시하면 쉽게 알아 볼 수 있다.

❸ 점프 지점 체크 후 물러서기

착지 지점과 점프 지점을 체크했다면 바로 뒤로 물러 선다. 많은 스키어들이 다른 사람들은 어떻게 점프하는지, 어떻게 스킹하는지 지켜보기 위해 절벽 위에 서서 구경하고는 한다. 하지만 절벽 위에 서 있으면 대부분의 사람들은 공포감에 위축된다. 큰 맘 먹고 도전하고자 하지만 한 번 위축된 마음은 좀처럼 용기를 내지 못한다. 이런 상태에서 점프를 시도

하면 자신있는 점프가 안 된다. 엉덩이가 뒤로 빠져 착지할 때 후경이 되는 경우가 많다. 따라서 점프 지점만 체크하고 바로 뒤로 물러 서는 것이 좋다. 물론 전혀 두려움을 느끼지 않는 사람들은 이런 순서를 무시하고 바로 달려들면 된다.

❹ 셋을 센 뒤 바로 도약하기

뒤로 물러선 다음 '하나~ 둘~셋~!!!'을 외치고 바로 뛰어야 한다. 그래야 마음이 위축될 여지를 주지 않아 자신 있게 점프할 수 있다. 다른 생각을 하거나 머뭇거리면 바로 주저함이 생겨 자신감을 회복하기가 어렵다.

❺ 안전한 곳에서 구경하기

다른 스키어가 점프하는 것을 구경할 때는 절벽 위가 아닌 조금 안전한 곳에서 하는 것이 좋다. 그래야 마음이 위축될 여지를 주지 않는다. 다른 스키어가 어떤 요령으로 점프하고 착지하는지 충분히 머릿속에 새겼으면, 이제 자신은 어떻게 스킹할 것인지 상상해 본다. 그리고 위에서 언급한 순서대로 착지 지점 확인-점프 지점 표시-뒤로 물러나 셋 세고 바로 점프 순으로 한다.

점프를 해서 진입해야 하는 경우 착지 지점을 먼저 확인한다.

눈 처마에서 점프를 통해 진입하기.

급사면 스킹 기술

급사면 스킹의 핵심 기술은 속도 컨트롤이다. 속도를 컨트롤 하려면 합턴과 점프턴을 적극적으로 활용할 줄 알아야 한다. 그래야 급사면에서 안정된 스킹을 할 수 있다.

속도 컨트롤 하기

합턴 응용하기

급사면에서 속도를 조절하는 가장 좋은 방법은 합턴을 응용하는 것이다. 경사가 급한데다 좁은 구간에서는 점프턴을 사용한다. 합턴과 점프턴 모두 아주 타이트한 턴을 만드는데 이용된다. 스키를 돌리는 조작을 공중에서 수행함으로써 스키가 가속되는 시간을 애초에 해소해 버린다. 착지와 동시에 강한 에징으로 속도를 줄이고 눈으로부터의 반발력을 이용해 다음 점프로 넘어간다.

강한 폴 플랜팅 하기

폴을 강하게 찍으면 회전하던 모멘텀에 제동이 걸리면서 토크가 발생한다. 이 에너지를 점프하는데 이용해야 한다. 폴을 찍는 방향은 스키의 회전 모멘텀에 제동이 걸리도록 살짝 대각선 앞쪽으로 찍어준다. 뒤쪽으로 찍으면 토크를 만들지 못해 찍는 방향에 주의를 기울여야 한다.

상체는 다운힐로 고정

상체는 카운터링Countering을 통해 하체의 회전 모멘텀을 따라가지 않도록 유지해야 한다. 이를 통해 발생한 상체와 하체의 꼬임이 합턴과 함께 자동으로 풀리며 스키가 반대 방향으로 회전하는 모멘텀을 만들어 낸다.

착지와 동시에 강한 에징으로 속도 잡기

급사면에서는 중력의 영향이 굉장히 강하다. 공중에 떴던 스키가 착지하자마자 강한 힘이 다운힐 방향으로 스키어를 당기기 시작한다. 조금만 에징이 약해도 스키어는 바로 끌려 내려가며 가속도가 붙는다. 따라서 착지와 동시에 강한 에징으로 중력에 끌려내려가는 힘에 버팅기며 점프를 위한 에너지를 모아간다.

폴이 먼저 나가서 다음 폴 찍을 준비하기

폴 플랜팅은 스킹의 리듬을 이끌어가는 지휘자다. 폴이 주저하면 절대 짧은 합턴을 만들지 못한다. 착지와 동시에 바로 다음 폴이 나가며 다음 턴을 준비하고 있어야 한다.

정설 사면에서 점프턴으로 훈련하기

급사면에서 자유자재로 합턴과 점프턴을 하려면 평소 정설 사면에서 점프턴 연습을 많이 해야 한다. 정설 사면에서 합턴을 연습하면 급사면에서 스킹할 수 있을 것 같지만 생각처럼 쉽지 않다. 점프턴은 합턴이 향상시킬 수 없는 몇 가지 동작이 있다. 이 동작이 급사면 스킹에 응용되어 안정된 스킹을 할 수 있게 해준다.

연속 폴 찍기

급사면에서는 스키가 설면에서 회전하는 구간이 없다. 착지와 동시에 폴을 찍고 다음 점프로 이어진다. 즉, 연속된 폴 찍기를 해야 한다. 정설 사면에서 폴 투 폴Pole to Pole을 연습하면서 몸에 익히자. 연속된 폴 찍기는 폴이 리듬을 주도하는데 아주 좋은 훈련이 된다.

중경 밸런스 잡기

급사면에서는 조금만 체중이 앞뒤로 이동해도 스키를 180도 회전시키기 어렵고, 착지할 때 대단히 불안해진다. 스키의 중앙에 피벗축이 만들어져야 점프하면서 스키의 팁과 테일이 동시에 회전한다. 이것은 스키 중앙에 체중이 실려 있다는 의미다.

완벽한 상하체 분리 조작

점프턴은 상하체 분리에 아주 좋은 훈련이다. 상체는 안정적으로 다운힐 방향을 유지하고, 하체만 이용해 스키를 좌우로 회전시킨다. 급사면에서 상하체 분리를 유지하는 것이 쉽지 않지만 점프턴 훈련을 통해 안정적으로 만들 수 있다.

에징 능력 향상하기

급사면에서는 착지와 동시에 에지를 세워야 슬립이나 스키딩이 발생하지 않는다. 정확히 에지 위에 체중이 실려야 바로 다음 점프로 연결해 갈 수 있다. 슬립이 발생하는 순간 에너지가 소실되어 바로 점프로 이어갈 수 없다. 연속된 점프를 할 수 있다는 것은 그만큼 세련된 에지 컨트롤 능력을 갖추었다는 반증이다. 점프턴을 하면서 에징 능력을 향상시키자.

점프턴을 할 때는 적극적으로
폴을 사용해야 스킹에 리듬감이 생긴다.

점프턴

급사면에서는 합턴을 응용한 턴으로 안정적인 속도 컨트롤을 할 수 있다.

블랙 범프 스킹

블랙 범프의 특징

'블랙 범프'란 블랙 다이아몬드 사면에 펼쳐진 범프들을 의미한다. 블랙 범프에서의 스킹은 스키의 모든 기술이 총망라되어 시시각각 변화하는 지형에 맞추어 적용해야 한다. 또한 이 때 사용되는 기술은 모두 상급 단계로 훈련되어야만 정확한 스킹이 가능하다. 필자가 캐나다에서 강사로 활동할 때는 강사 레벨 테스트에서 특별한 기준을 적용했다. 다른 종목은 과락을 해도 평균 점수가 합격점 이상이면 합격할 수 있다. 하지만 범프 만큼은 반드시 합격해야만 레벨을 취득할 수 있도록 'Must Pass' 과목으로 책정했다. 이런 기준을 적용한 이유는 상급자 강습은 대부분 블랙 다이아몬드 사면에서 이루어지는데, 블랙 다이아몬드는 모두 범프로 이루어져 있기 때문이다. 그럼 블랙 범프는 어떤 환경이기에 상급 기술이 모두 동원되어야만 스킹이 가능할까?

범프 사이즈가 다르다

블랙 범프는 일단 굉장히 사이즈가 크다. 한국에서 볼 수 있는 인공적인 모글이 아니다. 깊은 범프의 경우 사람이 들어가 넘어지면 보이지 않기도 한다. 경사가 심하고 눈이 많다보니 스키어나 보더가 급작스럽게 멈추거나 턴을 만들면 쓸고 내려온 눈이 쌓이고 쌓여 범프가 몬스터처럼 커지는 것이다.

일반적인 사람이 다리를 구부리면 40~45cm 낮아진다. 이는 스키어가 범프 크기가 45cm가 넘으면 단지 다리 구부림만으로 충격을 흡수할 수 없다는 것을 의미한다. 그럼 어떻게 될까? 범프와 부딪힌 충격이 허리를 비롯한 신체에 강하게 전해지고, 이것이 누적되면 허리 통증이 발생한다. 따라서 프리스타일 방식으로 범프의 충격을 흡수하는 기술은 블랙 범프에서는 적절한 방법이 아니다. 가능하면 가장 깊숙이 파인 지형을 피하고 범프의 충격이 최소화하는 지형을 이용해 스킹해야 한다. 그럼에도 불구하고 어쩔 수 없이 만나는 범프는 상급의 프레셔 컨트롤 기술로 넘어가야 한다.

범프가 불규칙하다

자연적인 범프는 인공적으로 만든 모글에 비해 대단히 불규칙하다. 스키어나 보더들이 스키를 타면서 자연스럽게 범프가 만들어졌기 때문이다. 사이즈도 제각각인데다 라인까지 불규칙하다. 이런 곳에서는 턴을 크고 작게 자유자재로 만들 수 있어야 한다. 이처럼 불규칙한 리듬에서 턴의 사이즈를 맘껏 조정하는 기술은 피버팅 기술이다. 그러므로 상급의 피버팅 기술을 반드시 갖춰야 한다.

경사도가 다르다

용평 레인보우 슬로프 같은 최상급 경사에 거대한 범프들이 생겼다고 가정해 보자. 슬로프 자체의 경사도 어마어마한데다 범프까지 볼록 튀어 나왔으니 범프의 다운힐쪽 사면 (스키어가 스킹을 하며 내려갈 때 범프의 보이지 않는 아래쪽 사면)은 당연히 슬로프 경사보다 더욱 심하다. 결국 범프의 다운힐 사면은 거의 절벽처럼 뚝 떨어지는 경사가 된다. 이때 속도 조절을 할 수 없으면 감당하기 어려운 속도가 붙는다. 그러므로 강하게 설면을 붙들어 턴을 만들거나 속도를 줄일 수 있는 상급의 에징 기술을 반드시 갖춰야 한다.

블랙 범프 스킹은 모든 상급 스키 기술을 동원해서 타야 한다.

블랙 범프 스키 기술 1-
합턴

중급 단계에서는 브라카쥐를 응용하는 것이 핵심이었다면, 상급 단계에서는 합턴을 응용하는 것이 핵심이다. 얼마나 좋은 타이밍에 적절한 동작으로 합턴을 만들 수 있느냐가 블랙 범프를 탈 수 있느냐를 결정한다.

중급 단계에서 브라카쥐가 핵심적인 동작이었던 이유는 적극적인 속도 조절을 위해서다. 둥글게 턴을 그린다는 느낌보다는 발을 비틀어 풋 로테이션을 만들면 회전호는 급격히 작아진다. 그렇게 턴을 시작하자마자 바로 사이드슬리핑을 하기에 가속이 붙을 시간적, 공간적 기회를 원천적으로 차단한다. 반면 합턴은 브라카쥐와는 다른 기술로 범프를 타는데 여러가지 도움을 준다.

스키의 회전이 더욱 쉽다

블랙 범프는 중급 범프와는 차원이 다르다. 모양과 크기가 제각각인데다 경사가 급하다 보니 조금만 실수해도 급격히 속도가 빨라진다. 단 1초만 스키의 회전이 늦어져도 걷잡을 수 없이 힘들어져 한순간도 실수 없이 스키를 돌려 턴을 만들어야 한다. 하지만 스키가 설면에 접촉하고 있는 상태에서는 다양한 변수가 존재한다. 범프 사이에 빙판이 있을 수 있고, 눈덩이가 얼어붙어 있을 수도 있다. 눈이 습설이라 스키가 걸리적거릴 수도 있다. 타고난 운동능력을 가진 스키어라면 이런 상황에서도 모든 턴을 안정되게 만들며 접설을 유지한채 스킹을 할 수 있을 것이다. 하지만 일반 아마추어 스키어는 거의 불가능하다. 이런 모든 변수들을 통제하고 원하는 시점에 반드시 스키를 돌리기 위해서는 눈과의 접설면을 최소화하거나 아예 없애는 것이 가장 좋은 해결책이다. 그것이 합턴이다.

범프를 도약대로 사용하면 발목을 사용한 작은 동작에도 스키를 공중으로 띄어 올릴 수 있다. 합턴이 능숙하지 않은 스키어에게는 꽤나 어렵고 밸런스가 불안해지는 동작이다. 반면 합턴에 익숙한 스키어에게는 공중에서 스키를 회전시킬 수 있어 턴의 조작이 월등히 수월해진다. 착지하면서 브라카쥐와 마찬가지로 사이드슬리핑을 하듯이 설면을 긁어 속도 조절을 해주면 쉽게 범프를 탈 수 있다.

속도 감속에 도움이 된다

범프를 타고 내려오다보면 모멘텀의 방향에 변화가 생긴다. 후경의 스키어들에게는 모멘텀이 앞으로 튕겨 더욱 가속되어 날아감으로써 밸런스를 무너뜨린다. 이것이 범프를 두렵게 만드는 첫 번째 이유다. 하지만 범프를 이용해 위로 점프하면 앞으로 가속되는 힘이

후경의 밸런스는 범프에서 더욱 가속된다.

위로 점프하면 앞으로 나아가는 힘이 위로 향하면서 상쇄되므로 더 이상 앞으로 가속되지 않게 된다.

위로 상쇄되어 속도를 줄이는 효과가 발생한다. 이는 멀리뛰기와 높이뛰기처럼 에너지의 방향이 달라서 발생하는 현상이다. 스키어가 중력에 의해 달려내려가는 힘의 방향을 의도적으로 조정하는 것이다.

진화한 합턴

합턴의 두 가지 장점을 그대로 가져가면서도 설면과의 접설을 유지하는 것이 진화한 합턴 스왈로잉Swallowing이다. 스왈로잉은 '삼키다'는 뜻인데, 마치 범프를 먹어 삼키는 느낌과 유사해서 붙은 별칭이다. 범프를 타고 오르는 순간 다리를 쭉 펴면서 높이 뛰어오르던 기존의 합턴과 반대로, 점프하면서 다리를 오므려서 끌어올리는 것이다. 이는 제자리에서도 실험해볼 수 있다.

신체를 펴면서 위로 뛰어오르는 기존의 합턴.

점프하되 다리를 구부려 당기는 스왈로잉 합턴.

범프를 탈 때 기존의 위로 뛰는 합턴 조작을 하면 작은 범프는 큰 문제가 되지 않는다. 하지만 범프가 큰 블랙 범프 지역은 다르다. 여기서 더 높이 날아오르면 밸런스를 잃을 확률이 그만큼 높아진다. 스왈로잉 합턴은 거대한 범프의 꼭대기에서 더 높이 날기 위한 동작을 하는 것이 아니라 범프의 꼭대기 이전에 점프를 하면서 다리를 구부려준다. 이렇게 하면 범프 꼭대기를 넘어가는 순간에는 스키에 체중이 실리지 않아 큰 충격없이 범프를 타고 넘어갈 수 있게 된다.

스왈로잉 합턴을 익히기 위해 그림을 보면서 이러한 동작을 이해해 보자.

1. 다리를 펴고 릴랙스한 자세로 범프에 진입한다.
2. 범프를 타고 오르면서 발을 굴러 합턴을 한다. 타이밍은 연습을 통해 익힐 수 있다.
3. 합턴 이후에 다릴 최대한 구부려서 범프의 정점을 가볍게 타고 넘는다. 이 때 스키는

블랙 범프에서의 스왈로잉 합턴.

설면에 닿아 있을 수도 있고 살짝 허공에 떠 있을 수도 있다.

4. 범프의 정점을 지나면서 바로 다리를 펴고 스키가 설면에 접설을 유지하도록 한다.

5. 다리를 펴고 릴랙스한 자세로 다음 범프로 진입한다.

블랙 범프 스키 기술2-
합&스티어링

합턴이 공중에서 눈의 저항없이 턴을 쉽게 만들기 위한 조작이라면, 스티어링은 설면에 착지한 뒤 턴의 마무리와 속도 조절을 위한 조작이다. 합턴은 앞에서 살펴보았듯이 적절한 타이밍에 적절한 강도로 이루어지면 스키를 큰 저항없이 회전시킬 수 있는 조작이다. 이러한 조작 방법은 파우더에서도 상당히 유사하기에 합턴을 마스터 단계로 발전시키는 것이 필요하다. 특히, 스왈로잉 합턴은 더욱 진화된 합턴으로 블랙 범프에서 적극적으로 활용된다. 하지만 턴의 시작을 수월하게 했어도 여전히 블랙 범프에서는 스키가 착지한 뒤에 남겨진 과제들이 산적해 있다. 착지 이후에 발생하는 조작은 피버팅, 스키딩, 프레셔 컨트롤 등 모든 기술이 종합적으로 사용되므로 이를 스티어링Steering으로 부른다.

블랙 범프 런

합&스티어링

스티어링의 단계적 발전

❶ 사이드슬리핑

블랙 범프에서도 기존 범프 스킹과 마찬가지로 처음에는 사이드슬리핑을 통한 속도 조절에 초점을 맞추어야 한다. 속도 조절이 되지 않으면 다음 단계로의 발전이 어렵다. 이는 심리적 불안감에서 오는 신체적 위축과 부상 위험의 증가 때문이다. 타고난 신체 능력과 젊음으로 이를 극복하는 경우가 아닌, 아마추어 스키어는 그러한 접근법을 고려할 필요가 없다. 반드시 속도 조절을 첫 번째 과제로 놓고 시작해야 한다.

사이드슬리핑을 통한 속도 조절은 블랙 다이아몬드와 유사한 급사면의 정설 사면에서 훈련하는 것이 좋다. 용평 레인보우 급사면 정도가 좋은 훈련 장소다. 합턴을 해서 스키를 폴라인 정도까지 돌려 놓은 뒤 설면을 긁으며 사이드슬리핑을 한다. 연속해서 턴을 만들려고 하면 속도가 유지 혹은 가속되므로 처음에는 사이드슬리핑으로 감속하는 것을 목표로 연습하여야 한다. 정설 급사면에서 사이드슬리핑을 통한 속도 조절이 익숙해지면 블랙 범프에서 훈련해 본다. 마찬가지로 안정된 자세의 유지와 사이드슬리핑을 통한 감속이 가능하도록 해야 한다.

❷ 하키스탑

사이드슬리핑을 통한 속도 조절에 익숙해졌다면 폴라인 이후에 턴을 만들되 강하게 에징을 사용하여 하키스탑을 해보자. 사이드슬리핑에 비해 회전 모멘텀이 발생하므로 밸런스 유지에 초점을 맞추고 정확한 하키스탑 자세로 멈추도록 한다. 만약 슬로프 경사가 너무 심해서 제대로 하키스탑을 만들기 어렵다면 조금 더 경사가 완만한 곳에서 훈련하면서 익숙해지도록 한다.

합턴과 이어진 하키스탑을 급사면에서도 할 수 있을 정도로 익숙해지면 이제 범프에서 연습해보자. 합턴을 통해 턴을 시작하고 착지하면서 하키스탑을 통해 멈출 수 있어야 한다. 이때 상체와 하체의 세퍼레이션이 안정적으로 만들어지면 범프에서의 좋은 자세가 저절로 만들어진다.

❸ 합&스티어링

본격적으로 합&스티어링으로 넘어가보자. 하키스탑 동작을 하되 완전히 멈추는 것이 아니라 속도를 적절히 유지하는 정도로만 한다. 그러면 레인보우 정도의 급사면에서 연속된 턴을 하면서도 더이상 가속되지 않고 일정한 속도로 내려올 수 있게 된다. 정설 사면에서 자신감이 생기면 블랙 범프에 도전해보자. 처음부터 너무 어려운 사면에서 훈련하면 좌절할 수 있다. 블랙 범프 사면일지라도 범프가 그나마 규칙적인 곳에서 훈련하면 좀 더 쉽게 익숙해질 수 있다.

블랙 범프 스키 기술3-
블랙 범프 라인 잡기

중급 단계에서 범프를 타는 기술은 한 마디로 브라카쥐라고 설명했다. 정설 사면에서 훈련했던 브라카쥐를 범프 사면에서 할 수만 있다면 범프를 타는 라인은 저절로 익숙해진다. 하지만 블랙 범프에선 전혀 다른 세상이 펼쳐진다. 적당한 사면에 펼쳐진 중급 범프들이 비교적 타기에 만만한 반면 블랙 범프들은 크기도 크지만 모양도 굉장히 기괴해진다. 푹푹 깎어서 절벽처럼 떨어지는 곳도 있고, 범프 사이의 간격이 너무 좁아 감속할 시간적 공간적 여유가 없는 곳도 있다. 때로는 무릎이 가슴을 때릴 정도로 충격 흡수 동작을 해야만 하는 큰 범프를 만날 수도 있다. 이처럼 어려운 난이도의 블랙 범프를 타기 위해서는 최상의 라인을 찾는 능력이 필요하다.

어디를 볼 것인가?

모글 스킹에서는 두 세 개 앞의 모글을 보라고 한다. 크기와 모양이 비교적 일정한 프리스타일 모글에서는 살짝 멀리 보아야 미리 흡수동작을 할 몸의 자세가 만들어지고, 좋은 타이밍도 익숙해진다. 하지만 블랙 범프에서는 두 세 개 앞의 범프를 보아도 모양과 크기가 제각각이어서 멀리 보는 것이 큰 도움이 되지 않는다.

우리가 트리런에서 나무를 보지 말고 자신이 지나가야할 길을 보라고 했듯이, 범프 지역에서는 범프를 보지 말고 스키가 긁어주어야 할 사면을 보아야 한다. 하지만 이런 사면이 대개 범프의 다운힐쪽 사면이라 위에서 내려가고 있는 스키어의 눈에는 제대로 보이지 않아 당혹스럽다. 특히, 거대한 블랙 범프는 범프의 다운힐 사면이 보이지 않는 경우가 대부분이라 더욱 난이도가 높다.

중급 모글은 경사도가 급하지 않고 범프 크기도 적당한 편이다. 여기서 브라카쥐를 목적으로 타게 되면 범프 위에 올라섰을 때 스키를 돌리고 범프의 다운힐 사면을 타고 내려가면서 대각선 방향으로 사이드슬리핑을 하게 된다. 이렇게 훈련하다보면 스키어의 시선은 점점 사이드슬리핑을 하기에 좋은 지점을 찾는데 익숙해진다. 범프가 아닌 사이드슬리핑을 하기에 좋은 지점이 눈에 들어오는 것이다.

블랙 범프에서도 마찬가지이다. 단지 타는 기술이 브라카쥐 보다는 합&스티어링 기술로 발전했을 뿐이다. 브라카쥐가 사이드슬리핑으로 설면을 긁어가는 것이라면, 합&스티어링은 하키스탑을 통한 설면 긁기이다. 두 기술은 지나간 라인이 많이 다르다. 사이드슬리핑에서는 아래 방향으로 설면을 긁어내린다면, 하키스탑은 초승달 모양을 그리며 제대로 된 회전호를 만들기 때문이다.

합&스티어링을 하면 블랙 범프에서 설면을 옆으로 긁어가며 초승달을 만들려는 노력을 하게 되고, 스키어의 눈은 좌우로 설면을 긁을 수 있는 곳을 찾게 된다. 즉, 옆으로 설면을 긁기에 좋은 곳을 찾게 되고, 점점 그런 곳이 눈에 띄면서 블랙 범프 라인이 보이기 시작하는 것이다.

브라카쥐의 라인(좌)과 합&스티어링(우)의 라인 비교.

블랙 범프 런2

     POWDER SKI BIBLE

라인과 기술의 비교

❶ 프리스타일 모글 라인

좌우로 규칙적으로 교차하도록 디자인되어 있다고 해서 지퍼 라인Zipper Line이라 부르며, 스트레이트 라인Straight Line이라고도 부른다. 움푹 파여진 모글을 타고 가며 가장 직선적인 스킹을 하는 방식이다. 가장 짧은 거리를 내려오는 라인이므로 속도를 중요시하는 프리스타일 스키어들이 선호하는 라인이다. 기술적으로는 모글과 부딪치면서 충격 흡수 동작을 통해 속도와 방향을 조절한다.

❷ 브라카쥐 라인

중급 스키어들이 범프에서 기본적으로 이용하는 라인이다. 물론 상급 스키어들도 어려운 사면에서 많이 이용해 중급 스키어들만 이용한다고 볼 수는 없다. 범프에서 안정적인 속도 조절 위주로 스킹하기에 좋은 기술과 라인이라 대개 이 방식으로 범프에 입문한다. 범프의 볼록한 사면을 이용해 저항이 적은 상태에서 풋 로테이션으로 스키를 재빨리 돌리고, 바로 사이드슬리핑으로 안정되게 속도를 조절하며 타는 방식이다. 기술적으로는 피버팅 기술이 핵심이다.

 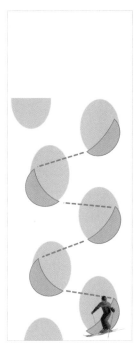

프리스타일 모글 라인.　　　　　　　브라카쥐 라인.

❸ 합&스티어링 라인

브라카쥐를 하기에도 벅찬 어려운 블랙 범프에서 사용되는 기술이다. 익숙해지면 모든 범프 사면에서 적용이 가능한 라인이다. 정설 사면에서의 스키딩 턴을 범프에 적용한 것이라 볼 수 있다. 다만 볼록한 범프를 넘을 때 합턴 혹은 스왈로잉을 사용하여 효율적으로 범프를 이용해 턴을 만드는 기술이 적용되고 있다. 범프를 옆 방향으로 긁기 위해 좀 더 좌우로 진폭이 둥근 회전호를 만드는 것이 특징이다. 캐나다에서 범프를 타는데 가장 선호하는 방식의 기술로 피버팅, 에징, 프레셔 컨트롤 기술이 모두 사용되고 있다.

아래 그림은 브라카쥐 라인과 합&스티어링 라인의 정확한 이해를 위해 겹쳐서 비교했다. 그림에서는 라인만 비교되지만, 합&스티어링 라인으로 범프를 타면 속도가 브라카쥐 라인에 비해 훨씬 빠르고 역동적이다. 세계 정상급 스키어들은 턴 후반에 카빙으로 빠져 나와 더욱 역동적이고 빠른 속도로 활주한다. 엑스퍼트 스키어들이 가장 선호하는 방식의 스키 라인이다.

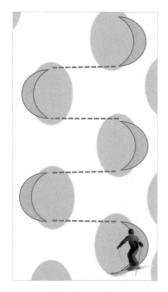

합&스티어링 라인.

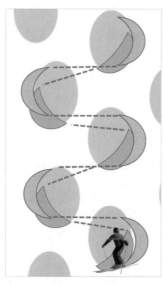

브라카쥐 라인과 합
&스티어링 라인의 차이.

깊고 무거운 파우더 스킹

깊고 무거운 파우더는 스키어가 경험하는 가장 어려운 설질의 하나다. 이런 설질은 진정한 파우더 스키 엑스퍼트를 구분하는 기준이 된다. 가장 어려운 컨디션의 파우더를 탈 수 있다면 그외의 컨디션은 모두 쉽게 정복할 수 있다. 깊고 무거운 파우더를 정복하는 방법을 알아보자.

눈의 무게와 저항의 상관 관계

정설 사면에서는 기본적으로 경사에 따라 자세가 변화한다. 완사면에서는 편안한 자세를 취하다가 급경사가 나오면 경사도에 따라 좀 더 공격적이고 낮은 자세를 취하게 마련이다. 하지만 파우더에서는 경사도 외에 두 가지 변수를 더 고려하여야 한다. 바로 적설량과 눈의 무게다.

눈의 깊이와 저항

눈의 깊이는 눈이 쌓인 양을 말한다. 같은 경사도와 같은 설질이라도 적설량이 10cm인 것과 30cm인 것은 눈의 저항이 다르다. 소위 파우더 스키어들이 '눈뽕' 맞는다는 표현을 하는 파우더는 30cm 이상 신설이 쌓인 경우를 말한다. 10cm 가지고는 좀처럼 성에 차지 않지만, 30cm 이상이면 느낌이 완전히 다르다. 마치 구름 위를 둥둥 떠다니는 느낌이 든다. 북미에서는 이런 날에 아프다는 핑계로 직장이나 학교에 가지 않고 파우더 스키를 챙겨 스키장으로 달려간다. 이처럼 스키어들이 파우더 데이 병가를 많이 내서 씩 데이Sick Day라고 부른다. 미국의 스키 제조사 라인Line에서는 아예 파우더 스키 모델 명칭을 'SICK DAY' 라고 붙였다.

라인사의 파우더 스키 Sick Day.

눈의 무게

눈의 무게는 눈이 얼마나 가벼운지 혹은 무거운지를 말한다. 습기가 많은 눈을 습설이라고 부르고, 습기가 적은 눈을 건설이라고 부른다. 습기가 많을수록 눈의 느낌이 무겁고, 습기가 적을수록 가볍게 느껴진다. 파우더를 타면서 '눈이 무겁다'라고 느끼는 이유는 스키가 눈에 가라앉았다가 떠오르는 시점에 좀처럼 쉽게 떠오르지 않고 스키를 돌릴 때 무겁게 느껴지기 때문인데, 이런 눈에서 타보면 바로 느낌을 이해할 수 있다.

위의 두 가지 변수, 눈의 깊이와 무게에 따라 눈에서 발생하는 저항과 부양력에 큰 차이가 발생한다. 그러므로 '깊고 무거운 파우더'란 눈이 많이 쌓인데다 습설의 컨디션을 말한다. 이렇게 눈이 깊고 무거울수록 스키에 걸리는 저항감이 커지고 그만큼 스키를 다루기 어려워진다. 무거운 눈은 부양력이 제대로 작동하지 않아 가벼운 눈에 비해 스키를 회전시키기가 훨씬 더 어려워지기 때문이다.

캐나다 밴쿠버 주변의 스키장이나 휘슬러 같이 바닷가에서 가까운 스키장은 날씨에 따라, 시즌에 따라 무거운 습설이 내리는 경우가 많다. 콜로라도나 유타 지역의 가벼운 눈에서 스키를 타던 미국 스키어들이 휘슬러 스키장의 무거운 눈을 경험하면 불평을 하고는 한다. 하지만 이런 무거운 파우더에서 스키 다루는 법을 익히면 새로운 기술적 성취에 흥미를 느끼게 된다. 대충 스키를 돌려도 회전이 되던 가벼운 파우더와 달리 좋은 밸런스와 스티어링

깊은 파우더는 스키어의 꿈이 현실이 되는 공간이다.

기술을 갖추어야 다룰 수 있는 무거운 파우더는 그 나름의 특별한 재미가 있다. 또한, 무거운 파우더를 탈 수 있다면 그 어떤 파우더도 두렵지 않고, 상대적으로 쉽게 여겨진다.

깊고 무거운 파우더 타는 요령

첫 진입은 반드시 후경 자세로!

깊고 무거운 파우더에 진입할 때는 무거운 눈에 대응해 몸의 중심이 상당히 뒤로 간 후경 상태에서 진입해야 한다. 밸런스가 조금만 스키 앞에 실려도 바로 스키 팁이 눈에 묻히며 앞으로 넘어지기 때문이다. 파우더에서 부상을 당하거나 혹은 두려움을 느끼는 스키어들은 대개 이런 파우더를 경험할 때 발생한다. 따라서 깊고 무거운 눈에서는 처음 후경 자세로 진입한 뒤 눈의 저항감에 따라 조금씩 조절하며 적절한 중경의 자세를 찾아가야 한다.

눈의 깊이와 무게를 다양하게 경험한 엑스퍼트 스키어라면 몇 번의 턴만으로 설질 파악을 끝내고 적절한 중경 자세를 취할 수 있다. 깊고 무거운 파우더에 익숙하지 않은 스키어는 경사가 완만한 사면에서 바운싱을 하면서 설질을 충분히 확인하고 바운싱이 되는 적절한 자세를 찾아야 한다. 이 책에서 수없이 언급한 내용이지만, 바운싱이 효율적으로 되는 자

세가 적절한 중경이다. 무거운 눈에서는 느낌
상 약간 후경의 느낌일 때 적절하게 밸런스가
유지되는 것을 느낄 수 있을 것이다. 스키 앞
부분은 존재하지 않고, 뒤꿈치에서 스키 테일
까지만 사용해 스킹한다고 생각하면 균형 유
지에 월등히 유리할 것이다.

참고로, 해외 스키장의 자연설 환경에서 스
키를 타다보면 아주 예외적으로 특별하게 어
려운 설질을 만나는 경우가 있다. 특이한 성질
의 눈은 스키에 달라붙어 턴이 아예 안 되는 경
우도 있다. 이를 글루 스노우Glue Snow라고 부
르는데, 이런 눈은 스킹도 전혀 즐겁지 않고 부
상의 위험도 높다. 이런 눈 상태에서는 아예 스
킹을 하지 않는 것이 가장 좋은 선택이다.

깊은 파우더나 무거운 파우더에서는
후경 자세로 진입해야 한다.

턴은 살짝살짝, 급한 턴은 금물

앞에서 바운싱 서펜타인을 연습하였다면 살짝살짝 턴한다는 의미를 이해하고 있을 것
이다. 깊고 무거운 눈에서 스키를 많이 돌려주면 다음 턴을 시작하기가 굉장히 어렵다. 스키
의 부양력이 약해 스키가 여전히 눈의 저항을 많이 받기 때문이다. 이런 경우 눈이 무거워
속도가 많이 나지 않으므로 살짝살짝 돌려만 주어도 스키 조절이 된다.

스키를 살짝살짝 돌려주면
턴호의 폭이 좁아진다.
ⓒ 5455273/Pixabay

무릎은 고정하고 발목만 사용

깊고 무거운 눈에서는 더욱 큰 부양력을 이끌어내기 위해 다리의 펴고 구부림이 커질 거라고 생각한다. 하지만 그렇지 않다. 무거운 눈이 만드는 큰 저항을 고려해야 한다. 커다란 저항과 만났을 때 우리의 몸은 앞으로 쏠리게 된다. 이럴 때 앞으로 쏠리는 힘에 대응하려면 허벅지 뼈의 각도가 저항에 버티는 방향에 놓여 있어야만 한다. 무릎이 펴진 상태에서 무거운 눈의 저항과 만나면 허벅지 각도가 저항을 견디기 어려워 균형을 잃고 넘어질 확률이 높다. 반면 무릎을 구부린 상태에서 저항을 받으면 허벅지 뼈의 각도가 힘을 버틸 수 있어 급격한 상체의 쏠림없이 밸런스를 유지할 수 있다. 그렇다면 무릎을 계속 구부린 상태에서 턴을 하려면 어떻게 해야 할까?

블랙 범프에서 언급했던 스왈로잉 합턴처럼 점프를 하되 하체를 펴는 동작이 아니라 하체를 구부려 흡수하는 동작을 하면 된다. 비록 무거운 눈일지라도 합턴을 통해 발생하는 리바운드 때문에 생각보다 근육의 사용은 심하지 않다. 트램폴린 위에서 점프를 하듯이 리바운드를 이끌어내 점프로 연결하고 다리를 살짝 오므려주는 동작을 연속하면 된다. 고관절과 무릎을 살짝 구부린 상태를 유지한 채 발목을 최대한 사용해 발목만으로 합턴을 한다는 이미지를 가지고 한다면 훨씬 더 밸런스 유지가 쉽다. '발목 합턴'은 발목을 100% 사용하고 무릎은 굽힌 채 사용하지 않는다는 의식을 가지고 연습해야 한다. 가장 어려운 컨디션의 하나인 깊고 무거운 눈에서의 스킹인만큼 그에 따른 좀 더 난이도가 높은 조작이 요구된다. 합턴과 스왈로잉 합턴 등을 충분히 훈련한 뒤 발목 위주로 턴을 만들어내는 발목 합턴까지 마스터해보자.

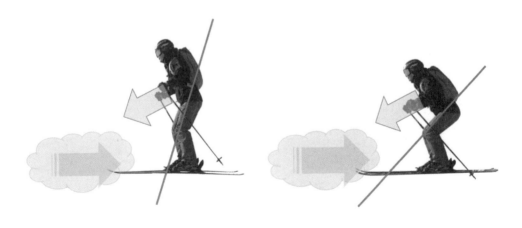

무거운 눈의 저항을 견딜 수 없는 허벅지 각도(왼쪽)와 견딜 수 있는 허벅지 각도(오른쪽).

스키폴은 최대한 높이 들어 스윙

파우더 스킹에서 폴 플랜팅이 얼마나 중요한지는 앞에서 언급했다. 깊은 눈에서는 폴 플랜팅이 평소와는 달라야 한다. 그 이유는 폴이 깊은 눈에 걸려 리듬에 맞게 앞으로 가져오기가 쉽지 않기 때문이다. 깊은 파우더에 파묻힌 바스켓을 뽑아내야만 앞으로 가져와 다시 플랜팅을 할 수 있어 팔을 높이 들어 폴을 뽑아주는 조작이 필요하다.

이런 폴 플랜팅은 이전까지는 해본 적이 없는 조작이라 당황할 수 있다. 하지만 마음의 여유를 가지고 팔을 들면서 폴을 뽑아내는 조작을 연습해보자. 합턴 등을 꾸준히 연습한 스키어라면 폴 플랜팅의 중요성을 몸으로 이해하고 있어 적응이 빠를 것이다.

깊은 파우더에서는 폴이 눈에 걸리지 않도록 높이 들어 스윙한다. ⓒ Alex Lange/Unsplash

왁싱은 필수, 에징은 옵션

카빙 스키에서 에징이 중요하듯이 파우더 스키는 왁싱이 중요하다. 특히, 습한 눈에서는 왁싱의 소중함이 절실하게 다가온다. 왁싱이 잘 되어 있지 않으면 무겁고 습한 눈에서는 스키가 잘 미끌어지지 않는다. 흔히 '눈이 붙잡는다'는 표현을 쓰는데, 스키가 눈에 잘 미끄러지지 않으면 컨트롤에 애를 먹는다. 깊고 습한 눈에서는 경사가 조금만 약해도 스키가 멈춰 난감하게 된다.

스키는 파우더 데이를 염두에 두고 매끄럽게 핫 왁싱을 해놓는 것이 최상이다. 하지만 해외 스키장에서 핫 왁싱을 개인적으로 하기는 쉽지 않다. 스키샵에 왁싱을 맡기는 것이 좋겠지만, 생각만큼 여의치 않을 수 있다. 이때는 베이스 표면에 바르는 물왁스도 충분히 성능을 발휘한다. 해외 스키여행의 특성상 스프레이 왁스를 휴대하기는 힘들지만, 기상예보가 며칠간의 파우더 데이를 알려준다면 현지에서 구입하는 것도 좋은 선택이다.

다만, 건설 파우더는 굳이 왁싱에 연연할 필요는 없다. 위에 언급한 바닷가 근처에 있어 습한 눈이 많은 스키장을 갈 때 필요하다. 기온이 올라가는 시즌 말이나 스프링 시즌에는 필수다. 또 시즌 중에도 예기치 않게 기온이 올라가 습설이 될 수도 있어 왁스는 항상 휴대하는 게 좋다.

최근 DPS사에서 제작한 팬텀 왁스는 한 번 침투하면 영구적으로 왁싱 효과가 지속되어 획기적인 반응을 얻고 있다. 주변 지인들의 평가를 참고하여 영구 왁싱인 팬텀 왁싱을 고려해 보자.

휘슬러 파우더 데이

PART 6

백컨트리
스키

이 장에서는 한국의 스키어들이 백컨트리 스키에 대해 대략적인 이해를 할 수 있도록 도움을 줄 것이다. 가장 선행되어야 할 것이 백컨트리 스키가 무엇인가에 대한 정확한 이해이다. 해외 스키장은 광범위한 자연설 지역에 스키장이 조성되어 있으므로 스키장의 관리 영역을 벗어나는 순간 바로 백컨트리에 진입할 수 있다. 그렇기에 도전 의식이 있는 스키어라면 쉽게 백컨트리 스키를 접하고 경험을 쌓을 수 있다. 반면에 한국에서는 스킹이 가능한 자연설 지역이 거의 없어 백컨트리 스키에 대해 극단적인 오해를 하는 경우가 많다. 대표적인 오해가 산악 스키Ski Mountaineering와 백컨트리 스키를 혼동하는 것이다. 또 다른 오해는 일상적으로 눈사태와 마주쳐야 하는 아주 위험한 모험 행위로 생각하는 것이다. 안전하고 행복한 백컨트리 스키에 대해 알아보자.

백컨트리 스키의 정의

백컨트리 스키란?

백컨트리 스키Backcountry Ski는 전문적인 등행장비와 안전장비를 갖추고 스키장이 아닌 자연 그대로의 산에서 업힐과 다운힐을 병행하며 스킹을 즐기는 것을 말한다. 백컨트리 스킹을 하려면 백컨트리 장비 사용과 안전에 관련한 전문적 지식을 갖추어야 한다. 장비 사용법과 등행법을 익히는 것은 기본이고, 다양한 설질의 사면에서 스킹하기 위한 스킹 기술도 갖춰야 한다. 또한 눈사태에 대비한 안전장비는 반드시 갖추어야 하고 사용법에도 능숙해야 한다.

백컨트리 스키는 스키장이 아닌 대자연 속에서 하는 것이라 아무도 지나지 않은 깊은 파우더에서 스킹을 즐길 수 있다. 광활한 지역을 몇몇 사람만이 즐기니 그만큼 스키어 밀도가 낮아 후레쉬 파우더를 즐기는 것이 가능하다. 그렇다면 왜 파우더에 열광하는 스키어는 많은데, 백컨트리 스키에 나서는 스키어는 많지 않을까? 그 이유는 진입 장벽이 높기 때문이다.

우선 백컨트리 스키에 도전하려면 특별한 장비를 갖춰야 한다. 또 전문가로부터 장비 사용법과 안전교육 등을 받아야 한다. 둘째, 장비를 마련하고, 교육을 통해 기본이 갖추어져도 함께 할 동료가 반드시 필요하다. 셋째, 체력적으로 준비가 되지 않으면 업힐이 힘들어 포기하는 경우가 많다. 이처럼 후레쉬 파우더를 만날 확률이 높고 특별한 기쁨을 누릴 수 있지만, 진입 장벽이 높아 생각보다 백컨트리 스키에 도전하는 한국의 스키어는 많지 않다.

그러나 세계적인 추세는 다르다. 코로나 펜데믹 이후 북미에서는 백컨트리 스키가 대단히 활성화되고 있다. 문만 나서면 바로 백컨트리 스키를 탈 수 있는 일본은 늦봄까지 백컨트리 스키를 즐긴다. 이처럼 백컨트리 스키에 대한 관심이 높아지고 있는 것은 분명한 사실이지만, 위에서 언급한 세 가지 진입장벽을 넘어서지 못하면 백컨트리는 쉽게 결정할 수 없다. 지금부터 언급하는 내용들이 백컨트리에 대해서 충분히 검토하고 이해하는데 도움이 되기를 바란다.

일본 홋카이도 후라노다케산에서 백컨트리 스키를 즐기는 스키어들.
백컨트리는 위험과 즐거움이 공존하는 공간이다.

백컨트리 스키와 타 스키의 비교

리조트 스키 vs 백컨트리 스키

리조트 스키를 한국과 같은 정설 사면에서의 스킹이라 오해하는 분들이 많다. 하지만 외국에서는 스키장이 관리하는 모든 영역에서 스킹하는 것을 말한다. 해외 스키장은 정설 사면보다 훨씬 넓은 지역이 오프 피스트 환경이므로 올마운틴 스킹조차 리조트 스킹의 영역이다. 아무리 어려운 사면과 깊은 눈을 헤치며 스킹을 했더라도 리조트의 관리 영역 안In Boundary에서 이루어지는 스킹은 리조트 스키에 해당한다.

사이드컨트리 스키 vs 백컨트리 스키

많은 한국의 스키어들이 일본의 스키장에서 게이트를 벗어나 스키를 탄 뒤 백컨트리 스키를 했다고 생각한다. 하지만 이는 엄밀히 말하면 백컨트리 스키가 아니라 사이드컨트리 스키다. 잠깐 리조트 영역을 벗어나 아웃 오브 바운더리Out of Boundary로 들어섰다 다시 인 바운더리로 들어오는 것은 사이드컨트리에 속한다. 리프트로 올라가 짧은 업힐 후 스키장 반대편을 타고 내려와 차량으로 이동해 스키장으로 돌아오는 경우도 엄격하게는 사이드컨트리의 한 종류로 본다.

물론 사이드컨트리와 백컨트리 스키를 구분하는 것이 모호한 경우도 있다. 보다 확실히 사이드컨트리와 백컨트리를 구분하려면 두 가지를 고려해야 한다.

첫째 업힐 장비가 필수적인가다. 백컨트리 스키의 핵심은 업힐 장비를 필요로 하는가다. 깊은 심설이 쌓인 경우 눈에 보이는 가까운 거리조차 걸어서 이동하는 것이 불가능하다. 이런 곳은 반드시 업힐 장비가 필요하다. 특히, 백컨트리 지역은 장소에 따라 적설량이 크게 다를 수 있다. 당장 필요없어 보여도 반드시 업힐 장비를 갖춰야 하는 이유다. 따라서 업힐 장비가 필요한 지역에서의 스킹은 백컨트리 스키로 볼 수 있다. 업힐 장비가 필요하다는 것만으로도 일반적인 스키어들의 진입이 원천적으로 차단당하기 때문이다.

둘째, 지리적으로 접근이 어려운가다. 백컨트리는 단순히 업힐 장비를 사용한다는 협소한 의미가 아니다. 용평 레인보우 슬로프를 업힐 장비를 이용해 올라갔다 내려왔다고 이를 백컨트리 스키로 볼 수는 없다. 그저 업힐 훈련으로 보는 것이 타당하다. 백컨트리가 의미하는 것은 문명사회와 더욱 멀어지는 지리적 고립성을 말한다. 더욱 깊은 자연으로 들어가는 것이 기본적인 전제가 된다는 것이다.

일본 앗피스키장의 예를 들어보자. 앗피스키장 사이드컨트리 코스는 리프트에서 내린

일본 아키타 타자와코스키장에서 진행하는 사이드컨트리.

뒤 짧은 트래버스 후 진입이 가능하다. 비록 중간에 업힐 장비를 이용해 이동하기도 하지만, 스키장 가장자리의 폐쇄된 슬로프를 이용한 스킹으로 안전하게 스킹이 가능하다. 이런 경우 백컨트리 스키의 장비적 요소는 갖추었지만 백컨트리 스키로 분류하지 않는다. 백컨트리 스키의 지리적 고립성 측면에서는 사이드컨트리로 분류하는 것이 적절하다.

반면, 앗피스키장 자연학교에서 운영하는 백컨트리 프로그램은 스키장과 멀리 떨어진 하치만타이산에서 이루어진다. 출발 지점에서 몇 시간 동안 업힐을 한 후 스킹을 즐긴다. 이 경우 업힐 장비가 필수적으로 사용되고, 지리적 고립성을 갖추었기에 백컨트리 스키로 분류할 수 있다.

산악 스키 vs 백컨트리 스키

많은 스키어들이 산악 스키와 백컨트리 스키가 같다고 오해하고 있다. 그러나 아웃 오브 바운더리에서 스키를 탄다는 공통점에서 불구하고 산악 스키와 백컨트리 스키는 '목적'이라는 부분에서 명확하게 구분된다. 산악 스키는 산을 오르고 더 깊은 오지로 이동하기 위한 수단으로 스키라는 장비를 선택한다. 한국에서는 '산악 스키'라 부르지만 정확하게는 스키 등반Ski Mountaineering이라고 해석하는 것이 더 정확하다. 하지만 백컨트리 스키는 스킹 그 자체가 목적이다. 멀리 이동하거나 높이 오르는 것은 부가적인 수단일 뿐 더 좋은 환경에서, 더 좋은 눈에서 스킹하는 것이 목적이다.

이 둘의 구분이 명확하지 않은 경우도 물론 있다. 산을 오르는 것도 즐겁고, 스키로 파우더를 즐기는 것도 중요하게 보는 경우다. 이렇게 산악 스키와 백컨트리 스키의 중간 지대가 스키 투어링Ski Touring이다. 스키 투어링은 스키 등반과 백컨트리 스키의 중간이라고 이해하면 되겠다. 업힐과 다운힐 모두에 비중을 두고 있는 활동이기 때문이다.

산악 스키와 백컨트리 스키의 차이는 사용하는 장비로도 판단할 수 있다. 바로 무게에 대한 비중이다. 더 높이 더 멀리 이동하려는 산악 스키어는 경량화와 체력에 비중을 둔다. 반면, 더 안정감 있고 더 효율적으로 깊은 눈을 타는 것을 목적으로 하는 백컨트리 스키어는 스키 퍼포먼스와 기술에 비중을 둔다. 둘 다 포기할 수 없는 스키 투어링 스키어는 경량화와 퍼포먼스를 균형 있게 갖춘 스키를 찾는다.

일본 아키타 아니스키장에서 백컨트리에 나선 스키어들.

백컨트리 스키가
유행하는 이유

장비의 진화

산악인 위주로 이뤄지던 백컨트리 스키는 2010년 이후부터 광범위하게 유행하고 있다. 백컨트리 스키 유행이 가능하게 된 것은 장비의 진화 때문이다. 앞에서 살펴 보았듯이 2010년 전후로 락커 기능을 장착한 팻 스키가 등장하면서 스키 장비의 혁신을 가져왔다. 락커와 팻은 모두 파우더에서의 부양력을 향상시키는 기능이므로 중급 이상의 실력을 갖춘 스키어라면 누구나 파우더를 즐길 수 있는 신세계가 열린 것이다.

파우더 헌터들은 더 깊은 파우더를 타고 싶어 한다. 하지만 스키장 내 슬로프는 금방 후레쉬 파우더가 사라진다. 결국 일반 스키어들이 찾기 어려운 공간을 찾게 되고 백컨트리로 시선을 돌리게 되는 것이다. 이러한 스키어들의 흐름이 반영되어 백컨트리와 연관된 스키판, 클라이밍 스킨, 바인딩, 부츠 등 안전장비 개발이 뒤따랐다. 장비가 발전하면서 더 많은 스키어들이 백컨트리 스키에 나서 깊은 심설을 경험하고, 이 환상적인 경험(?)이 백컨트리 스키의 유행을 만들어내는 선순환 구조를 만들었다.

바이오필라 가설

현대인의 삶이 도시화하고 개별화될수록 반대급부로 자연과의 교감을 원하게 된다는 것이 바이오필리아 가설Biophilia Hypothesis이다. 생물학자인 에드워드 윌슨Edward O. Wilson에 의해 제안된 이 가설은 인간은 수백만 년의 진화 과정에서 자연에 대한 선천적인 친화력과 자연 세계와 연결하려는 뿌리 깊은 생물학적 성향을 가지고 있다고 주장한다. 이 이론을 뒷받침하는 다양한 심리학과 환경공학의 연구자들의 연구가 뒤따르고 있다.

도시화와 현대화는 향상된 기술과 편리함 같은 많은 이점을 가져다 주었지만, 또한 많은 사람들에게 자연과의 단절을 초래했다. 결과적으로, 사람들은 도시 생활의 영향을 상쇄하고 자연과 다시 연결하려고 더욱 노력하는 성향을 만들어냈다. 이러한 성향에 따라 자연과 상호 작용하려는 욕구가 더 강해지게 된 것이다.

백컨트리 스키는 스키의 그 어떤 형태보다 더욱 자연과의 교감을 경험하는 행위다. 리프트나 헬리콥터 등 문명의 도움없이 눈 덮인 자연의 한복판으로 다가설 수 있으며, 중독성이 강한 파우더 스킹을 경험하게 한다. 장비의 진화가 깊은 자연으로의 접근을 용이하게 해줬기에 가능한 일이다.

아무도 밟지 않은 파우더에서의 스킹을 꿈꾸는 스키어들은 점점 백컨트리로 향한다.

백컨트리 스키 장비 선택과 사용법

백컨트리 스키 장비

스키 장비에 관련한 기본 정보는 PART 2 '입문자가 궁금해하는 것들'에서 다루었다. 이 글을 읽기 전에 먼저 살펴본다면 오해는 줄이고 이해는 높이는데 도움이 될 것이다. 이 장에서는 백컨트리 스키어를 위한 선택이라는 전제로 장비 이야기를 풀어나간다.

스키판

파우더 스키판 중에서도 95~115mm 사이의 비교적 가벼운 스키판을 선택하는 것이 좋다. 제조업체에 따라서는 백컨트리 전용의 스키판을 별도로 제작하기도 하지만, 용도에 따라서는 스키 투어링에 최적화된 초경량의 허리가 얇은 투어용 스키를 사용하기도 하므로 선택에 주의를 기울여야 한다.

백컨트리에서는 깊은 파우더에서 파우더 스킹을 즐기기 때문에 무조건 넓은 딥파우더용 스키(허리 120~130mm)를 사용할 것이라 생각하기 쉽다. 하지만 실제로 백컨트리용 스키는 생각보다 넓지 않다. 너무 넓은 스키는 업힐에서 불리하기 때문이다. 허리 95~115mm 스키판이 일반적으로 사용되는데, 경량화에 많은 초점을 맞추고 있다. 카본 화이바 같은 소재를 통해 스키와 바인딩, 부츠의 무게를 줄여 업힐에서의 유리함을 추구한다. 하지만 너무 가벼우면 스킹에서의 안정성이 떨어지므로 적절한 밸런스 유지가 필요하다.

며칠에 걸친 장기간의 스키 투어링을 목적으로 하는 경우 퍼포먼스 보다 경량화에 초점을 맞추어 투어링용 스키를 갖추는 것이 좋다. 하지만 일본 스키장에서 펼쳐지는 당일 백컨트리 스키는 경량화보다는 안정성에 초점을 맞추는 것이 좋다. 자신의 스킹 스타일과 체력에 맞는 가벼우면서도 안정적인 스키를 선택하기를 추천한다.

다음 표는 뵐클과 DPS 스키를 용도와 무게별로 구분해 본 것이다. 백컨트리용으로 스키판을 구입한다고 전제할 때, 대략 177cm 내외의 길이를 기준으로 무게를 비교해 보았다.

구분	무게	뷜클	DPS
투어링 스키	1,000~1,500g	RISE~BMT 90	PAGODA TOUR
경량 백컨트리 스키	1,600~1,850g	BLAZE~KATANA	KAIZEN
퍼포먼스 백컨트리 스키	1,900~2,150g	KENDO~M6~MANTRA 102	

바인딩

스키판과 함께 백컨트리 스키에 최적화된 바인딩 선택은 아주 중요하다. 백컨트리 스키 입문 과정의 스키어에게는 마커의 킹핀이나 듀크 PT, 살로몬 SHIFT 등과 같은 하이브리드 바인딩을 추천한다. 경험상 프레임 바인딩은 무게와 퍼포먼스에서 불리하다. 그렇다고 투어링에 적합한 초경량 바인딩은 다운힐 퍼포먼스와 안정성에서 아직 충분히 검증되지 않았다. 결과적으로 하이브리드 바인딩이 입문자에게는 적절한 선택이다.

백컨트리 스키를 통해 본격적으로 스키 투어링에 관심을 갖게 되었거나 혹은 산악 스키처럼 산에서의 이동성에 초점을 맞춘 스키어라면 초경량의 스키 투어링 바인딩을 추천한다. 일단 무게면에서 하이브리드 바인딩의 절반 정도이고, 업힐 퍼포먼스에서는 비교 불가이기 때문이다.

스키 부츠

백컨트리용 스키 부츠는 기본적으로 세 가지 기능을 갖추어야 한다. 아래 세 가지 기능을 검토하면서 자신이 선호하는 브랜드와 모델을 선택하도록 하자.

❶ 경량성

주요 브랜드에서 출시되는 백컨트리용 부츠는 알파인 부츠에 비해 500~700g 정도 가볍다. 투어링용 부츠는 이보다 더 가벼운 초경량 제품이 있지만, 가벼운 대신 안정성이 떨어져 일반적인 백컨트리용 부츠로는 적절치 않다.

❷ 워크 모드

모든 백컨트리 부츠는 부츠 뒤쪽에 스키 모드SKI Mode와 워크 모드Walk Mode를 조절할 수 있는 장치가 있다. 워크 모드는 발목을 자유롭게 움직일 수 있도록 풀어줘 업힐 시 사용한다. 스키 모드는 발목을 단단하게 고정시켜줘 다운힐 할 때 사용한다.

❸ 핀 인서트

백컨트리 스키 바인딩은 테크 바인딩(일명 핀 바인딩)이 대세다. 따라서 부츠도 핀 인서트가 장착되어 있다.

달벨로 백컨트리 전용 부츠 루포 에이엑스 120.

클라이밍 스킨

클라이밍 스킨Climbing skins은 백컨트리 스키 필수 장비이다. 나일론 같은 합성 섬유로 만들어진 특수한 시트로 스키바닥에 부착되어 눈 덮인 지형에서 오르막을 오를 때 마찰력을 제공한다. 클라이밍 스킨의 주요 목적은 스키가 가파른 경사면을 오르는 동안 뒤로 미끄러지는 것을 방지하는 것이다. 가죽의 질감과 디자인은 한 방향으로 눈 표면을 잡을 수 있게 해주어 스키어가 뒤로 미끄러지는 것을 방지하면서 앞으로 나아갈 수 있게 해준다. 클라이밍 스킨이 있어야 깊은 눈에서도 효율적이고 안전하게 오를 수 있다.

클라이밍 스킨은 일반적으로 스키 베이스에 부착하기 위해 자체적인 접착력을 가지도록 만들어진다. 구입 시 스키샵에서 자신이 사용하는 스키의 사이즈에 맞게 길이와 모양을 잘라준다. 내구성이 좋아 적절한 사용법과 보관 방법을 기억한다면 꽤 오랫동안 사용할 수 있다. 스키 길이와 폭이 큰 차이가 없다면 10여 년 이상 사용도 가능하다. 접착력이 약해지면 스킨용 글루를 별도로 구입해 발라줘도 된다.

스킨을 붙이고 떼는 작업은 생각보다 세심한 주의가 필요하다. 스킨 접착면에 눈이 붙지 않도록 주의하자.

스킨 작업 시 기억할 팁

백컨트리 코스마다 스킨의 사용횟수는 큰 차이가 있다. 장거리 업힐을 한두 차례 하는 코스에서는 스킨을 한 번 붙였다 떼는 작업이 그리 번거로운 작업이 아닐 수 있다. 하지만 오르락 내리락이 많아 수시로 붙였다 뗐다 해야 하는 경우 눈보라 등으로 인해 굉장히 어려운 작업일 수 있다. 날씨가 춥고 눈보라가 심하게 부는 컨디션에서 수시로 스킨 작업을 해야 하는 경우 기억할 몇 가지 팁이 있다.

첫째, 쉽게 꺼낼 수 있는 장소에 수납한다. 백팩 깊숙하게 넣어두면 넣고 꺼낼 때마다 백팩을 벗고 물건들을 꺼내야하는 번거로움이 있다. 눈보라가 심하면 바람에 날려 장갑 등 소지품을 분실할 수도 있고, 경사가 가파른 장소에서는 언덕 밑으로 물건을 떨어뜨릴 수 있다. 스킨은 배낭에서 가장 쉽게 꺼낼 수 있는 위치나 다른 물건들과 구별되게 별도의 수납 공간에 보관한다. 전문가들이 가장 선호하는 방식은 재킷의 안쪽에 넣어 두는 것이다. 백팩을 벗을 필요도 없고, 가장 편리한 수납공간이기 때문이다. 재킷에 달린 스노우 스커트 때문에 재킷 아래로 떨어질 염려도 없다.

둘째, 얼어붙지 않도록 관리한다. 꺼내기 쉬운 곳에 둔다고 배낭의 바깥쪽 메쉬 주머니 등에 수납했다가 차가운 기온과 눈보라에 얼어붙는 경우가 발생한다. 이런 경우 부착하기도 어렵지만, 부착해도 접착력이 제대로 작동하지 않아 쉽게 떨어질 수도 있다. 기온이 낮고 바람이 심한 경우 좀 더 기온의 영향을 받지 않는 곳에 보관하는 것이 좋다. 수시로 붙였다 떼었다 해야 하는 지형에서는 재킷 안쪽에 넣어서 보관하는 게 얼지도 않고, 편리하다. 단, 수시로 스킨을 붙였다 뗐다 할 필요가 없는 장거리 업힐에서는 예외다.

셋째, 스킨 접착면에 눈이 달라붙지 않도록 관리한다. 스킨을 붙이고 뗄 때 두 개의 스킨 중 하나는 눈이 붙지 않도록 안전한 곳에 두고 하나씩 작업한다. 또 스킨을 붙이기 전에 스키 바닥면에 붙은 눈을 깨끗하게 털어내야 한다. 눈을 대충 털면 남아 있는 눈이 스킨과 스키 사이에서 얼어붙어 접착력을 약화시킨다. 이렇게 약화된 접착력은 좀처럼 회복되지 않아 애초에 이런 기회를 차단하는 것이 중요하다.

눈사태 안전 장비

눈사태 안전 장비Avalanche Safety Package는 눈사태가 날 수 있는 지역을 여행하는 스키어나 등산가가 눈사태 발생 시 생존 가능성을 높이기 위해 휴대해야 하는 필수 장비다. 눈사태 안전 장비는 일반적으로 세 가지로 구성된다.

❶ 비콘Beacon

비콘은 신호를 주고 받는 송수신기다. 신호를 방출하기도 하고, 다른 비콘으로부터 신호를 수신하기도 한다. 백컨트리 스키 그룹의 모든 구성원은 자신이 휴대한 비콘을 켜고 이동하며, 눈사태에 의해 사람이 묻혔을 때 비콘을 검색Search 모드로 전환해 매몰된 스키어의 위치를 찾아낼 수 있다.

❷ 삽Shovel

삽은 눈사태로 매몰된 스키어를 파내는 데 필수적인 도구다. 삽은 휴대하기 가볍고, 딱딱한 눈덩이를 분쇄하고 파낼 수 있도록 견고해야 한다. 보통 자루와 삽이 분리되어 수납할 수 있게 되어 있다. 백컨트리 스키에 나서기 전 삽 조립 방법과 사용법을 숙지해야 한다.

❸ 탐침봉Probe

탐침봉은 눈사태에 매몰된 사람을 찾기 위해 사용되는 접을 수 있는 가느다란 폴대다. 삽을 이용해 본격적으로 눈을 퍼내기 전 매몰된 사람의 위치와 깊이를 정확히 파악하기 위한 장비다. 프로브는 빠르게 조립해 사용할 수 있도록 평상시에 연습하여야 한다.

눈사태 안전 장비를 휴대하는 것만으로는 안전이 보장되지 않는다는 점을 기억해야 한다. 눈사태 기본 지식, 구조 기술 및 눈사태 지형에서의 의사 결정에 대한 적절한 교육이 필수적이다. 또한 정기적으로 장비를 사용하는 연습을 하고, 현재 눈사태 상태와 예측에 대한 최신 정보를 확인하는 것이 필요하다.

눈사태 안전 장비 3총사.
왼쪽부터 삽, 비콘, 탐침봉.

기타 필요한 장비

위에 설명한 것 외에 백컨트리 스키에 나서기 위해서는 필요한 장비가 있다. 스키 백팩은 필수 장비다. 눈사태 안전 장비를 별도로 수납할 수 있도록 디자인된 백컨트리 전용 백팩을 사용한다. 큰 바스켓이 달린 길이조절용 파우더 폴도 필수다. 이 두 가지는 PART 2에서 자세히 다루었으므로 여기서는 생략한다.

응급 처치 키트First Aid Kit도 필요하다. 사고 발생 시 패트롤의 도움을 받기 어렵기 때문에 부상자에게 즉시 의료 지원을 제공하기 위해 기본적인 응급 처치 키트를 휴대하는 것이 좋다. 탈수와 저혈당을 방지하기 위한 기본적인 음료와 에너지바는 모든 아웃도어 활동의 기본이다. 특히, 업힐 거리가 길거나 온 종일 투어를 하는 경우 칼로리를 보충할 수 있는 비상식량이 필요하다. 이밖에 호루라기, 여분의 고글 혹은 렌즈, 얇은 장갑, 방한용 다운 재킷, 서바이벌 블랭킷 등도 갖추고 있어야 급변하는 백컨트리 스킹 환경에 맞춰 사용할 수 있다.

눈사태 전문 장비

앞에서 소개한 장비는 백컨트리 스키어라면 기본으로 갖춰야할 장비들이다. 그러나 좀 더 익스트림한 스키를 추구하는 엑스퍼트의 경우 에어백이나 비상용 호흡 장치 등을 필요로 한다. 다만, 아직까지 한국의 스키어 가운데 에어백이나 비상용 호흡장치를 사용하는 사례가 거의 없다. 그 이유는 아직 한국의 스키어나 보더가 눈사태 위험 지역을 여행하는 경우가 드물기 때문이다. 백컨트리 스키 입문자는 전문적인 지식과 경험이 쌓일 때까지는 눈사태 위험이 높은 시기와 높은 지역에 출입하는 것은 자제하는 것이 좋다. 또 충분히 경험을 쌓기 전까지는 반드시 가이드와 동행하자. 설령 어느 정도 전문 지식을 갖췄더라도 위험 지역으로의 여행은 항상 보수적으로 접근하는 것이 바람직하다.

에어백

에어백Airbag은 눈사태 발생시 백팩의 배낭끈에 달린 줄을 당김으로써 에어백이 만들어져 생존확률을 높일 수 있는 기능이다. 에어백은 크게 두 종류로 나뉜다. 압축 공기나 압축 가스를 담은 캔을 설치해 필요시 에

공기를 불어 넣기 전의 에어백 모습.
ⓒ Nolispanmo, CC BY 3.0 via Wikimedia Commons

어백에 분사시켜 작동시키는 캐니스터Canister와 충전식으로 작동하는 전기식 팬을 작동시켜 단기간에 에어백을 만드는 일렉트릭Electric 방식이 있다. 최초의 에어백은 캐니스터에서 출발했지만, 최근에는 기술의 발전으로 점점 일렉트릭이 각광을 받고 있다. 참고로 캐니스터는 일회용이라 재사용이 어렵고, 이런 이유 때문에 예행 연습을 할 수 없다. 또한 해외여행시 항공기에 휴대할 수 없다.

비상용 호흡장치

눈사태에 묻혔을 때 사인은 대부분 질식사다. 질식사를 예방하기 위해 개발된 것이 아발렁Avalung과 SBX 같은 비상용 호흡장치다. 블랙다이아몬드에서 개발한 아발렁은 호스를 통해 호흡함으로써 58분까지 호흡을 연장할 수 있다. 다만, 눈사태에 휩쓸려 정신없는 상황에서 어떻게 계속해서 호스를 입에 물고 있을 수 있느냐는 비판도 있다. 반면 SBX는 입 주변으로 공기를 배출해 호스를 입에 물고 있을 필요가 없다. 또 90분까지 호흡을 연장할 수 있어 더욱 진화한 시스템으로 받아들여지고 있다.

국내에서의 사전 훈련

백컨트리 스키는 장비 착용과 사용법 등 사전 연습이 필요하다. 눈보라가 치는 극한 상황에서도 장비를 능숙하게 다루려면 사전연습은 절대적이다. 그러나 사전연습을 위해 반드시 해외 스키장을 갈 필요는 없다. 최소 장비인 백컨트리용 스키, 바인딩, 부츠, 클라이밍 스킨이 갖추어 졌다면 국내에서도 충분히 연습할 수 있다.

장비 착용법 숙달하기
바인딩의 모드 조정하기

바인딩의 종류에 따라 업힐과 다운힐 조정 방법이 다르다. 바인딩은 모델마다 조정 방법이 달라 이를 알아보는 것도 흥미롭다. 진화형 하이브리드 바인딩인 마커Marker의 듀크 피티Duke PT 바인딩은 다양한 기능을 담은 만큼 조정 방법도 특이하다. 유튜브 영상을 통해 자신의 바인딩과 같은 종류의 바인딩 조정 방법을 숙지한 뒤 바인딩을 조절해 보자. 바인딩 모드 조정은 반드시 스키장에 가서 연습할 필요는 없다. 거실이나 잔디밭 등 안전한 곳이라면 어디서든 연습할 수 있다. 거실과 같은 곳은 안전을 위해 바닥에 박스를 깔고 연습하자.

'he new MARKER DUKE PT - Freeride skier Markus Eder about the new hybrid freeride binding

마커의 듀크 피티 바인딩 설명 영상. 유튜브에서 브랜드, 모델명을 입력하면 자세히 설명되어 있다.

듀크 PT 바인딩 소개

부츠 모드 조정하기

바인딩 모드를 조정해봤다면 이번에는 부츠의 워킹/스킹 모드를 조정해 보자. 대개의 부츠는 부츠 뒤편에 조정하는 장치가 있어 찾기 쉽다. 워킹/스킹 모드는 부츠를 착용한 상태에서 연습해 보자. 체중을 실어 정강이로 부츠의 앞부분을 눌러 모드를 조정해보자. 생각보다 세게 부츠를 눌러야 조정되는 경우도 있어 어느 정도 세기로 조정되는지 확인할 필요가 있다. 스키장에서 업힐 혹은 다운힐을 시작할 때 모드 조정이 안돼 당황하는 스키어들이 생각보다 많다.

달벨로 루포 AX 120 부츠의 워크 모드 조절 방법.

스킨 붙이기

❶ 먼저 스키 팁에 고정 클립을 끼우고 스키의 에지가 살짝 나오도록 좌우 균형을 맞춰 붙여 나간다.

❷ 한 손으로는 스킨의 아래쪽을 잡아 팽팽하게 당겨 주고, 다른 한 손으로 쓸어 내리면서 붙여 내려간다.

❸ 아래쪽까지 붙였으면 스키 테일에 고정 클립을 끼워 팽팽하게 유지하도록 한다.

스킨 떼기

❶ 스키 테일의 고정 클립을 벗겨낸 뒤 아래쪽 스킨을 절반 정도 뗀다. 그런 다음 스키 테일을 눈에 꽂아 안정되게 세운다.

❷ 떼어낸 절반의 스킨을 반으로 접어 접착면을 붙인다.

❸ 나머지 절반을 떼어낸 뒤 떼어낸 부분만 반으로 접어 붙인다.

❹ 반씩 접한 스킨을 다시 반으로 접으면 스킨이 전체 길이의 1/8로 줄어든다.

스키에서 스킨을 떼어내는 방법. 처음에 절반만 떼어내 접고, 다시 나머지 절반을 접는 방식이 좋다.

스킨 붙이고 떼기

스킨을 붙이고 떼는 방법은 간단하다. 하지만 익숙하지 않으면 접착면이 멋대로 겹치면서 애를 먹게 된다. 막상 눈보라 치는 환경에 놓이면 바람에 날려 스킨을 떼고 붙일 때 꽤나 애를 먹는다. 안전한 환경에서 미리 연습하는 것이 좋다.

경사진 설면에서 업힐 하기

스키장 슬로프가 연습하기에 가장 적당하다. 하지만 스키어와 충돌 위험이 있어 스키장 개장 시간에는 이용할 수 없다. 슬로프를 이용할 수 없다면 타 스키어에게 방해가 되지 않는 장소를 찾아 연습해 보자. 스키에 스킨을 붙이고 10m만 올라봐도 스킨이 어떤 작용을 하는지 알 수 있다. 중요한 것은 부츠와 바인딩, 스킨 사용법을 익숙하게 만드는데 있다. 급한 경사면을 오를 때는 킥 턴Kick Turn을 해야 하지만 이런 본격적인 업힐 훈련은 해외 스키장에서 해도 된다. 한국 스키장에서는 장비 사용법만 숙지해도 해외 스키장에서 본격적인 업힐을 할 때 도움이 많이 될 것이다.

반드시 명심해야 하는 사항은 국내 스키장의 혼잡한 슬로프를 거슬러 오르면 안전사고의 위험이 있다. 안전사고의 위험이 없는 장소와 시간에 맞춰 장비의 사용법을 훈련해야 한다. 업힐 장비 테스트 자체를 금지하는 스키장은 없겠지만, 슬로프를 거슬러 오르는 행위는 금지하는 곳이 많다. 스키장 안전요원과 마찰을 일으킬 필요는 없으므로 장비사용법만 숙지하였다면 굳이 국내 스키장에서 많은 연습을 할 필요는 없다.

국내 스키장에서의 간단한 장비 테스트와 사용법 숙달은 실전에서 도움이 된다.

백컨트리 스키 입문

기본 장비 준비

백컨트리에 입문하기 위해 해외 스키장의 자연설에서 본격적인 업힐 훈련을 해보자. 백컨트리 스키 과정은 파우더에서의 스킹 훈련이 어느 정도 되었다는 것을 전제로 한다.

기본적인 장비 착용법과 사용법을 인지한 상태이지만 자연설에서의 본격 업힐은 처음이므로 기본에 충실하자. 먼저 백컨트리에 필수적인 장비를 챙기는 것부터 시작할 필요가 있다. 최소 장비만 있어도 업힐 훈련은 가능하지만, 눈사태 안전 장비 사용법 숙달을 위해서는 눈사태 안전 장비를 갖추도록 하자. 가장 기본 장비는 백팩, 스키&바인딩, 스킨, 백컨트리용 폴, 눈사태 안전 장비, 음료 정도로 한다. 이는 스키장 슬로프와 같이 안전한 장소에서의 백컨트리 입문자를 위한 장비라 본격 백컨트리 스키에 비해 간소하다.

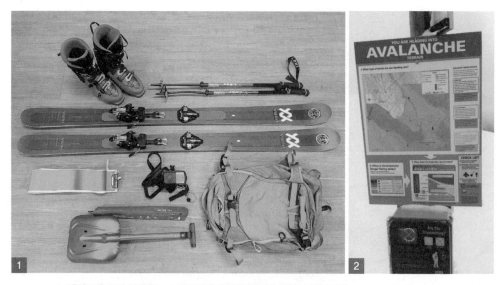

1. 백컨트리 스키 입문자는 스키장에서 간단한 장비만 갖춰서 진행한다.
2. 백컨트리 입구에서 비콘을 '송신 모드'로 활성화했는지 체크하는 장치.

눈사태 안전 장비 사용법 숙지

백컨트리 스키에 나서기 전에 눈사태 안전 장비 사용법을 숙지해야 한다. 눈사태 안전 장비 사용법은 별도로 AST(Avalanche Skills Training;눈사태 기술 교육) 레벨1 과정을 통해 숙달하는 것이 가장 좋은 방법이지만, 백컨트리에 입문하는 단계에서 AST 레벨1을 이수할 필요는 없다. 입문 과정에는 자신이 사용하는 장비 사용법과 눈사태 사고 발생시의 대응법 정도만 익힌다. 만약 좀 더 전문적인 교육을 받고 싶다면 그때 AST 레벨1을 참가하면 된다. 일반적으로 헬리스킹이나 캣스킹 등 눈사태 위험 지역에서 이루어지는 스킹에 참가하면 간단하게 눈사태 안전 장비 사용법을 교육 받는다. 여기서는 이런 장비 사용에 관한 기본 교육에 해당하는 내용을 다룬다.

트랜시버(비콘) 사용법

눈사태 안전 장비 3총사 중 가장 중요한 것이 트랜시버 Transceiver다. 일반적으로 비콘Beacon이라고 더 많이 알려져 있다. 트랜시버는 눈사태 발생 시 매몰자의 위치를 알려주는 기능과 매몰자를 수색할 수 있는 기능을 갖추고 있다. 작동 방식은 다음과 같다.

디지털 트랜시버는 매몰자의 방향과 거리를 숫자로 알려 준다.

송신 모드

송신 모드Transmitter에서는 지속적인 무선 주파수 신호를 방출해 눈사태 발생 시 매몰자의 위치를 확인할 수 있도록 작동한다. 기기에 따라 SEND 모드로도 표기하기도 한다. 백컨트리 스키 지역으로 들어서면서 리더나 가이드는 모든 팀원에게 비콘을 켜도록 지시하고, 모든 팀원이 송신 모드인지 확인한다. 일반적으로 리더가 입구에 서서 검색 모드로 전환한 뒤 한 사람씩 통과하도록 하면서 체크한다. 모두가 송신 모드임을 확인하면 리더가 마지막으로 자신의 비콘을 송신 모드로 변경하고 백컨트리 스키를 시작한다.

스키장에서 백컨트리 스키를 시작할 수 있는 일부 스키장의 경우 송신 모드를 체크하는 장치를 설치해 놓기도 한다. 휘슬러 스키장은 백컨트리 입구에 비콘 체크 장치를 설치해 송신 모드로 활성화하였는지 확인하고 있다. 실수로 비콘을 활성화하지 않고 들어가는 것을 방지하기 위한 것이다.

검색 모드

눈사태가 발생하면 모든 사람들은 먼저 위험 지역에서 벗어나야 한다. 자신의 안전을 먼저 확보한 뒤에 매몰자가 있는지 확인한다. 매몰자가 발생하였다면 모든 구조자는 비콘을 검색Search 모드로 전환한다. 검색 모드로 전환하지 않으면 비콘이 여전히 송신 모드에 있어 매몰자 위치를 찾는데 혼돈을 준다.

탐침봉 찍기

프로브Probe라 부르는 탐침봉은 펼치면 2~3m의 길이로 확장된다. 매몰자 위치가 대략 1m 내외로 추정될 때 정확한 위치를 찾아내는 핀 포인팅Pin Pointing에 활용된다. 정확한 위치를 지정하는 것은 시간을 다투는 구조작업에서 아주 중요한 작업이다. 탐침봉을 재빨리 조립하는 훈련을 통해 단 1초라도 시간을 줄일 수 있도록 한다. 탐침봉에 의해 매몰자의 위치가 파악되면 탐침봉을 그 자리에 고정한 채 눈삽을 이용해 본격적인 구조작업을 한다.

눈삽으로 파기

쇼벨Shovel이라고도 부르는 눈삽은 눈을 치워 매몰자를 구조하는데 사용된다. 탐침봉과 마찬가지로 조립법을 숙련하여 시간을 줄이도록 해야 한다.

눈사태 안전 장비는 사용할 일이 없는 것이 가장 좋다. 하지만 심폐소생술처럼 필요한 경우 사람의 생명을 구할 수 있는 소중한 장비들이므로 사용법에 익숙해져야 한다. 특히, 시즌 초에 몇 차례 연습하는 것만으로도 충분히 도움이 된다. 처음 입문 단계에서부터 정확한 순서와 사용법을 익히도록 노력하자.

리더와 테일 리더의 역할

모든 백컨트리 투어에서는 리더와 테일 리더가 있어야 한다. 대개 리더는 앞에서, 테일 리더는 가장 뒤에서 팀을 컨트롤 한다. 가이드를 동반한 여행 시 가장 경험 많은 가이드가 리더 역할을 한다. 매몰자 발생 시 리더의 지시에 따라 수색 활동을 펼친다.

리더는 본격적인 업힐을 하기 전 적당한 장소에서 비콘 사용법을 교육해야 한다. 특히, 눈사태 발생 이후 수색하는 방법에 대해 교육하는 것이 중요하다. 일반적으로 리더가 팀원들이 볼 수 없는 장소에 비콘을 눈에 묻어 두고, 팀원들이 이를 찾는 방법으로 훈련한다. 이 때 리더는 직접적인 구조작업에 참여하지 않고 구조 작업의 효율성과 구조 소요 시간 등을 체크한다.

완사면에서의 업힐 훈련

사람이 적은 완만한 슬로프를 찾자

해외 스키장의 경우 한국 스키장과 달리 업힐에 대해 상당히 관용적이다. 또 자연설로 덮여 있어 업힐 훈련 하기에 좋은 환경이다. 하지만 메인 리프트나 곤돌라가 있는, 사람들로 북적이는 곳에서는 충돌 사고의 위험이 있어 스키어가 많지 않은 슬로프 가장자리에서 훈련하는 것을 추천한다. 아주 넓은 완만한 초급 슬로프 정도가 처음 업힐을 훈련하기에 좋은 환경이다. 경사가 심한 경우 슬로프를 지그재그로 가로지르며 올라가야 하는데, 일반 슬로프에서 이런 행위는 금지되어 있다. 따라서 사람이 적은 완만한 슬로프가 가장 좋다.

업힐-다운힐 모드 전환에 익숙해지자

입문자들은 여러가지 새롭게 배우고 기억할 것이 많아 이것저것 시행착오를 겪게 된다. 처음에는 업힐-다운힐 모드 전환에 익숙해지는 것을 연습한다. 업힐 모드는 스킨 붙이기 → 바인딩 업힐 모드 → 부츠 업힐 모드 순으로 한다. 다운힐 모드는 부츠 다운힐 모드 → 바인딩 다운힐 모드 → 스킨 떼기 순으로 한다. 다운힐 모드로의 전환은 업힐 모드의 역순으로 하는 것이 좋다. 이유는 많은 사람들이 부츠를 업힐 모드로 놓은 상태에서 스키를 타는 실수를 범하기 때문이다. 따라서 처음부터 업힐 모드-다운힐 모드 전환을 순서대로 익히는 것을 추천한다.

보행법을 익히자

처음부터 체력적으로 너무 힘들게 훈련하기 보다는 사용법 숙달에 초점을 맞추는 게 좋다. 대략 50~100m 정도 업힐을 하면서 보행법을 익힌다. 업힐은 스키를 들어 올리는 것이 아니라 스키가 부드럽게 설면을 미끄러지면서 앞으로 이동하는 것이 중요하다. 그러나 대부분의 스키어는 업힐을 할 때 무거운 스키를 들어올리며 전진한다. 하지만 스키를 들어 올리면 그만큼 체력 소모가 크다. 이런 보행법으로는 오래 걷지 못하고 금방 체력이 방전된다. 따라서 체력 소모를 최소화할 수 있는 보행법에 익숙해져야 한다. 생각에는 쉬울 것 같지만 익숙한 걷기 방법이 아니어서 처음에는 꽤나 시행착오를 겪는다. 전문가의 도움을 받는다면 빠르게 익숙해질 수 있다.

힐 라이저 조정에 익숙해지자

슬로프의 경사도에 따라 힐 라이저Heel Riser를 사용한다. 힐 라이저는 바인딩 종류마다 사용 방식과 높이가 다르다. 마커 킹핀 바인딩은 2단계로 높이 조절이 가능하다. 힐 라이저는 허리를 숙여 손으로 조절하면 체력 소모가 심하다. 폴을 이용해 조절하는 것을 연습하자. 폴을 이용해 힐 라이저를 조절할 수 있으면 선 채로 아주 편하게 할 수 있어 업힐 시 체력 소모를 크게 줄일 수 있다.

힐 라이저의 조절은 스키 폴로 할 수 있도록 훈련하자.

킥턴을 연습하자

업힐 보행법에서 가장 어려운 것이 킥턴Kick Turn이다. 킥턴은 경사진 슬로프를 지그재그로 오를 때 방향을 전환하는 방법이다. 스킨을 붙이고 힐 라이저를 높이 올려도 경사가 너무 센 경우 직진할 수 없다. 이 때는 킥턴으로 방향을 전환해 대각선으로 올라야 한다. 킥턴을 충분히 숙지하지 않으면 실제 백컨트리 상황에서는 대각선으로 방향 전환을 하지 못하고, 스키가 미끄러져내리면서 많은 체력 소모를 하게 된다.

킥턴을 제대로 구사하는 것은 생각보다 어렵다. 업힐 모드에서는 부츠의 뒤축이 바인딩에 고정되지 않아 컨트롤이 어려운데다, 경사진 곳에서는 스키가 밀리는 등 균형 잡기가 쉽지 않다. 따라서 익숙해질 때까지 완경사에서 연습하는 것이 좋다.

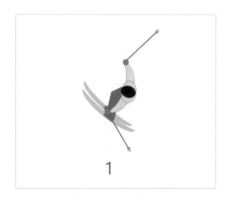

오르는 방향에서 두 발을 평행하게 디디고 선다.

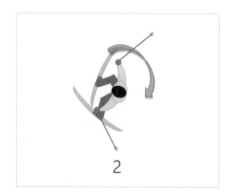

디딤발에 확실하게 체중을 실어 안정되게 디뎌 준 채 안쪽 스키를 들어 방향을 틀어준다.

방향을 튼 안쪽 스키로 체중을 옮겨 디뎌 주고, 바깥 스키를 들어 방향을 틀어준다.

평행하게 스키를 위치시키고 다시 업힐을 시작한다.

급사면에서의 업힐 훈련

장소 선택

완사면에서 충분히 업힐 훈련을 했다면 이제 급사면에서 훈련해보자. 스키장 리프트 정상에서 올라가는 곳이 훈련 장소로 좋다. 이런 코스들은 대개 사이드컨트리로 연결된다. 본격적인 백컨트리를 도전하기 전에 사이드컨트리에서 충분히 경험 쌓는 것을 추천한다. 정상 부근은 넓게 오픈된 곳이 많아 지그재그로 올라가면서 킥턴을 훈련하기에도 좋다. 다만, 스키어들이 다운힐하는 코스는 피한다.

오프 피스트 환경에 적응하자

정설된 완사면 슬로프와 달리 오프 피스트 사면에서는 다양한 환경을 만나게 된다. 경사도가 수시로 변하고, 설질도 다양하다. 이렇게 변화하는 환경에 맞추어 킥턴을 하거나 힐라이저를 수시로 조정해야 한다. 경사가 심해지면 클라이밍 스킨을 스키에 부착한 상태에서도 밀림이 발생해 균형 유지에 더욱 많은 노력을 필요로 한다. 경사가 심해 밀림이 발생하는 경우 서두르기 보다 한 발 한 발 정확히 체중을 실어줌으로써 클라이밍 스킨의 그립력을 상승시키도록 만들어야 한다. 스키를 옮겨 디딜 때 발을 쿵하고 체중을 실어 굴러주는 보행법도 익혀두면 도움이 된다.

실제 백컨트리 환경은 급사면과 오프 피스트를 만나게 된다.

체온 변화에 민감하게 반응하자

오프 피스트 급사면에서의 업힐은 완사면과 달리 많은 체력 소모를 요구한다. 이는 급격한 체온 상승으로 이어져 많은 땀을 흘리게 하는데, 이를 무시하면 스키복이 땀에 젖어 감기에 걸리거나 쉽게 탈수와 탈진 상태에 빠져든다.

급경사에서는 휴식을 자주 갖고, 스키복과 헬멧의 벤트Vent를 최대한 열어 공기 순환을 유도한다. 벤트만으로 체온 조절이 버거우면 헬멧, 아우터레이어나 미드레이어도 벗는다. 아우터레이어나 미드레이어는 휴식을 취할 때 온도나 바람의 세기에 따라 입어줘 체온을 적당히 유지하도록 한다.

땀이 많은 체질은 조금만 움직여도 땀이 난다. 이런 체질의 스키어는 날씨가 추운 날에도 업힐하는 동안 많은 땀을 흘린다. 이런 경우 업힐을 할 때 미드레이어만 벗고 아우터레이어는 계속 착용해 찬 바람을 차단하는 것이 좋다. 땀을 흘리며 찬 바람까지 맞으면 쉽게 감기에 걸릴 수 있다.

두터운 재킷을 대신할 얇은 바람막이가 있다면 체온 조절에 훨씬 유리할 것이다. 또한 얇은 비니나 장갑을 준비한다면 오르는 동안 적절하게 체온을 조절할 수 있다. 헬멧을 벗을 경우 고글 역시 사용이 어려우므로 선글라스를 준비하자. 또 선크림을 노출된 부위에 충분히 발라 강한 자외선에 대비하자. 이런 준비물은 입문자가 미리 예상하기 힘들다. 하지만 경험이 쌓이면서 자신에 맞는 복장과 준비물들을 선택할 수 있다.

체력 안배를 하자

업힐에 모든 체력을 소모하고 나면 다운힐에서 제대로 된 스킹을 할 수 없다. 사이드컨트리의 경우 리프트를 이용한 뒤 이동하는 경우가 많은데 이런 경우 업힐에 비해 굉장히 긴 다운힐을 해야 한다. 업힐에서 너무 많은 체력을 소모하면 다운힐이 즐겁지 않고 힘들게 느껴진다.

백컨트리에서 리더는 자신의 체력에 맞추기보다는 가장 체력이 약한 팀원의 체력에 맞춰 업힐에서 체력 안배를 해야 한다. 자주 쉬는 것도 좋지만, 가능하면 체력이 약한 팀원의 페이스에 맞춰 천천히 걷는 게 좋다. 한국인 특성상 다른 사람들이 자신을 기다리며 바라보면 체력적으로 무리하게 되어 있다. 리더가 천천히 오르며 백컨트리 상식과 경험을 하나 둘 설명한다면 체력이 약한 팀원은 물론이고 다른 팀원에게도 도움이 되고 불만도 없어진다.

급경사 업힐을 할 때는 체온 변화에 따라 수시로 의류를 조절한다.

다운힐 하기

다운힐 모드 전환은 차분하게

충분한 휴식

업힐이 끝났으면 이제 다운힐의 순간이다. 오르막 뒤에 찾아온 달콤한 내리막인데다 좀처럼 경험하기 힘든 파우더 스킹이 기다리고 있다. 업힐의 고단함이 한순간에 보상 받는 순간이다. 하지만 입문자는 업힐에서 신체와 정신의 에너지를 소모하느라 여유가 없는 경우가 많다. 다운힐 모드로 전환하기 전에 잠시의 휴식을 취하며 수분과 에너지를 보충하는 여유의 시간을 갖자.

백컨트리에서는 업힐과 함께 다운힐도 고려해 체력안배를 해야 한다.

다운힐 모드 전환

휴식이 끝나면 차분히 다운힐 모드로 전환한다. 업힐 모드의 역순이므로 부츠를 먼저 다운힐 모드로 전환하고, 다음에 바인딩을 다운힐 모드로 전환한다. 바인딩이 업힐 모드로 되어 있으면 뒤축이 분리되어 스킨을 떼어낼 때 걸리적거린다. 반드시 스킨 작업은 가장 마지막에 하는 게 좋다. 떼어낸 스킨은 재킷 안에 넣거나 백팩에 넣어 보관한다.

최종 확인 작업

모든 작업이 끝났으면 리더는 각 팀원의 준비 정도를 체크한다. 익숙하지 않은 팀원을 격려하고 조언을 주되 반드시 바인딩과 부츠가 다운힐 모드로 제대로 전환되었는지를 체크한다.

라인 잡기와 다운힐 요령

다운힐 전략 공유

다운힐을 시작하기 전 리더는 업힐 시 체크한 설질에 대한 설명과 다운힐 전략을 팀원들과 공유한다. 즉, 설질이 스킹하기에 적절한지, 눈사태 위험은 어느 정도인지 등을 팀원들에게 설명한 뒤, 어떤 지형으로 스킹할 것인지, 어느 정도의 속도로 활강할 것인지를 함께 논의해서 결정한다. 눈보라가 심해 시야가 좋지 않거나 위험도가 증가하는 경우 리더는 가장 보수적인 판단을 내려야 한다. 경험 많은 사람을 따르려는 일반적인 인간의 심리 특성상 위험 상황에서는 리더의 판단을 더욱 존중하게 된다.

멈춤 장소 정하고 출발

리더는 다운힐을 하기 전 반드시 어디에서 멈출 것인지를 정확히 팀원들에게 알려주어야 한다. 처음 백컨트리 환경에서 파우더를 타면 너무 흥분해 자기 맘대로 스킹하는 경우가 있다. 이렇게 되면 엉뚱한 길로 들어서거나 위험 지역으로 들어갈 수도 있다. 절대 팀원은 리더와 멀리 떨어지거나 리더를 앞서가면 안된다. 따라서 리더는 팀원들에게 자신이 가야하고, 멈춰야 하는 장소를 정확히 인지시킨 뒤에 출발해야 한다.

멈춤 장소는 시야가 확보된 곳으로

팀원들이 방향을 잘못 잡거나 넘어지는 경우 리더는 즉각 이를 확인할 수 있어야 한다. 따라서 멈추는 장소는 시야가 확보되는 지점을 목표로 하는 것이 좋다. 만약 트리런과 같이 시야가 제한되는 곳에서는 호루라기 등을 통해 미리 의사소통 방식을 정한 뒤 출발한다. 또 너무 긴 거리를 한 번에 이동하기보다는 짧게 자주 이동하며 팀원 모두의 안전을 확보한다.

테일 리더의 역할과 자격

테일 리더의 필요성

딥 파우더 스킹에 익숙하지 않은 스키어들은 처음에 넘어지는 경우가 많다. 이때 누군가 도움을 주지 않으면 상당히 곤란을 겪게 된다. 깊은 파우더에서 혼자 일어서지 못하는 경우도 많고, 스키 장비를 잃어버리거나 할 경우 무척 당황하게 된다. 이 때 경험 많은 스키어가 후미에 있으면 큰 도움이 된다. 리더가 먼저 내려간 경우 별다른 도움을 주기가 어렵기 때문에 테일 리더는 리더의 역할을 대신해야 한다.

테일 리더 선정

일반적으로 가장 경험이 많은 스키어가 리더를 맡는다. 그렇다고 리더가 꼭 스키를 가장 잘 타야할 필요는 없다. 백컨트리 스키 환경에 대한 지식과 경험이 많고, 스킹 지역의 조건에 익숙한 사람이 적절하다. 하지만 테일 리더는 리더를 제외한 사람 중에 스키 실력과 체력이 가장 좋아야 한다. 누군가 넘어진 곳에 잘 멈추려면 파우더 스킹에 익숙해야 하기 때문이다. 일반적으로 경사면의 파우더에서는 한 번 리듬을 타고 스킹이 시작되면 중간에 멈추는 것이 절대 쉽지 않다. 테일 리더는 넘어진 사람에게 피해를 주지 않고 자신도 어려움 없이 중간에 멈춰야만 한다. 그래야 쉽게 넘어진 사람에게 도움을 줄 수 있다. 이런 환경에 익숙하지 않으

면 자신도 넘어지면서 때로는 넘어진 스키어에게 더 큰 피해를 주기도 한다.

백컨트리 환경에서는 누구나 후레쉬 파우더에서 스킹하기를 원한다. 때문에 자진해서 테일 리더가 되고자 하는 사람은 거의 없다. 자신의 리듬으로 신나게 달리고자 하는 욕구를 누르고, 모두가 안전하게 스킹하는 것을 확인한 뒤 가장 늦게 출발해야 하는 책임이 있기 때문이다. 따라서 테일 리더는 리더와 함께 존중과 감사를 받아야 한다. 팀원들은 스킹 후 테일 리더에게 따뜻한 감사의 인사와 함께 커피 혹은 맥주 한 잔으로 보상하는 것을 잊지 말자.

딥파우더 스킹 에티켓

첫째, 절대 리더를 앞서가면 안 된다

리더는 팀원들의 안전한 스킹을 책임지고 있다. 더 많이 고민하고, 계획해 스킹하기에 특정한 방향을 정한다. 리더가 특정한 곳에서 멈출 때는 이유가 있다. 따라서 팀원은 자신의 독단적인 판단으로 시야에서 벗어난 곳으로 이동하거나, 리더가 멈춘 곳을 지나치면 안 된다.

둘째, 도울 수 있으면 도와주자

모든 도움을 테일 리더에게만 전가하지 말고 도움이 필요한 사람을 도와주자. 익숙하지 않은 사람이 두 사람 이상이면 테일 리더가 둘 이상을 동시에 도와줄 수 없다. 자신의 도움이 필요하다고 판단되는 상황에서는 적절한 도움을 주자. 나중에 자신이 그 도움을 받게 될 것이다. 하지만 자신의 스킹 실력이 남을 도와주기는 커녕 자신도 겨우 스킹하는 상황이라면 목표로 한 지점까지 이동하는 것이 좋다. 깊은 파우더에서는 중간에 멈추고 다시 출발하는 것이 결코 쉬운 일이 아니다. 또 도움을 주려 접근하는 테일 리더를 방해할 수도 있기 때문이다.

셋째, 가급적 일정한 폴라인과 리듬을 유지하자

일반적으로 파우더 스킹은 숏턴의 리듬을 잘 유지하면서 스킹하는 것을 권장한다. 이럴 경우 좁은 폴라인을 유지하면서 내려가야 뒤에서 따라오는 스키어도 예측 가능해 충돌 위험이 줄어든다. 또한, 누구나 남들이 지나지 않은 후레쉬 파우더를 원한다. 일정하면서 좁은 폴라인 유지는 뒤에서 스킹하는 사람을 위한 배려다. 마지막으로 좌우로 넓은 회전호를 그리며 스킹을 하면 예상치 못한 위험을 만날 수 있다. 관리되지 않은 자연에서는 지형의 변화가 심하다. 리더가 이끄는 방향을 벗어나면 예기치 못한 장애물과 만날 수 있다.

넷째, 동시 출발은 위험하다

파우더에서는 스키를 급하게 돌리는 조작이 어렵다. 상대방을 보면서도 어쩌지 못하고 충돌하는 경우가 생긴다. 따라서 반드시 앞 사람과 일정한 간격을 두고 출발해야 한다. 앞 사람이 예기치 않게 방향을 틀거나 턴호를 크게 해도 피할 수 있을 정도의 여유 공간을 항상 유지하는 것이 필요하다. 파우더와 트리런에서는 10m 정도 여유 공간을 두고 스킹하는 것을 권한다.

후레쉬 파우더는 자신만의 것이 아님을 기억하자. 후레쉬 파우더는 스키어 모두가 꿈꾸는 것이다.

백컨트리 스키 심화편

백컨트리 스키 입문에서 전문가 되기

백컨트리 스키에 입문에서 전문가까지는 많은 과정을 거친다. 최종적으로 눈사태 안전 교육 레벨2Avalanche Skills Training Level2까지 이수하고 나면 이제 당당히 전문가가 된다. 팀원을 이끌고 백컨트리 스키를 나설 수 있는 진정한 리더가 되는 것이다. 백컨트리 입문에서 리더가 되기까지의 과정을 살펴보자. 1~7번까지는 '백컨트리 입문' 편에서 소개했다.

❶ 백컨트리 스키 장비 구입
스키, 바인딩, 부츠, 클라이밍 스킨, 파우더 폴 등은 필수적인 장비다. 이런 장비가 있어야 백컨트리에 입문할 수 있다.

❷ 필수 장비 사용법 숙달
바인딩과 부츠의 업힐-다운힐 모드 조정, 스킨 붙이고 떼기, 파우더 폴 길이 조절 등 필수 장비 사용법을 숙달한다.

❸ 백컨트리 스키 입문
스키어가 적은 완경사 슬로프에서 업힐 보행법과 킥턴 등 업힐 훈련을 한다.

❹ 업힐 및 다운힐 숙달
업힐이 익숙해지면 보다 난이도 높은 지형 혹은 안전한 사이드컨트리 코스에서 업힐과 다운힐의 경험을 쌓는다. 이런 과정을 통해 자신의 체력과 기술, 취향 등을 확인해 백컨트리 스키를 본격적으로 시작할 것인지 결정한다.

❺ 백컨트리 스키 장비 구입
스키와 바인딩, 부츠 등 필수 장비 외에 안전장비 3총사(비콘, 삽, 탐침봉), 백컨트리 전용 백팩, 호루라기, 응급처치 키트 등 기본 장비를 구입한다.

❻ 눈사태 안전 장비 숙달
눈사태 안전 장비를 항상 휴대하고 사용법을 익힌다. 특히, 비콘 사용법에 익숙해야 한다.

❼ 가이드 활용 백컨트리 투어

상업적 가이드 서비스를 이용한 백컨트리 투어에 참가한다. 물론 주변의 경험자들과 함께 하는 백컨트리 투어도 도움이 많이 된다. 하지만 안전 관련 기본에 가장 충실한 것이 상업적 가이드이므로 이런 서비스를 통해 백컨트리 안전을 위한 기준이 무엇인지 익숙해질 필요가 있다.

❽ AST 레벨1 교육 이수

백컨트리 스키의 매력을 느끼고 더욱 집중해서 즐기고 싶어졌다면 이제 입문 단계를 벗어나 중급 단계로 들어선 것이다. 중급 백컨트리 스키어가 반드시 거쳐야할 단계가 눈사태 안전 교육AST이다. AST 레벨1 과정을 이수하여 백컨트리 스키의 기본 지식과 경험을 체계적으로 배워보자.

❾ 크루 참여

AST 레벨1을 마쳤으면 함께 백컨트리 투어를 다닐 스키 버디들을 만들어 보자. 혼자 백컨트리 스키를 하는 것은 너무나 큰 위험에 노출되기에 반드시 함께 할 동료가 있어야 한다. 한국에서는 이런 백컨트리 스키 클럽을 찾기가 쉽지 않다. 인터넷 커뮤니티나 '정우찬 파우더 스키 아카데미' 카페 등을 통해 만난 파우더 스키어들과 함께 하는 것도 좋은 방법이다. 단, 크루 내에는 반드시 전문적인 경험을 쌓은 리더가 있어야 한다. 리더가 없다면 전문적인 가이드 고용을 추천한다.

❿ 쉬운 난이도 지역 리딩 경험 쌓기

크루에 참가해 수차례의 백컨트리 투어를 경험했다면 쉬운 난이도의 백컨트리 코스에서 리딩 경험을 쌓아 보자. 팀 내 리더가 있더라도 양해를 구하고 리딩을 해본

백컨트리 스키는 가이드를 동반한 투어를 통해 입문한다.

다. 기존 리더는 테일 리더 역할을 수행함으로써 리딩 경험을 양보한다. 직접 리딩을 하면 수동적으로 리더를 따라갈 때와 달리 여러 상황에서 의사를 결정Decision Making하는 훈련을 할 수 있다. 리딩을 하면서 기존 리더와 팀원들의 평가를 통해 개선점을 확인하고 발전시켜 나간다.

⓫ 중간 난이도 지역 가이드 활용 투어
중간 이상 난이도의 지역으로 가이드나 전문가와 함께 투어를 다니는 경험을 쌓는다. 쉬운 지역에 비해 고려 사항이 훨씬 복잡하다. 업힐 능력은 물론 다운힐 능력도 쌓아야 하며, 눈사태 위험 지역 회피와 코스 선정 등 다양한 경험을 쌓을 수 있다.

⓬ AST 레벨2 이수
AST 레벨2는 상업적 가이드로 성장하는 과정은 물론, 일반인도 백컨트리 그룹을 이끌 수 있는 전문적인 지식과 경험을 쌓을 수 있는 교육 과정이다. 본인이 팀을 이끄는 리더가 되려면 반드시 레벨2 과정 이수를 추천한다.

⓭ 멀티 데이 백컨트리 투어
알프스 체르마트에서 샤모니로 이어지는 오트 루트와 캐나다 휘슬러와 블랙콤을 잇는 스피어헤드 트래버스 같은 대표적인 멀티 데이 백컨트리 투어에 참가해 보자. 야영 방법과 체력, 기술 등 당일 투어와는 비교할 수 없이 다양한 경험을 쌓을 수 있다. 이런 과정을 통해 백컨트리 스키 전문가로 성장할 수 있다. 물론 상업적 가이드가 되려면 또 다른 과정을 겪어야 하지만, 그것은 직업으로서의 과정이므로 여기서는 생략한다.

2018년 한라산에서 진행한 1박2일 백컨트리 스키 투어.

백컨트리 스키에 필요한 두 가지 능력

백컨트리 환경에서는 안전을 가장 기본으로 해야 한다. 안전한 백컨트리 스키를 즐기려면 지식과 경험을 단계적으로 쌓는 것이 필요하다. 지식과 경험을 쌓는 것은 누구나 노력하면 가능하다. 반면 업힐에서는 체력이 뛰어나야 하고, 다운힐에서는 파우더와 급사면, 범프, 트리런 등 스키 기술이 뛰어나야 한다. 물론 이 또한 노력이 있으면 가능하지만 쉽지 않은 단계를 거쳐야 한다.

업힐은 체력이 중요

업힐에서의 체력은 등산, 마라톤 등 다른 운동과 마찬가지로 며칠 혹은 몇 달 사이에 쉽게 만들 수 있는 것이 아니다. 나이가 많다면 더욱 장시간 훈련을 통해 업힐에서의 체력을 키워야 한다. 충분한 체력이 갖춰지지 않으면 백컨트리 투어는 즐거움보다는 고행에 가까울 수 있다.

백컨트리에 본격적으로 입문하려면 몇 달 혹은 몇 년의 장기적 계획을 세워서 체력을 키워야 한다. 가장 좋은 방법은 등산이겠지만 매일 등산하기란 쉽지 않다. 또 산을 내려올 때 무릎 부상을 입을 수 있어 주의해야 한다. 가장 좋은 체력 훈련 방법은 자전거나 달리기다. 그러나 적절한 체력 훈련 방법은 스스로 선택해서 한다.

일본 아키타 고마가다케산을 오르는 스키어들. 업힐을 잘 하려면 평소에 체력 훈련을 충분히 해야 한다.

일본 앗피스키장 오프 피스트 지역에서의 파우더 스킹.

다운힐은 기술이 중요

다운힐 기술이야말로 최대 난제이다. 다른 모든 것은 노력을 통해 향상되는 것이 눈에 보이지만 다운힐 기술은 스킹을 통해 향상시킬 수밖에 없는데, 한국 스키장은 환경의 제약이 따른다. 결국 해외 스키장에서 필요한 기술을 향상시켜야 한다. 특히, 심설에서의 스킹은 한국에서의 스키 기술이 통하지 않아 백컨트리 스키의 진입을 막는 가장 큰 장애가 된다.

백컨트리 스키를 위해 눈사태 안전 교육AST에 참여해 체계적으로 교육을 받듯이 파우더 스키 기술도 파우더 캠프 등을 통해 체계적으로 배우기를 추천한다. 특히, 백컨트리 환경은 부상을 당했을 경우 대처가 어려워 더욱 안전한 스키 기술을 갖춰야 한다. 남에게 보여주기 위한 기술이 아닌 살기 위한 기술이다. 스키 실력은 초급이면서 체력만 좋은 스키어가 백컨트리에 참가하는 경우를 종종 본다. 이는 정말 위험천만한 일이다. 백컨트리 스키는 리조트 스키처럼 구조를 위한 패트롤이 대기하는 것이 아니다. 헬기 외에는 구조가 불가능한 경우도 있다. 따라서 자신을 보호하는 가장 좋은 방어 수단은 스키 실력과 겸손한 마음뿐이다. 특히, 백컨트리 스키에 나섰다가 부상을 당하면 자신은 물론 일행 전체가 곤란에 빠지게 된다는 것을 명심해야 한다.,

국내 스키장 환경에서 스키를 열심히 탄다고 절대 해외 스키장에서 잘 타는 것을 보장하지 않는다. 특히, 깊은 파우더와 범프, 트리런은 충분히 훈련할수록 더욱 안전을 보장한다. 국내 스키장에서 기본기를 쌓고, 해외 스키장의 오프 피스트에서 기술과 경험을 쌓은 뒤에 백컨트리 스키에 도전하길 바란다.

AST 레벨1 수료하기

2023년 AST 레벨1 개요

목적

눈사태 안전 교육Avalanche Skills Training 레벨1은 본격적으로 백컨트리 세계에 발을 딛고자 하는 스키어를 위한 필수 코스다. 이 과정에서는 눈사태에 대한 기본적 이해, 위험도 평가, 회피 방법, 눈사태 안전 장비의 사용법과 훈련 등 가장 기본이 되는 안전 교육과 효율적으로 백컨트리 투어를 할 수 있는 기본 지식을 전달한다.

참여 조건

❶ 3시간 업힐을 할 수 있는 체력과 기본적인 장비 사용 경험.

❷ 중상급 난이도의 파우더, 범프, 트리런 등 올마운틴 스키 기술.

훈련 일정

과정은 1박2일에 걸쳐 진행한다 첫날은 온라인으로 진행한다. 참가자 개인마다 소요시간은 차이가 있지만 대략 3~5시간 소요된다. 둘쨋날은 필드 코스로 진행한다. 오전 8시부터 1시간 동안 강사와 참가자 인사 및 장비 체크, 코스 소개를 한다. 오전 9시부터 오후 3시까지는 백컨트리 코스로 이동해 현장 교육을 한다.

교육 내용

❶ 눈사태 형성 및 해제 기본 사항 이해하기Understand the basics of avalanche formation and release

❷ 눈사태 지형 파악하기Recognize avalanche terrain

❸ 여행 전 계획 세우기Make a pre-trip plan

❹ 눈사태 의사 결정 시스템 사용Use an avalanche decision-making system

❺ 공공 눈사태 게시판 사용Using public avalanche bulletins

❻ 눈사태 지형에서의 이동Traveling in avalanche terrain

❼ 동반자 구조Companion Rescue

AST 레벨1 참가기

필자는 2012년 4월 13~15일간 캐나다 휘슬러에서 AST 레벨1에 참가했다. 최근에는 AST 레벨1 교육이 1.5일인데 반해 당시는 2.5일 동안 진행했다. 13일 오후에는 이론 교육(현재는 온라인 교육으로 대체), 14일과 15일은 스키장에서 현장 교육으로 진행했다. 13일 이론 교육은 눈의 성질과 눈사태에 대한 대략적인 정보를 강의했다.

현장 교육 첫날(14일)은 휘슬러 스키장 백컨트리 코스로 올라가 눈사태 안전 장비 사용법 교육을 받았다. 이날 강의는 휘슬러 아웃도어숍에서 근무하는 산악 가이드 라이언Ryan과 함께 했다. 현장 교육에서는 백컨트리 업힐 장비 사

용법은 따로 교육하지 않는다. 업힐 경험조차 없는 스키어가 교육에 참가하는 경우는 거의 없기 때문이다. 필드 교육 첫날부터 모두들 업힐에 익숙한 모습이었다. 기본적으로 아웃도어를 즐기는 캐내디언들이라 체력이 아주 좋았다.

업힐로 휘슬러의 플롯 보울 정상까지 올라가 눈사태 안전 장비 중 비콘 사용법과 수색 방법에 대한 교육을 진행했다. 라이언이 비콘 사용법을 설명한 뒤 강습생들이 뒤돌아 있는 틈에 비콘을 눈 속에 묻어두면 그걸 찾는 방식으로 진행했다.

현장 교육 둘째날(15일)은 본격적인 백컨트리 투어 실전으로 진행됐다. 이 날의 필드 교육은

강사 라이언이 업힐에 앞서 간단한 유의사항을 설명하고 있다.

블랙콤에서 실시했다. 블랙콤 글레이셔 지역을 스킨을 붙이고 업힐 해 반대편 능선으로 넘어갔다. 14일 교육이 눈사태 안전에 관련한 교육이었다면, 15일은 백컨트리 코스를 많이 오르락내리락하며 백컨트리 투어 장비의 사용과 숙달, 루트 파인딩, 의사 결정에 관한 교육 위주로 진행했다. 안전 교육에 대한 강의보다 업힐과 다운힐이 많은 실전 위주라 즐거운 하루였다.

날씨도 살짝 구름이 껴 있었지만 아름다운 백컨트리의 풍광을 오히려 신비스럽게 했다. 블랙콤은 휘슬러에 비해 뾰족한 바위 암봉이 많아 더욱 터프하고 급사면도 많다. 또 그만큼 멋진 절경을 선사한다. AST 레벨1 참가자를 모집할 때는 중상급자면 참여가 가능하다고 한다. 하지만 실제 상황은 다르다. 블랙다이아몬드 사면을 오르락 내리락 하는 경우가 있으므로 충분한 실력을 갖추고 참가하길 권한다.

참가자들의 체력, 실력, 성향을 고려해 강사가 판단하겠지만, 참가자들 모두 체력과 실력이 뛰어난 경우 강사도 신이 나서 더욱 많은 업힐과 다운힐을 한다. 이날은 날씨도 좋고 눈도 좋아서 참가자 모두 넓은 설원에서 맘껏 파우더를 즐길 수 있었다. 그만큼 많이 오르락 내리락 했지만, 교육인지 가이드 투어인지 분간이 안 될 정도로 다양한 코스를 경험할 수 있었다.

백컨트리는 무한히 넓지만 마음대로 타고 내려가서는 안 된다. 가장 첫번째 주의 사항은 가이드를 앞서 가면 안 되고, 가이드의 리딩을 따라야 한다는 것이다. 유럽의 알프스 같은 곳은 눈에 보이지 않는 크레바스 등 사고의 위험 때문에 절대적으로 코스를 리딩하는 가이드의 라인을 따라 스킹하여야 한다. 가이드가 특별히 지시하지 않더라도 일반적으로 가이드의 스키 라인에서 좌우 30m 이내에서 자신의 라인을 그리며 스킹한다.

가이드 동반 백컨트리 투어와의 차이점은 강

매몰자 수색과 구조 훈련 중이다.

쌓인 눈을 잘라 눈을 분석하고 눈사태 위험도를 측정하는 방법을 교육 중이다.

사인 라이언이 끊임없이 왜Why, 어떻게How를 설명한다는 점이다. 왜 이쪽 코스로 내려왔는지, 왜 여기서 멈췄는지, 왜 저쪽으로 가면 안 되는지, 어떻게 선택하는지 등을 차근차근 설명해줬다. 다양한 라인들이 있지만 라인에 따라 어떻게 눈사태 위험도가 증가하고, 감소하는지에 대한 설명을 통해 안전한 루트 파인딩의 방법도 알 수 있었다.

매몰자 수색과 구조에 관련한 교육이 끝난 뒤에는 눈톱과 눈삽을 이용해 경사진 설면을 잘라낸 뒤 눈의 구조와 성질에 대해 강의했다. 눈사태 위험도를 알아보는 콤프레션 테스트도 자세한 설명과 함께 진행해 피상적으로만 알고 있던 눈 사태의 발생에 대해서도 잘 이해할 수 있었다.

AST 레벨1 수료증.

AST 레벨2 수료하기

AST 레벨2는 누가 참가하나?

AST 레벨1은 백컨트리에 본격적인 흥미를 갖지 않은 백컨트리의 입문 단계에서도 참가해 교육받을 수 있다. 백컨트리 환경과 눈사태에 대한 지식은 초기적이라도 안전을 위해 꼭 필요한 지식이기 때문이다. 하지만 반드시 거쳐야 하는 필수 코스는 아니다. 경우에 따라서는 해외 스키장의 슬로프와 사이드컨트리 같이 비교적 안전한 곳을 위주로 스킹한다면 눈사태 안전 장비의 기본 사용법을 숙지하는 정도로도 충분하기 때문이다.

하지만 AST 레벨2는 다르다. AST 레벨2에 참가한다는 것은 본격적인 백컨트리 스키 마니아임을 선언하는 의식과 같다. 필자가 AST 레벨2 교육을 받으면서 의아했던 것은 이것이 백컨트리 가이드 교육과 무엇이 다른지 분간이 가지 않을 정도로 많은 내용을 진지하게 다루었다는 것이다. 상업적인 가이드가 되는 것은 아니지만, 그룹을 이끄는 리더가 되기 위한 교육이라는 것을 인식할 수 있었다.

| 백컨트리 스키입문 | · 장비 사용법
· 업힐&다운힐 훈련 | AST 레벨 1 | · 다양한 백컨트리 경험
· 백컨트리의 매력에 심취 | AST 레벨 2 | 백컨트리 전문가 |

AST 레벨1과 AST 레벨2의 의미.

휘슬러에서 진행된 AST 레벨2 필드 교육.

2023년 AST 레벨2 개요

목적

4일간 진행되는 본격적인 백컨트리 리더쉽 트레이닝이다. 도전적이고 복잡한 백컨트리 지형에 대한 지식과 경험을 쌓음으로써 보다 안전한 의사 결정Decision Making을 할 수 있도록 훈련하는 것을 목적으로 한다. AST 레벨2 참가자들은 규칙 기반 의사 결정Rule-based Decision Making에서 경험적 의사 결정Experiential Decision Making으로 발전하여야 한다. 이를 위해 상급 눈 평가Advanced Snow Assessment, 의사 결정 과정Decision-Making Process, 그룹 관리Group Management, 상급 투어 테크닉Advanced Travel Techniques 등을 교육 받는다.

참여 조건

❶ AST 1 수료 또는 이에 상응하는 자격. ❸ 스키 투어 업힐 1,000~1,500m 가능.

❷ 최소 20일 이상 백컨트리 투어 경험. ❹ 상급 다운힐 스키 기술(블랙 다이아몬드 가능).

훈련 일정 및 내용

구분	내용	숙제
Day 1 **(Classroom Day)**	AST1 Review Group Leadership Avalanche Types Terrain Management Techniques The Avalanche Forecast Trip Planning Avalanche Danger Exceptions Companion Rescue Theory	
Day 2 **(Field Day)**	Trailhead Procedures Obtaining Field Observations Advanced Companion Rescue The Bulletin & Avalanche Problems Perform Snowpack Test Situational Awareness & Leadership Recognizing Terrain Transitions Recognizing Avalanche Hazard Areas Safe Travel Techniques & Group Management Snow Stability Test Snowpack & Weather Recording	Local Avalanche Bulletin Weather Forecast Mountain Conditions Report Field Findings
Day 3 **(Field Day)**	Leadership in Avalanche Terrain Independent Safety Decision Making Safe Track Setting Situational Awareness & Leadership Safe Travel Techniques & Group Management Advanced Companion Rescue	Local Avalanche Bulletin Weather Forecast Mountain Conditions Report Field Findings
Day 4 **(Field Day)**	Recap of lessons from previous two days Dealing with Terrain Crux Course Debrief Final Safety Discussion	

AST 레벨2 체험기

필자는 2017년 4월 10~13일 4일간 캐나다 휘슬러에서 치러진 AST 레벨2 교육에 참가했다. 교육 내용은 워낙 방대하고 자세해서 굳이 자세하게 언급하지는 않겠다. 다만, 레벨2가 대략 어느 정도의 업힐과 다운힐 능력을 요구하는지에 대해서만 설명하겠다. 캐나다와 달리 일본에서 치뤄지는 레벨2 교육은 체력적으로 별로 힘들지 않은 것 같다. 그러나 휘슬러는 워낙 넓은 지역을 이동하면서 강습이 이뤄져 체력적으로 정말 힘들다. 만약 캐나다에서 레벨2 교육에 참가하려 한다면 체력과 기술을 충실히 갖춘 뒤 도전하길 권한다.

AST 레벨2 필드 교육은 블랙콤 백컨트리 코스에서 진행됐다. 신설이 내린 다음 날이라 이른 아침부터 백컨트리 스키 투어를 떠나는 사람들이 길을 나서거나 준비 중이었다. 참가자들은 레벨1에 비해 전문가 수준의 업힐 능력과 다운힐 능력을 갖추고 있어 이동 속도가 정말 빨랐다. 체력적으로 자신 있던 필자가 항상 꼴등을 차지할 정도로 단련된 전문가들이었다.

블랙콤 글레이셔에 올라 바라보는 백컨트리 세계는 정말 아름다운 눈의 천국이었다. 이처럼 신설이 내린 상태에서 날씨가 맑으면 투어를 떠나는 사람들의 가슴은 흥분으로 가득찬다. 물론 지난 밤 신설이 너무 많이 내리거나 눈이 무거우면 눈사태 위험은 급격히 상승한다. 눈사태 위험도는 여러가지 관측 결과를 토대로 평가하지만, 지역의 눈사태 예보Bulletin를 참고하는 것이 일반적이다.

레벨1에 비해 업힐 이동 속도는 자전거와 오토바이 정도 차이가 났다. 스킹은 대부분 더블 블랙 다이아몬드를 누비고 다녔다. 긴 트래버스를 통해 한 번도 가보지 못한 새로운 루트를 찾아 다녔다. 급사면에서의 스킹은 더욱 흥분되지만, 업힐로 오를 때는 지옥이다. 쉼 없이 킥턴을 하고, 심장이 터질 듯이 숨가쁘게 올라가야 했다. 그렇게 정상에 오르면 루트 파인딩과 눈사태 위험도를 측정하고, 서로 질문과 답변을 나눈 뒤 재빨리 이동했다.

쉼없는 뺑뺑이를 도는 느낌이었다. 십여 년

AST 레벨2 이론 교육은 다양한 관측 툴을 어떻게 사용하는지에 대해 많이 학습한다.

동안 휘슬러와 블랙콤의 다양한 코스에서 백컨트리를 즐겼다. 하지만 이처럼 난이도 높은 지역들, 경사가 급하고 눈사태 위험도가 높은 지역만 골라서 백컨트리 투어를 하는 것은 처음이었다. 다양한 코스에 숨겨진 더블 블랙 다이아몬드는 한 번 넘어지면 바닥에서나 멈출 것 같은 급사면이었다. 이런 지역은 슈트Chute라고 부른다. 고층 빌딩 건설 현장에서 쓰레기를 버릴 때 낙하시키는 통로를 더스트 슈트Dust Chute라고 부르는데, 이처럼 낙하하는 곳을 의미한다. 이런 슈트는 비공식적인 트리플 블랙Triple Black에 해당한다.

AST 레벨2에 참가한 4일 내내 이전에는 한 번도 가보지 못했던 코스들만 찾아 다녔다. 가이드 동반 백컨트리 투어라고 부를 수도 있겠지만, 그렇게 부르기에는 너무 하드코어였다. 백컨트리 스키 리더들만 참가할 수 있는 코스를 모아놓은 것 같았다. 물론 캐나다 휘슬러가 워낙 터프한 환경이라 더욱 그렇게 느꼈을 수도 있다. 일본만 해도 레벨2 교육은 이보다 훨씬 더 쉬운 코스에서 진행한다.

4일간의 힘겨운 코스를 끝냈다. 체력적으로는 스키 관련 코스 중에서 가장 힘들었지만, 블랙콤의 난이도 있는 코스들을 구석구석 탐험할 수 있었던 좋은 기회였다. 또 백컨트리 투어 리더가 된다는 것은 자신 뿐만 아니라 다른 사람의 안전까지 책임져야 하는 무거운 자리라는 것도 알게 되었다. AST 레벨2를 수료하면서 제멋대로 백컨트리를 누비는 것이 얼마나 위험한 것인가를 알게 됐다. 또 전문 가이드의 소중함도 함께 느꼈다.

AST 레벨2 수료증.

BCA 눈사태 구조 시리즈

AST 레벨2 훈련이 아니라면 올라오기 힘든 위험한 코스들도 있다.

사진 제공

〈파우더 스키 바이블〉에 사진을 제공해주신 아크테릭스, 뵐클, 마커, 달벨로, 지로, 스노우뱅크에
감사합니다.